财政部规划教材

全国中等职业学校财经类教材

税费核算与智能申报

刘国成　井建华　主编

中国财经出版传媒集团
中国财政经济出版社

图书在版编目（CIP）数据

税费核算与智能申报／刘国成，井建华主编．-- 北京：中国财政经济出版社，2022.8
财政部规划教材 全国中等职业学校财经类教材
ISBN 978-7-5223-1585-0

Ⅰ.①税… Ⅱ.①刘… ②井… Ⅲ.①税费－计算－中等专业学校－教材 ②纳税－税收管理－中国－中等专业学校－教材 Ⅳ.①F810.423 ②F812.42

中国版本图书馆 CIP 数据核字（2022）第 129607 号

责任编辑：王佳欣　　通　　读：卓文娟
封面设计：卜建辰　　责任校对：张　凡

税费核算与智能申报
SHUIFEI HESUAN YU ZHINENG SHENBAO

中国财政经济出版社 出版
URL：http：//www.cfeph.cn
E-mail：cfeph@cfeph.cn

社址：北京市海淀区阜成路甲 28 号　邮政编码：100142
营销中心电话：010-88191522
天猫网店：中国财政经济出版社旗舰店
网址：https：//zgczjjcbs.tmall.com
北京鑫海金澳胶印有限公司印刷　各地新华书店经销
成品尺寸：185mm×260mm　16 开　26.25 印张　638 000 字
2022 年 8 月第 1 版　2022 年 8 月北京第 1 次印刷
定价：65.00 元
ISBN 978-7-5223-1585-0
（图书出现印装问题，本社负责调换，电话：010-88190548）
本社质量投诉电话：010-88190744
打击盗版举报热线：010-88191661　QQ：2242791300

编写 说明

《税费核算与智能申报》是教育部2021年职业教育新专业目录下会计事务专业的最新教材，呈现教育部2022年《中等职业学校会计事务专业教学标准》中最新课程内容，本教材编写突出以下特点：

1. 遵循最新法律制度，培养良好的遵纪守法作风。以最新颁布的税法、企业会计准则等为根本遵循，以学法、用法、宣传法来引领工作思路，通过工作任务的完成践行法律制度、崇尚法律制度。

2. 落实立德树人根本任务，形成良好的职业素养。将教学内容与思想政治教育紧密融合，每个教学单元绘制教学内容与课程思政思维导图，并设计寓德于技栏目，培养家国情怀、职业情操、工匠精神，将课程思政落地。

3. 融入前沿技术，学习数字经济时代新技术、新方法。对接新产业、新业态、新模式下纳税服务事项办理、税费核算、数据共享等岗位（群）的新要求，通过教学内容的重构、工作任务设计，将互联网、人工智能、大数据分析等技术融入其中，呈现了金税工程信息化、智能化、大数据的发展应用。

4. 符合学习者的认知规律，教材编排设计易学易懂。以税费核算、申报、缴纳核心职业能力为切入点，以边学边做的工作任务为载体，设计知识储备、任务导入、任务准备、任务实施、任务评价、任务实训等环节，每一工作任务最终都要求完成一个标志性成果。由浅入深、理实一体、易教易学，有利于学生自主学习和合作学习。

5. 呈现“主教材＋二维码资源＋教学资源库”的新形态立体化教材，实现泛在学习。围绕教学内容开发了电子教案、微课、案例、ppt、实训平台等多种教学资源，构成线上线下混合教学与理论实践一体化教学的课程生态。

6. 岗课赛证融合，推进了书证融通、课证融通、岗课融通。校企双元开发，将“智能财税”“个税申报”等职业技能等级证书的标准及要求有机融入教材，体现学习内容与职业标准对接、教学过程与生产过程对接的要求。

本教材由刘国成、井建华担任主编，丛秀云担任主审。吕芙蓉、李佳培编写第一单元；井建华、丛秀云编写第二单元；包琳、李颖超编写第三单元；李波、丁春玲编写第四单元；李杰、张墨编写第五单元；周书美、金文东编写第六单元；田春丽、王雯倩编写第七单元。其中：李波来自广州市财经商贸职业学校，丁春玲来自北京经济管理职业学院，其余编者均来自北京市商业学校。税友集团衡信教育科技有限公司李高奇、余指航、余飞、袁青青、肖洪亮及北京东大正保科技有限公司徐建宁、周铁莹等企业专家给予专业指导；北京东大正保科技有限公司提供EPC金税平台。

本书为用书学校任课老师提供了参考答案和教学课件，请以电子邮件形式向中国财政经济出版社索取（请注明：学校、全书名、版次），E-mail：caijingjiaocai@163.com，亦可登录如下网址下载：http：//jiaocai.cfeph.cn。

限于编者理论水平和实践知识，教材难免出现误漏，恳请读者批评指正。

编　者

2022年7月

目　录

单元练习
与实训

单元一 涉税事项办理

根据我国的相关法律规定，凡是在中国境内从事生产以及经营的纳税人全部要进行相关的税务登记与税务报道，这是认定税种的一个过程。这不仅代表着整个税收业务征收管理的起点，同时也是对纳税人的生产以及经营活动进行一项登记管理的强制性法定制度，是对纳税人实施税收管理的首要环节和基础工作，是征纳双方法律关系成立的依据和证明，也是纳税人必须依法履行的义务。

任务内容与思政元素的相互协同如图 1－1 所示。

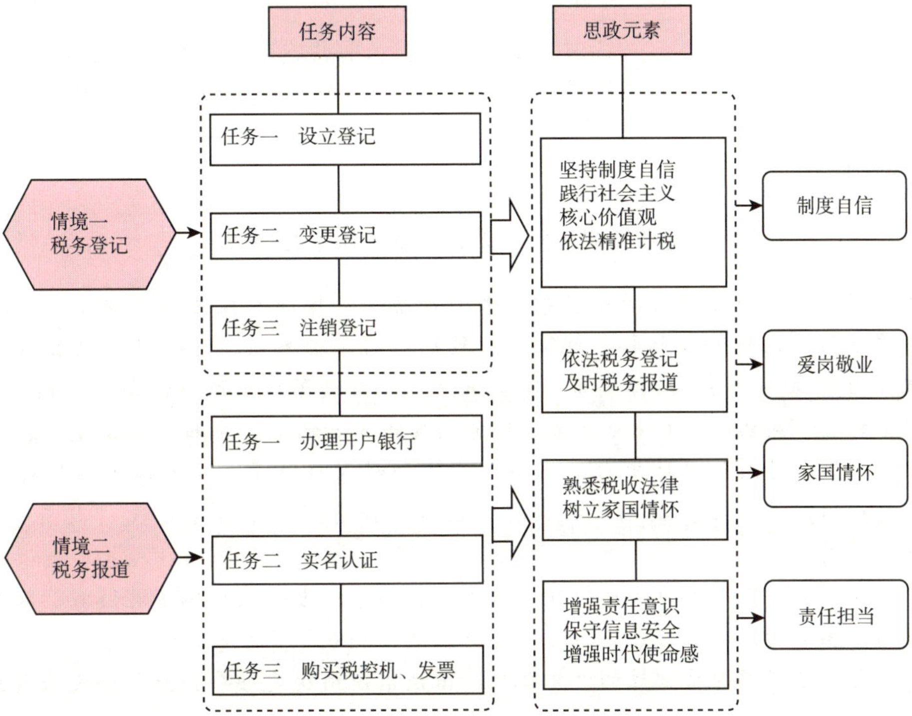

图 1－1　任务内容与思政元素的相互协同

情境一 税务登记

实战演练

知识目标:

1. 知晓《中华人民共和国税收征收管理法》《中华人民共和国税收征收管理法实施细则》《企业会计准则》和《会计基础工作规范》等有关税务登记的法律规定
2. 准确界定企业进行税务登记的要求
3. 掌握纳税人办理不同情况下税务登记的流程

技能目标:

1. 能够独立办理设立、变更、注销等各种税务登记工作
2. 依据税务登记管理的有关规定，能够在规定的时间内办理税务登记

素养目标:

通过办理税务登记，提高语言表达能力，能够与工商、税务、银行及企业部门进行沟通，树立依法依规办事的意识

【寓德于技】

税收政策先行，提高人民生活幸福指数

2020 年伊始，新冠肺炎疫情在神州大地肆虐，为保障人民生命的安全，应对疫情的进一步恶化，党和国家采取了最彻底、最严格的防控举措，防疫效果是显著的，据国家统计局2020 年 4 月 17 日公布的数据显示，一季度国内生产总值 206 504 亿元，按可比价格计算，同比下降 6.8%，造成经济损失约 3 万亿元。为助力复工复产、挽救企业生命，国家税务总局先后出台了下调小规模纳税人征收率、延长四大困难行业亏损年限、免征新能源汽车车辆购置税、退还已缴社保费用、实行水电气“欠费不停供”等多项政策措施。

同时加大个人所得税的改革，提升人民的获得感；增值税税率多次调减，降低企业税负助力轻装前行；……为此，“诚信纳税、利国利民”“纳税取之于民、用之于民”等意义重大，是国家身系百姓的大爱体现，依法依规纳税是每个企业与公民必须履行的义务。

知识储备：

一、税务登记的主要内容

依据《中华人民共和国税收征收管理法》和国家税务总局印发的《税务登记管理办法》的规定，税务登记工作是每个纳税人依法履行的义务。

办理停业、复业登记的要求

（一）什么是税务登记

税务登记又称纳税登记，是税务机关依据税法规定，对纳税人的生产、经营活动进行登记管理的一项法定制度，也是纳税人依法履行纳税义务的法定手续。税务登记是整个税收征收管理的起点。

（二）税务登记种类

税务登记的种类主要包括：设立登记，变更登记，停业、复业登记，注销登记，外出经营报验登记。

（1）设立登记，是指纳税人依法成立并经工商行政管理部门登记后，为确认其纳税人的身份到税务机关办理的登记。根据《税务登记管理办法》的有关规定：从事生产、经营的纳税人应当自领取营业执照之日起 30 日内向生产、经营地或者纳税义务发生地的主管税务机关申报办理税务登记，如实填写税务登记表，并按照税务机关的要求提供有关证件、资料。

（2）变更登记，是指纳税人税务登记内容发生重要变化时，向税务机关申报办理的一种税务登记手续。

纳税人税务登记内容发生变化的，应当自工商行政管理机关或者其他机关办理变更登记之日起 30 日内，持有关证件向原税务登记机关申报办理变更税务登记；纳税人税务登记内容发生变化，不需要到工商行政管理机关或者其他机关办理变更登记的，应当自发生变化之日起 30 日内，持有关证件向原税务登记机关申报办理变更税务登记。

纳税人办理税务变更的情形应当包括：发生改变单位名称、改变法定代表人、改变住所和经营地点（不涉及主管税务机关变动的）、扩大和缩小生产经营范围、其他税务登记内容。

（3）停业、复业登记，是指实行定期定额征收方式的纳税人，因自身经营的需要停业的或者恢复经营而向主管税务机关申请办理的税务登记手续，纳税人的停业期限不超过 1 年。

（4）注销登记，是指纳税人发生解散、破产、撤销以及其他情形，依法终止纳税义务的，在向工商行政管理机关或者其他机关办理注销登记前，持有关证件向原税务登记机关申报办理注销税务登记的活动。按照规定不需要在工商行政管理机关或者其他机关办理注册登记的，应当自有关机关批准或者宣告终止之日起 15 日内，持有关证件向原税务登记机关申报办理注销税务登记。

办理注销税务登记的要求

（5）外出经营报验登记，是指纳税人到外县（市）临时从事生产经营活动的，应当在外出生产经营以前，持税务登记证向主管税务机关申请开具《外出经营活动税收管理证明》（以下简称《外管证》）。地方税务机关当日按照一地一证的原则，即时核发《外管证》，《外管证》的有效期限一般为30日，最长不得超过180天。

二、“五证合一、一证一码”登记制度

（一）什么是“五证”

“五证”是指营业执照、组织机构代码证、税务登记证、社会保险登记证、统计登记证。

（二）“五证合一”办证流程

贯彻落实国务院关于深化简政放权、放管结合、优化服务改革的部署要求，国务院办公厅发布了《关于加快推进“五证合一、一照一码”登记制度改革的通知》的公告，决定自2016年10月1日起正式实施“五证合一、一照一码”。体现了更大范围、更深层次实现信息共享和业务协同，巩固和扩大“三证合一”登记制度改革成果，进一步为企业开办和成长提供便利化服务，降低创业准入的制度性成本，优化营商环境，激发企业活力，推进“大众创业、万众创新”，促进就业增加和经济社会持续健康发展。这种模式采取了“一表申请、一窗受理、并联审批、一份证照”的流程，由五部门分别完成后台信息录入，最后打印出载有一个证号的营业执照。

（三）“五证”颁发部门

企业的“五证”颁发部门，分别是工商局颁发《工商营业执照》、税务局颁发《税务登记证》、工商技术监督局颁发《组织机构代码证》、统计局颁发《统计登记证》以及人力资源和社会保障部颁发《社会保险登记证》，如图1－2所示。

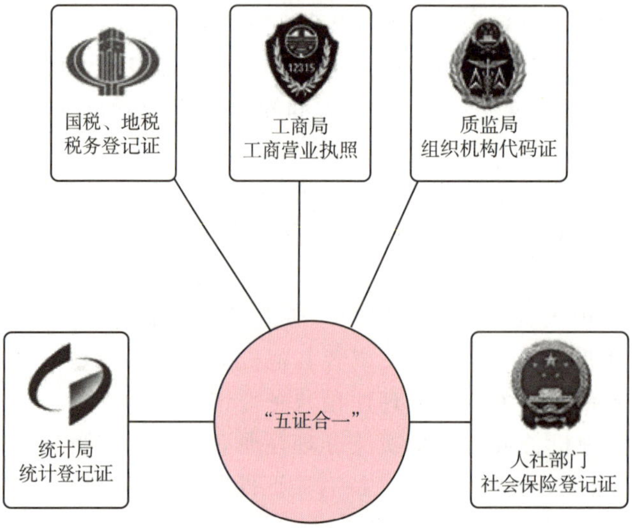

图1－2　“五证合一”内容以及颁发部门

新设立企业采用“五证合一”登记模式后，取消了税务登记证

知识小结：

"税务登记"相关知识小结如图 1－3 所示。

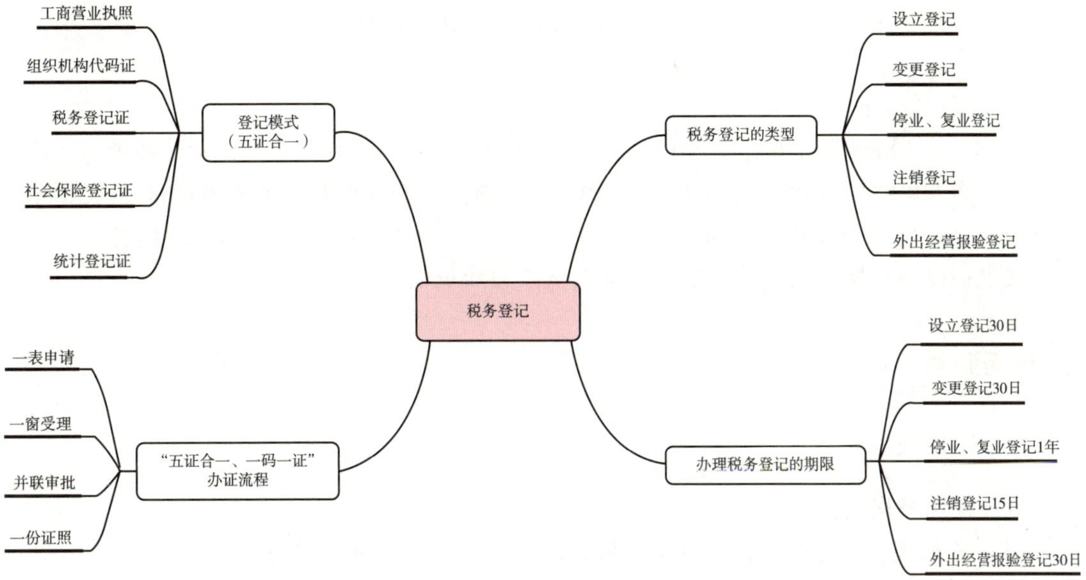

图 1－3 "税务登记"相关知识小结

任务一 设立登记

学习目标：

1. 知晓《中华人民共和国税收征收管理法》《税务登记管理办法》等有关企业设立登记的相关法律的规定
2. 明确办理设立登记的相关规定
3. 独立办理设立登记事项
4. 在办理设立登记过程中，树立依法依规办事的行为规范意识，增强专业服务意识，践行社会主义核心价值观

任务描述：

一、公司基本情况

公司全称：北京中瑞宏达会计师事务所有限公司。

企业类型：咨询服务公司，委托承办有关审计、会计、税务、企业管理咨询、人力资源咨询等专业的会计师事务所。拥有全国一流的注册会计师、注册税务师、注册资产评估师为客户提供专业的财务、税务、审计、验资、评估、管理咨询、财务培训服务。

经营地址、电话：北京市昌平区定泗路28号 010-89758011。

二、业务描述

【业务1-1】刘明与华娟协议开办北京祥瑞腾达商贸有限责任公司（简称祥瑞腾达公司）。根据《中华人民共和国公司法》的规定，两人共同制定了公司章程，刘明出资60万元，华娟出资40万元，主要从事电子系列产品研发、生产加工、仓储、物流以及出口、批发。

要求：以涉税服务岗会计身份，协助投资人完成设立税务登记工作。

任务布置：

一、明确任务

以涉税服务岗会计的身份完成以下工作：

（1）依据设立登记相关法律规定，做好进行设立登记的资料准备。

（2）在明确办理设立登记工作流程的基础上，完成企业设立登记工作。

二、工作成果

（1）整理提供办理设立登记所需的证件和资料。

（2）完成到税务部门进行补充信息采集。

（3）将办理取得的营业执照等设立登记的有关证件和资料进行档案归档。

三、评价标准

（1）依据《中华人民共和国税收征收管理法》《税务登记管理办法》的规定，及时、准确办理设立登记。

（2）依据《会计基础工作规范》等要求，及时、规范地将营业执照等设立登记的有关证件和资料进行档案归档保管。

任务分析：

一、工作思路

（1）及时与相关部门沟通，明确办理设立登记地工作流程以及所需的证件和资料。

（2）办理设立登记工作。

二、岗位分工及工作流程

岗位分工及工作流程如图1-4所示。

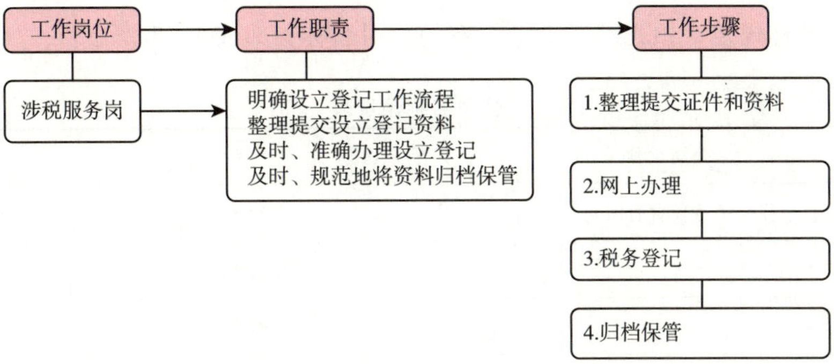

图 1－4　岗位分工及工作流程

任务实施：

一、整理提交证件和资料

（一）明确设立登记办理流程

企业设立登记的办理流程，如图 1－5 所示。

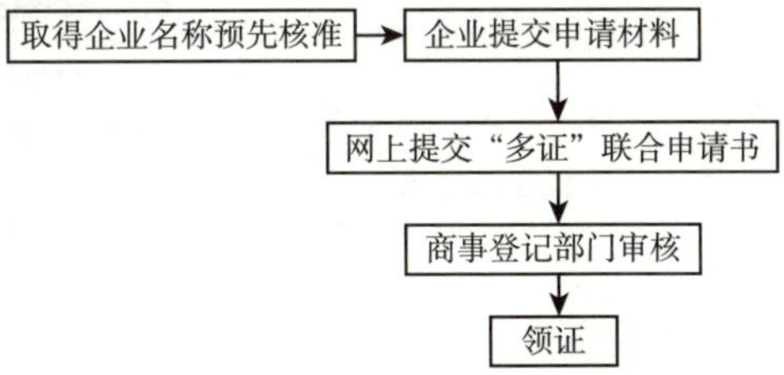

图 1－5　企业设立登记的办理流程

申请企业名称结构

（二）设立登记资料准备

（1）房本复印件 1 份。
（2）合同、章程、协议书复印件 1 份。
（3）法定代表人居民身份证、护照或其他身份证件原件等。

企业名称申请登记的原则

二、网上办理

（一）申请

企业通过北京市企业 e 窗通服务平台首先进行名称核准，名称核准通过后进行企业工商注册。

1. 公司起名

根据公司名称规定，预先准备 5 个左右的公司名称，如表 1－1 所示。

表 1－1　公司名称预选表

序号	公司全称	行政区划	字号	行业	组织形式
1	北京祥瑞腾达商贸有限责任公司	北京	祥瑞腾达	商贸	有限责任公司
2			祥宏腾达		
3			腾达祥瑞		
4			腾达祥宏		
5			瑞腾		

2. 名称核准

名称核准通过，如图 1－6 所示。

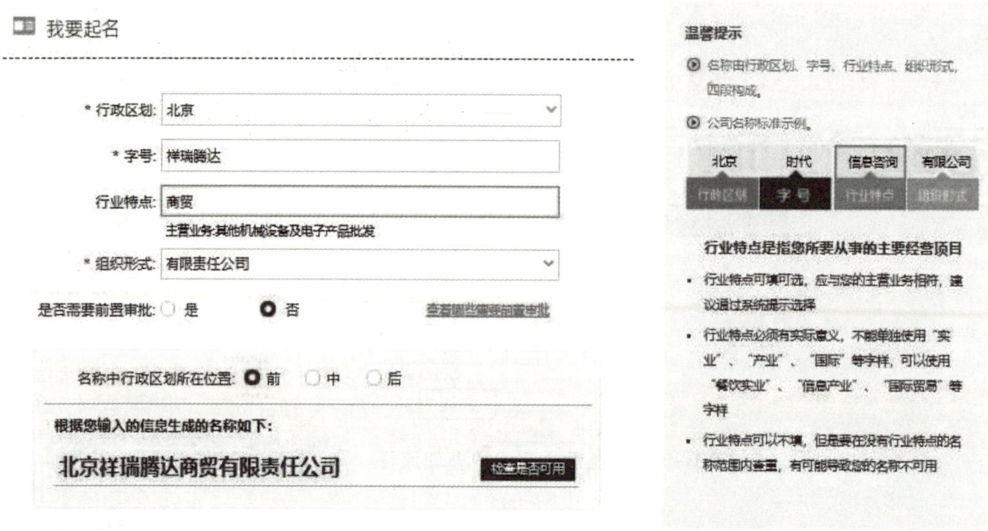

图 1－6　企业名称核准

（二）填写"企业登记"申请表

（1）名称审核通过后，点击"企业开办"按钮，进行工商注册，按照流程填写公司相应资料，资料填写无误后，网上提交审核。

（2）工商后台审核资料无误后即可领取营业执照，本业务全程网上办理，无须去现场。

（三）领取营业执照

工商登记完成后即可取得营业执照，如图 1－7 所示。

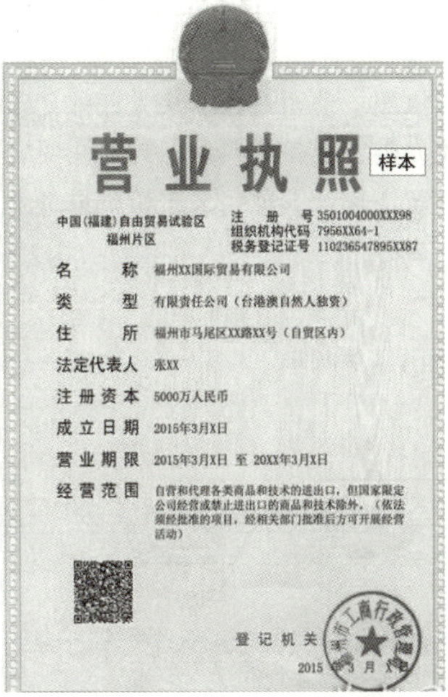

图 1－7　“五证合一”营业执照

三、税务登记

取得工商营业执照后由法人下载电子营业执照，进行税务登记。

（1）进入北京市电子税务局—企业业务办理—税务信息确认—新办企业纳税人套餐—扫描电子营业执照进入。

（2）进入后按要求填写表格内相关信息，填写无误后点击“提交”按钮，进行税务登记，如图 1－8 所示。

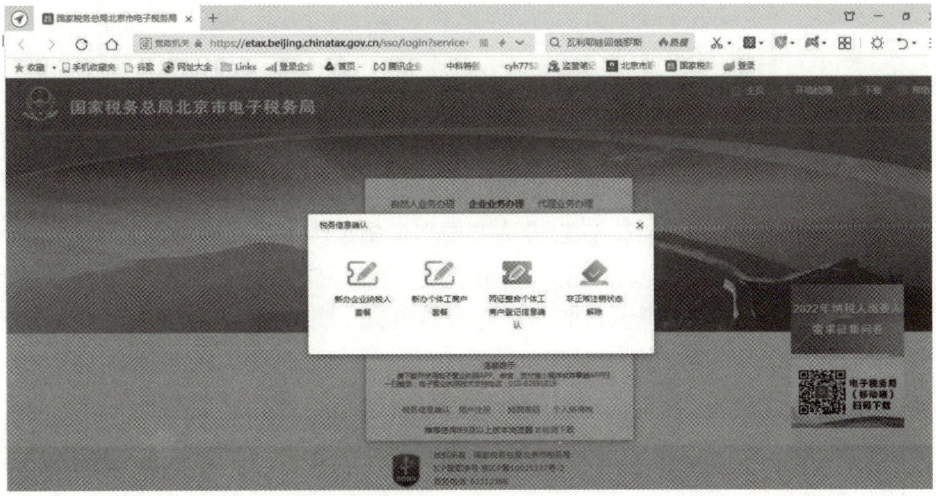

图 1－8　税务登记

四、归档保管

（1）分类整理：按照营业执照、公司章程、法人证件复印件、房本复印件分类整理。
（2）单独立卷：按照上述分类，准备资料盒，封面注明资料内容。
（3）入柜保管：分类放置文件柜，上锁，交由档案负责人。

任务总结：

“设立登记”任务总结如图 1－9 所示。

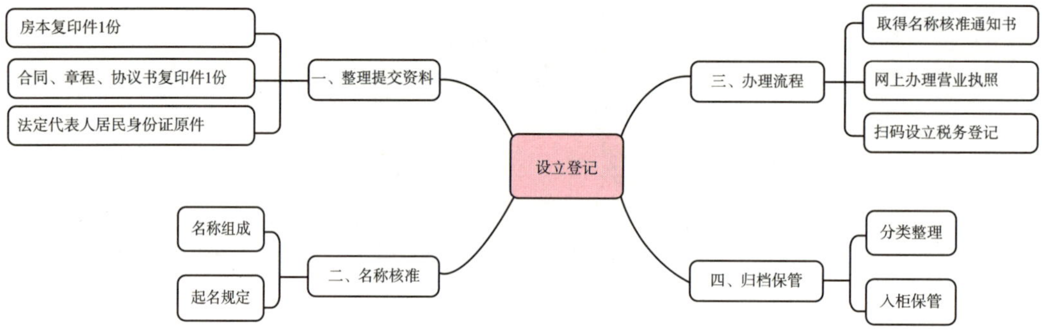

图 1－9 “设立登记”任务总结

任务二 变更登记

学习目标：

1. 知晓《中华人民共和国税收征收管理法》《税务登记管理办法》等有关企业变更登记的相关法律的规定
2. 独立办理变更登记事项
3. 在办理变更登记的过程中，树立依法依规办事的行为规范意识，增强专业服务意识，践行社会主义核心价值观

任务描述：

一、公司基本情况

公司全称：北京华腾科技有限责任公司。

企业类型：技术转让、技术咨询、技术服务、电子科技领域内技术开发、网络科技、网络技术、环保工程、通信工程、网络工程等。

经营地址、电话：北京市昌平区天通西路82号 010-89721073。

二、业务描述

【业务1-2】北京华腾科技有限责任公司（简称华腾公司），公司法定代表人周明由于个人原因，调离公司，由孙晓接替。

要求：以涉税服务岗会计身份，协助公司完成变更税务登记工作。

任务布置：

一、明确任务

（1）依据变更登记相关法律规定，做好进行变更登记的资料准备。

（2）在明确办理变更登记工作流程的基础上，完成企业变更登记工作。

二、工作成果

（1）整理提供办理变更登记所需的证件和资料。

（2）完成变更登记工作。

（3）将办理变更登记的有关证件和资料进行档案归档。

三、评价标准

（1）依据《中华人民共和国税收征收管理法》《中华人民共和国会计法》《税务登记管理办法》的规定，及时、准确办理变更登记。

（2）依据《会计基础工作规范》等要求，及时、规范地将变更等税务登记的有关证件和资料进行档案归档保管。

任务分析：

一、工作思路

（1）及时与相关部门沟通，明确办理变更登记地工作流程以及所需的证件和资料。

（2）办理变更登记工作。

二、岗位分工及工作流程

岗位分工及工作流程如图1-10所示。

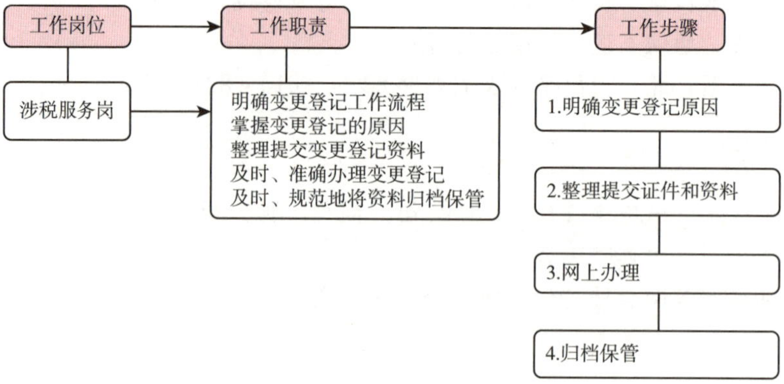

图 1－10 岗位分工及工作流程

任务实施：

一、明确变更税务登记原因

改变法定代表人，公司法定代表人周明由于个人原因，调离公司，由孙晓接替。

变更登记的原因

【要点提示】

公司变更法定代表人的规定

（1）法定年龄在18周岁，公司的法定代表人不可以是早已被注销的企业的责任人，不可以是在失信人名单当中的人，这两个规定中的人是不可以变成企业的新法定代表人的。

（2）法人变更必须公司全体人员公司股东投票表决，公司股东的意见也很关键，如果有绝大多数的公司股东不愿意，那么公司法人无法变动。

二、整理提交证件和资料

（一）明确变更税务登记工作流程

企业变更税务登记的办理流程，如图 1－11 所示。

图 1－11 企业变更税务登记的办理流程

（二）变更税务登记资料准备

（1）原法定代表人周明居民身份证或护照等身份证明资料原件及复印件，如图 1－12 所示。

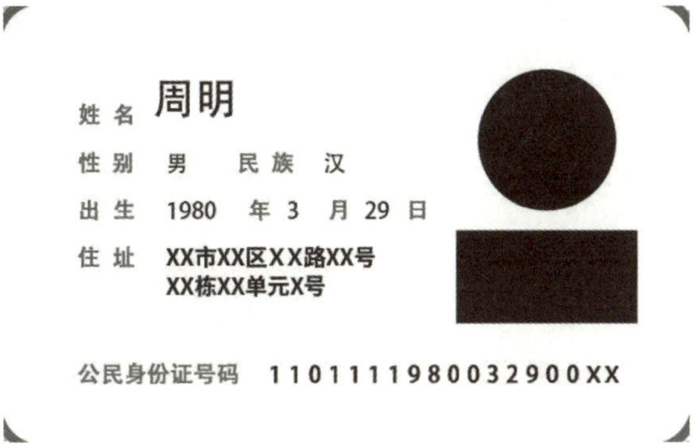

图 1－12　原法定代表人周明居民身份证

（2）新法定代表人孙晓居民身份证原件及复印件，如图 1－13 所示。

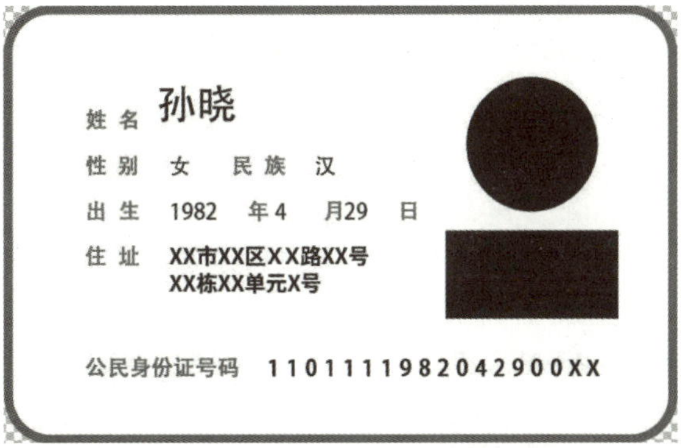

图 1－13　新法定代表人孙晓居民身份证

（3）原法定代表人的免职协议和新法定代表人的任职协议的原件及复印件，如图 1－14（a）与图 1－14（b）所示。

法定代表人任职证明

根据公司法和章程的相关规定，经 2021 年 4 月 5 日股东决议，任命孙晓（身份证号：11011119982042900××）为北京华腾科技有限公司法定代表人。现进行工商变更事宜办理，请给予支持为谢。

股东签字：芳荣佳　李娜　周明　高慧

北京华腾科技有限责任公司

2021 年 4 月 5 日

图 1－14（a）　法定代表人任职证明

法定代表人免职证明

根据公司法和章程的相关规定，经 2021 年 4 月 5 日股东决议，免除周明（身份证号：1101111980032900××）为北京华腾科技有限公司法定代表人。现进行工商变更事宜办理，请给予支持为谢。

股东签字：芳荣佳　李娜　周明　高慧

北京华腾科技有限公司

2021 年 4 月 5 日

图 1－14（b）　法定代表人免职证明

（4）修改的公司章程。

① 国有企业提供上级部门的任命书原件及复印件。

② 没有国有企业上级部门任命书的纳税人，可以提供“新任法定代表人愿意承担前任法定代表人任职期间该纳税人涉税业务的权利和义务的声明”，对不提供的，税务机关有权依法进行税务检查。

三、网上办理

（一）申请—登录主体变更平台

纳税人税务登记项目发生变更时，在北京市市场监督管理局法人登录服务—主体变更，填写变更事项，如图 1－15，图 1－16 所示。

图 1－15　北京市市场监督管理局法人登录服务平台

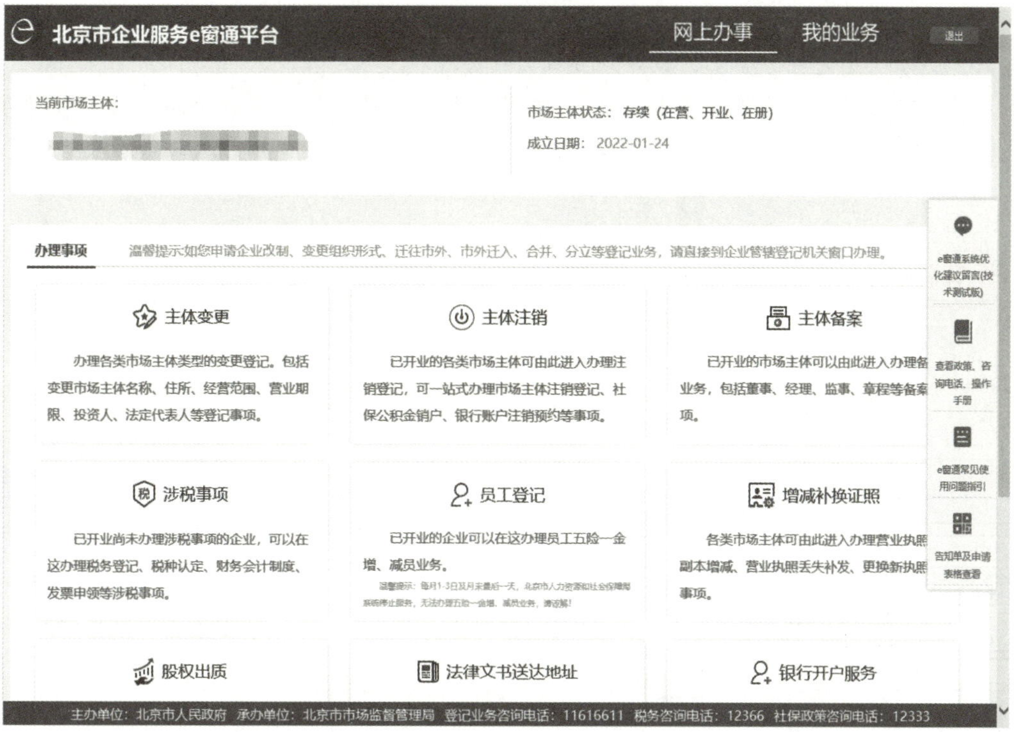

图 1-16　北京市市场监督管理局法人登录服务平台—主体变更

（二）上传所需资料，等待受理

按照变更事项所需的资料，上传平台，工商登记管理岗位后台人员审核提交资料是否齐全，信息无误，符合条件的，予以受理。

（三）审核

（1）对纳税人提交的业务进行核对，检查填写内容是否准确，有无漏缺项目。

（2）对变更法人代表的，利用法定代表人居民身份证号码进行审核比对，检查是否有在案的未履行纳税义务的记录。

（3）审核无误后会下发新的营业执照。

四、归档保管

（1）分类整理：按照新营业执照、公司章程、原法人证件复印件、新法人证件复印件、变更法人通知书，进行分类整理。

（2）单独立卷：按照上述分类，准备资料盒，封面注明资料内容。

（3）入柜保管：分类放置文件柜，上锁，交由档案负责人。

【要点提示】

（1）办理变更税务登记，最好到办税大厅办理

（2）依据《中华人民共和国企业登记管理条例》第二十六条，公司变更登记事项，应当向原公司登记机关申请变更登记。未经变更登记，公司不得擅自改变登记事项。

任务总结：

“变更登记”任务总结如图 1－17 所示。

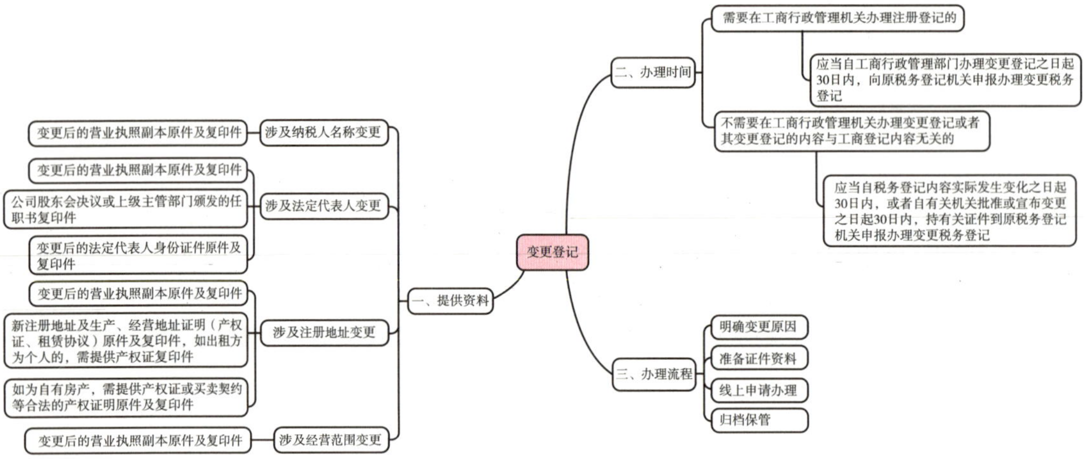

图 1－17 “变更登记”任务总结

任务三 注销登记

学习目标：

1. 知晓《中华人民共和国税收征收管理法》《税务登记管理办法》等有关注销登记的相关法律的规定

2. 了解注销登记所需准备的证件和资料

3. 能准确填写清税申报表，独立办理注销登记事项

4. 在办理注销登记过程中，树立依法依规办事的行为规范意识，增强专业服务意识，践行社会主义核心价值观

任务描述：

一、公司基本情况

公司全称：上海康佳电子有限责任公司。
企业类型：制造业企业，主要从事制造、销售电子产品、电力设备、环保设备。
公司开户银行：中国工商银行上海支行。
基本存款账户：3421667710187622301。
统一社会信用代码（纳税人识别号）：9121066089224163。
经营地址、电话：上海市北京路 83 号　024－89746112。

二、业务描述

【业务 1－3】上海康佳电子有限责任公司（简称康佳公司），自 2015 年设立以来，产品销售情况不佳，直至 2019 年 9 月一直亏损。投资者王凯经过考虑后决定解散公司，宣布破产。

要求：以涉税服务岗会计身份，协助公司完成注销变更税务登记工作。

任务布置：

一、明确任务

以涉税服务岗会计的身份完成以下工作：
（1）依据注销登记相关法律规定，做好进行注销登记的资料准备。
（2）在明确办理注销登记工作流程的基础上，完成企业注销登记工作。

二、工作成果

（1）整理提供办理注销登记所需的证件和资料。
（2）按照注销登记的工作流程，完成企业注销登记工作。
（3）将办理注销登记的有关证件和资料进行档案归档。

三、评价标准

（1）依据《中华人民共和国税收征收管理法》《中华人民共和国会计法》《税务登记管理办法》的规定，及时、准确办理注销登记。

（2）依据《会计基础工作规范》等要求，及时、规范地将注销登记的有关证件和资料进行档案归档保管。

任务分析：

一、工作思路

（1）及时与相关部门沟通，明确办理注销登记地工作流程以及所需的证件和资料。

（2）办理注销登记工作。

二、岗位分工及工作流程

岗位分工及工作流程如图 1－18 所示。

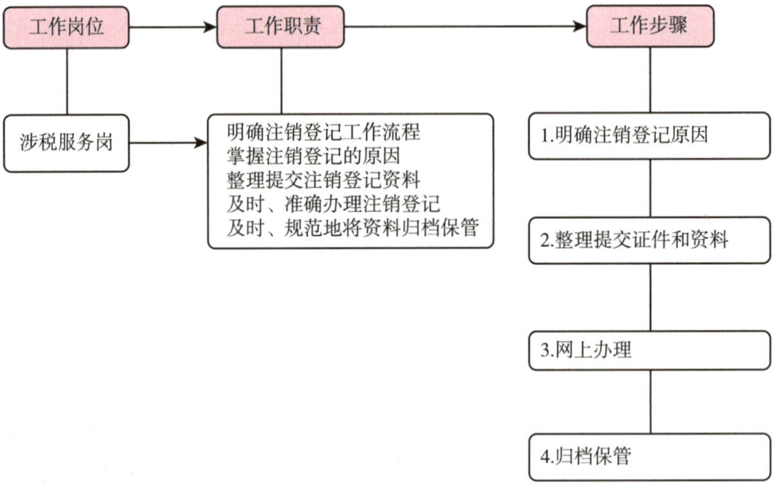

图 1－18　岗位分工及工作流程

任务实施：

一、明确注销登记的原因

公司产品销售情况不佳，经营连年亏损。

二、整理提交证件和资料

办理注销登记情形及时间期限

（一）明确注销登记工作流程

企业注销登记的办理流程，如图 1－19 所示。

（二）注销税务登记资料准备

（1）书面申请；
（2）发票准购证；
（3）增值税一般纳税人认定表及资格证；
（4）注销登记的有关决议及复印件；
（5）营业执照被吊销的应提交工商部门发放的吊销决定及复印件；
（6）当期（月）申报表资料及完税凭证；（结清税款、缴销发票的相关资料）
（7）主管税务机关需要的其他证件和资料。

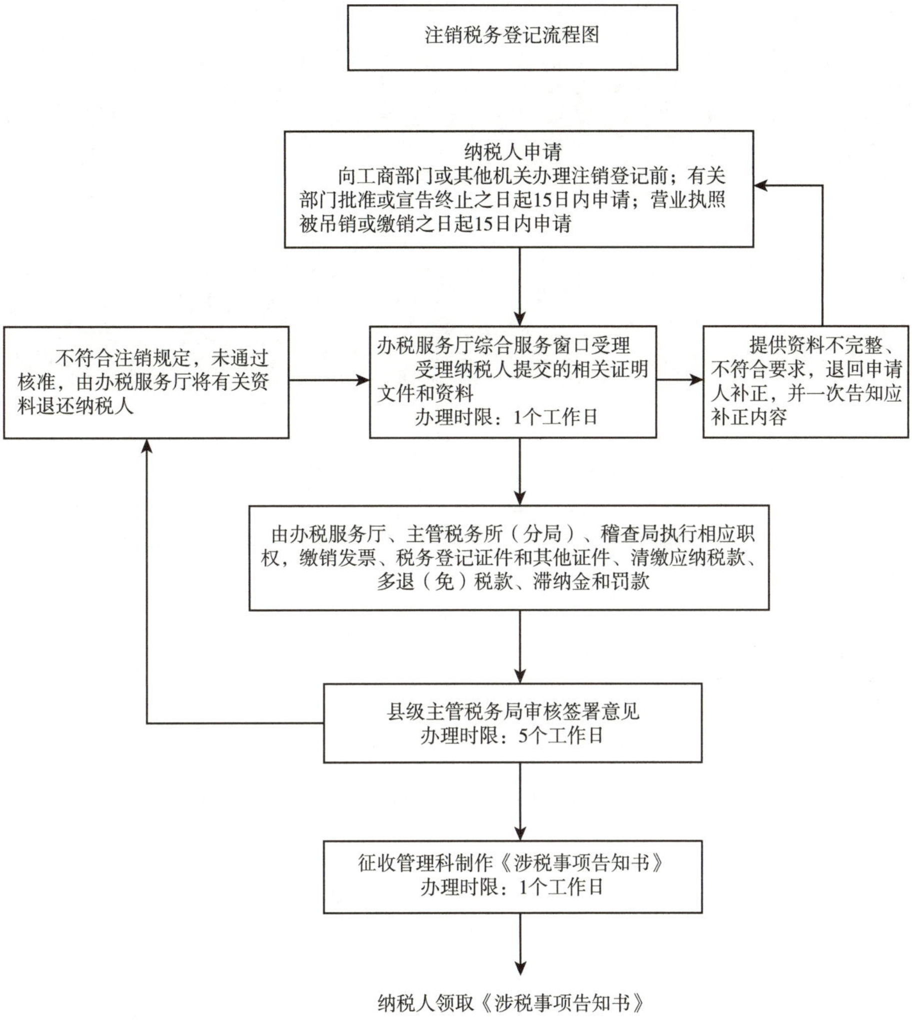

图 1－19　企业注销登记的办理流程

三、网上办理

（一）登录电子税务局

点击左侧“套餐业务”中的“清税注销套餐”，或者通过电子税务局登录后首页最上方搜索框中输入“清税注销套餐”，点击“搜索”按钮，通过搜索找到“清税注销套餐”，点击进入办理页面，如图 1－20 所示。

（二）注销申请信息填写

（1）选择注销原因，选择经办人，自动带出经办人手机号码、经办人身份证件类型、身份证件号码。

图 1-20 登录电子税务局，点击进入办理页面

【要点提示】

点击“下一步”按钮后，系统会生成应申报记录；对计划办理跨区迁移的纳税人，如误操作该模块，系统会生成当年度企业所得税应申报记录，需联系主管税务机关清除应申报记录。

如注销原因为“依法破产”，点击“下一步”按钮后，将进入一般注销流程。

（2）点击“下一步”按钮后，系统将对纳税人所有指标进行校验，数据量较大，需要耐心等待 3 ~ 5 分钟，才能显示校验运算结果，请不要频繁点击“下一步”按钮，避免造成卡顿。

（三）注销指标检验

点击“下一步”按钮，系统将自动进行指标校验，指标校验后，可以通过页签切换的方式，详细查看“即办资格”“即办条件验证结果”“其他条件验证结果”三大类指标中校验不通过的指标。

情况 1：纳税人满足即办资格注销

（1）不存在未办结事项。指标校验后，对于符合即办资格，且不存在未办结事项的纳税人，可点击“申请注销”按钮，在注销套餐中直接将企业进行注销，并打印下载清税证明。

（2）存在其他条件验证结果不通过。符合税总发〔2018〕149 号文承诺制容缺办理注销的纳税人，可在注销套餐中下载打印注销承诺书，请当天携带承诺书和相应注销登记所需材料至主管税务机关办税服务大厅办理；隔天承诺书自动作废，需重新在电子税务局注销套餐业务中打印承诺书。

（3）存在即办条件验证结果不通过。点击“确定”按钮后，可以选择打印未结事项告知书，并可在即办条件验证结果不通过指标处理完毕后，通过承诺制容缺办理注销，或在所有指标验证通过后，发起即办注销。

查看具体校验未通过的指标，对于可在网上办理的事项，则在监控项目最后办理列显示“网上办理”，点击即可跳转办理。

对于仅支持线下办理的指标，则不显示“网上办理”，监控项目最后办理列仅显示“大厅办理”，点击“查看”按钮，可查看指标详情。

事项办理通过后，系统不会自动重新校验指标。可在原先指标校验页面，点击最下方“重新验证”按钮，可以重新进行指标校验。

情况2：纳税人不满足即办资格注销

针对不满足即办资格的纳税人以及注销原因为“依法破产”的纳税人，可在所有强制类未办结事项办结后，点击“申请注销”按钮，发起一般注销流程，经审批后完成注销。

（1）指标校验对于可在网上办理的事项，则在监控项目最后办理列显示“网上办理”，点击即可跳转办理。

对于仅支持线下办理的指标，则不显示“网上办理”，监控项目最后办理列仅显示“大厅办理”，点击“查看”按钮，可查看指标详情。

【要点提示】

事项办理通过后，系统不会自动重新校验指标。可在原先指标校验页面，点击最下方“重新验证”按钮，可以重新进行指标校验。

在存在强制类未办结事项情况下，点击“打印未办结事项”按钮，可下载打印未办结事项，“申请注销”按钮为灰色。在所有强制类未办结事项办结后，点击“申请注销”按钮，发起一般注销流程，经审批后完成注销。

（2）填写申请表，填写完毕后，点击“下一步”按钮。

（3）上传附报资料。

（4）预览提交，确认相关信息，如确认无误，点击“提交”按钮。

（5）提交等待税务人员受理通过后可以下载打印受理通知书。

（四）取得清税证明/税务事项通知书

企业成功注销后（包括即办注销和一般流程审核通过），可通过电子税务局—登录—免登录功能—注销登记查询模块，下载清税证明/税务事项通知书。也可前往主管税务机关办税服务厅，打印清税证明/税务事项通知书。

四、归档保管

（1）分类整理：按照注销登记的有关决议及复印件、清税证明、税务事项通知书、法人证件复印件等资料，进行分类整理。

（2）单独立卷：按照上述分类，准备资料盒，封面注明资料内容。

（3）入柜保管：分类放置文件柜，上锁，交由档案员负责。

任务总结：

“注销登记”任务总结如图 1－21 所示。

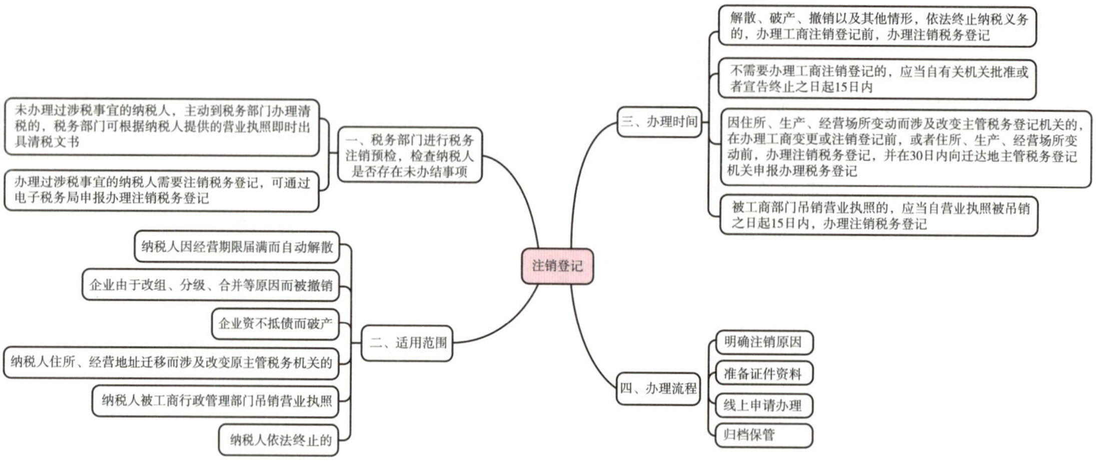

图 1－21 “注销登记”任务总结

情境二　税务报道

实战演练

知识目标：

1. 知晓《中华人民共和国税收征收管理法》《中华人民共和国税收征收管理法实施细则》《企业会计准则》《中华人民共和国增值税暂行条例》《中华人民共和国会计法》《银行支付结算办法》和《会计基础工作规范》等有关税务报道的法律规定

2. 准确界定企业经营行为应核定的税种以及税款征收方式

3. 明确企业开立银行账户的要求及流程

4. 掌握纳税人办理税务报道的要求及流程

技能目标：

1. 能够独立办理税务报道工作的准备工作

2. 依据《中华人民共和国税收征收管理法》等有关规定，能够在规定的时间内办理税务报道

3. 依据《银行支付结算办法》的有关规定，完成银行开户工作

素养目标：

在完成税务报道工作过程中，能够与工商、税务、银行及企业部门进行沟通，树立依法依规办事的意识

知识储备：

辅导期的一般纳税人管理

一、税务报道

（一）什么是税务报道

税务报道是指新设立的企业取得营业执照后，按照报道单上面的时间到税务局进行税务报道，报道以后，税务局将核定企业缴纳税金的专管员，企业日后将根据税务部门核定的税金进行申报和缴纳税金的过程。

（二）税务报道流程

（1）税务局报道：领取“法人一证通”数字证书。

（2）网上报道：填写公司的基本信息。

（3）办理银行开户并签订扣税协议。

（4）核定税种：与税务专管员办理网上扣税后核定缴纳何种税种。

（5）购买税控机和发票。

（6）确定纳税申报方式。

（三）办理银行开户

公司的银行账户类型分为银行基本户、银行一般户与银行临时户。注册公司时，必须要开立银行基本户，人们通常所说的银行开户也是指开立“银行基本户”，有以下几种银行账户。

（1）基本存款账户，是企事业单位的主要存款账户，该账户主要办理日常转账结算和现金收付，存款单位的工资、奖金等现金的支取只能通过该账户办理。基本存款账户的开立须报当地人民银行审批并核发开户许可证，许可证正本由存款单位留存，副本交开户行留存。企事业单位只能选择一家商业银行的一个营业机构开立一个基本存款账户。

（2）一般存款账户，是企事业单位在基本账户以外的银行因借款开立的账户，该账户只能办理转账结算和现金的缴存，不能支取现金。

（3）临时存款账户，是外来临时机构或个体经济户因临时经营活动需要开立的账户，该账户可办理转账结算和符合国家现金管理规定的现金。

（4）专用账户，是指单把某一项资金拿出来，方便管理和使用，所以新开设的账户叫专用账户，但开设专用账户需要经过人民银行批准。

（四）增值税发票

开立基本存款账户所需材料

1. 发票的基本知识

发票是指一切单位和个人在购销商品、提供或接受服务以及从事其他经营活动中，所开具和收取的业务凭证，是会计核算的原始依据，也是审计机关、税务机关执法检查的重要依据。为此，在实际工作中，很多企业的发票领购、开具、保管、销毁工作，是由税务会计人员负责。

2. 增值税发票的基本知识

增值税发票分为增值税专用发票和增值税普通发票。

（1）增值税专用发票。

① 票样：增值税专用发票是由国家税务总局监制设计印制的，只限于增值税一般纳税人领购使用的，既作为纳税人反映经济活动中的重要会计凭证又是兼记销货方纳税义务和购货方进项税额的合法证明；是增值税计算和管理中重要的、决定性的、合法的专用发票，如图 1－22 所示。

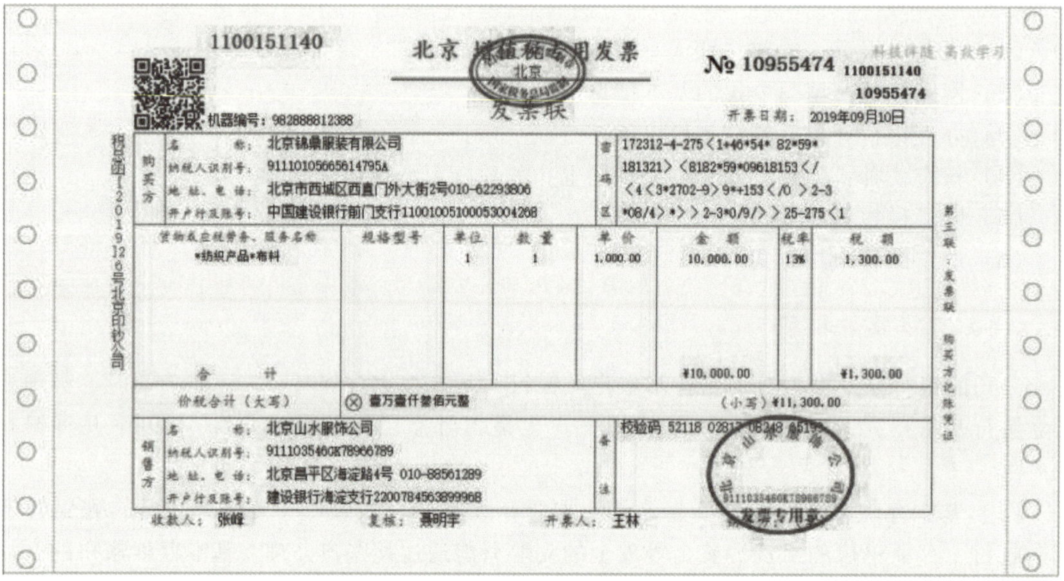
1100151140
北京增值税专用发票
№ 10955474 1100151140 10955474
发票联
机器编号：982888812388
开票日期：2019年09月10日

购买方	名称：北京锦鼎服装有限公司 纳税人识别号：91110105665614795A 地址、电话：北京市西城区西直门外大街2号010-62293806 开户行及账号：中国建设银行前门支行11001005100053004268	密码区	172312-4-275＜1+46*54* 82*59* 181321＞＜8182*59*09618153＜/ ＜4＜3*2702-9＞9*+153＜/0 ＞2-3 *08/4＞*＞＞2-3*0/9/＞＞25-275＜1

货物或应税劳务、服务名称	规格型号	单位	数量	单价	金额	税率	税额
*纺织产品*布料		1	1	1,000.00	10,000.00	13%	1,300.00
合计					¥10,000.00		¥1,300.00
价税合计（大写）	⊗壹万壹仟叁佰元整				（小写）¥11,300.00		

销售方	名称：北京山水服饰公司 纳税人识别号：9111035460K78966789 地址、电话：北京昌平区海淀路4号 010-88561289 开户行及账号：建设银行海淀支行2200784563899968	备注	校验码 52118 02817 08248 65199

收款人：张峰　复核：聂明宇　开票人：王林

第三联：发票联　购买方记账凭证

图 1－22　增值税专用发票

② 基本联次及作用：增值税专用发票的基本联次共三联，各联规定的用途如下：第一联为记账联，是销货方核算销售额和销项税额的主要凭证，即销售方记账凭证。第二联为税款抵扣联，是购货方计算进项税额的证明，由购货方取得该联后，按税务机关的规定，依照取得的时间顺序编号，装订成册，送税务机关备查。第三联为发票联，收执方作为付款或收款原始凭证，属于商事凭证，即购买方记账凭证。

③ 票面构成要素，如图 1－23 所示。

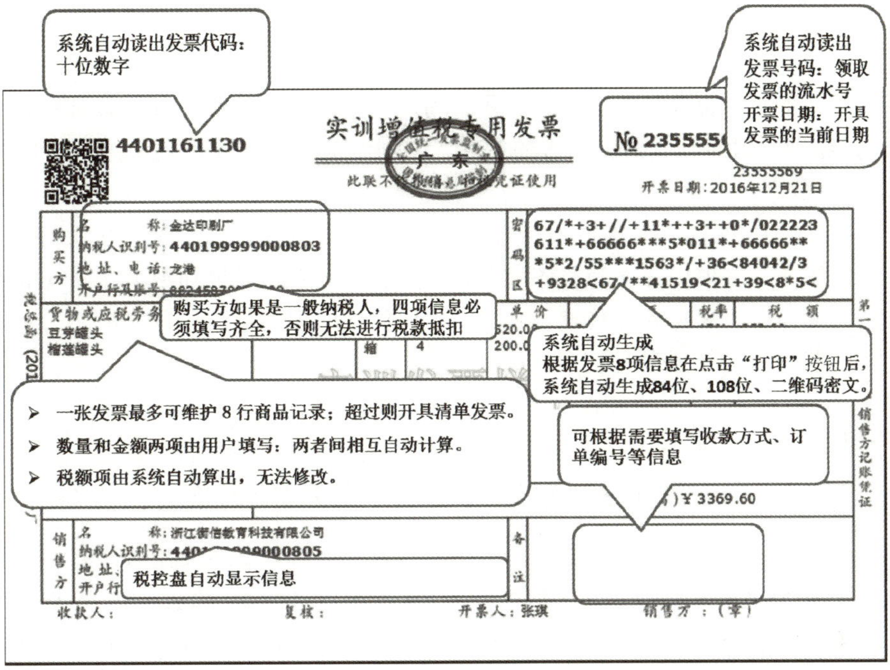

图 1－23 增值税专用发票票面构成要素

（2）增值税普通发票。

① 票样：增值税普通发票是指增值税专用发票以外的纳税人使用的其他发票。（票面与专业发票一样，只是“专用”变为“普通”两字）

② 基本联次及作用：增值税普通发票的基本联次共二联，各联规定的用途如下：第一联为记账联，是销货方核算销售额和销项税额的主要凭证，即销售方记账凭证。第二联为发票联，收执方作为付款或收款原始凭证，属于商事凭证，即购买方记账凭证。

二、税收征收方式

（一）我国现行税收体系分类

关于发票的管理规定

按税收对象的性质和作用分类，如表 1－2 所示。

表 1－2 税收对象按性质与作用分类

分类	具体税种
流转税类	又称流转课税、流通税，指以纳税人商品生产、流通环节的流转额或者数量以及劳务服务的流转额为征税对象的一类税收。如增值税、消费税、关税、流转税附加税（城建税与教育费附加）、烟叶税
资源税类	是以自然资源和某些社会资源为征税对象而征收的一类税收。如资源税、城镇土地使用税等
所得税类	又称收益税，是以纳税人的各种收益额为征税对象而征收的一类税收。如企业所得税、个人所得税
行为税类	也称特定行为目的税，是国家为了实现某种特定的目的，以纳税人的某些特定行为为征税对象而征收的一类税收。如印花税、契税、耕地占用税、城市维护建设税、土地增值税、车辆购置税等
财产税类	是以纳税人所拥有的财产数量或财产价值为征税对象而征收的一类税收。如房产税、车船税等

（二）征收程序

因征收方式不同，税款征收程序也有所不同。税款一般由纳税人直接向国家金库经收处（设在银行）缴纳。国库经收处将收缴的税款，随同缴款书划转支付到金库后，税款征收入库手续即告完成。

根据《中华人民共和国税收征收管理法》第三十四条的规定，税务机关征收税款时，必须开具完税凭证。完税凭证作为税务机关收取税款时的专用凭证和纳税人履行纳税义务的合法证明，其式样由国家税务总局统一制定。完税凭证的种类包括各种完税证、缴款书、印花税票、扣（收）税凭证及其他完税证明。

【寓德于技】

办税服务厅故事：简政放权、提升税务服务

国家税务总局发出《关于创新税务行政审批方式提升办税服务效能的意见》，要求全国各级税务部门进一步推进税务部门职能转变，创新税务行政审批方式，提升办税服务效能。在此背景下的安女士来到政务大厅办理新办企业业务，税务工作人员与工商部门联合辅导，帮其完成了工商登记以及税务信息确认，不到 2 个小时就把企业开办的全部业务流程一次性办结，第一时间拿到了营业执照、税务 Ukey 和发票。安女士高兴地说道："真是太方便了，没想到不到 2 个小时就把企业开办的全部业务流程一次性办结，再也不用来回跑了。"

办税服务厅推出的新办纳税人"套餐服务"。此项举措在"便民、极速、联办"上下功夫，通过在工商窗口派驻税务人员，使得纳税人在工商部门登记的同时，能够正确填写信息，同步完成税务信息确认操作。新办纳税人业务由过去的"多部门受理审核"变成现在的"一站式"辅导、"全流程"办结，让服务更高效、更便捷，为纳税人节约了更多时间。

知识小结：

"税务报道"相关知识小结如图 1－24 所示。

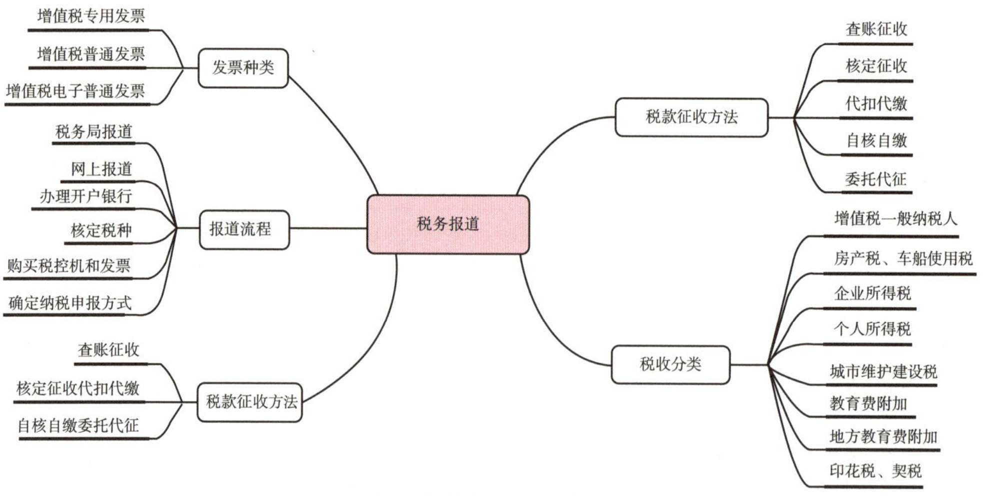

图 1－24 "税务报道"相关知识小结

任务一　办理开户银行

学习目标：

1. 知晓《银行支付结算办法》中，有关办理银行开户的相关法律的规定
2. 明确办理开户银行的相关规定
3. 独立办理开户银行事项
4. 在办理开户银行过程中，树立依法依规办事的行为规范意识，增强专业服务意识，践行社会主义核心价值观

任务描述：

一、公司基本情况

公司全称：北京中瑞宏达会计师事务所有限公司。

企业类型：咨询服务公司，委托承办有关审计、会计、税务、企业管理咨询、人力资源咨询等专业的会计师事务所。拥有全国一流的注册会计师、注册税务师、注册资产评估师为您提供专业的财务、税务、审计、验资、评估、管理咨询、财务培训服务。

经营地址、电话：北京市昌平区定泗路 28 号　010－89758011。

二、业务描述

【业务 1－4】投资人刘明与华娟完成注册北京祥瑞腾达商贸有限责任公司（简称祥瑞腾达公司），取得了营业执照，根据《中华人民共和国税收征收管理法》等有关规定，企业取得营业执照 30 日内要到税务局进行税务报道，通过领取“法人一证通”数字证书，在网上填写公司的基本信息后，为便于日后缴税，需要办理银行开户。

要求：以涉税服务岗会计身份，协助投资人刘明完成办理银行开户工作。

任务布置：

一、明确任务

以涉税服务岗会计的身份完成以下工作：

（1）依据银行结算办法相关法律规定，做好进行银行开户的资料准备。

（2）在明确办理银行开户工作流程的基础上，完成企业银行开户工作。

二、工作成果

（1）整理提供办理银行开户所需的证件和资料。
（2）完成办理银行开户。
（3）将办理取得的银行开户的有关证件和资料进行档案归档。

三、评价标准

（1）依据《中华人民共和国税收征收管理法》《银行支付结算办法》的规定，及时、准确办理银行开户、签订扣款协议。

（2）依据《会计基础工作规范》等要求，及时、规范地将银行开户有关证件和资料进行档案归档保管。

任务分析：

一、工作思路

（1）及时与相关部门沟通，明确办理银行开户工作流程以及所需的证件和资料。
（2）办理银行开户工作。

二、岗位分工及工作流程

岗位分工及工作流程如图 1－25 所示。

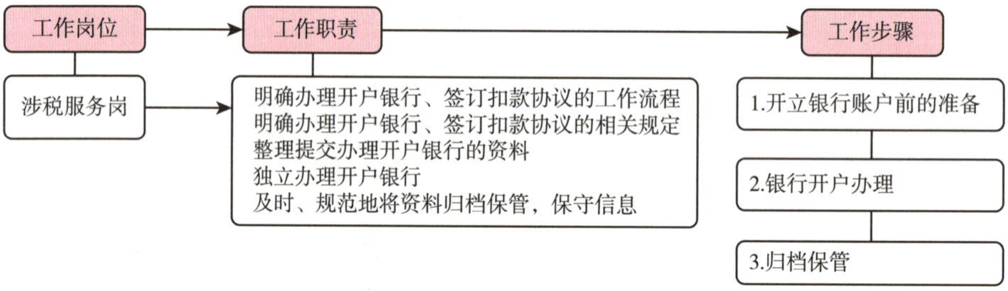

图 1－25　岗位分工及工作流程

任务实施：

一、开立银行账户前的准备

（一）明确办理银行开户工作流程

企业办理银行开户流程，如图 1－26 所示。

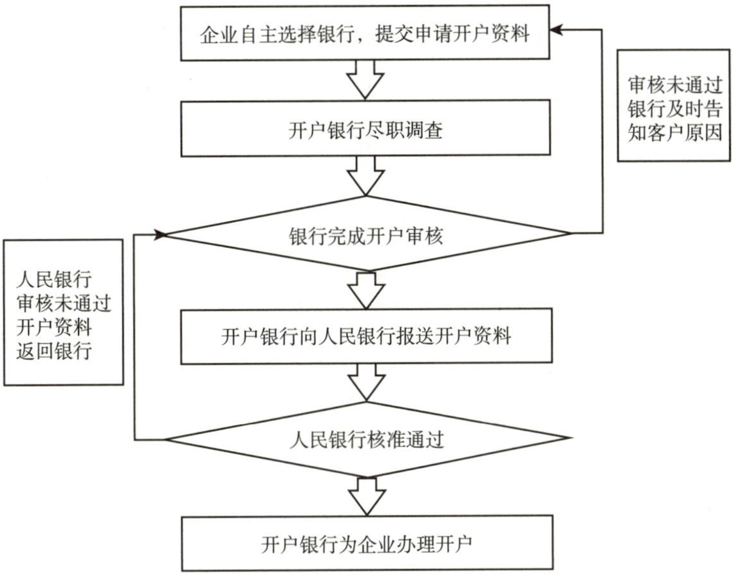

图1－26　办理银行开户工作流程

（二）整理办理银行开户工作的资料

（1）营业执照正本、副本。

（2）公司章程。

（3）法定代表人身份证原件及复印件。

（4）合伙人或股东身份证复印件。

（5）经办人身份证原件及复印件。

（6）五章（公章、财务章、法人章、合同专用章、发票专用章）。

开户所需费用

二、银行开户办理

（1）提前预约银行客户经理，带齐相关材料前去开户行。

（2）在客户经理的指引下签相关文件、盖章。

（3）等待客户经理通知去取证、回单卡、U盾、预留银行印鉴卡片等。

（4）在客户经理的指引下进行账户存款等剩余操作。

【要点提示】

（1）一般来说，在开户和取证中，法定代表人至少亲自到场一次。

（2）多联系几家银行，比较一下费用、服务、开户速度的快慢、网点的便利程度等因素。

（3）取得的预留银行印鉴卡片可以是纸质的，也可以是电子印鉴，如图1－27所示。

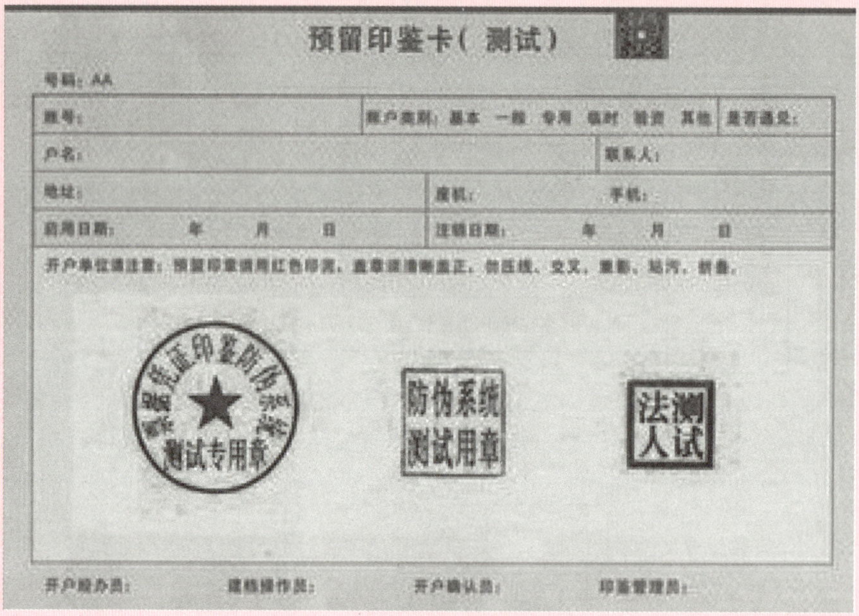

图 1－27 预留银行印鉴卡片

三、网签三方协议

（1）银行开户成功后，进入国家税务总局北京电子税务局办事界面，点击界面下边的“其他服务事项”，如图 1－28 所示。

图 1－28 “其他服务事项”界面

（2）进入其他服务事项后，选择右侧的网签三方协议，点击“新增”按钮，添加已开立的银行账户信息办理三方协议，如图 1－29 所示。

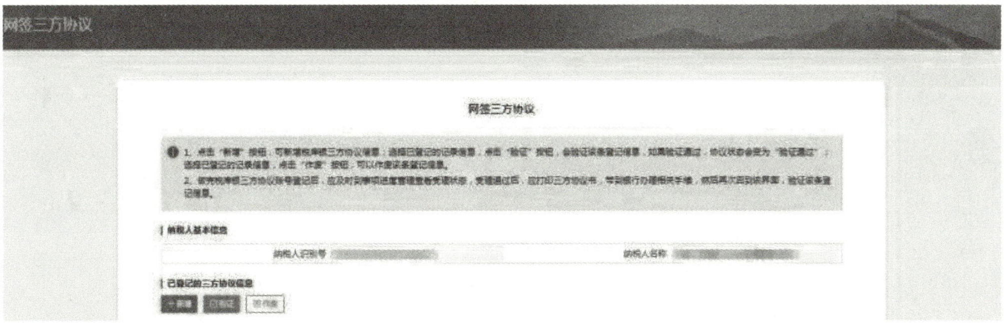

图 1－29　“网签三方协议”界面

（3）新增成功后，点击“验证”按钮，三方协议结果显示验证通过则银行三方协议签署完毕，如图 1－30 所示。

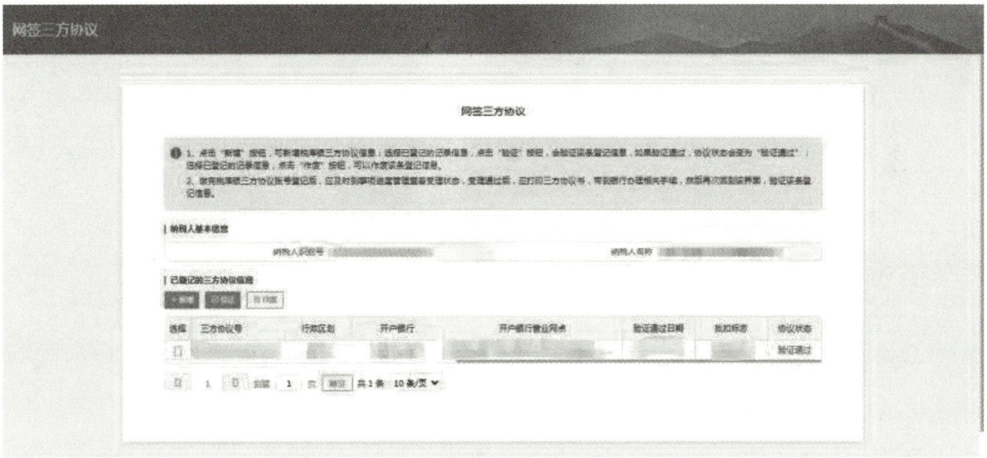

图 1－30　“三方协议验证通过”界面

任务总结：

“办理开户银行”任务总结如图 1－31 所示。

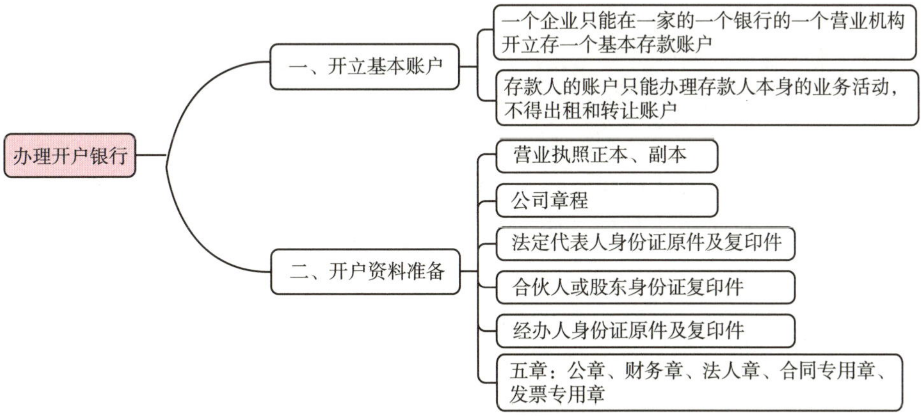

图 1－31　“办理开户银行”任务总结

任务二 实名认证

学习目标:

1. 明确税务资格登记、税款征收方式认定业务的工作流程
2. 依据税收法律法规的相关规定，正确、及时办理纳税人税务资格登记、税款征收方式认定等业务
3. 履行税务报道义务，增强学生职业荣誉感
4. 能够与税务专管员沟通协调，具有良好的表达、理解、协调能力
5. 感受社会主义制度优越性，树立依法依规办理业务的办事意识

任务描述:

一、公司基本情况

公司全称：北京中瑞宏达会计师事务所有限公司。

企业类型：咨询服务公司，委托承办有关审计、会计、税务、企业管理咨询、人力资源咨询等专业的会计师事务所。拥有全国一流的注册会计师、注册税务师、注册资产评估师为客户提供专业的财务、税务、审计、验资、评估、管理咨询、财务培训服务。

经营地址、电话：北京市昌平区定泗路28号 010－89758011。

二、业务描述

【业务1－5】投资人刘明与华娟注册成立的北京祥瑞腾达商贸有限责任公司（简称祥瑞腾达公司），在涉税服务人员的帮助下，已完成银行开户，并签订扣税协议，根据《中华人民共和国增值税暂行管理条例》《增值税一般纳税人资格认定管理办法》等有关法律法规的规定，需要进行纳税资格的认定和税款方式认定。

要求：以涉税服务岗会计身份，协助投资人刘明完成纳税资格的认定和税款方式认定工作。

任务布置：

一、明确任务

以涉税服务岗会计的身份完成以下工作：

（1）明确办理纳税人资格认定的标准、认定程序以及所需资料的准备。

（2）配合税务专管员，根据企业经营特点，正确完成纳税人资格认定工作。

（3）依据国家税收征收管理办法的有关规定，规范完成税款征收方式的认定工作。

二、工作成果

（1）增值税一般纳税人资格证书。

（2）增值税一般纳税人选择查账征收办法征收备案表。

三、评价标准

（1）依据《增值税一般纳税人资格认定管理办法》（国家税务总局第22号令，以下简称《认定办法》）等文件的规定，正确进行纳税人资格登记，确定纳税资格。

（2）依据《国家税务总局关于增值税查账征收政策有关管理问题的通知》等要求，正确完成企业税款征收方式的认定。

任务分析：

一、工作思路

（1）明确纳税人资格认定和税款征收方式认定的工作流程，整理和准备认定提交的资料。

（2）根据纳税人经营特点，掌握纳税资格认定标准、税款征收方式，填写认定申请表。

二、岗位分工及工作流程

岗位分工及工作流程如图1－32所示。

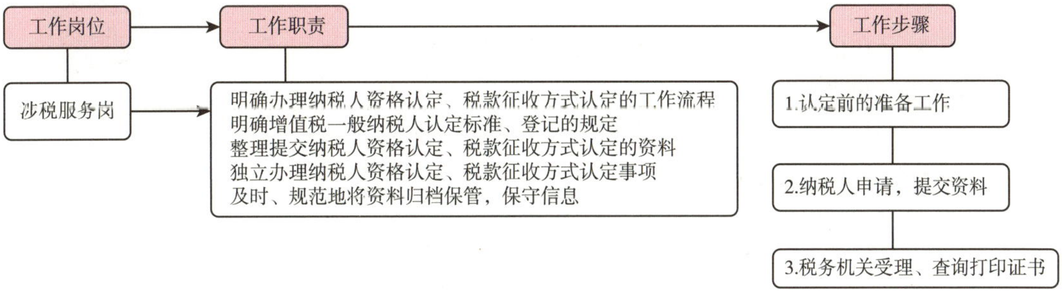

图1－32　岗位分工及工作流程

任务实施：

一、认定前的整理工作

（1）明确增值税一般纳税人登记、税款征收方式认定工作流程，如图1－33所示。

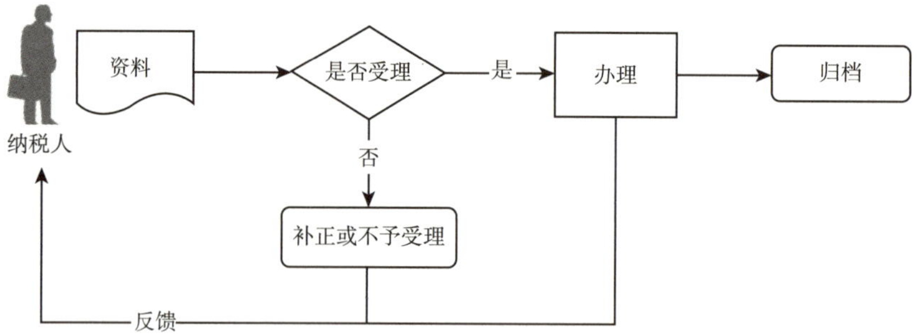

图1－33 岗位分工及工作流程

（2）资料准备，如表1－3所示。

表1－3 增值税一般纳税人登记工作所需资料

序号	材料名称	数量	备注
1	增值税一般纳税人申请认定表	2份	
2	财务负责人和经办人身份证件原件	1份	查验后退回
3	与会计师事务所签订的代理记账协议及复印件	1份	
4	加载统一社会信用代码的营业执照原件	1份	查验后退回
5	经营场所产权证明或者租赁协议，或者其他可使用场地证明及其复印件	1份	

二、纳税人申请、提交资料

增值税纳税人资格认定标准

（1）依照《认定办法》第四条规定，确认申请资格。

① 有固定的生产经营场所；

② 能够按照国家统一的会计制度规定设置账簿，根据合法、有效凭证核算，能够提供准确税务资料。

（2）明确申请时限：自税务登记日起30日内申请资格认定。

（3）填写“增值税一般纳税人资格登记表”，如图1－34所示。

增值税一般纳税人资格登记表

<table>
<tr><td>纳税人名称</td><td colspan="2">北京祥瑞腾达商贸有限责任公司</td><td>纳税人识别号</td><td colspan="2">91110102M921903806</td></tr>
<tr><td>法定代表人（负责人、业主）</td><td>刘明</td><td>证件名称及号码</td><td>身份证
1101111980032900XX</td><td>联系电话</td><td>010-65888888</td></tr>
<tr><td>财务负责人</td><td>张芳</td><td>证件名称及号码</td><td>身份证
1101021985040231XX</td><td>联系电话</td><td>010-65888888</td></tr>
<tr><td>办税人员</td><td>钱朵朵</td><td>证件名称及号码</td><td>身份证
1101231994081609XX</td><td>联系电话</td><td>010-65888888</td></tr>
<tr><td>税务登记日期</td><td colspan="5">2019年9月14日</td></tr>
<tr><td>生产经营地址</td><td colspan="5">北京市昌平区天通西路82号</td></tr>
<tr><td>注册地址</td><td colspan="5">北京市昌平区天通西路82号</td></tr>
<tr><td colspan="6">纳税人类别：企业☑ 非企业性单位☐ 个体工商户☐ 其他☐</td></tr>
<tr><td colspan="6">主营业务类别：工业 ☐　商业 ☑　服务业 ☐　其他☐</td></tr>
<tr><td colspan="6">会计核算健全：是☑</td></tr>
<tr><td colspan="6">一般纳税人资格生效之日：当月1日 ☐　次月1日 ☑</td></tr>
<tr><td colspan="6">纳税人(代理人)承诺：
上述各项内容真实、可靠、完整。如有虚假，愿意承担相关法律责任。
经办人：张芳　法定代表人：刘明　代理人：　（签章）
北京祥瑞腾达商贸有限责任公司
2020年 9 月 14 日</td></tr>
<tr><td colspan="6">以下由税务机关填写</td></tr>
<tr><td>主管税务机关受理情况</td><td colspan="5">受理人：
主管税务机关（章）
年　月　日</td></tr>
</table>

图 1－34　增值税一般纳税人资格登记表

（4）备齐资料，通过办税服务厅（场所）、电子税务局办理，提交资料。

三、税局机关受理、打印证书

（1）税务机关受理企业申请，查验资料。

（2）登录电子税务局进行查询。

①进入“我的信息—纳税人信息—资格信息”页面，查询一般纳税人资格有效期。

②查到后进入“我要办税—证据开具—打印一般纳税人证明”页面。

③文书制作日期起，选择一般纳税人有效期起，文书制作日期止，选择有效期起同年的12 月 31 日（例如：一般纳税人有效期起是 2020 - 6 - 1，文书制作日期起是 2020 - 6 - 1，文书制作日期止是 2020 - 12 - 31），点击“查询”按钮，查到数据后即可打印，如图 1 - 35 所示。

国家税务总局北京市税务局

税务事项通知书

京 税通〔2020〕849 号

北京祥瑞腾达商贸有限责任公司：（纳税人识别号：91110102M921903806）

事由：《税务事项通知书》（登记通知）

依据：《增值税一般纳税人登记管理办法》（国家税务总局令第43号）

通知内容：你单位于 2020 年 9 月 14 日提出的增值税一般纳税人登记申请收悉，予以登记。增值税一般纳税人自 2020 年 10 月起生效。

税务机关（签章）

2020 年 9 月 28 日

图 1 - 35 税务事项通知书

【要点提示】

纳税人登记为一般纳税人后，不得转为小规模纳税人，国家税务总局另有规定的除外。

任务总结：

“实名认证”任务总结如图 1－36 所示。

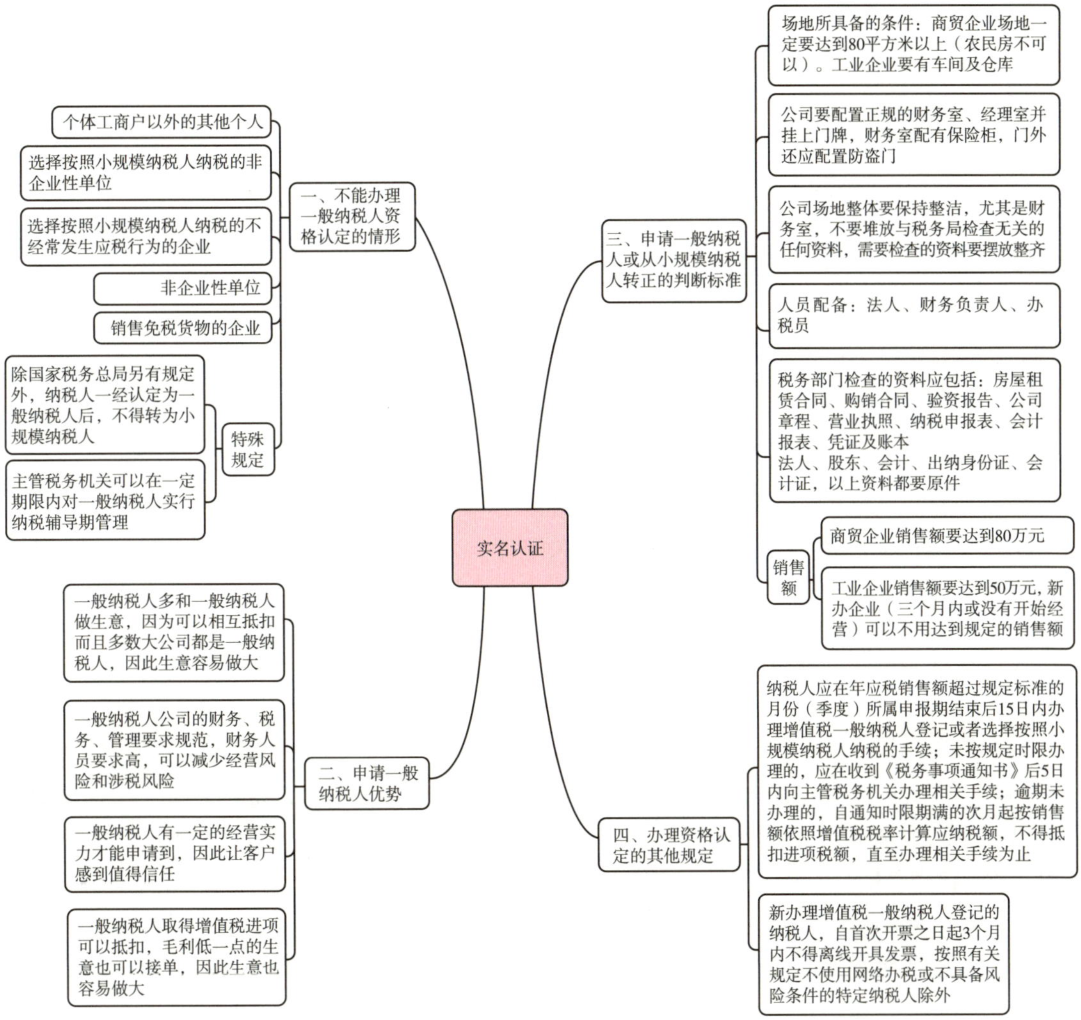

图 1－36　“实名认证”任务总结

任务三 购买税控机、发票

学习目标：

1. 知晓《中华人民共和国税收征收管理法》《中华人民共和国发票管理办法》等相关发票的法律规定

2. 熟记购买税控机、发票的业务流程以及领购发票的管理要求

3. 掌握发票管理的相关规定

4. 能够规范正确地完成发票领购的业务

5. 在办理购买税控机、发票过程中，树立依法依规办事的行为规范意识，践行社会主义核心价值观

任务描述：

一、公司基本情况

公司全称：北京中瑞宏达会计师事务所有限公司。

企业类型：咨询服务公司，委托承办有关审计、会计、税务、企业管理咨询、人力资源咨询等专业的会计师事务所。拥有全国一流的注册会计师、注册税务师、注册资产评估师为您提供专业的财务、税务、审计、验资、评估、管理咨询、财务培训服务。

经营地址、电话：北京市昌平区定泗路 28 号 010－89758011。

二、业务描述

【业务 1－6】投资人刘明与华娟注册成立的北京祥瑞腾达商贸有限责任公司（简称祥瑞腾达公司），在涉税服务人员的帮助下，已完成银行开户，并在签订扣税协议的基础上，完成了增值税一般纳税人资格的认定，根据《中华人民共和国增值税暂行管理条例》《增值税专用发票使用规定》等有关法律法规的规定，需要购买税控机和发票工作，以确保企业生产经营的开展。

要求：以涉税服务岗会计身份，协助公司完成购买税控机和发票工作。

任务布置：

一、明确任务

以涉税服务岗会计的身份完成以下工作：

（1）依据《中华人民共和国税收征收管理办法》《中华人民共和国发票管理办法》相关法律规定，进行购买税控机和发票的资料准备。

（2）明确购买税控机和发票工作流程。

二、工作成果

（1）整理提供购买税控机和发票所需的证件和资料。

（2）完成到税务部门购买税控机和发票工作。

（3）将购买税控机和发票的有关证件和资料及时送存财务，进行报销、档案归档。

三、评价标准

（1）依据《中华人民共和国税收征收管理法》《中华人民共和国会计法》《中华人民共和国发票管理办法》的规定，及时、准确完成购买税控机和发票工作。

（2）依据《会计基础工作规范》等要求，及时、规范地将购买税控机和发票的有关证件和资料，送存财务，进行报销、档案归档保管。

任务分析：

一、工作思路

（1）及时与相关部门沟通，明确购买税控机和发票工作流程以及所需的证件和资料。

（2）办理购买税控机和发票工作。

二、岗位分工及工作流程

岗位分工及工作流程如图1－37所示。

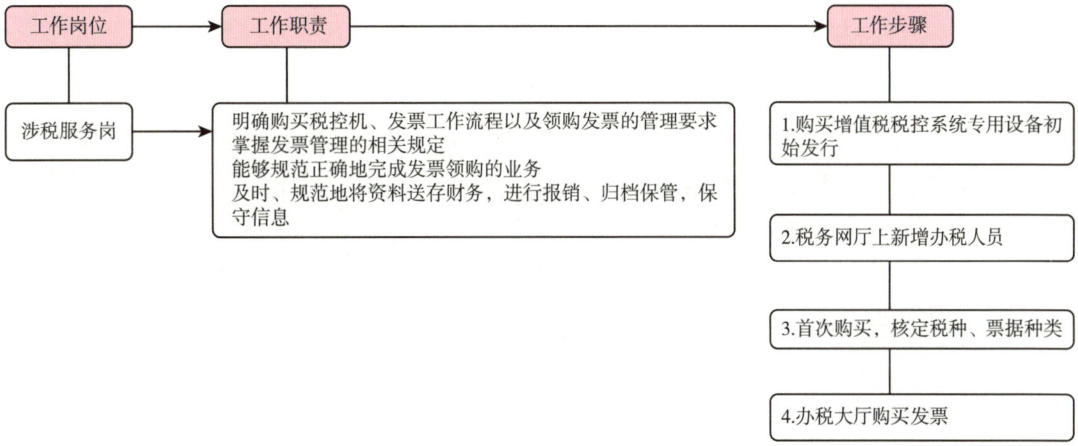

图1－37　岗位分工及工作流程

任务实施：

一、购买增值税税控系统专用设备进行初始化发行

办税员
岗位职责

（1）申请条件：纳税人在初次使用或重新领购增值税税控系统专用设备开具发票之前，需要税务机关对增值税税控系统专用设备进行初始化发行，将开票所需的各种信息载入增值税税控系统专用设备。

（2）办理材料：购买增值税税控系统专用设备材料准备如表1－4所示。

表1－4 购买增值税税控系统专用设备材料准备

序号	材料名称	数量	备注
1	金税盘（税控盘）、报税盘、税务Ukey		根据领购的税控系统专用设备报送
2	经办人身份证件原件	1份	查验后退回
3	《税务事项通知书》（发票票种核定通知）或《准予税务行政许可决定书》	1份	查验后退回

（3）办理流程：购买增值税税控系统专用设备工作流程如图1－38所示。

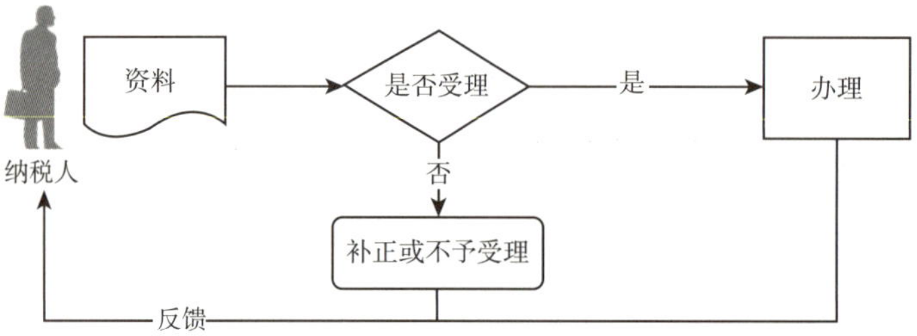

图1－38 购买增值税税控系统专用设备工作流程

二、税务网厅上，新增办税人员、信息，进行实名认证

（1）用IE浏览器登录国家税务总局北京市税务局，点击“北京市电子税务局”按钮，如图1－39所示。

图1－39 国家税务总局北京市税务局网站

（2）进入“北京市电子税务局”界面后，点击右上角的“登录”按钮，如图 1－40 所示。

图 1－40 点击右上角的“登录”按钮

（3）选择中间的“CA 登录”，插上北京一证通，输入密码后登录，如图 1－41 所示。

图 1－41 选择“CA 登录”，插上北京一证通，输入密码

（4）进入国家税务总局北京电子税务局办事界面，点击界面下边的“纳税人信息”按钮，如图 1－42 所示。

（5）查看“实名办税身份信息采集”，如图 1－43 所示。

（6）点击上图中的“实名认证”后，通过微信、支付宝、银联银行卡进行实名认证，如图 1－44、图 1－45 所示。

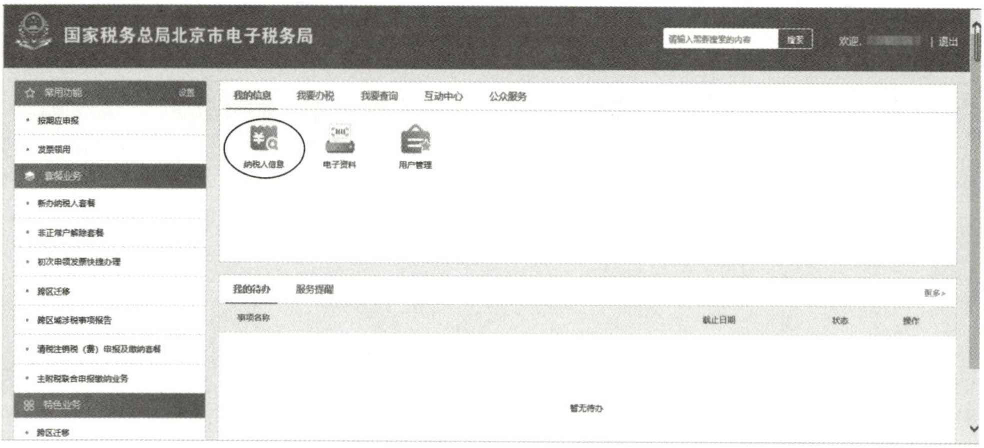

图 1-42 在北京电子税务局办事界面，点击“纳税人信息”

图 1-43 查看“实名办税身份信息采集”

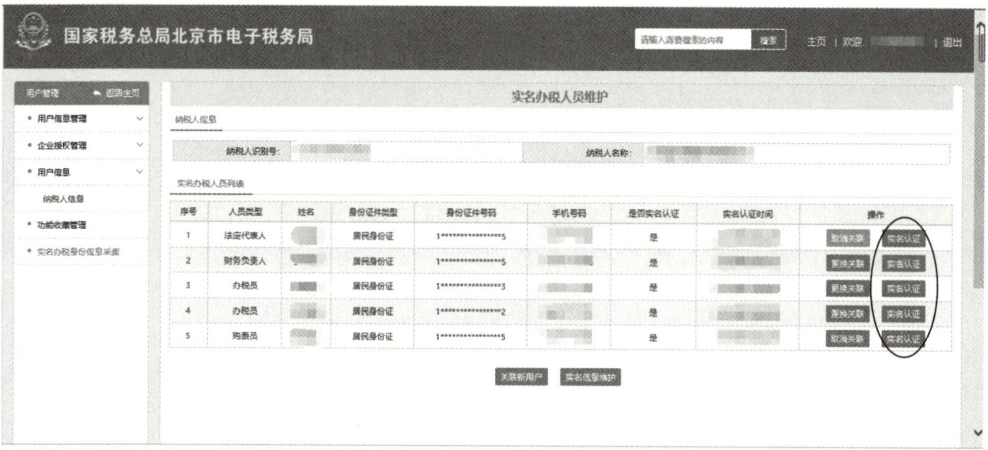

图 1-44 点击“实名认证”按钮

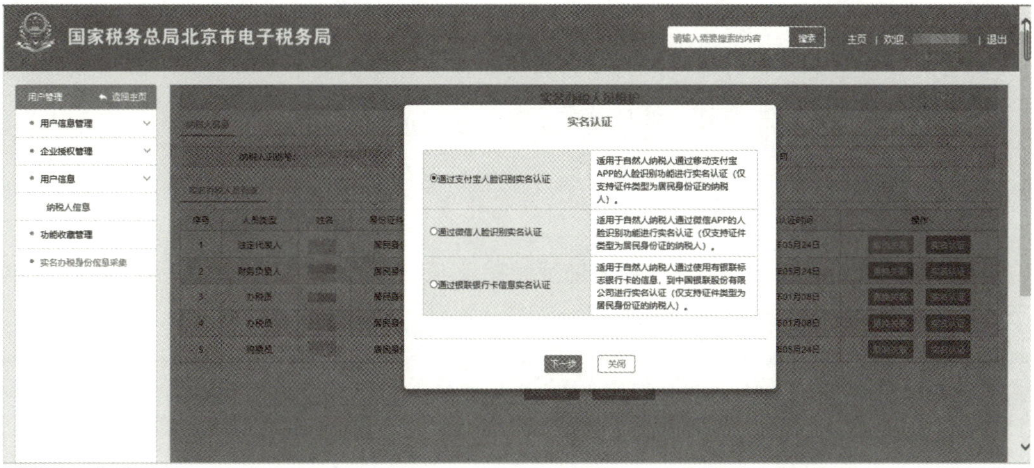

图 1－45　通过微信、支付宝、银联银行卡进行实名认证

三、首次购买，核定税种、票据种类

首次购买发票在税务网上确认领购发票票种，即增值税专用发票或增值税普通发票。

（1）进入国家税务总局北京市电子税务局网站登录后，点击“发票领用”按钮。

（2）点击“发票票种申请”按钮，填写“发票票种核定表”，如图 1－46 所示。

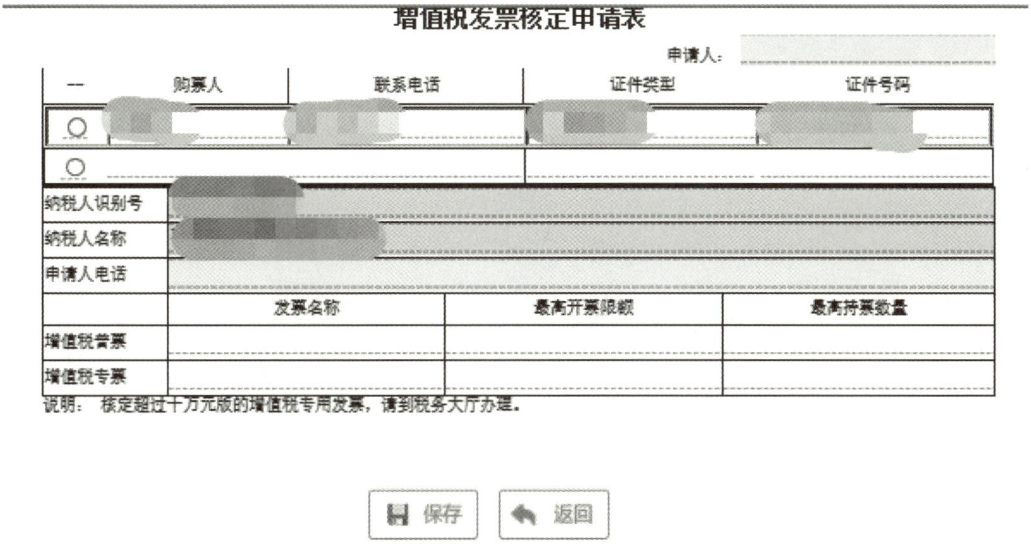

增值税发票核定申请表

申请人：

—	购票人	联系电话	证件类型	证件号码
○				
○				

纳税人识别号			
纳税人名称			
申请人电话			
	发票名称	最高开票限额	最高持票数量
增值税普票			
增值税专票			

说明：核定超过十万元版的增值税专用发票，请到税务大厅办理。

保存　返回

图 1－46　点击“发票票种申请”按钮，填写“发票票种核定表”

（3）办税大厅购买发票。纳税人需领用发票的，向主管税务机关申请办理发票领用手续。主管税务机关根据纳税人的经营范围和规模，确认领用发票的种类、数量、开票限额等事宜。

【要点提示】

已办理发票票种核定的纳税人，当前领用发票的种类、数量或者开票限额不能满足经营需要的，可以向主管税务机关提出调整。

四、购买增值税税控系统专用设备进行初始化发行

首次票种核定完成后，点击“事项进度跟踪”里“税控设备申请”按钮，按提示申领税务 UK，可按公司需要选择邮寄或自取，如图 1－47、图 1－48 所示。

图 1－47　税务 UK 申领 1

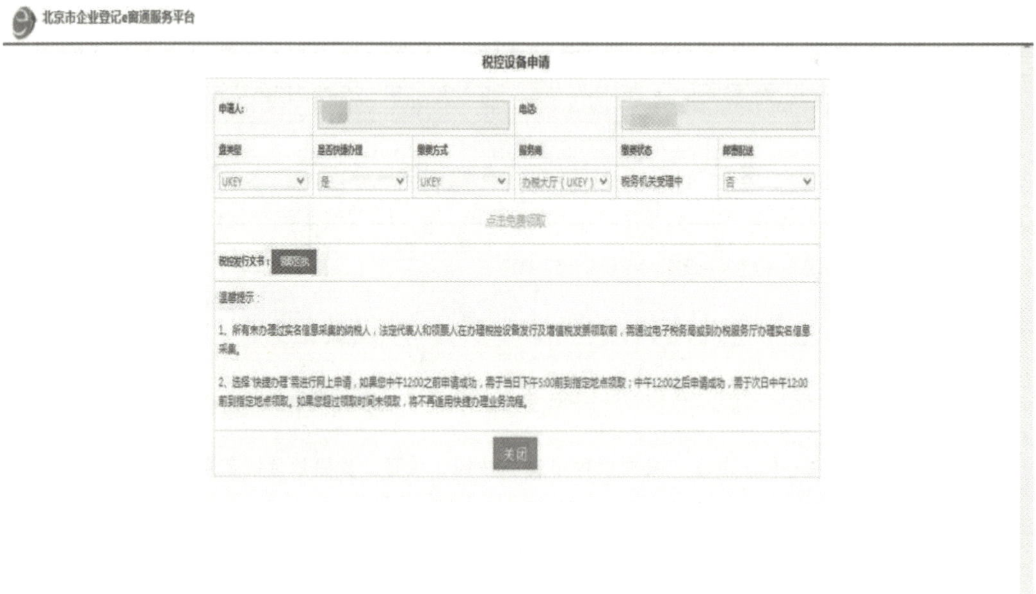

图 1－48　税务 UK 申领 2

任务总结：

“购买税控机、发票”任务总结如图 1－49 所示。

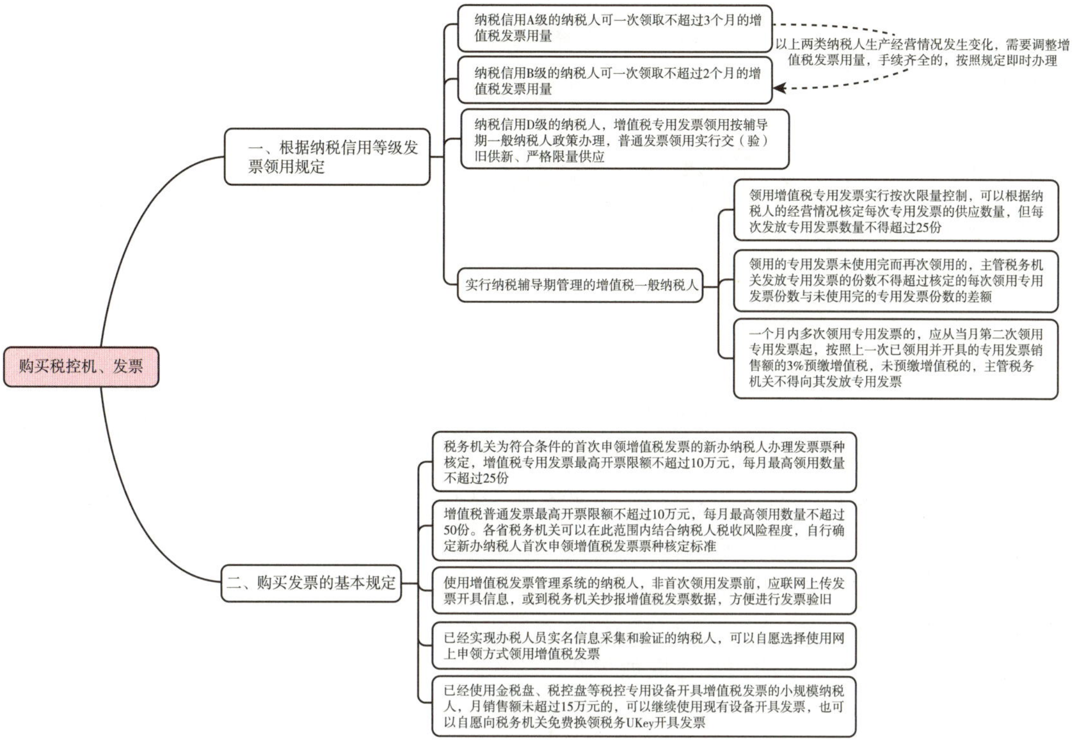

图 1－49　“购买税控机、发票”任务总结

单元练习
与实训

单元二
2 增值税核算与缴纳

增值税是指对销售货物或者提供加工、修理修配劳务以及进口货物的单位和个人就其实现的增值额征收的一个税种。根据数据显示，2021 年我国增值税的收入占全部税收收入的 36.8%，增值税已经成为我国第一大税种。增值税由国家税务局负责征收，税收收入中 50% 为中央财政收入，50% 为地方收入。进口环节征收的增值税全部为中央财政收入，由海关负责征收。准确计算增值税税额，依法依规缴纳增值税对企业和国家都具有重要意义。

任务内容与思政元素的相互协同如图 2－1 所示。

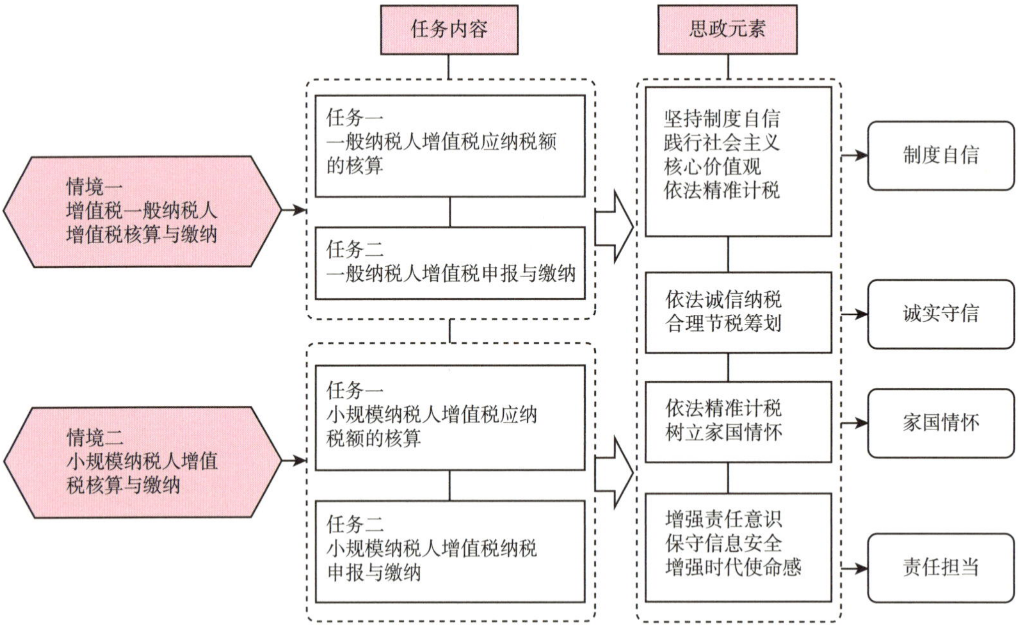

图 2－1　任务内容与思政元素的相互协同

情境一　增值税一般纳税人核算与缴纳

实战演练

知识目标：

1. 掌握《中华人民共和国增值税暂行条例》《企业会计准则》和《会计基础工作规范》等相关法律的规定
2. 准确界定增值税的征税范围
3. 准确区分增值税一般纳税人和小规模纳税人

技能目标：

1. 能够准确计算一般纳税人增值税应纳税额
2. 依据一般纳税人纳税申报与税款缴纳的工作流程正确进行纳税申报与缴纳

素养目标：

1. 准确计算增值税应纳税额，树立依法足额纳税的意识
2. 坚守税务岗位工作，践行会计职业责任和担当

知识储备：

一、什么是增值税

《中华人民共和国增值税暂行条例》（以下简称《增值税暂行条例》）中所阐述的增值税是以货物、劳务、服务、无形资产和不动产在流转过程中产生的增值额作为征税对象而征收的一种流转税。

二、增值税的纳税人和扣缴义务人

（一）纳税义务人

增值税的纳税人是指在中华人民共和国境内销售货物、劳务、服务、无形资产或者不动产以及发生进口业务的单位和个人。

（二）扣缴义务人

中华人民共和国境外的单位或个人在境内销售货物、劳务、服务、无形资产或者不动产，在境内未设有经营机构的，以其境内代理人为扣缴义务人；在境内没有代理人的，以购

买人为扣缴义务人。

按照《增值税暂行条例》中关于《增值税一般纳税人资格认定管理办法》规定，增值税的纳税人按认定标准可分为两类：一般纳税人和小规模纳税人。具体规定如表 2－1 所示。

表 2－1 一般纳税人和小规模纳税人划分表

项目	具体规定
会计核算水平	纳税人的会计核算是否健全 是否能够提供准确的税务资料
销售收入	纳税人年应税销售额的大小 1. 纳税人在连续不超过 12 个月或 4 个季度的经营期内累计应征增值税销售额超过 500 万元 销售额包括纳税申报销售额、稽查查补销售额、纳税评估调整销售额 销售服务、无形资产、不动产有扣除项目的纳税人，其应税行为年销售额按未扣除之前的销售额计算 纳税人偶然发生的销售无形资产、转让不动产的销售额，不计入应税行为年应税销售额 2. 年应税销售额未超过 500 万元，但核算健全，能够提供准确税务资料的纳税人，可以向主管税务机关办理一般纳税人登记 3. 年应税销售额超过小规模纳税人标准的其他个人按小规模纳税人纳税 4. 不经常发生应税行为的非企业性单位、企业和个体工商户可选择按照小规模纳税人纳税

根据《增值税一般纳税人资格登记管理办法》规定，纳税人的管理主要内容包括：

1. 小规模纳税人的管理

小规模纳税人是指年销售额在规定标准以下，并选择不向主管国税机关办理增值税一般纳税人资格登记的增值税纳税人。

年销售额是指纳税人在连续不超过 12 个月的经营期内累计应征增值税的销售额，包括免税销售额。

增值税小规模纳税人偶然发生的转让不动产的销售额，不计入应税行为年应税销售额。

2. 一般纳税人的管理

自 2015 年 4 月 1 日起，增值税一般纳税人（以下简称一般纳税人）资格实行登记制，登记事项由增值税纳税人（以下简称纳税人）向其主管税务机关办理。

（1）增值税纳税人，年应税销售额超过财政部、国家税务总局规定的小规模纳税人标准的，除另有规定外，应当向主管税务机关申请一般纳税人资格登记。

（2）年应税销售额未超过财政部、国家税务总局规定小规模纳税人标准以及新开业的纳税人，可以向主管税务机关申请一般纳税人资格登记。对提出申请并且能够按照国家统一的会计制度规定设置账簿，根据合法、有效凭证核算，能够提供准确税务资料的纳税人，主管税务机关应当为其办理一般纳税人资格登记。

（3）纳税人年应税销售额超过财政部、国家税务总局规定标准，且符合有关政策规定，选择按小规模纳税人纳税的，应当向主管税务机关提交《选择按小规模纳税人纳税的情况说明》。个体工商户以外的其他个人年应税销售额超过规定标准的，不需要向主管税务机关提交书面说明。

（4）试点纳税人兼有销售货物、提供加工修理修配劳务和应税行为的，应税货物及劳务销售额与应税行为销售额分别计算，分别适用增值税一般纳税人资格登记标准。

（5）试点纳税人在办理增值税一般纳税人资格登记后，发生增值税偷税、骗取出口退税和虚开增值税扣税凭证等行为的，主管国税机关可以对其实行 6 个月的纳税辅导期管理。

三、增值税征税范围

在中华人民共和国境内销售货物、劳务、服务、无形资产和不动产以及进口业务都属于增值税的征税范围。

1. 境内销售货物

境内销售货物是指境内有偿转让货物或有形动产的所有权，包括电力、热力、气体在内。

2. 境内提供劳务

境内提供劳务是指纳税人提供境内加工、修理修配劳务。

（1）加工是指受托加工货物，即委托方提供原料及主要材料，受托方按照委托方的要求，制造货物并收取加工费的业务。

（2）修理修配是指受托对损伤和丧失功能的货物进行修复，使其恢复原状和功能的业务。修理修配的对象只能是货物，不动产的修理修配不属于增值税的应税劳务。

《中华人民共和国增值税暂行条例实施细则》关于视同销售货物的规定

3. 境内销售服务

销售服务是指境内提供交通运输服务、邮政服务、电信服务、建筑服务、金融服务、现代服务、生活服务。

4. 境内销售无形资产

销售无形资产是指在境内销售不具实物形态，但能带来经济利益的资产，包括技术、商标、著作权、商誉、自然资源使用权和其他权益性无形资产。

5. 境内销售不动产

境内销售不动产是指不能移动或者移动后会引起性质、形状改变的财产，包括建筑物、构筑物等。

四、增值税税率和征收率

我国增值税采用比例税率形式。由于增值税纳税人分为一般纳税人和小规模纳税人，采用的征收方法不同，对一般纳税人采用的是税率，对小规模纳税人采用征收率。

（一）税率

增值税一般纳税人发生应税行为，应按照适用税率计算缴纳增值税。一般纳税人增值税税率共分四档：13%、9%、6%和 0。一般纳税人的税率、税目，如表 2－2 所示。

增值税税率表

表 2－2　一般纳税人增值税税率、税目简表

税率		货物、应税劳务、应税服务项目
基本税率	13%	销售或者进口货物；提供加工、修理修配劳务；有形动产租赁
低税率	9%	粮食等农产品、食用植物油、食用盐
		自来水、暖气、冷气、热气、煤气、石油液化气、天然气、居民用煤炭制品
		图书、报纸、杂志、音像制品、电子出版物
		饲料、化肥、农药、农机、农膜；二甲醚
		交通运输业、邮政、基础电信、建筑、不动产租赁服务
		销售不动产；转让土地使用权
	6%	现代服务业、金融服务、生活服务、增值电信服务
		销售无形资产（转让土地使用权除外）
零税率	0	出口货物、劳务或者境内单位和个人发生的跨境应税行为

（二）征收率（简易计税）

增值税小规模纳税人采用免税、3%、5%的征收率。适用征收率5%的特殊情况主要有：销售不动产、不动产租赁、转让土地使用权、提供劳务派遣服务、安全保护服务选择差额纳税等。按照简易办法征收增值税的其他规定，如表2－3所示。

表 2－3　增值税征收率表

简易计税	项目	征收率
小规模纳税人允许适用简易计税方式计税的一般纳税人	小规模纳税人销售货物或者加工、修理修配劳务，销售应税服务、无形资产	3%
	一般纳税人发生按照规定适用或者可以选择适用简易计税方法计税的特定应税行为，但适用5%征收率的除外	
	销售不动产	5%
	符合条件的经营租赁不动产（土地使用权）	
	符合条件的不动产融资租赁	
	选择差额纳税的劳务派遣、安全保护服务	
	提供人力资源外包服务选择适用简易计税一般纳税人	
	个人或住房租赁企业向个人出租住房，按照5%的征收率减按1.5%计算	5%减按1.5%
	纳税人销售旧货；小规模纳税人（不含其他个人）以及符合规定情形的一般纳税人销售自己使用过的固定资产，可依3%征收率减按2%征收增值税	3%减按2%
	小规模纳税人，自2022年4月1日起至2022年12月31日	免税
	自2020年5月1日至2023年12月31日，从事二手车经销的纳税人销售其收购的二手车	3%减按0.5%

（三）预征率

预征率，就是“预征”适用的“税率”，目前主要针对不动产和建筑行业采用预征办法，主要有5%、3%和2%的档次。预征增值税是一种出于税款均衡入库需要的预交方法，需要在规定时间内按照规定税率或者征收率重新进行计算和申报。自2022年4月1日至2022年12月31日，小规模纳税人适用3%预征率的预缴增值税项目，暂停预缴增值税。

（四）增值税扣除率

（1）纳税人购进农产品，适用9%扣除率。

（2）纳税人购进用于生产或者委托加工13%税率货物的农产品，按照10%的扣除率计算进项税额。

知识小结：

“增值税一般纳税人核算与缴纳”相关知识小结如图2－2所示。

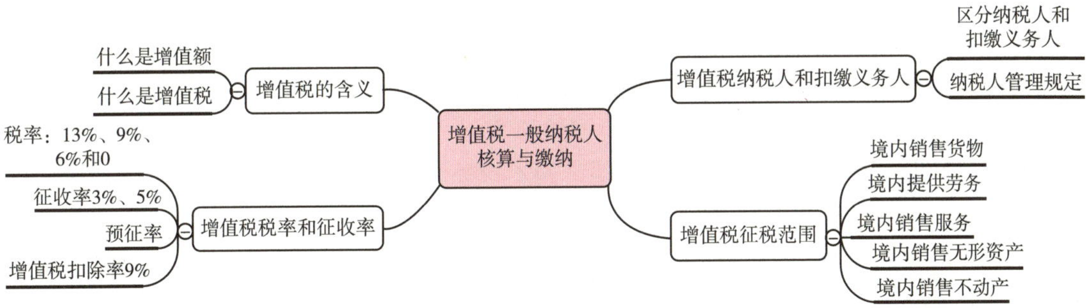

图2－2　“增值税一般纳税人核算与缴纳”相关知识小结

任务一　一般纳税人增值税应纳税额的核算

学习目标：

1. 知晓《中华人民共和国增值税暂行条例》《企业会计准则》和《会计基础工作规范》等相关法律的规定
2. 准确计算增值税的销项税额、进项税额、应纳税额
3. 准确辨析增值税业务的票据，正确进行会计处理

4. 在增值税计算过程中树立依法纳税的意识，增强专业服务意识，践行社会主义核心价值观

任务描述：

一、公司基本介绍

公司全称：北京福燕纺织有限公司。

企业类型：服装制造企业，主要从事纺织品、家纺用品、服装的研发、生产和销售（均取得许可证）。

公司开户银行：中国建设银行北京市东城区支行。

基本存款账户：6111010163504672。

统一社会信用代码（纳税人识别号）：91110101976912573M。

经营地址、电话：北京市东城区荆河街道史家路106号 010－81035572。

二、公司内部会计制度

执行法律：执行《企业会计准则》（2017）、《增值税暂行条例》等。

申报税种：本公司为一般纳税人，销售商品增值税税率为13%，城市维护建设税、教育费附加及地方教育费附加分别按流转税的7%、3%、2%计算。其中一般纳税人的增值税核算与申报按照财政部和税务总局颁布的《关于租入固定资产进项税额抵扣等增值税政策的通知》（财税〔2017〕90号）、《财政部　国家税务总局关于全面推开营业税改征增值税试点的通知》（财税〔2016〕36号）、《财政部　税务总局　海关总署关于深化增值税改革有关政策的公告》（财政部　税务总局　海关总署公告2019年第39号）、《国家税务总局关于国内旅客运输服务进项税抵扣等增值税征管问题的公告》（国家税务总局公告2019年第31号，以下简称31号公告）等相关法律文件。

任务分解：

任务一分解如图2－3所示。

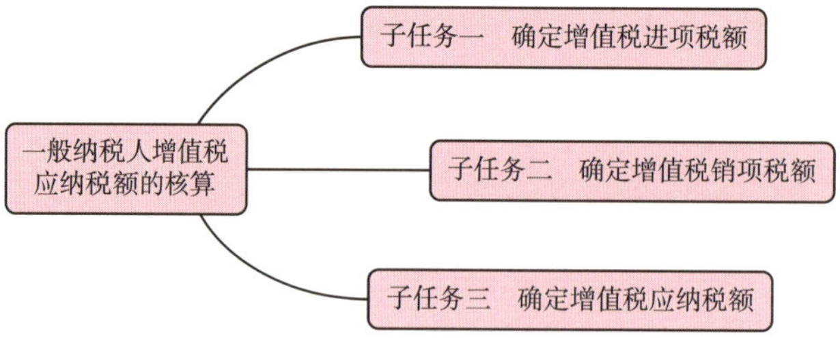

图2－3　任务一分解图

子任务一　确定增值税进项税额

任务布置：

一、业务描述

北京福燕纺织有限公司2021年6月发生如下增值税购进业务，主要包括采购材料、采购固定资产、采购服务、费用等业务，典型经济业务如下：

【业务2-1】6月5日，从深圳市安迪贸易有限公司购进棉纱8吨，每吨26 625.00元，金额合计213 000.00元，税额27 690.00元，取得增值税专用发票一张，材料验收入库。

【业务2-2】6月12日，公司从上海市福熙百货批发有限公司购进笔记本电脑10台，不含税单价3 900.00元/台，税率13%，税额为5 070.00元，款项尚未支付。

【业务2-3】6月28日，公司行政人员郝玮浩出差归来报销差旅费，其中取得航空运输电子客票行程单1张，注明票价800.00元，燃油附加费50.00元，机场发展基金50.00元，合计金额900.00元；取得火车票1张，票价218.00元；出租车票55.00元，以现金支付。

要求：按照财务共享中心岗位分工，依据最新税收政策，完成6月份增值税购进业务的会计核算。

二、明确任务

分别按照票据管理岗、会计核算岗、涉税服务岗、主管审核岗完成以下工作：

（1）智能采集和审核采购类原始凭证。

（2）准确计算增值税进项税额。

（3）智能生成和审核采购业务的记账凭证。

（4）智能生成并查询“应交税费——应交增值税（进项税额）”等会计账簿。

三、工作成果

（1）采集并上传采购类原始凭证的影像资料。

（2）生成采购材料等物资的记账凭证。

（3）生成采购服务等日常费用的记账凭证。

（4）生成“原材料”“固定资产”“管理费用”“应交税费——应交增值税（进项税额）”等会计账户的明细账。

四、评价标准

（1）依据《中华人民共和国增值税暂行条例》的规定，准确计算增值税进项税额；

（2）依据《会计基础工作规范》《企业会计信息化工作规范》等要求，正确审核原始凭证，生成记账凭证及会计账簿。

任务分析：

一、工作思路

（1）采集并审核原始凭证，明确一般纳税人外购材料物资、应税费用等业务所取得原始凭证的种类；

（2）智能审核并生成记账凭证，分析增值税进项税额的计税依据、计算方法、应记入的会计科目；

（3）智能生成并查询会计账簿，生成“原材料”“固定资产”“应交税费——应交增值税（进项税额）”等会计账簿。

二、岗位分工及工作流程

岗位分工及工作流程如图2－4所示。

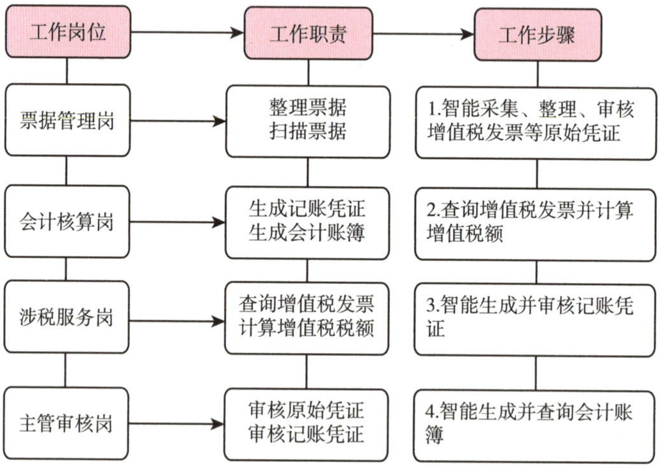

图2－4　岗位分工及工作流程

任务实施：

一、智能采集和审核原始凭证

（一）采集票据信息，整理票据并分类

票据扫描岗的会计人员首先按照要求对本月发生经济业务的原始单据（包括纸质票据和电子票据）进行扫描上传至财务云共享平台。然后查看所有票据影像，根据票据信息读懂业务内容，判断票据的种类并进行分类，如图2－5所示。

图 2－5　上传至云平台的票据影像

根据业务内容分析，北京福燕纺织有限公司本月发生的典型经济业务 2－1 属于外购材料业务；业务 2－2 属于外购固定资产业务；业务 2－3 属于采购旅客运输服务业务。3 笔典型经济业务均取得了相关票据。按照票据分类，业务 2－1 和业务 2－2 取得的增值税专用发票属于采购类票据，业务 2－3 取得火车票和出租车票属于费用类票据。现以业务 2－1 为例，将已扫描并上传至云平台的票据进行分类。在采集票据信息时，录入票据编号“3”；根据业务内容及购销主体辨别票据的种类，选择“采购”；判断是否采用现金结算，本业务采用非现金结算，点击“否”；影像整理完成，如图 2－6 所示。

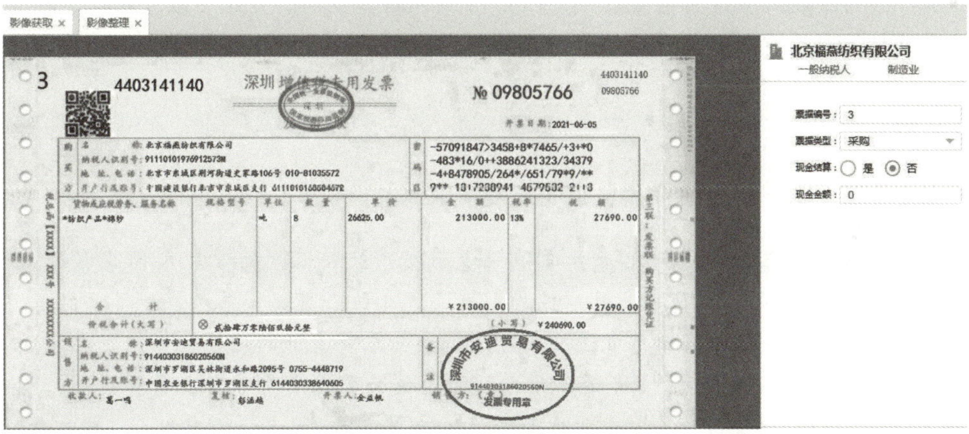

图 2－6　进行“票据分类”界面

（二）辨识并审核增值税抵扣凭证

根据《财政部　国家税务总局关于全面推开营业税改征增值税试点的通知》附件一《营业税改征增值税试点实施办法》规定，增值税扣税凭证，是指增值税专用发票、海关进口增值税专用缴款书、农产品收购发票、农产品销售发票和完税凭证。财务共享服务中心主管审核岗的会计人员按照经济业务发生的内容进行认真审核，确保所记载的经济业务是企业真实发生的，内容真实可靠、合理合法。保证核算结果的准确性。

1. 辨识增值税发票真伪的方法

手把手教你查发票

（1）摸：用手来感受发票纸张的质感。真发票采用的是特殊防伪纸张，光滑有韧性，边缘整齐光滑，水印处能感受到油润的凹凸质感。而假发票纸张硬脆，边缘切割常有不齐情况，票面触摸粗糙。

（2）看：直接查看，真发票印刷精美，字迹清晰。增值税专用发票代码的左上角10位代码的含义：第1~4位代表省、自治区、直辖市和计划单列市编码，如宁波为3302；第5~6位代表年度；第7位代表批次；第8位代表发票种类，专用发票用“1”表示；第9位代表几联版，专用发票分别用“3”“6”表示三联版、六联版；第10位无实际代表意义。发票右上角为8位发票号码。

（3）照：专用发票的防伪纤维呈圆环状随机分布在发票的发票联、抵扣联和记账联专用纸张中，在自然光下观察与普通纸张基本相同，使用紫外光源照射能够观察到环形纤维。在发票的发票联、抵扣联和记账联专用纸张中含有造纸防伪线，使用紫外光源垂直能够观察到防伪线呈现红蓝荧光点形成的条状荧光带。

（4）划：发票各联次左上方的发票代码使用防伪油墨印制，油墨印记在外力摩擦作用下可以发生颜色变化。使用白纸摩擦票面的发票代码区域，在白纸表面以及地区代码的摩擦区域均会产生红色擦痕。

（5）查：登录国家税务总局全国增值税发票查验平台网站：https：//inv-veri. chinatax. gov. cn/查询发票的信息，将发票的票面信息输入。

目前取得的发票大多数为电子发票，所以辨识和验证发票的方法可以通过国家税务总局全国增值税发票查验平台进行查验，也可以通过带有验证功能的智能一体机进行查验。

【寓德于技】

虚开增值税专用发票偷逃税？判了！

日前，泰顺法院依法审结一起虚开增值税专用发票案件，判处被告人杨某有期徒刑五年，并处罚金50 000元。2019年8月，被告人杨某成立的A能源公司为谋取非法经济利益，在没有真实交易情况下，从舟山某能源公司等多家企业取得虚开的增值税专用发票用于公司进项抵扣，虚开税额达人民币2 000余万元，同时，该公司在没有真实交易背景下，向某煤炭公司、山西某新能源公司等多家企业虚开增值税专用发票138份，税额合计1 600余万元。无论是个人还是企业，均应遵守税收征管有关法律法规，自觉履行纳税义务。

2. 增值税专用发票的审核要点

增值税专用发票是一般纳税人企业常用的记账及抵扣凭证，会计在处理此类发票时，一定要经过仔细的审核确认。

（1）审核“购货单位名称”是否为本公司名称全称；“地址、电话”“税务登记号”“开户行及账号”等项目填写是否正确。

（2）应同时取得发票联（第二联）及抵扣联（第三联），并是否为运用防伪税控系统开具的专用发票，各联均加盖销货单位发票专用章，字轨号码一致，字迹清楚，不得涂改，各项目填写齐全、正确无误，票面金额与实际支付的金额相符，两联的内容和金额一致。

（3）《国家税务总局关于取消增值税扣税凭证认证确认期限等增值税征管问题的公告》（国家税务总局公告 2019 年第 45 号），《公告》指出 2020 年 3 月 1 日起取消进项发票 360 天认证抵扣期限，已经超期的，也可以自 2020 年 3 月 1 日后，通过本省（自治区、直辖市和计划单列市）增值税发票综合服务平台进行用途确认。

（4）不同商品或劳务名称应分别填写，汇总金额开立的发票及抵扣凭证应有“销货清单”作为发票附件，商品名称应与入库单相符。

（5）“数量”“单价”“金额”“税率”“税额”“合计”“价税合计”各栏计算是否正确，“价税合计”中的大小写金额是否相符。现以典型业务 2 – 1 为例对增值税专用发票进行审核，根据发票上的关键信息，选择业务类型“原材料”；选择往来单位“深圳市安迪贸易有限公司”；根据发票抵扣的情形，选择“专用发票抵扣”；录入未税金额“213 000. 00”；税率“13%”；税额“27 690. 00”；价税合计自动计算生成，如图 2 – 7 所示。

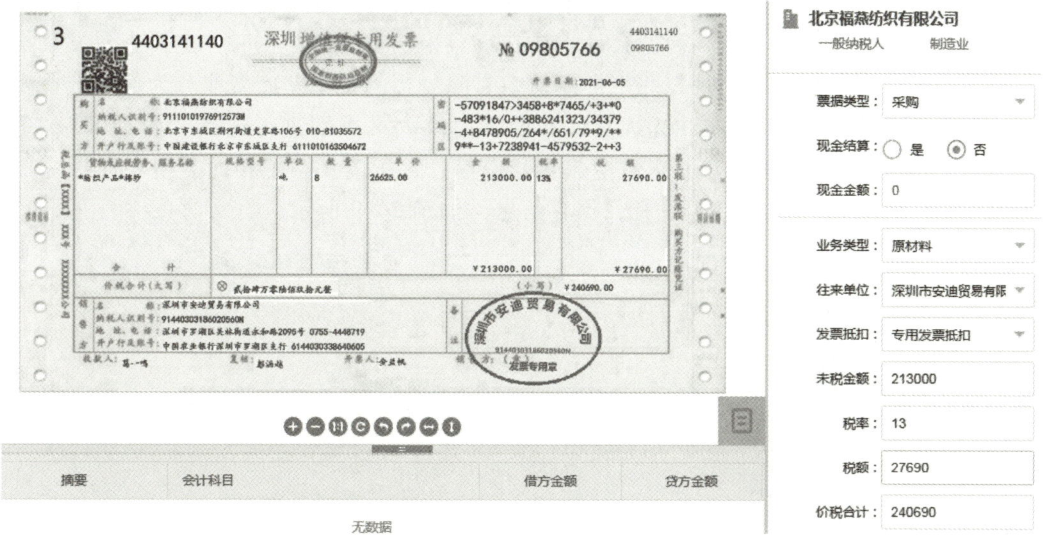

图 2 – 7 “审核票据—录入关键信息”界面

3. 采购服务或采购费用发票的审核要点

根据规定属于购买旅客运输服务业务和支付住宿费等费用，属于营改增业务范畴，依据《财政部　税务总局　海关总署关于深化增值税改革有关政策的公告》（财政部税务总局海关总署公告 2019 年第 39 号）第六条规定，纳税人购进国内旅客运输服务，其进项税额允许从销项税额中抵扣，但未注明旅客身份的出租车票等不得抵扣。认真审核可以抵扣的费用发票是准确确认增值税进项税额和费用的关键。现以典型经济业务 2－3 为例，对火车票、出租车票等采购旅客运输发生的票据进行审核，根据票据信息，选择业务类型“期间费用”；选择部门为“管理部”；往来单位选择“其他”；费用详情选择“差旅费”；发票抵扣类型选择“客运计算抵扣”；录入发票的金额后保存，如图 2－8 所示。

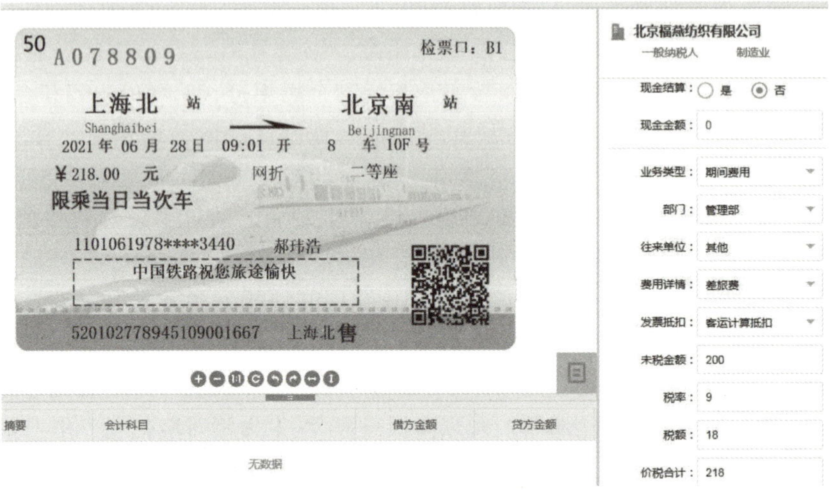

图 2－8 “审核差旅费—火车票”界面

根据财政部税务总局海关总署公告 2019 年第 39 号规定，未注明旅客身份的出租车票不得抵扣进项税额，所以主管审核岗的会计人员在审核采购费用的票据时，主要查看发票抵扣的类型等关键信息是否正确。现以北京福燕纺织有限公司的报销差旅费业务为例，选择发票类型为“期间费用”；部门根据出差人员所在的部门及人员类别进行选择“管理部”；费用详情为“差旅费”；因为出租车票未载明旅客身份信息，所以发票抵扣的类型要选择“其他不得抵扣”，金额合计为“55.00”元，保存信息，如图 2－9 所示。

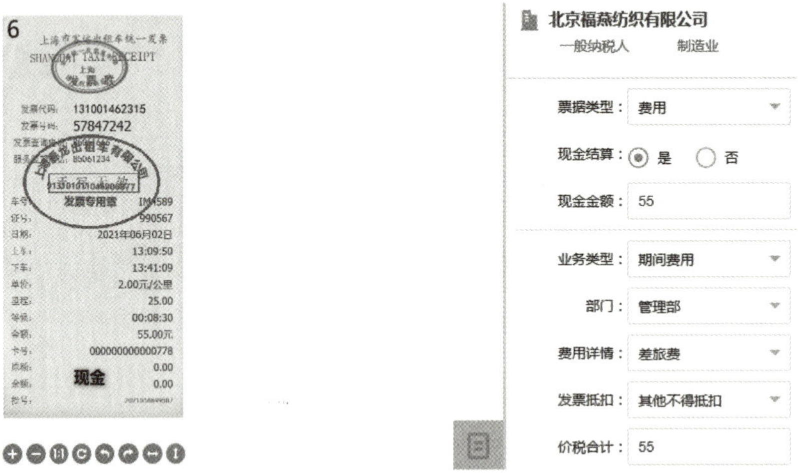

图 2－9 “审核差旅费—出租车票”界面

【自我挑战】

按照上述方法，请审核增值税购进业务发生的其他原始凭证，并总结审核要点。

二、查询增值税发票并计算增值税进项税额

（一）关于《增值税暂行条例》有关说明

涉税服务岗的会计人员查询购进业务所取得的增值税发票，确认增值税购进业务可以抵扣的增值税进项税额，根据税法规定，抵扣进项税额方式包括凭票抵扣和计算抵扣两种。在确定采用哪种方式确定抵扣的进项税额之前，必须先明确《增值税暂行条例》中关于可以抵扣的进项税额的情形和不可以抵扣进项税额的情形。

1. 根据《增值税暂行条例》规定可以抵扣进项税额的情形

（1）从销售方取得的增值税专用发票上注明的增值税额，是指增值税一般纳税人在购进劳务、服务、无形资产或不动产时，取得对方的增值税专用发票已注明的增值税税额。

（2）从海关取得的海关进口增值税专用缴款书上注明的增值税额，是指进口货物报关进口时海关代征进口环节增值税，从海关取得进口增值税专用缴款书上已注明增值税额。

（3）纳税人租入固定资产、不动产，既用于一般计税方法计税项目，又用于简易计税方法计税项目、免征增值税项目、集体福利或者个人消费的，其进项税额准予从销项税额中全额抵扣。纳税人购入的固定资产、不动产，专用于上述项目的，不得抵扣进项税额；纳税人购入的固定资产、不动产，兼用于上述项目的，可以抵扣进项税额。

（4）不动产进项税额抵扣，自 2019 年 4 月 1 日起纳税人取得不动产或不动产在建工程的进项税额不再分 2 年抵扣，一次性抵扣。

（5）自境外单位或者个人购进劳务、服务、无形资产或者境内的不动产，从税务机关或者代扣代缴义务人取得的代扣代缴税款的完税凭证上注明的增值税额，准予从销项税额中抵扣。

（6）进口环节进项税额的抵扣，代理进口和委托进口两个单位，由取得专用缴款书原件的一个单位抵扣税款。

2. 根据《增值税暂行条例》第十条规定不可以抵扣进项税额的情形

（1）用于非增值税应税项目、免征增值税项目、集体福利或者个人消费的购进货物或者应税劳务。

（2）非正常损失的购进货物及相关的应税劳务。

（3）非正常损失的在产品、产成品所耗用的购进货物或者应税劳务。

（4）国务院财政、税务主管部门规定的纳税人自用消费品。

（5）本条第（1）项至第（4）项规定的货物的运输费用和销售免税货物的运输费用。

（二）凭票据抵扣

一般情况下增值税一般纳税人抵扣进项税额的方式采用凭票抵扣，即凭增值税专用发票

和海关进口增值税专用缴款书上标明的税额进行抵扣。以北京福燕纺织有限公司发生的典型经济业务 2 - 1 为例确认增值税进项税额为“27 690.00”元，如图 2 - 10 所示。

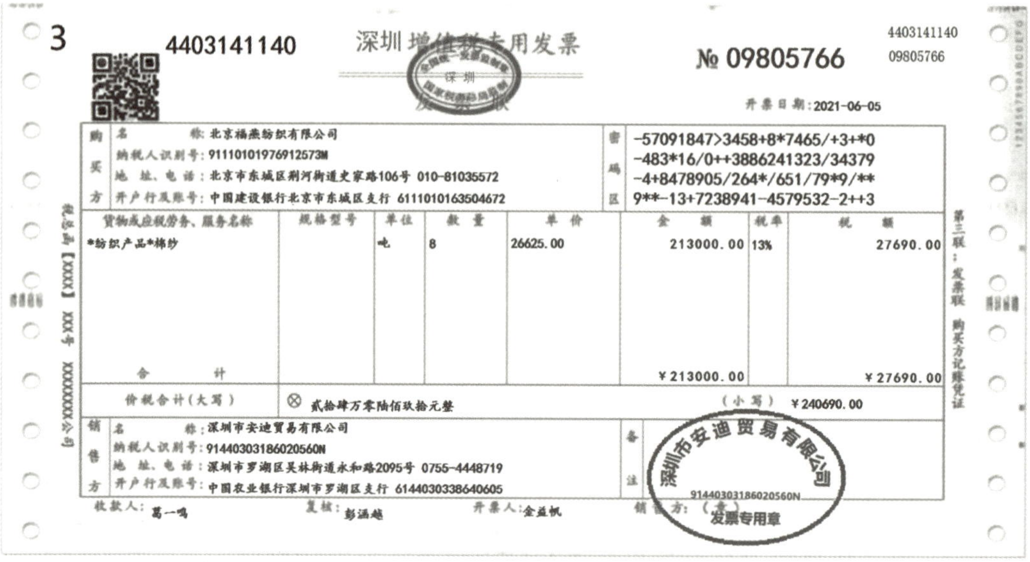

3 4403141140 深圳增值税专用发票 № 09805766 4403141140 09805766

开票日期：2021-06-05

购买方	名称：北京福燕纺织有限公司 纳税人识别号：91110101976912573M 地址、电话：北京市东城区荆河街道史家路106号 010-81035572 开户行及账号：中国建设银行北京市东城区支行 6111010163504672	密码区	-57091847>3458+8*7465/+3+*0 -483*16/0++3886241323/34379 -4+8478905/264*/651/79*9/** 9**-13+7238941-4579532-2++3

货物或应税劳务、服务名称	规格型号	单位	数量	单价	金额	税率	税额
*纺织产品*棉纱		吨	8	26625.00	213000.00	13%	27690.00
合计					￥213000.00		￥27690.00
价税合计（大写）	⊗贰拾肆万零陆佰玖拾元整				（小写）￥240690.00		

销售方	名称：深圳市安迪贸易有限公司 纳税人识别号：91440303186020560N 地址、电话：深圳市罗湖区笋林街道永和路2095号 0755-4448719 开户行及账号：中国农业银行深圳市罗湖区支行 6144030338640605	备注	深圳市安迪贸易有限公司 91440303186020560N 发票专用章

收款人：葛一鸣 复核：彭涵越 开票人：金益帆 销售方：（章）

第三联：发票联 购买方记账凭证

图 2 - 10 购进材料取得“增值税专用发票”

> 业务 2 - 1：6 月 5 日，从深圳安迪贸易有限公司购进棉纱 8 吨，每吨 26 625.00 元，金额合计 213 000.00 元，税额 27 690.00 元，取得增值税专用发票一张，材料验收入库。

【要点提示】

可以凭票抵扣进项税额的票据

根据《财政部 国家税务总局关于全面推开营业税改征增值税试点的通知》附件一《营业税改征增值税试点实施办法》规定，增值税扣税凭证，是指增值税专用发票、海关进口增值税专用缴款书、农产品收购发票、农产品销售发票和完税凭证。

【自我挑战】

根据上述内容，完成典型经济业务 2 - 2 增值税进项税额的确认，并说明是否可以抵扣？依据的法律依据是什么？

（三）计算抵扣

对于没有取得增值税专用发票但按照税法又可以抵扣进项税额的票据，采用计算抵扣的方式。如购进免税农产品或采购旅客运输服务等业务，在没有取得增值税专用发票、海关专用缴款书的情况下，按照规定

固定资产抵扣进项税额的规定

的税率或扣除率计算可以抵扣的进项税额。根据《财政部　税务总局　海关总署关于深化增值税改革有关政策的公告》（财政部　税务总局　海关总署公告 2019 年第 39 号）第六条规定：自 2019 年 4 月 1 日起，纳税人购进国内旅客运输服务，其进项税额允许从销项税额中抵扣。

固定资产进项税额抵扣规定历程表

纳税人未取得增值税专用发票的，暂按照以下规定确定进项税额：

电子普通发票的按照注明税额抵扣；

实名制航空运输电子客票行程单：（票价 + 燃油费）÷（1 +9%）×9%

实名制铁路车票：票价 ÷（1 +9%）×9%

其他客票实名制：票价 ÷（1 +3%）×3%

【要点提示】

不可抵扣的旅客运输服务情形，如表 2 –4 所示。

表 2 –4　旅客运输服务不可抵扣进项税额情况表

项目	具体事项	备注
区域	境外旅客运输服务，不可抵扣	符合规定的项目，适用零税率
票据种类	出租车票、公交车票，不可抵扣	未实名制，不好管控
身份	非本单位的员工，不可抵扣	如客户或者无劳动关系的其他人员
用途	未来用于简易计税等项目，不可抵扣	无销项税额
信息	注明信息和实际抵扣税款人不一致，不可抵扣	

现以北京福燕纺织有限公司典型经济业务 2 –3 为例计算可以抵扣的进项税额，如图 2 –11（a）、图 2 –11（b）、图 2 –11（c）所示。

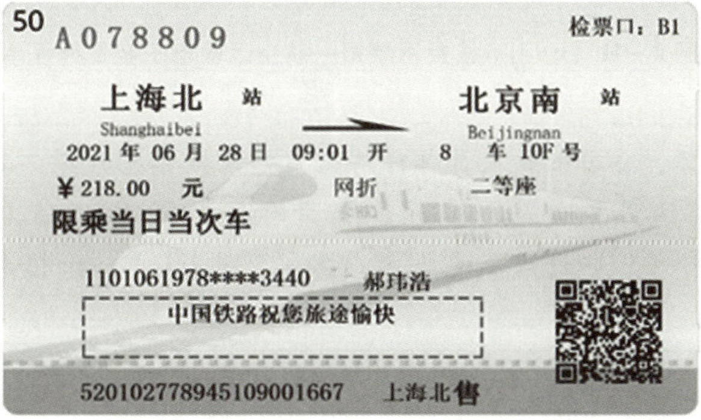

图 2 –11（a）　审核费用票据—火车票

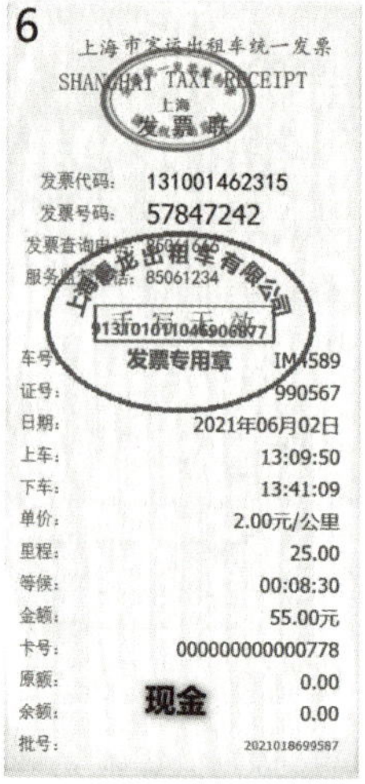

6

上海市客运出租车统一发票

SHANGHAI TAXI RECEIPT

发票代码：131001462315

发票号码：57847242

服务监督电话：85061234

车号：IM4589

证号：990567

日期：2021年06月02日

上车：13:09:50

下车：13:41:09

单价：2.00元/公里

里程：25.00

等候：00:08:30

金额：55.00元

卡号：000000000000778

原额：0.00

余额：0.00

现金

图 2－11（b） 审核费用票据—出租车票

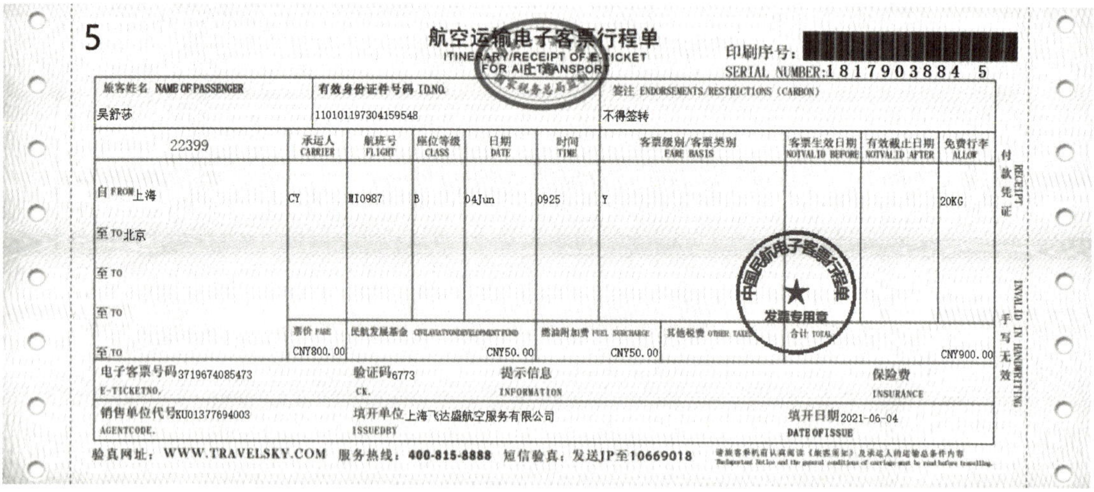

5

航空运输电子客票行程单

ITINERARY/RECEIPT OF E-TICKET FOR AIR TRANSPORT

印刷序号：SERIAL NUMBER:1817903884 5

旅客姓名 NAME OF PASSENGER	有效身份证件号码 ID.NO.	签注 ENDORSEMENTS/RESTRICTIONS (CARBON)
吴舒莎	110101197304159548	不得签转

22399	承运人 CARRIER	航班号 FLIGHT	座位等级 CLASS	日期 DATE	时间 TIME	客票级别/客票类别 FARE BASIS	客票生效日期 NOT VALID BEFORE	有效截止日期 NOT VALID AFTER	免费行李 ALLOW
自 FROM 上海	CY	MI0987	B	04Jun	0925	Y			20KG
至 TO 北京									
至 TO									
至 TO									
至 TO	票价 FARE CNY800.00	民航发展基金 CNY50.00		燃油附加费 FUEL SURCHARGE CNY50.00		其他税费 OTHER TAXES	合计 TOTAL CNY900.00		

电子客票号码 E-TICKET NO. 3719674085473　验证码 CK. 6773　提示信息 INFORMATION　保险费 INSURANCE

销售单位代号 AGENT CODE. KU01377694003　填开单位 ISSUED BY 上海飞达盛航空服务有限公司　填开日期 DATE OF ISSUE 2021-06-04

验真网址：WWW.TRAVELSKY.COM　服务热线：400-815-8888　短信验真：发送JP至10669018

图 2－11（c） 审核费用票据—航空运输电子客票行程单

业务 2－3：6 月 28 日，公司行政人员郝玮浩出差归来报销差旅费，其中取得航空运输电子客票行程单 1 张，注明票价 800.00 元，燃油附加费 50.00 元，机场发展基金 50.00 元，合计金额 900.00 元；取得火车票 1 张，票价 218.00 元；出租车票 55.00 元，以现金支付。

火车票可以抵扣的进项税额＝票价÷（1＋9%）＝218.00÷（1＋9%）×9%＝18.00（元）

飞机票可以抵扣的进项税额＝（票价＋燃油费）÷（1＋9%）×9%

＝850.00÷（1＋9%）×9%＝70.18（元）

出租车费未注明旅客信息，可以抵扣的进项税额＝0（元）

应税差旅费可以抵扣的进项税额＝18.00＋70.18＝88.18（元）

【自我挑战】

公司 2020 年 8 月取得一张航空运输电子客票行程单（已注明旅客身份信息），该行程单的票价 1 040 元，民航发展基金 50 元，燃油附加费 50 元。请问可以抵扣增值税进项税额吗？可以抵扣的进项税额是多少？

三、智能生成和审核记账凭证

（一）账户设置

“应交税费——应交增值税”账户的设置如下：

增值税一般纳税人应当在“应交税费”账户下设置“应交增值税”“未交增值税”“待抵扣进项税额”“待认证进项税额”“简易计税”等二级账户。并在“应交税费——应交增值税”账户下设置“进项税额”专栏，记录企业购入货物或接受应税劳务而支付的，准予从销项税额中抵扣的增值税额。企业购入货物或接受应税劳务支付的进项税额，用蓝字登记；退回所购货物应冲销的进项税额，用红字登记，具体如图 2－12 所示。

借方　　　　应交税费——应交增值税	贷方
进项税额 已交税金 转出未交增值税 减免税款 出口递减内销产品应纳税款	销项税额 进项税额转出 转出多交增值税 出口退税
企业多交或尚未抵扣的税额	企业尚未缴纳的税额

图 2－12　“应交税费——应交增值税”账户设置

（二）编制会计分录

（1）经过对业务 2－1 的票据辨析，确定业务 2－1 可以抵扣的进项税额，确认该笔业务涉及的会计账户。

借：原材料　　213 000.00

　　应交税费——应交增值税（进项税额）　　27 690.00

　　贷：应付账款——深圳市安迪贸易有限公司　　240 690.00

（2）经过对业务 2－2 的票据辨析，确定业务 2－2 可以抵扣的进项税额，确认该笔业务涉及的会计账户。

借：固定资产——电子设备　　39 000.00

　　应交税费——应交增值税（进项税额）　　5 070.00

　　贷：应付账款——上海市福熙百货批发有限公司　　44 070.00

（3）经过对业务 2－3 的票据辨析，确定业务 2－3 可以抵扣的进项税额，确认该笔业务涉及的会计账户。

借：管理费用　　1 084. 82

　　应交税费——应交增值税（进项税额）　　88. 18

　　贷：库存现金　　1 173. 00

（三）生成并审核记账凭证

会计核算岗的会计人员根据已审核的原始单据，录入票据的关键信息后系统会自动生成记账凭证，进入智能凭证中心认真查看已生成的记账凭证，如发现问题，调整并修改错误数据和科目，确保无误后保存记账凭证，将任务转入主管审核岗，以业务 2－1 为例，进入财务云共享平台生成会计凭证，如图 2－13 所示。

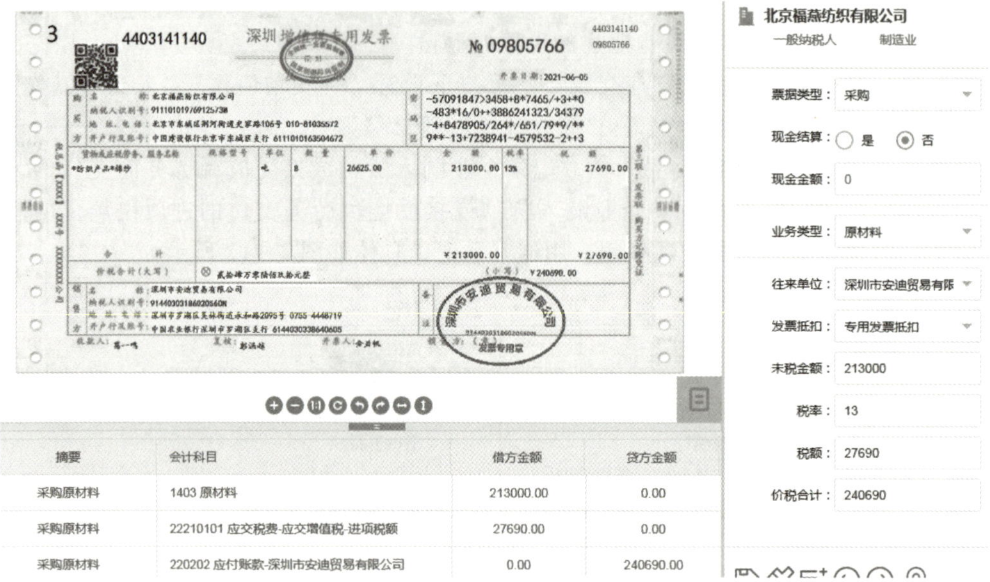

图 2－13 “自动生成凭证”界面

主管审核岗的会计人员进入财务云共享中心查看并审核凭证，审核记账凭证时，重点审核自动生成凭证的应借应贷科目是否正确，是否有原始凭证为依据，所附原始凭证的内容是否与记账凭证一致。以业务 2－1 为例，查看并审核记账凭证，如图 2－14 所示。

记账凭证

记字第：4 号　　日期：2021-6-30　　附单据：1 张

摘要	会计科目	借方金额	贷方金额
采购原材料	1403 原材料	213000.00	
采购原材料	22210101 应交税费-应交增值税-进项税额	27690.00	
采购原材料	220202 应付账款-深圳市安迪贸易有限公司		240690.00
合计：		240690.00	240690.00

审核：　　过账：　　制单：

图 2－14 “查看并审核凭证”界面

【自我挑战】

按照上述方法，请查看并审核其他增值税购进业务发生的记账凭证，并总结审核要点。

四、智能生成并查询会计账簿

会计核算岗的会计人员根据已审核的会计凭证进行过账。过账后则表示凭证的数据全部登记到账簿上。查询“原材料”“固定资产”“无形资产”“周转材料”“管理费用”等会计账户的金额，掌握“应交税费——应交增值税（进项税额）”账户增减变动情况，及时掌握账户数据信息，及时与发票软件系统核对，进行发票勾选认证。以查询本月“应交税费——应交增值税（进项税额）”账户为例，点击“查询账簿”按钮，进入“三栏式明细账”账簿查询界面，选择“应交税费——应交增值税（进项税额）”账户，便可以查询本月“应交税费——应交增值税（进项税额）”账户的增减变化，如图 2－15 所示。

会计科目： 22210101 进项税额

会计科目	日期	凭证号	摘要	借方金额	贷方金额	余额		操作
22210101 应交税费 应交增值税 进项税额	06-01		期初余额	1118551.00		借	1118551.00	
22210101 应交税费 应交增值税 进项税额	06-30	记-1	发生管理费用	18.00		借	1118569.00	预览
22210101 应交税费 应交增值税 进项税额	06-30	记-3	发生管理费用	70.18		借	1118639.18	预览
22210101 应交税费 应交增值税 进项税额	06-30	记-4	采购原材料	27690.00		借	1146329.18	预览
22210101 应交税费 应交增值税 进项税额	06-30	记-5	采购固定资产	5070.00		借	1151399.18	预览
22210101 应交税费 应交增值税 进项税额	06-30	记-6	发生销售费用	600.00		借	1151999.18	预览
22210101 应交税费 应交增值税 进项税额	06-30	记-7	发生管理费用	36.00		借	1152035.18	预览
22210101 应交税费 应交增值税 进项税额	06-30	记-8	发生管理费用	66.00		借	1152101.18	预览
22210101 应交税费 应交增值税 进项税额	06-30	记-9	采购无形资产	3000.00		借	1155101.18	预览
22210101 应交税费 应交增值税 进项税额	06-30	记-11	发生管理费用	48.00		借	1155149.18	预览
22210101 应交税费 应交增值税 进项税额	06-30	记-12	发生销售费用	360.00		借	1155509.18	预览
22210101 应交税费 应交增值税 进项税额	06-30	记-13	采购原材料	504.00		借	1156013.18	预览
22210101 应交税费 应交增值税 进项税额	06-30	记-15	发生管理费用	300.00		借	1156313.18	预览

图 2－15 查询“应交税费——应交增值税（进项税额）明细账”界面

任务总结：

“确认增值税进项税额”任务总结如图 2－16 所示。

任务拓展

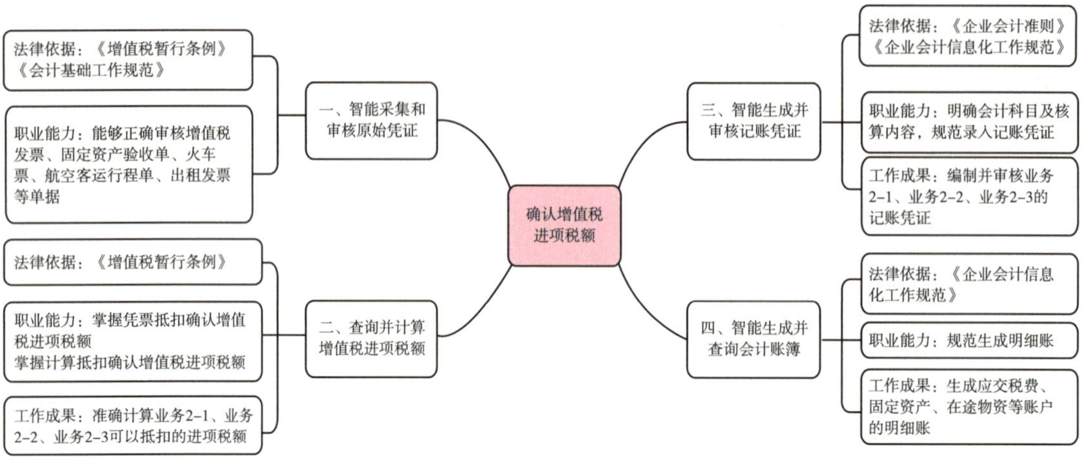

图 2-16　“确认增值税进项税额”任务总结

子任务二　确定增值税销项税额

任务布置：

一、业务描述

北京福燕纺织有限公司 2021 年 6 月的典型经济业务如下：

【业务 2-4】2021 年 6 月 9 日，销售给上海市德恩服装有限公司坯布 6.8 吨，不含税单价 66 500.00 元/吨，税率 13%，款项尚未收到。

【业务 2-5】2021 年 6 月 30 日，发放给管理部门全体在职员工高档口红一批，该批口红当前的市场不含税价为 4 179.41 元。

要求：按照财务共享中心岗位分工，依据最新税收政策，完成 6 月份应纳销售业务及视同销售业务增值税销项税额的核算。

二、明确任务

分别按照涉税服务岗、票据管理岗、会计核算岗、主管审核岗完成以下工作：

（1）领购并开具增值税专用发票。

（2）智能采集和审核增值税发票等销售类原始凭证。

（3）准确计算增值税销项税额。

（4）智能生成和审核应税销售业务的记账凭证。

（5）智能生成并查询“主营业务收入”“应付职工薪酬”“应交税费——应交增值税（销项税额）”等账户的会计账簿。

三、工作成果

（1）领购并开具增值税专用发票。

（2）采集并上传销售类原始凭证的影像资料。

（3）生成应税销售业务收入、视同销售业务等记账凭证。

（4）生成“主营业务收入”“应交税费——应交增值税（销项税额）”等会计账户的明细账。

四、评价标准

（1）依据《增值税暂行条例》的规定，准确计算增值税销项税额；

（2）依据《会计基础工作规范》《企业会计信息化工作规范》等要求，正确审核原始凭证，生成记账凭证及会计账簿。

任务分析：

一、工作思路

（1）领购并开具增值税专用发票，掌握开具增值税专用发票的方法；

（2）采集并审核原始凭证，明确一般纳税人应税收入所取得原始凭证的种类；

（3）智能审核并生成记账凭证，确认增值税销项税额的计税依据，计算方法，使用的会计科目；

（4）智能生成并查询会计账簿，生成“主营业务收入”“应交税费——应交增值税（销项税额）”等会计账簿。

二、岗位分工及工作流程

岗位分工及工作流程如图 2－17 所示。

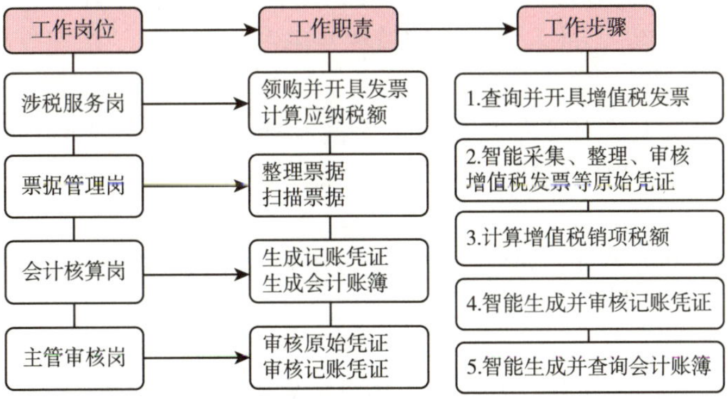

图 2－17 岗位分工及工作流程

任务实施：

一、查询并开具增值税发票

（一）查询发票数量并进行登记

涉税服务岗的会计人员根据销售业务需要开具增值税专用发票，开具增值税专用发票之前，首先登录开票软件查询未开具发票的数量，如图 2－18 所示。

发票种类	发票代码	发票号码	开票...	购方名称	开票日期	报送...	所属...	合计...	税率(%)	合计...	打印...	作废...	清单...	修复...
增值税电子...	01101190...	00923233	01	北京市万翔商城有限公司	2021-0...	已报送	03	21000	13.0	2730	是	否	否	是
增值税专用...	1101193130	26004410	01	北京市阿布扎姆酒店有限公司	2021-0...	已报送	03	4500	13.0	585	是	否	否	是
增值税普通...	01101190...	70213714	01	北京市万翔商城有限公司	2021-0...	已报送	03	120000	13.0	15600	是	否	否	是
机动车销售...	111011900...	29320602	01	北京市万翔商城有限公司	2021-0...	已报送	03	200000	13	26000	是	否	否	是
增值税电子...	01101210...	36004411	01	北京加旺实业有限公司	2021-0...	已报送	03	450000	13.0	58500	是	否	否	是
收购发票	01101210...	90213715	01	徐宗斌	2021-0...	已报送	03	9000	0.0	0	是	否	否	是

图 2－18 “查询发票数量”的界面

（二）开具增值税专用发票

根据《中华人民共和国发票管理办法》（中华人民共和国国务院令第 587 号）第三条规定，发票是指在购销商品、提供或者接受服务以及从事其他经营活动中，开具、收取的收付款凭证。第十九条规定，销售商品、提供服务以及从事其他经营活动的单位和个人，对外发生经营业务收取款项，收款方应当向付款方开具发票，特殊情况下，由付款方向收款方开具发票。第二十条规定，所有单位和从事生产、经营活动的个人在购买商品、接受服务以及从事其他经营活动支付款项，应当向收款方取得发票。取得发票时，不得要求变更品名和金额。《中华人民共和国发票管理办法实施细则》（国家税务总局第 25 号）第二十六条规定，填开发票的单位和个人必须在发生经营业务确认营业收入时开具发票，未发生经营业务一律不准开具发票。

涉税岗会计人员进入开票系统，点击“发票填开”按钮，选择开具发票类型“增值税专用发票”，进入开具“增值税专用发票”窗口，填写发票的信息，如购买方的信息、货物应税劳务的名称、单价、数量、金额、税额等，填写完成后认真检查开票信息，确保无误后打印发票，在发票的每一联都盖上发票专用章，把发票联和抵扣联交给对方即可。

开具免税发票的规定

> 业务 2－4：2021 年 6 月 9 日，销售给上海市德恩服装有限公司坯布 6.8 吨，不含税单价 66 500.00 元/吨，税率 13%，款项尚未收到。

开具专用发票 1 张。选择客户名称“上海市德恩服装有限公司”，系统会自动填入已储存的客户信息；根据业务发生的内容准确选择货物或应税劳务、服务名称“纺织产品 * 坯布”；录入数量和不含税金额；选择税率为“13%”；系统自动计算税额为“58 786.00 元”，点击“暂存”按钮后，根据合同信息或客户提供信息核对发票内容，审核无误后点击“发票开具”按钮，开票工作完成，如图 2－19 所示。

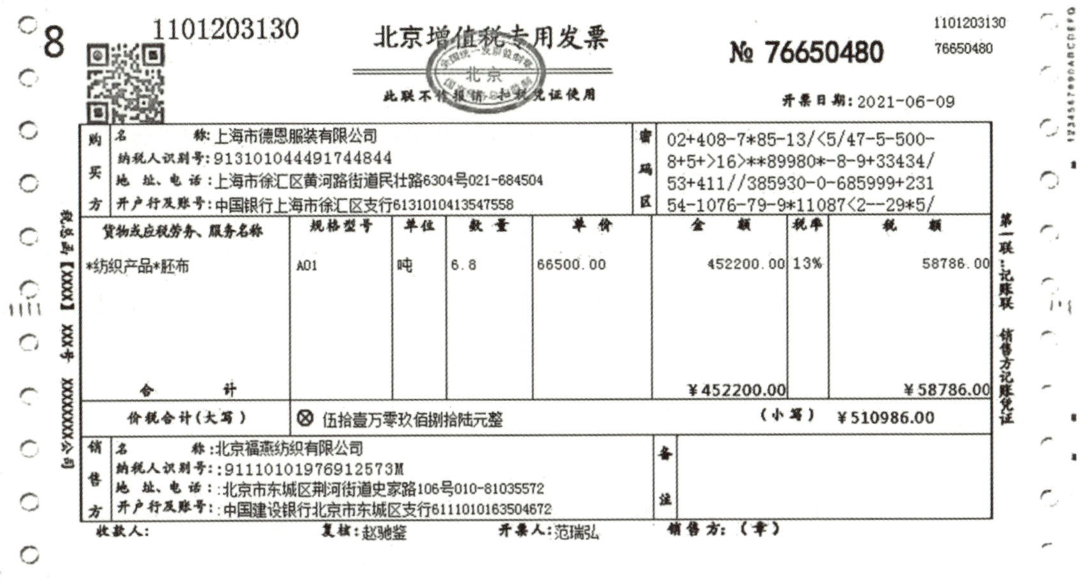

8　1101203130　北京增值税专用发票　№ 76650480　1101203130　76650480

此联不作报销、扣税凭证使用　　开票日期：2021-06-09

购买方	名　　称：上海市德恩服装有限公司 纳税人识别号：913101044491744844 地 址、电 话：上海市徐汇区黄河路街道民壮路6304号021-684504 开户行及账号：中国银行上海市徐汇区支行6131010413547558			密码区	02+408-7*85-13/<5/47-5-500- 8+5+>16>**89980*-8-9+33434/ 53+411//385930-0-685999+231 54-1076-79-9*11087<2--29*5/		
货物或应税劳务、服务名称	规格型号	单位	数量	单价	金额	税率	税额
*纺织产品*胚布	A01	吨	6.8	66500.00	452200.00	13%	58786.00
合　　计					¥452200.00		¥58786.00
价税合计（大写）	⊗ 伍拾壹万零玖佰捌拾陆元整				（小写）¥510986.00		
销售方	名　　称：北京福燕纺织有限公司 纳税人识别号：:91110101976912573M 地 址、电 话：:北京市东城区荆河街道史家路106号010-81035572 开户行及账号：:中国建设银行北京市东城区支行6111010163504672			备注			

收款人：　　复核：赵驰鉴　　开票人：范瑞弘　　销售方：（章）

第一联：记账联　销售方记账凭证

图 2－19　开具“增值税专用发票”界面

【寓德于技】

拒绝发票开具“大头小尾”，做合格税收服务人员

税务检查人员在对某广告公司进行广告行业专业检查时，发现该公司成本中字牌制作费存在蹊跷，服务业发票中一张发票金额高达 5 万元，纳税申报数据显示，没有某个月营业额达到 5 万元的。后经深入调查发现，该广告公司发票联金额 5 万元而税务机关申报存根联上的金额只有 500 元，初步判断属于发票开具“大头小尾”的违法行为。继续追踪，发现该户还存在用票单位张冠李戴等违法行为。

为避免开票方采用“大头小尾”甚至作废发票的情况达到违法目的，受票企业一定要将获取的发票通过税务官方网站进行发票查验。

【自我挑战】

以小组为单位，开具增值税专用发票各 1 张，总结开具发票的要点，将发票截图上传至学习平台。开票信息如下：

2021 年 6 月 10 日，销售给天津市河西布料批发有限公司坯布 6 吨，不含税单价 66 500.00元/吨，税率 13%，款项尚未收到。

购买方名称：天津市河西布料批发有限公司。

纳税人识别号：91120010993588721A。

地址、电话：天津市河西区关东路 120 号 022－7763272。

开户行及账号：交通银行天津市河西区支行 6112010344568104。

二、智能采集和审核原始凭证

（一）采集票据信息，整理票据并分类

涉税服务岗的会计人员需要将已经开具的增值税发票的记账联推送至财务云共享平台，票据扫描岗的会计人员根据增值税发票的联次和购销双方信息判断业务类型并进行分类，销售业务判断为“销售类”票据；视同销售业务判断为“费用类”。

根据业务内容分析，北京福燕纺织有限公司业务 2－4 属于应税销售业务，按照票据分类属于销售类票据；业务 2－5 属于视同销售业务，视同销售业务一般情况下不需要开具增值税发票，以北京福燕纺织有限公司业务 2－4 为例，将已扫描并上传至云平台的票据进行分类。在采集票据信息时，录入票据编号“8”，票据种类选择“销售”，现金结算选择“否”，点击“保存”按钮。如图 2－20 所示。

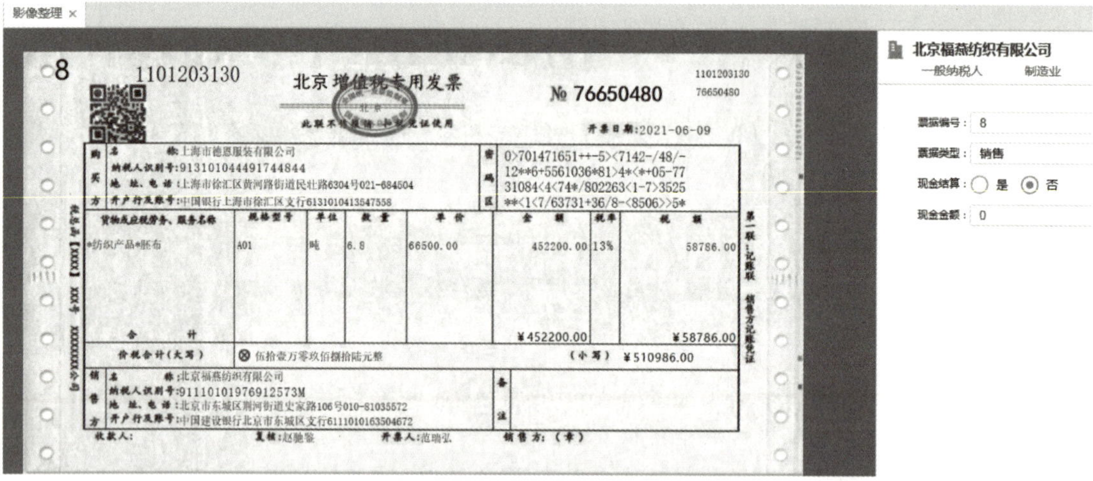

图 2－20 进行“票据分类”的界面

（二）辨识并审核原始凭证

财务共享服务中心主管审核岗的会计人员按照经济业务发生的内容进行认真审核，以业务 2－4 为例，主管审核岗的会计人员进入财务云共享平台审核原始凭证，辨析业务内容选择业务类型为“应税收入”；选择往来单位“上海市德恩服装有限公司”；业务特征为“货物及劳务”，录入未税金额“452 200.00”；选择税率为“13%”；系统自动计算出税额和价税合计，如图 2－21 所示。

三、查询增值税发票并计算增值税销项税额

准确计算增值税销项税额的关键是确定销售额，销售额是指纳税人发生应税行为向购买方收取的全部价款和价外费用，购买价款是指购货发票账单上列明的价款，但不包括收取的销项税额，如表 2－5 所示。

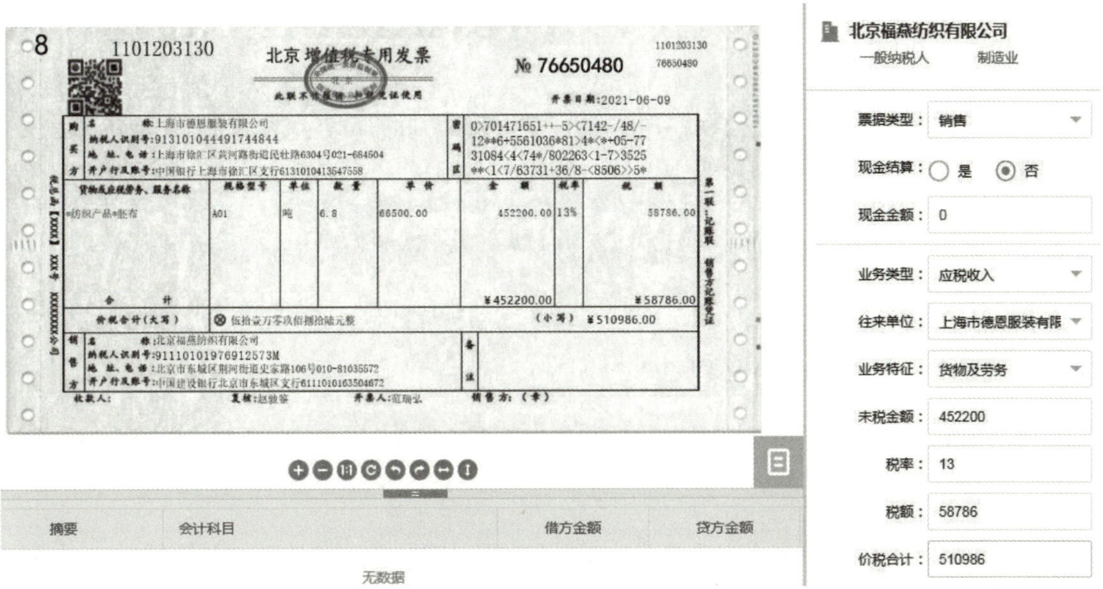

图 2－21　“审核并录入票据关键信息”界面

表 2－5　　　　销售额的一般规定表

销售额包含的项目	销售额中不包含的项目
（1）包括向购买方收取的全部价款 （2）向购买方收取的价外费用 （3）消费税等价内税金（自身应缴纳的消费税）	（1）向购买方收取的销项税 （2）特殊的往来款 ① 受托加工应征消费税的消费品所代收代缴的消费税（代缴） ② 符合条件的代垫运输费用 ③ 符合条件代为收取的政府性基金和行政事业性收费 ④ 销货同时代办保险收取的保险费、代购买方缴纳的车辆购置税、车辆牌照费

销项税额的计算公式：

（1）销项税额的计算公式：销项税额 = 销售额 × 税率

（2）不含税销售额的计算公式：不含税销售额 = 含税销售额 ÷（1 + 适用税率）

（3）视同销售行为销售额的确定：

税法规定，对视同销售征税而无销售额的按下列顺序确定销售额：

① 按纳税人当月同类货物的平均销售价格确定；

② 按纳税人最近时期同类货物的平均销售价格确定；

③ 按组成计税价格确定。组成计税价格的计算公式为：

组成计税价格 = 成本 ×（1 + 成本利润率）

销项税额 = 组成计税价格 × 适用税率

应税收入确认的条件和时间

公式中的成本利润率由国家税务总局确定，一般为 10%（假设该货物不缴纳消费税）

业务 2－4、业务 2－5 的经济业务计算增值税销项税额涉及不同的方法，分别介绍如下。

（一）销项税额的一般计算方法

根据《企业会计准则第14号——收入》相关规定，销售商品收入同时满足下列条件的，才能予以确认：①企业已将商品所有权上的主要风险和报酬转移给购货方；②企业既没有保留通常与所有权相联系的继续管理权，也没有对已售出的商品实施有效控制；③收入的金额能够可靠地计量；④相关的经济利益很可能流入企业；⑤相关的已发生或将发生的成本能够可靠地计量。现以北京福燕纺织有限公司业务2-4为例，确认增值税销项税额。

业务2-4：2021年6月9日，销售给上海市德恩服装有限公司坯布6.8吨，不含税单价66 500.00元，税率13%，款项尚未收到。

增值税销项税额=不含税销售收入×税率=66 500.00×6.8×13%=58 786.00（元）

【自我挑战】

2021年6月12日，公司在天猫商城销售防护服1 000套，含税单价169.50元，共计169 500.00元，支付宝到账，货物已发出。请计算增值税销项税额。

（二）销项税额的特殊计算方法

根据《增值税暂行条例实施细则》规定，单位或个体经营者的下列行为，视同销售货物：

（1）将货物交付他人代销；

（2）销售代销货物；

（3）设有两个以上机构并实行统一核算的纳税人，将其货物从一个机构移送其他机构用于销售，但相关机构设在同一县（市）的除外；

（4）将自产或者委托加工的货物用于非增值税应税项目；

（5）将自产、委托加工或购买的货物作为投资，提供给其他单位或个体经营者；

（6）将自产、委托加工或购买的货物分配给股东或投资者；

（7）将自产、委托加工的货物用于集体福利或个人消费；

（8）将自产、委托加工或购买的货物无偿赠送他人。

业务2-5：2021年6月30日，发放给管理部门全体在职员工高档口红一批，该批口红当前的市场不含税价为4 179.41元（见图2-22）。确认该笔业务的增值税销项税额。

该笔业务符合上述规定中第（7）条收入确认条件，将自产、委托加工的货物用于集体福利或者个人消费，收入确认的时间为货物发出的当天。

视同销售应纳增值税销项税额=4 179.41×13%=543.32（元）

【自我挑战】

某企业将自己生产的钢材100吨用于在建工程，产品单位成本每吨1 500.00元，同类产品对外销售价格每吨1 800.00元，该产品增值税税率13%，请计算增值税销项税额。

董事会决议

为了更好地激发管理部门的工作热情，体现公司对管理部门员工的关怀，公司决定对管理部门全体在职职工发放高档口红一批。

经过市场部门核实，这批口红当前的市场不含税价为4 179.41元

单位：北京福燕纺织有限公司

法定代表人：昌兴鸣

日期：2021年06月30日

图 2－22　原始凭证—“董事会决议”

四、智能生成并审核记账凭证

（一）账户设置

1. 一般销售业务的账户设置

为了准确反映一般纳税人销售业务的情况，应根据不同结算方式借记“银行存款”“应收账款”等会计账户；贷记“主营业务收入”“应交税费——应交增值税（销项税额）”等会计账户。

2. 视同销售业务的账户设置

根据《关于增值税会计处理的规定》（财会［2016］22 号）明确规定：企业发生税法上视同销售的行为，应当按照企业会计准则制度相关规定进行相应的会计处理，并按照现行增值税制度规定计算的销项税额（采用简易计税方法计算的应纳增值税额）。借记“应付职工薪酬”“利润分配”等账户，贷记“应交税费——应交增值税（销项税额）”或“应交税费——简易计税”账户。

（二）编制会计分录

1. 一般销售业务的会计处理

企业销售货物，加工修理修配劳务、服务、无形资产或不动产，应当按应收或已收的金额编制会计分录。

借：应收账款/应收票据/银行存款

　　贷：主营业务收入/其他业务收入（或固定资产清理、工程结算等按取得的收入金额）

　　　　应交税费——应交增值税（销项税额）（按现行增值税制度规定计算的销项税额）

或　　　应交税费——简易计税（采用简易计税方法计算的应纳增值税税额）

以北京福燕纺织有限公司业务 2－4 为例，确定业务 2－4 的增值税销项税额，确认该笔业务涉及的会计账户。

借：应收账款——上海市德恩服装有限公司　　510 986.00

贷：主营业务收入　　452 200.00

应交税费——应交增值税（销项税额）　　58 786.00

2. 视同销售业务的会计处理

（1）货物交付他人代销（委托方的处理，视同买断方式下一般在发出商品时确认收入；收取手续费方式下在收到受托方开来的代销清单时确认收入）。

（2）销售代销货物（受托方的处理，按收取的手续费确认收入）。

（3）设有两个以上机构并实行统一核算的纳税人，将货物从一个机构移送至其他机构用于销售，但相关机构设在同一县（市）的除外（不确认收入）。

（4）将自产、委托加工的货物用于非应税项目。

借：管理费用——招待费等科目

贷：库存商品

应交税费——应交增值税（销项税额）

（5）将自产、委托加工或购买的货物用于投资。

借：长期股权投资

贷：主营业务收入/其他业务收入

应交税费——应交增值税（销项税额）

（6）将自产、委托加工或购买的货物分配给股东或投资者。

借：应付股利

贷：主营业务收入

应交税费——应交增值税（销项税额）

（7）将自产、委托加工的货物用于集体福利或个人消费。

借：应付职工薪酬

贷：主营业务收入

应交税费——应交增值税（销项税额）

（8）将自产、委托加工或购买的货物无偿赠送他人。

借：营业外支出

贷：库存商品

应交税费——应交增值税（销项税额）

【要点提示】

以上8种情况中，第（3）、第（4）、第（8）种情况不确认收入，其他情况都要确认收入。

以北京福燕纺织有限公司业务2-5为例，确定业务2-5的增值税销项税额，确认该笔业务涉及的会计账户。

借：应付职工薪酬——福利费　　4 722.73

贷：主营业务收入　　4 179.41

应交税费——应交增值税（销项税额）　　543.32

（三）生成并审核记账凭证

会计核算岗的会计人员录入销售类票据的关键信息，系统自动生成记账凭证，将凭证转入主管审核岗，以业务 2－4 为例，进入财务云共享平台生成会计凭证，如图 2－23 所示。

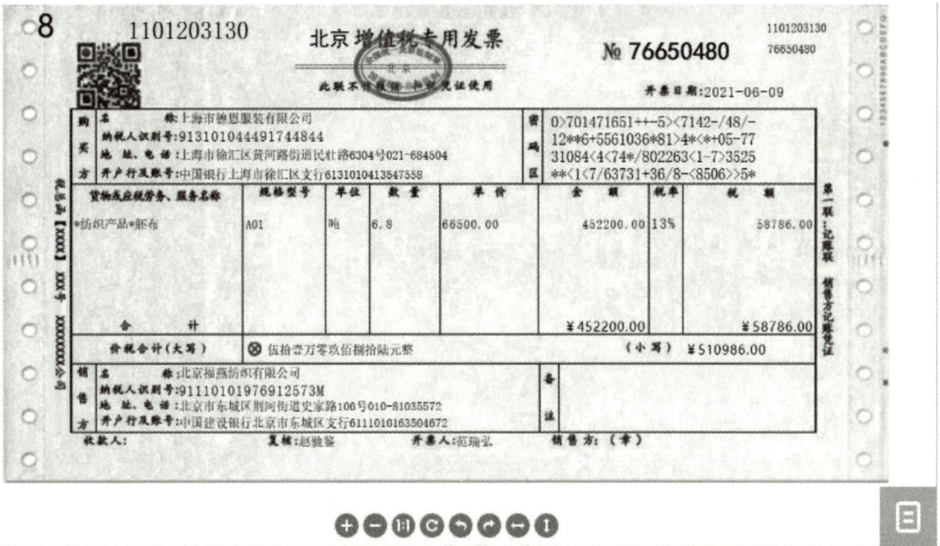

8　1101203130　北京增值税专用发票　№ 76650480　1101203130　76650480

此联不作报销、扣税凭证使用　开票日期:2021-06-09

购买方　名　　称:上海市德恩服装有限公司
纳税人识别号:913101044491744844
地　址、电　话:上海市徐汇区黄河路街道民壮路6304号021-684504
开户行及账号:中国银行上海市徐汇区支行6131010413547558

密码区　0>701471651++-5><7142-/48/-
12**6+5561036*81>4*<*+05-77
31084<4<74*/802263<1-7>3525
**<1<7/63731+36/8-<8506>>5*

货物或应税劳务、服务名称	规格型号	单位	数量	单价	金额	税率	税额
*纺织产品*胚布	A01	吨	6.8	66500.00	452200.00	13%	58786.00
合　　计					¥452200.00		¥58786.00

价税合计（大写）　⊗伍拾壹万零玖佰捌拾陆元整　（小写）¥510986.00

销售方　名　　称:北京福燕纺织有限公司
纳税人识别号:91110101976912573M
地　址、电　话:北京市东城区荆河街道史家路106号010-81035572
开户行及账号:中国建设银行北京市东城区支行6111010163504672

备注

收款人:　复核:赵驰鉴　开票人:范瑞弘　销售方:（章）

第一联：记账联　销售方记账凭证

摘要	会计科目	借方金额	贷方金额
销售应税产品	112202 应收账款-上海市德恩服装有限公司	510986.00	0.00
销售应税产品	500101 主营业务收入-销售收入	0.00	452200.00
销售应税产品	22210107 应交税费-应交增值税-销项税额	0.00	58786.00

图 2－23　“自动生成会计凭证”界面

主管审核岗的会计人员根据业务内容进行审核，主要查看确认应税收入使用的会计科目、金额、附件张数等，确认无误后，点击“审核”按钮，以业务 2－4 为例，主管审核岗会计人员进行审核，如图 2－24 所示。

记账凭证

记字第：16 号　　日期：2021-6-30　　附单据：1 张

摘要	会计科目	借方金额	贷方金额
销售应税产品	112202 应收账款-上海市德恩服装有限公司	510986.00	
销售应税产品	500101 主营业务收入-销售收入		452200.00
销售应税产品	22210107 应交税费-应交增值税-销项税额		58786.00
合计：		510986.00	510986.00

审核：　　过账：　　制单：

图 2－24　“已审核的记账凭证”界面

五、智能生成并查询会计账簿

本月所有记账凭证过账后，会计人员均可以通过财务云共享平台所需要的数据资料，包括所有账户的总账、明细账、辅助账、日记账等数据资料，查询“主营业务收入”“主营业务成本”“应交税费——应交增值税（销项税额）”等会计账户的增减变动情况，以查询本月“应交税费——应交增值税（销项税额）”账户为例，如图2－25所示。

会计科目： 22210107 销项税额

会计科目	日期	凭证号	摘要	借方金额	贷方金额	余额	
22210107 应交税费 应交增值税 销项税额	06-01		期初余额		1300520.00	贷	1300520.00
22210107 应交税费 应交增值税 销项税额	06-30	记-16	销售应税产品		58786.00	贷	1359306.00
22210107 应交税费 应交增值税 销项税额	06-30	记-17	发放福利		543.32	贷	1359849.32
22210107 应交税费 应交增值税 销项税额	06-30	记-18	销售应税产品		51870.00	贷	1411719.32
22210107 应交税费 应交增值税 销项税额	06-30	记-19	销售应税产品		64903.41	贷	1476622.73
22210107 应交税费 应交增值税 销项税额	06-30		本期合计		176102.73	贷	1476622.73
22210107 应交税费 应交增值税 销项税额	06-30		本年累计		1476622.73	贷	1476622.73

图2－25 查询“应交税费——应交增值税（销项税额）”明细账

任务总结：

“确认增值税销项税额”任务总结如图2－26所示。

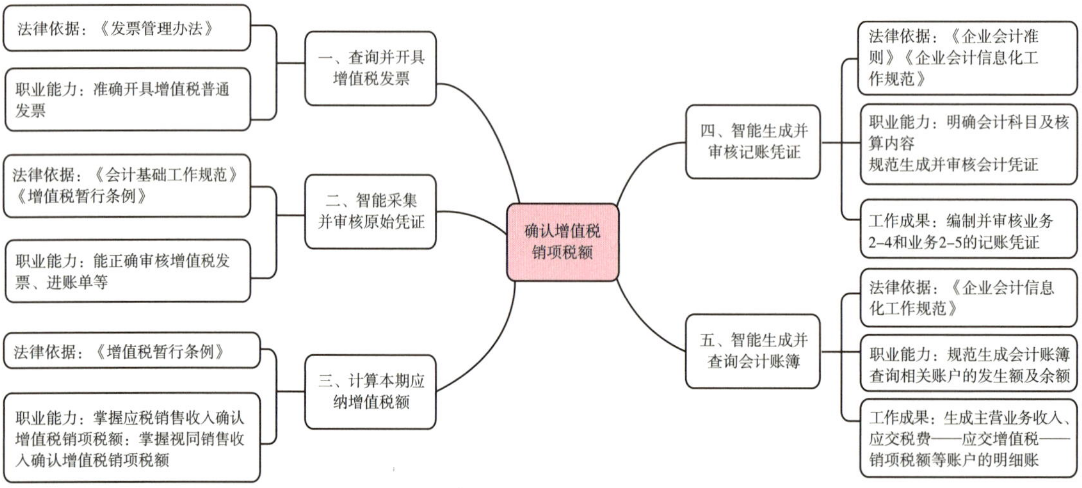

图2－26 “确认增值税销项税额”任务总结

任务拓展

子任务三　确定增值税应纳税额

实战演练

任务描述：

一、公司基本情况

公司全称：北京福燕纺织有限公司。

企业类型：服装制造企业，主要从事纺织品、家纺用品、服装的研发、生产和销售（均取得许可证）。

公司开户银行：中国建设银行北京市东城区支行。

基本存款账户：6111010163504672。

统一社会信用代码（纳税人识别号）：91110101976912573M。

经营地址、电话：北京市东城区荆河街道史家路106号　010－81035572。

二、公司内部会计制度

执行法律：执行《企业会计准则（2017）》《增值税暂行条例》等。

申报税种：本公司为一般纳税人，销售商品增值税税率为13%，城市维护建设税、教育费附加及地方教育费附加分别按流转税的7%、3%、2%计算。其中一般纳税人的增值税核算与申报按照财政部和税务总局颁布的《关于租入固定资产进项税额抵扣等增值税政策的通知》（财税〔2017〕90号）、《财政部　国家税务总局关于全面推开营业税改征增值税试点的通知》（财税〔2016〕36号）、《财政部　税务总局　海关总署关于深化增值税改革有关政策的公告》（财政部　税务总局　海关总署公告2019年第39号）、《国家税务总局关于国内旅客运输服务进项税抵扣等增值税征管问题的公告》（国家税务总局公告2019年第31号，以下简称31号公告）等相关法律文件。

三、业务描述

北京福燕纺织有限公司是增值税一般纳税人，主要经营业务为运动服、纺纱制品，运动服出厂不含税单价200.00元/件。2021年6月该厂购销情况如下：

【业务2－6】以折扣销售方式向某百货大楼销售500件运动服，不含税销售额90 000.00元和折扣额10 000.00元在同一张发票上分别注明。

【业务2－7】向外地特约经销点销售500件运动服，并支付运输费用12 111.11元，收到的运费发票上注明运费10 111.11元、装卸费1 000.00元、保险费1 000.00元。

【业务2－8】逾期没收包装物押金60 000.00元，计入销售收入。

【业务2－9】购进棉布等原材料，取得增值税专用发票注明的税款23 800.00元。

【业务2－10】从小规模纳税人购进辅料90 000.00元，取得普通发票。

【业务2－11】将100件自产的运动服奖励给本企业先进职工。

【业务2－12】委托机床厂修理机床，支付修理费3 000.00元，增值税额390.00元，收到增值税专用发票一张，款项以转账支票支付。

【业务2－13】公司食堂人员到蔬菜种植基地收购青菜2 000.00元，以微信支付。

【业务2－14】从八一机械厂购入机床一台，金额60 000.00元，税额7 800.00元，取得增值税专用发票，以银行存款支付。

任务布置：

一、明确任务

分别按照涉税服务岗、票据管理岗、会计核算岗、主管审核岗完成以下工作：

（1）依据增值税相关法律规定准确计算本期应纳增值税额并填制“增值税计算表”。

（2）智能采集和审核“增值税计算表”。

（3）智能生成和审核结转增值税的记账凭证。

（4）智能生成和查询“应交税费——应交增值税”账户的会计账簿。

二、工作成果

（1）计算应交增值税额并填制“增值税计算表”。

（2）生成结转增值税的记账凭证。

（3）生成“应交税费——应交增值税”“主营业务收入”等账户的明细账。

三、评价标准

（1）依据《增值税暂行条例》的规定，准确计算增值税应纳税额；

（2）依据《会计基础工作规范》《企业会计信息化工作规范》等要求，正确审核原始凭证，生成记账凭证及会计账簿。

任务分析：

一、工作思路

（1）准确计算应纳增值税额并填“制增值税计算表”，明确一般纳税人应纳增值税额的方法。

（2）生成并审核结转增值税的记账凭证。

（3）生成“应交税费——应交增值税”等账户的会计账簿。

二、岗位分工及工作流程

岗位分工及工作流程如图2－27所示。

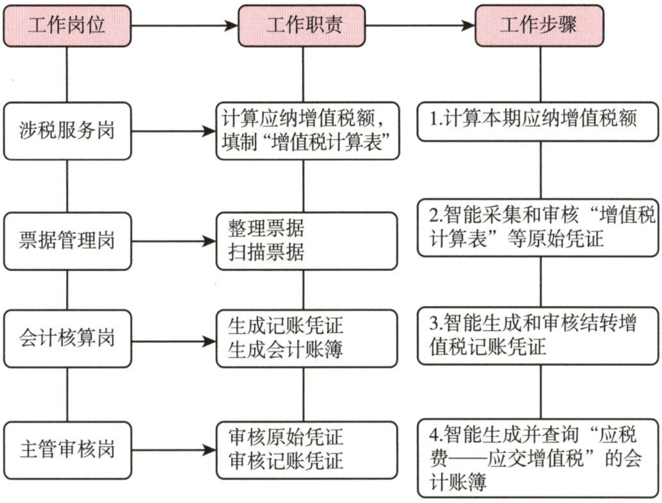

图 2－27 岗位分工及工作流程

任务实施：

一、计算本期应纳增值税额

（一）确认增值税进项税额和销项税额

业务 2－6：折扣销售业务，因为销售额和折扣额在同一张票据中分开显示，折扣额不需要缴纳增值税，所以应税收入额为 90 000.00 元，按照应税收入计算增值税销项税额。

业务 2－7：向外地特约经销点销售 500 件运动服，计算销项税额；同时支付的运输费用为12 111.11 元，由本公司承担，需要计算增值税进项税额，但按照规定只有运费可以抵扣进项税额，其他费用不能抵扣进项税额。

业务 2－8：逾期没收包装物押金 60 000.00 元，要视同将包装物销售给对方，计算销项税额，但要将没收的押金视为含税销售额，换算为不含税销售额后再计算销项税额。

业务 2－9：购进棉布等原材料按照规定允许抵扣进项税额。

业务 2－10：从小规模纳税人购进的辅料等取得增值税普通发票，其不允许抵扣进项税额。

业务 2－11：将自产产品发放给职工视同销售，按照出厂价格计算销售收入，计算销项税额。

业务 2－12：委托机床厂修理机床取得增值税专用发票，进项税额可以抵扣。

业务 2－13：购进免费农产品用于公司福利，按照购买价格的 9% 可以抵扣进项税额。

业务 2－14：购进固定资产按照取得的增值税专用发票的税额进行抵扣。

（二）计算应纳增值税额

【相关法律链接】

《增值税暂行条例》中关于应纳增值税计算的规定：

依据第四条规定，纳税人销售货物、劳务、服务、无形资产、不动产（以下统称应税销售行为），应纳税额为当期销项税额抵扣当期进项税额后的余额。

应纳税额计算公式：

应纳税额 = 当期销项税额 - 当期进项税额

当期销项税额小于当期进项税额不足抵扣时，其不足部分可以结转下期继续抵扣。

业务 2-6：销项税额 = 90 000.00 × 13% = 11 700.00（元）

业务 2-7：销项税额 = 500.00 × 200.00 × 13% = 13 000.00（元）

进项税额 = 10 111.11 × 9% = 910.00（元）

业务 2-8：销项税额 = 60 000.00 ÷（1 + 13%）× 13% = 6 902.65（元）

业务 2-9：进项税额 = 23 800.00（元）

业务 2-10：增值税进项税额 = 0（元）

业务 2-11：销项税额 = 100 × 200.00 × 13% = 2 600.00（元）

业务 2-12：进项税额 = 390.00（元）

业务 2-13：进项税额 = 2 000.00 × 9% = 180.00（元）

业务 2-14：进项税额 = 7 800.00（元）

本期应纳增值税进项税额 = 910.00 + 23 800.00 + 390.00 + 180.00 + 7 800.00 = 33 080.00（元）

本期应纳增值税销项税额 = 11 700.00 + 13 000.00 + 6 902.65 + 2 600 = 34 202.65（元）

本期应纳增值税额 = 34 202.65 - 33 080.00 = 1 122.65（元）

（三）填制未交增值税计算表

涉税服务岗的会计人员根据本月确认的增值税进项税额和销项税额，计算出本期应纳增值税额，填写“未交增值税计算表”，如表 2-6 所示。

表 2-6　　未交增值税计算表

编制单位：北京福燕纺织有限公司　　2021 年 6 月 30 日

项目	销项税额	进项税额转出	进项税额	减免税款	本月未交增值税
栏次	1	2	3	4	5 = 1 + 2 - 3 - 4
金额	34 202.65	0	33 080.00	0	1 122.65

编制：范瑞弘　　审核：赵驰鉴

二、智能采集和审核原始凭证

涉税服务岗会计人员将已填制好的“未交增值税计算表”扫描上传至财务云共享平台，

并对发票进行分类，因为未交增值税根据企业每月发生的应税增值税业务进行计算得出。所以，在票据分类时将其归为“其他（手工凭证）”如图 2－28 所示。

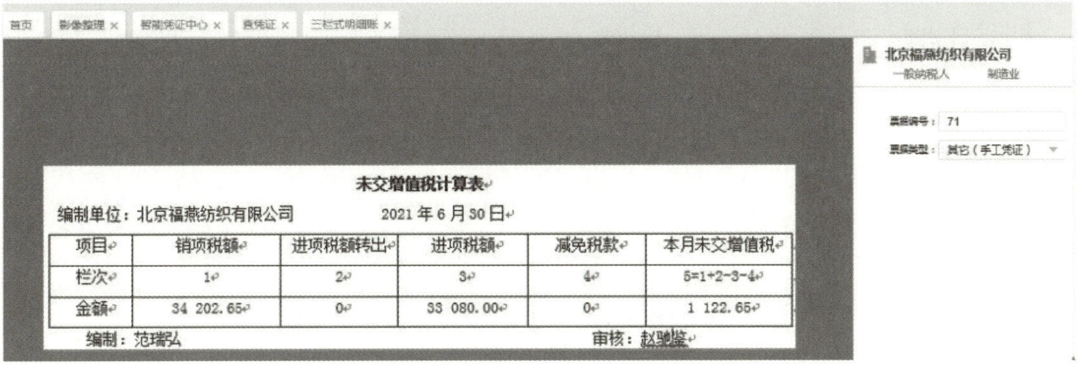

未交增值税计算表

编制单位：北京福燕纺织有限公司　　2021 年 6 月 30 日

项目	销项税额	进项税额转出	进项税额	减免税款	本月未交增值税
栏次	1	2	3	4	5=1+2-3-4
金额	34 202.65	0	33 080.00	0	1 122.65

编制：范瑞弘　　审核：赵驰鉴

图 2－28　进行“票据分类”界面

三、智能生成并审核记账凭证

（一）账户设置

【自我挑战】

根据前两个子任务的学习，总结应纳增值税业务会计处理中需要设置的会计账户。

（二）编制会计分录

（1）企业应将当月发生的应交未交增值税额自“应交税费——应交增值税”账户转入“未交增值税”明细账户。

借：应交税费——应交增值税（转出未交增值税）

　　贷：应交税费——未交增值税

（2）将本月多交的增值税自“应交税费——应交增值税”账户转入“未交增值税”明细账户。

借：应交税费——未交增值税

　　贷：应交税费——应交增值税（转出多交增值税）

（三）生成并审核记账凭证

会计核算岗的会计人员录入销售类票据的关键信息，系统自动生成记账凭证，将凭证转入主管审核岗，以北京福燕纺织有限公司本月应缴纳增值税业务为例，选择“特殊凭证”中“手工录入”凭证，进入“凭证录入”界面，填写日期、附件张数、摘要、应借应贷科目、金额等信息，保存后转入主管审核岗，如图 2－29 所示。

记账凭证

记字第：20 号　　日期：2021-6-30　　附单据：1 张

摘要	会计科目	借方金额	贷方金额
结转未交增值税	22210104 应交税费-应交增值税-转出未交增值税	1122.65	
结转未交增值税	222102 应交税费-未交增值税		1122.65
合计：		1122.65	1122.65

审核：　　过账：　　制单：[redacted]

图 2－29 “特殊凭证—手工录入记账凭证”界面

主管审核岗的会计人员根据业务内容进行审核，主要查看确认应税服务收入使用的会计科目、金额、附件张数等，确认无误后，点击“审核”，以北京福燕纺织有限公司本月应缴纳增值税业务为例，主管审核岗会计人员进行审核。

四、智能生成和审核会计账簿

【自我挑战】

根据已学习的内容，自动生成“应交税费——应交增值税”“应交税费——未交增值税”等账户的会计账簿，记录账户的余额，并截图上传至学习平台。

任务总结：

“确认增值税应纳税额”任务总结如图 2－30 所示。

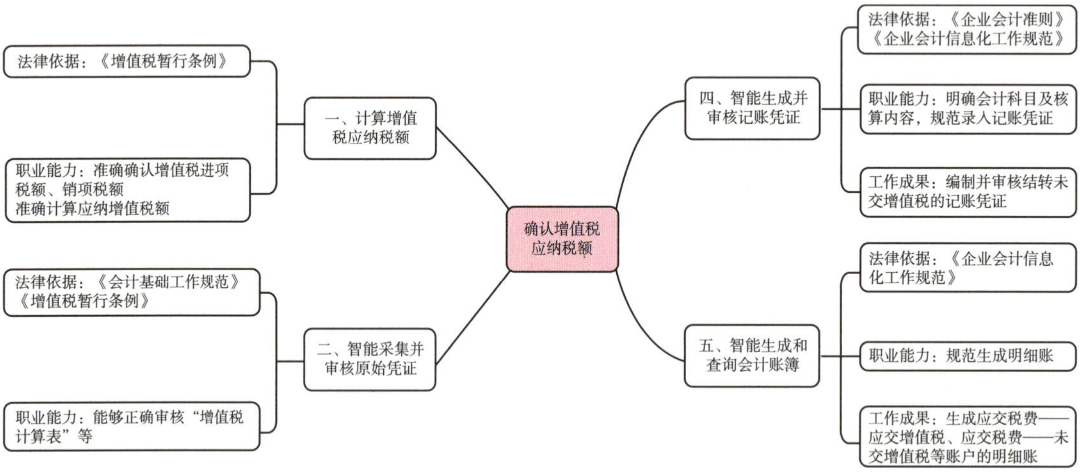

图 2－30 “确认增值税应纳税额”任务总结

任务二　一般纳税人增值税申报与缴纳

实战演练

学习目标：

1. 明确一般纳税人增值税申报与缴纳的工作流程
2. 掌握一般纳税人增值税纳税申报表的填写方法
3. 能够运用智能财税平台，熟练完成增值税申报与缴纳工作
4. 准确填写纳税申报表，体会严谨细致的会计职业作风
5. 及时缴纳税款，履行纳税义务、承担社会责任

任务描述：

一、企业情况介绍

公司全称：北京福燕纺织有限公司。

企业类型：制造企业，从事纺织品、家纺用品、服装的研发、生产和销售等经营项目。

公司开户银行：中国工商银行昌平支行。

基本存款账户：6111010163504672。

统一社会信用代码（纳税人识别号）：110108200004567800。

经营地址、电话：北京市东城区荆河街道史家路106号　010－81035572。

二、公司内部会计制度

执行法律：执行《企业会计准则》（2017）、《中华人民共和国增值税暂行条例》等。

申报税种：本公司为一般纳税人，销售商品增值税税率为13%，城市维护建设税、教育费附加及地方教育费附加分别按流转税的7%、3%、2%计算。其中一般纳税人的增值税核算与申报按照财政部和税务总局颁布的《关于租入固定资产进项税额抵扣等增值税政策的通知》（财税〔2017〕90号）、《财政部　国家税务总局关于全面推开营业税改征增值税试点的通知》（财税〔2016〕36号）、《财政部　税务总局　海关总署关于深化增值税改革有关政策的公告》（财政部　税务总局　海关总署公告2019年第39号）、《国家税务总局关于国内旅客运输服务进项税抵扣等增值税征管问题的公告》（国家税务总局公告2019年第31号，以下简称31号公告）等相关法律文件。

三、业务描述

【业务2－15】北京福燕纺织有限公司系增值税一般纳税人，从事纺织品、家纺用品、

服装的研发、生产和销售等经营项目。2021 年 6 月份发生的主要涉及增值税业务如下：

（1）销售坯布取得不含税收入 1 350 457.00 元，已开具增值税专用发票。

（2）受托加工取得不含税收入 66 500.00 元，已开具增值税专用发票。

（3）销售 2018 年 1 月购入的车位，取得含税收入 109 000.00 元，已开具增值税专用发票。

（4）支付税控设备技术维护费价税合计金额 480.00 元。

（5）月末原材料盘亏 67 048.81 元（盘亏原因：存储不当），相关进项税 8 716.35 元在前期已经抵扣。

（6）支付旅客运输服务费 1 118.00 元（具体请见业务单据）。

（7）宣布并发放了自产产品作为员工福利，确认了不含税收入 5 043.00 元，未开具发票。

（8）宣布并发放了委托加工收回的高档口红一批作为员工福利，确认了不含税收入 4 179.41 元，未开具发票。

（9）具体销售及开票情况如表 2－7 所示：

表 2－7 本期销售情况统计表 金额单位：元

开票情况	应税项目	金额	税率	税额	备注
增值税专用发票	*纺织产品*坯布	399 000.00	13%	51 870.00	
增值税专用发票	*纺织产品*坯布	452 200.00	13%	58 786.00	
增值税专用发票	*纺织产品*坯布	499 257.00	13%	64 903.41	
增值税专用发票	*不动产*车位	100 000.00	9%	9 000.00	
增值税专用发票	*劳务*代加工	66 500.00	13%	8 645.00	
未开发票	*纺织产品*坯布	5 043.00	13%	655.59	职工福利
未开发票	*美容护肤品*高档口红	4 179.41	13%	543.32	职工福利
合计		519 079.41		22 990.32	

要求：以涉税服务岗会计人员的身份，完成 6 月份的纳税申报和税款缴纳。

任务布置：

一、明确任务

以涉税服务岗会计的身份完成以下工作：

（1）准确填写“一般纳税人增值税纳税申报表”。

（2）规范生成并审核缴纳增值税及附加费的记账凭证。

（3）自动生成并查询应交税费——应交增值税的明细账。

二、工作成果

（1）一般纳税人增值税及附加费申报表及附表资料。

（2）缴纳增值税的会计凭证和会计账簿。

三、评价标准

（1）依据《增值税暂行条例》的规定，准确填写纳税申报表并缴纳税款。

（2）依据《会计基础工作规范》《企业会计信息化工作规范》等要求，正确审核原始凭证，生成记账凭证及会计账簿。

任务分析：

一、工作思路

（1）明确纳税申报的工作流程，整理和准备申报的纳税资料。

（2）分析经济业务计税依据、税费计算方法、填写“增值税及附加税费申报表”。

（3）财务共享云平台自动生成缴纳税款记账凭证及相关账簿。

二、岗位分工及工作流程

岗位分工及工作流程如图 2－31 所示。

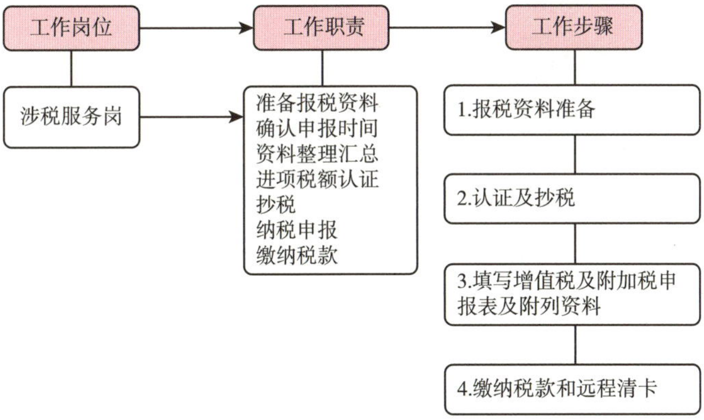

图 2－31　岗位分工及工作流程

任务实施：

一、准备报税资料

增值税一般纳税人（以下简称“纳税人”）均按《增值税一般纳税人申报办法》进行纳税申报。纳税人进行纳税申报必须实行电子信息采集。使用防伪税控系统开具增值税专用发票的纳税人必须在抄报税成功后，方可进行纳税申报。

（一）确认申报时间

根据《增值税暂行条例》第二十三条规定：“增值税的纳税期限分别为 1 日、3 日、5 日、10 日、15 日、1 个月或者 1 个季度。纳税人的具体纳税期限，由主管税务机关根据纳税人应纳税额的大小分别核定；不能按照固定期限纳税的，可以按次纳税。纳税人以1个月或者1个季度为1个纳税期的，自期满之日起15日内申报纳税；以1日、3日、5日、10日或者15日为1个纳税期的，自期满之日起5日内预缴税款，于次月1日起15日内申报纳税并结清上月应纳税款。扣缴义务人解缴税款的期限，依照前两款规定执行。”第二十四条规定：“纳税人进口货物，应当自海关填发海关进口增值税专用缴款书之日起15日内缴纳税款。”

增值税一般纳税人一般情况下都是按月进行纳税申报，在次月15日之前（遇节假日会顺延），具体要关注税务网站通知，在征期截止日期内完成纳税申报工作。

（二）整理、汇总并核对发票信息

涉税服务岗会计人员进入金税系统，打开金税设备资料统计，点击“发票资料查询”按钮并打印，选择发票数据导出，查询汇总表，即“增值税普通发票汇总表”“增值税电子普通发票汇总表”“增值税专用发票汇总表”并与月销售额统计表进行核对；同时统计未开票收入等相关报税资料。以业务2－15北京福燕纺织有限公司汇总发票信息为例，6月份福燕纺织公司只开具了增值税专用发票，如图2－32所示；“增值税电子发票汇总表”和“增值税普通发票汇总表”无数据（图省略）。

制表日期：2021年07月01日

所属期间：2021年06月

增值税专用发票统计表 1-01

增值税发票汇总表

纳税人登记号：91110101976912573M

企业名称：北京福燕纺织有限公司

地址电话：北京市东城区荆河街道史家路106号 010-81035572

北京福燕纺织有限公司

★发票领用存情况★

期初库存份数 50　正数发票份数 5　负数发票份数 0

购进发票份数 0　正数废票份数 0　负数废票份数 0

退回发票份数 0　期末库存份数 45

★销项情况★

金额单位：元

序号	项目名称	合计	13%	9%	6%	3%	其他
1	销项正废金额	0.00	0.00	0.00	0.00	0.00	0.00
2	销项正数金额	1516957.00	1416957.00	100000.00	0.00	0.00	0.00
3	销项负废金额	0.00	0.00	0.00	0.00	0.00	0.00
4	销项负数金额	0.00	0.00	0.00	0.00	0.00	0.00
5	实际销售金额	0.00	0.00	0.00	0.00	0.00	0.00
6	销项正废税额	0.00	0.00	0.00	0.00	0.00	0.00
7	销项正数税额	193204.41	184204.41	9000.00	0.00	0.00	0.00
8	销项负废税额	0.00	0.00	0.00	0.00	0.00	0.00
9	销项负数税额	0.00	0.00	0.00	0.00	0.00	0.00
10	实际销项税额	0.00	0.00	0.00	0.00	0.00	0.00

图2－32　增值税专用发票汇总表

（三）整理本期认证抵扣发票统计表

根据《国家税务总局关于进一步明确营改增有关征管问题的公告》（国家税务总局公告2017年第11号）第十条规定：自2017年7月1日起，增值税一般纳税人取得的2017年7月1日及以后开具的增值税专用发票和机动车销售统一发票，应自开具之日起360日内认证或登录增值税发票选择确认平台进行确认，并在规定的纳税申报期内，向主管国税机关申报抵扣进项税额。

认证抵扣的方法包括三种：

（1）办税服务厅的自助终端机或是前台认证。

（2）通过网上认证系统进行手工认证。

（3）纳税信用等级被评为A、B、C、M级的增值税一般纳税人可以通过增值税发票查询平台（也称为勾选平台）进行认证。该认证方法也称为勾选认证法，是目前比较常用的方法。

现以业务2－15北京福燕纺织有限公司为例，进入增值税发票选择确认平台（北京市），输入“证书号码”，点击“确定”按钮，进入发票确认工作台，点击“发票勾选”按钮，查询本月抵扣发票统计表，进行勾选认证，如图2－33所示。

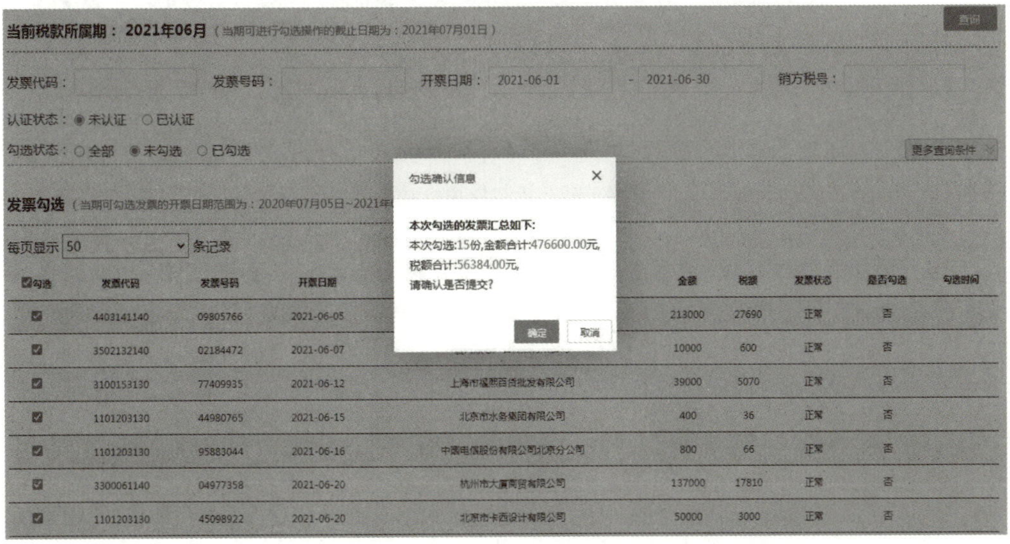

图2－33　进行“勾选认证”界面

完成勾选认证后，还需要进入“确认勾选”窗口，检查勾选认证的票据信息是否正确，点击“确认”按钮，弹出“本批次发票勾选认证成功”对话框，点击“确定”按钮，完成勾选认证操作，如图2－34所示。

涉税服务岗会计人员完成抵扣认证后，点击“抵扣统计”按钮，查询本期抵扣发票统计表，如图2－35所示。

根据以上信息，可以看出该企业抵扣勾选的增值税发票的金额为“476 600.00”元，税额为“56 384.00”元。

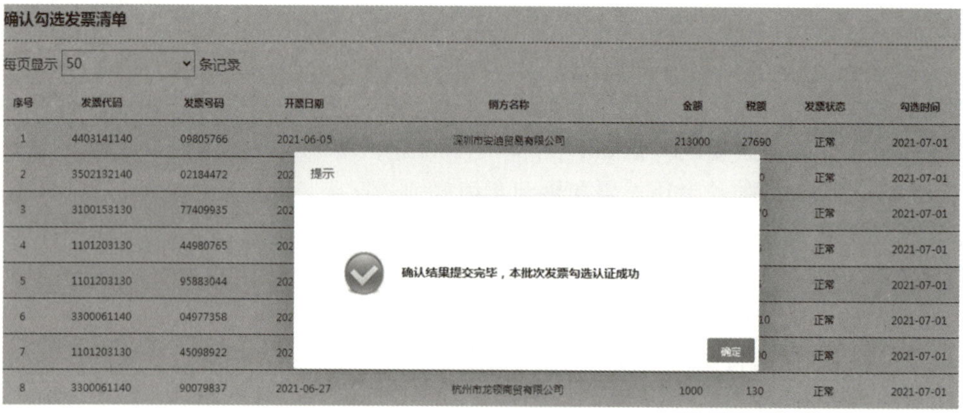

图 2－34 “勾选认证成功”界面

税款所属期：2021年06月　　统计查询　打印

申报抵扣发票统计表(报表更新时间:2021-07-01 11:19:37)

纳税人名称：北京福燕纺织有限公司　　纳税人识别号：91110101976912573M　　认证月份：2021年06月　　单位：（份、元）

发票类型 \ 认证方式	勾选认证			扫描认证			合计		
	份数	金额	税额	份数	金额	税额	份数	金额	税额
增值税专用发票	15.00	476600.00	56384.00	0.00	0.00	0.00	15.00	476600.00	56384.00
机动车销售统一发票	0.00	0.00	0.00	0.00	0.00	0.00	0.00	0.00	0.00
总计	15.00	476600.00	56384.00	0.00	0.00	0.00	15.00	476600.00	56384.00

图 2－35 抵扣发票统计表

涉税服务岗的会计人员完成销售情况统计及勾选认证后，计算本期应纳增值税额，编制“应纳税额计算表”，北京福燕纺织有限公司 6 月份的销项税额为 194 403. 32 元，进项税额 56 472. 18 元，进项税额转出 8 716. 35 元，符合税收政策减征额 480. 00 元，其本期应纳税额为 146 167. 39 元，如表 2－8 所示。

表 2－8　应纳税额计算表

项目	税额（元）
销项税额	194 403. 32
进项税额	56 472. 18
进项税额转出	8 716. 35
已交税金	
简易计税	
上期留抵税额	
减征税额	480. 00
加计抵减进项税额	
本期应纳税额	146 167. 39

二、上报汇总开票信息

为了保证发票税控数据的正确生成，防止篡改等情况的发生，在纳税申报之前要在税控系统中执行上报汇总功能，即将企业上期所开发票信息和留存的发票信息通过网络远程上报至税务局，保证发票数据资料的准确性。

登录增值税发票税控开票软件，选择报税处理，点击“上报汇总功能”按钮，完成北京福燕纺织有限公司6月份开票信息上报汇总，如图2-36所示。

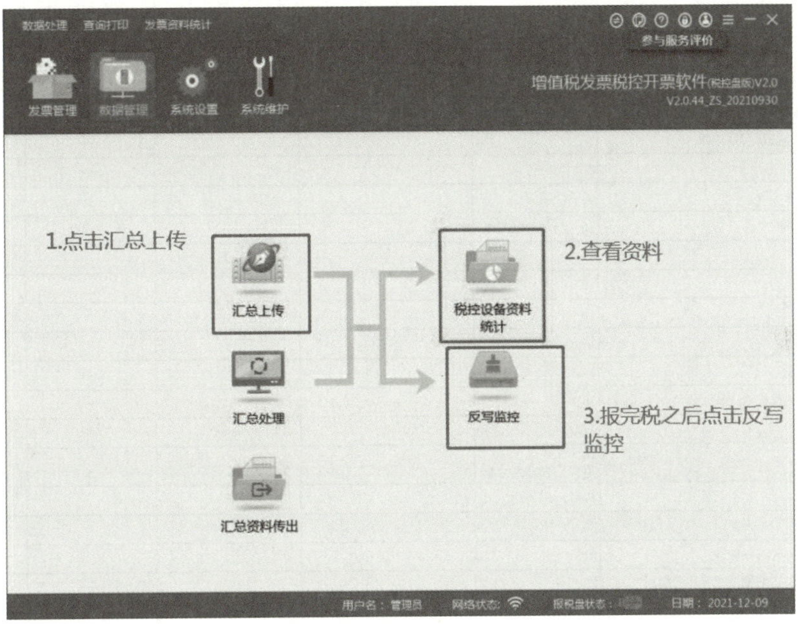

图2-36　开票系统“汇总上传”界面

三、增值税纳税申报

增值税一般纳税人应依法向国家税务总局申报增值税，按照增值税一般纳税人申报的方式，选择按期申报。涉税服务岗位的会计人员首先要认识增值税一般纳税人的申报表，其次确定一般纳税人申报表的填写顺序及填写方法。

（一）认识增值税申报表

根据《税务总局关于调整增值税纳税申报有关事项的公告》规定，一般纳税人的增值税申报表共计6张，包含1张主表和5张附表，分别是“增值税及附加税费申报表（一般纳税人适用）”“增值税及附加税费申报表附列资料（一）”“增值税及附加税费申报表附列资料（二）”“增值税及附加税费申报表附列资料（三）”“增值税及附加税费申报表附列资料（四）”“增值税及附加税费申报表附列资料（五）”“增值税减免税申报明细表”。申报表主表样表如表2-9所示。

表2-9

增值税及附加税费申报表

（一般纳税人适用）

根据国家税收法律法规及增值税相关规定制定本表。纳税人不论有无销售额，均应按税务机关核定的纳税期限填写本表，并向当地税务机关申报。

税款所属时间：自　年　月　日至　年　月　日　　填表日期：　年　月　日　　金额单位：元（列至角分）

纳税人识别号(统一社会信用代码)：□□□□□□□□□□□□□□□□□□□□□□□□□　　所属行业：

纳税人名称		法定代表人姓名		注册地址		生产经营地址	
开户银行及账号		登记注册类型			电话号码	

	项　目	栏次	一般项目		即征即退项目	
			本月数	本年累计	本月数	本年累计
销售额	（一）按适用税率计税销售额	1				
	其中：应税货物销售额	2				
	应税劳务销售额	3				
	纳税检查调整的销售额	4				
	（二）按简易办法计税销售额	5				
	其中：纳税检查调整的销售额	6				
	（三）免、抵、退办法出口销售额	7			——	——
	（四）免税销售额	8			——	——
	其中：免税货物销售额	9			——	——
	免税劳务销售额	10			——	——
税款计算	销项税额	11				
	进项税额	12				
	上期留抵税额	13				——
	进项税额转出	14				
	免、抵、退应退税额	15			——	——
	按适用税率计算的纳税检查应补缴税额	16			——	——
	应抵扣税额合计	17=12+13-14-15+16		——		——
	实际抵扣税额	18（如17<11，则为17，否则为11）				
	应纳税额	19=11-18				
	期末留抵税额	20=17-18				——
	简易计税办法计算的应纳税额	21				
	按简易计税办法计算的纳税检查应补缴税额	22			——	——
	应纳税额减征额	23				
	应纳税额合计	24=19+21-23				
税款缴纳	期初未缴税额（多缴为负数）	25				
	实收出口开具专用缴款书退税额	26			——	——
	本期已缴税额	27=28+29+30+31				
	①分次预缴税额	28		——		——
	②出口开具专用缴款书预缴税额	29		——	——	——
	③本期缴纳上期应纳税额	30				
	④本期缴纳欠缴税额	31				
	期末未缴税额（多缴为负数）	32=24+25+26-27				
	其中：欠缴税额（≥0）	33=25+26-27		——		——
	本期应补(退)税额	34＝24-28-29		——		——
	即征即退实际退税额	35	——	——		
	期初未缴查补税额	36			——	——
	本期入库查补税额	37			——	——
	期末未缴查补税额	38=16+22+36-37			——	——
附加税费	城市维护建设税本期应补（退）税额	39			——	——
	教育费附加本期应补（退）费额	40			——	——
	地方教育附加本期应补（退）费额	41			——	——

声明：此表是根据国家税收法律法规及相关规定填写的，本人（单位）对填报内容（及附带资料）的真实性、可靠性、完整性负责。

纳税人（签章）：　　　　年　月　日

经办人： 经办人身份证号： 代理机构签章： 代理机构统一社会信用代码：	受理人： 受理税务机关（章）：　　受理日期：　年　月　日

（二）填写增值税申报表

填写增值税申报表按照先填附列资料，再填主表的顺序完成所有申报表的填写，如果附列资料没有发生额可以不填，直接保存，再依次按顺序向下填写。现以业务 2－15 北京福燕纺织有限公司为例，涉税服务岗的会计人员按顺序依次填写 6 月份增值税申报表。

1. 附列资料（一）的填写

根据本月增值税专用发票汇总表及销售情况统计表填写，将“销售商品开具专用发票的销售额合计 1 416 957.00 元，税额合计 184 204.41 元”填入“本月开具增值税专用发票对应 13% 税率的货物及加工修理修配劳务”第 1 行内；将“销售不动产＊车位开具专用发票的销售额合计 100 000.00 元，税额 9 000.00 元”填入“9% 税率的服务、不动产和无形资产”第 4 行中；将销售统计表中“未开票收入金额合计 9 222.41 元，税额 1 198.91 元”填入“未开具发票”所对应的第 1 行中，如图 2－37 所示。

增值税及附加税费申报表附列资料（一）

（本期销售情况明细）

纳税人识别号:91110101976912573M　　　　纳税人名称:北京福燕纺织有限公司

所属时期:2021-06-01　至2021-06-30　　　　填表日期:2021-07-01

项目及栏次				开具增值税专用发票		开具其他发票		未开具发票		纳税检
				销售额	销项(应纳)税额	销售额	销项(应纳)税额	销售额	销项(应纳)税额	销售额
				1	2	3	4	5	6	7
一、一般计税方法计税	全部征税项目	13%税率的货物及加工修理修配劳务	1	1416957	184204.41		0.00	9222.41	1198.91	
		13%税率的服务、不动产和无形资产	2		0.00		0.00		0.00	
		9%税率的货物及加工修理修配劳务	3		0.00		0.00		0.00	
		9%税率的服务、不动产和无形资产	4	100000	9000.00		0.00		0.00	
		6%税率	5		0.00		0.00		0.00	
	其中：即征即退项目	即征即退货物及加工修理修配劳务	6	—	—	—	—	—	—	—
		即征即退服务、不动产和无形资产	7	—	—	—	—	—	—	—

图 2－37　填写“增值税及附加税费申报表附列资料（一）”界面

2. 附列资料（二）的填写

根据“本期抵扣认证统计表”和“本期经营情况表”填写，将本期抵扣认证统计表中“抵扣认证发票数量 15 份，发票金额 476 600.00 元，税额 56 384.00”元，填入“本期认证相符且本期申报抵扣”第 2 行中；将“本期可以抵扣旅客运输服务金额 1 068.00 元（航空客运行程单 850.00 元＋火车票票面金额 218.00 元）进行价税分离，计算出不含税金额 979.82 元，税额 88.18 元”，填入申报表的“8b”行中；本期经营业务中“月末原材料盘亏 67 048.81 元（盘亏原因：存储不当），相关进项税额 8 716.35 元在前期已经抵扣”此项是非正常损失作为本期进项税额转出，填入申报表中第 13 行内，计算结果如图 2－38 所示。

3. 附列资料（三）的填写

根据经营业务说明及销售情况统计表填列，将本期发生“销售 2018 年 1 月购入的车位，取得含税收入 109 000.00 元，已开具增值税专用发票”业务中不含税收入“109 000.00”元，填写到附表资料（三）中第 2 行“9% 税率的项目”对应的第 1 列中，如图 2－39 所示。

增值税及附加税费申报表附列资料（二）

(本期进项税额明细)

纳税人识别号:91110101976912573M　　纳税人名称:北京福燕纺织有限公司

所属时期:2021-06-01　　至2021-06-30　　填表日期:2021-07-05　　金额单位:元至角分

一、申报抵扣的进项税额				
项目	栏次	份数	金额	税额
(一)认证相符的增值税专用发票	1=2+3	15	476600.00	56384.00
其中：本期认证相符且本期申报抵扣	2	15	476600.00	56384.00
前期认证相符且本期申报抵扣	3			
(二)其他扣税凭证	4=5+6+7+8	2	979.82	88.18
其中：海关进口增值税专用缴款书	5			
农产品收购发票或者销售发票	6			
代扣代缴税收缴款凭证	7		------	
加计扣除农产品进项税额	8a	------	------	
其他	8b	2	979.82	88.18
(三)本期用于购建不动产的扣税凭证	9			
(四)本期用于抵扣的旅客运输服务扣税凭证	10	2	979.82	88.18
(五)外贸企业进项税额抵扣证明	11	------	------	
当期申报抵扣进项税额合计	12=1+4+11	17	477579.82	56472.18
二、进项税额转出额				
项目	栏次	税额		
本期进项税额转出额	13=14至23之和	8716.35		
其中：免税项目用	14			

图 2-38　填写“增值税及附加税费申报表附列资料（二）”界面

增值税及附加税费申报表附列资料（三）（服务、不动产和无形资产扣除项目明细）

纳税人识别号:91110101976912573M　　纳税人名称:北京福燕纺织有限公司

所属时期:2021-06-01　　至2021-06-30　　填表日期:2021-07-05　　金额单位:元至角分

项目及栏次		本期服务、不动产和无形资产价税合计额（免税销售额）	服务、不动产和无形资产扣除项目				
			期初余额	本期发生额	本期应扣除金额	本期实际扣除金额	期末余额
		1	2	3	4=2+3	5(5≤1且5≤4)	6=4-5
13%税率的项目	1	0.00	0.00		0.00		0.00
9%税率的项目	2	109000.00	0.00		0.00		0.00
6%税率的项目（不含金融商品转让）	3		0.00		0.00		0.00
6%税率的金融商品转让项目	4		0.00		0.00		0.00
5%征收率的项目	5	0.00	0.00		0.00		0.00
3%征收率的项目	6	0.00	0.00		0.00		0.00
免抵退税的项目	7	0.00	0.00		0.00		0.00
免税的项目	8	0.00	0.00		0.00		0.00

图 2-39　填写“增值税及附加税费申报表附列资料（三）”界面

4. 附列资料（四）的填写

根据本月经营业务说明填写，将本月“支付税控设备技术维护费价税合计金额 480.00 元”填写在申报表第 1 行“增值税税控系统专用设备费及技术维护费”的第 2 列“本期发生额”中，系统会自动计算并填列“本期实际抵减税额”，如图 2-40 所示。

增值税及附加税费申报表附列资料（四）
（税额抵减情况表）

纳税人识别号:91110101976912573M　　纳税人名称:北京福燕纺织有限公司
所属时期:2021-06-01　至2021-06-30　　填表日期:2021-07-05　　金额单位：元至角分

一、税额抵减情况							
序号	抵减项目	期初余额	本期发生额	本期应抵减税额	本期实际抵减税额	期末余额	
		1	2	3=1+2	4≤3	5=3-4	
1	增值税税控系统专用设备费及技术维护费	0.00	480	480.00	480	0.00	
2	分支机构预征缴纳税款	0.00		0.00		0.00	
3	建筑服务预征缴纳税款	0.00		0.00		0.00	
4	销售不动产预征缴纳税款	0.00		0.00		0.00	
5	出租不动产预征缴纳税款	0.00		0.00		0.00	
二、加计抵减情况							
序号	加计抵减项目	期初余额	本期发生额	本期调减额	本期可抵减	本期实际抵减额	期末余额
		1	2	3	4=1+2-3	5	6=4-5
6	一般项目加计抵减额计算	0.00			0.00		0.00
7	即征即退项目加计抵减额计算	0.00			0.00		0.00
8	合计	0.00	0.00	0.00	0.00	0.00	0.00

图 2－40　填写“增值税及附加税费申报表附列资料（四）”界面

5. 增值税减免税申报明细表填写

根据本月经营业务说明中“支付税控设备技术维护费价税合计金额 480.00 元，符合国家税收减免政策的规定”，选择“减免性质代码及名称”为“01129914《财政部　国家税务总局关于增值税税控系统专用设备和技术维护费用抵减增值税税额有关政策的通知》财税（2012）15 号”，将金额“480.00 元”填写在第 2 列“本期发生额”中。系统自动计算本期应抵扣税额，如图 2－41 所示。

增值税减免税申报明细表

纳税人识别号:91110101976912573M　　纳税人名称:北京福燕纺织有限公司
所属时期:2021-06-01　至2021-06-30　　填表日期:2021-07-05　　金额单位:元(列至角分)

一、减税项目						
减税性质代码及名称	栏次	期初余额	本期发生额	本期应抵减税额	本期实际抵税额	期末余额
		1	2	3=1+2	4<=3	5=3-4
合计		0.00	480.00	480.00	480.00	0.00
01129914《财政部 国家税务总局关于增值税税控系统专用设备和技术维		0.00	480	480.00	480	0.00
请选择		0.00		0.00		0.00
请选择		0.00		0.00		0.00
请选择		0.00		0.00		0.00
请选择		0.00		0.00		0.00
请选择		0.00		0.00		0.00
请选择		0.00		0.00		0.00
请选择		0.00		0.00		0.00
请选择		0.00		0.00		0.00
请选择		0.00		0.00		0.00

图 2－41　填写“增值税减免税申报明细表”界面

6. 增值税及附加税费表（一般纳税人适用）填写

增值税及附加税费申报表的填写主要包括销售额、税款计算、税费缴纳、附加税费四部分，其中第一部分销售额数据的填写，根据本月销售情况统计表填写，将本月销售额按照应税货物销售额和应税劳务销售额分别填列，本期应税货物销售额 1 359 679. 41 元 = 开具发票商品收入合计 1 350 457. 00 元 + 未开发票商品收入合计 9 222. 41 元。填入第 2 行第 1 列“本月应税货物销售额”中；“本期取得代加工劳务收入 66 500. 00 元”填入第 3 行第 1 列“本期应税劳务销售额”中；系统自动计算出第 1 行第 1 列“按适用税率计算销售额”合计数，如图 2 – 42 所示。

增值税及附加税费申报表

（一般纳税人适用）

纳税人识别号:91110101976912573M　　纳税人名称:北京福燕纺织有限公司

所属时期:2021-06-01　至2021-06-30　　填表日期:2021-07-05　　金额单位：元至角分

	项目	栏次	一般项目		即征即退项目	
			本 月 数	本 年 累 计	本 月 数	本 年 累 计
销售额	（一）按适用税率计税销售额	1	1526179. 41	11530179. 41	0. 00	0. 00
	其中：应税货物销售额	2	1359679. 41	1359679. 41		0. 00
	应税劳务销售额	3	66500	66500. 00		0. 00
	纳税检查调整的销售额	4	0. 00	0. 00		0. 00
	（二）按简易办法计税销售额	5	0. 00	0. 00	0. 00	0. 00
	其中：纳税检查调整的销售额	6		0. 00		0. 00
	（三）免、抵、退办法出口销售额	7	0. 00	0. 00	-----	-----
	（四）免税销售额	8	0. 00	0. 00	-----	-----
	其中：免税货物销售额	9		0. 00	-----	-----
	免税劳务销售额	10		0. 00	-----	-----

图 2 – 42　填写“增值税及附加税费申报表——销售额”界面

增值税及附加税费申报表中税款计算部分的数据，主要来源于附列资料（一）附列资料（二）及“增值税减免税申报明细表”，填写完附列资料及“增值税减免税申报明细表”后，系统会自动带入主表中，系统根据数据之间的逻辑关系，自动计算出应纳税额合计 = 146 167. 49 元，如图 2 – 43 所示。

税款计算	销项税额	11	194403. 32	1494923. 32	0. 00	0. 00
	进项税额	12	56472. 18	1175023. 18		0. 00
	上期留抵税额	13	0. 00			-----
	进项税额转出	14	8716. 35	8716. 35		0. 00
	免、抵、退应退税额	15		0. 00	-----	-----
	按适用税率计算的纳税检查应补缴税额	16	0. 00	0. 00	-----	-----
	应抵扣税额合计	17=12+13-14-15+16	47755. 83	-----	0. 00	-----
	实际抵扣税额	18（如17<11，则为17，否则为11）	47755. 83	0. 00	0. 00	0. 00
	应纳税额	19=11-18	146647. 49	328616. 49	0. 00	0. 00
	期末留抵税额	20=17-18	0. 00		0. 00	-----
	简易计税办法计算的应纳税额	21	0. 00	0. 00	0. 00	0. 00
	按简易计税办法计算的纳税检查应补缴税额	22		0. 00	-----	-----
	应纳税额减征额	23	480	480. 00		0. 00
	应纳税额合计	24=19+21-23	146167. 49	328136. 49	0. 00	0. 00

图 2 – 43　填写“增值税及附加税费申报表——税款计算”界面

增值税及附加税费申报表中税款缴纳部分的数据填写主要包括期初未缴增值税额和本期应缴纳增值税税额两部分，其中期初未缴增值税额通过查询“应交税费——未交增值税”账簿获取，本期应缴纳增值税税额根据“税款计算”部分中“应纳增值税税额”自动填列，如图 2－44 所示。

税款缴纳	期初未缴税额（多缴为负数）	25	23855.15		0.00	
	实收出口开具专用缴款书退税额	26		0.00	-----	-----
	本期已缴税额	27=28+29+30+31	23855.15	181969.00	0.00	0.00
	①分次预缴税额	28		-----		-----
	②出口开具专用缴款书预缴税额	29		-----	-----	-----
	③本期缴纳上期应纳税额	30	23855.15	181969.00	0.00	0.00
	④本期缴纳欠缴税额	31		0.00		0.00
	期末未缴税额（多缴为负数）	32=24+25+26-27	146167.49	146167.49	0.00	0.00
	其中：欠缴税额（≥0）	33=25+26-27	0.00	-----	0.00	-----
	本期应补（退）税额	34=24-28-29	146167.49	-----	0.00	-----
	即征即退实际退税额	35	-----	-----		0.00
	期初未缴查补税额	36		0.00	-----	-----
	本期入库查补税额	37		0.00	-----	-----
	期末未缴查补税额	38=16+22+36-37	0.00	0.00	-----	-----

图 2－44 填写“增值税及附加税费申报表——税款缴纳”界面

增值税及附加税费申报表中附加税费部分数据主要来源于附列资料（五），填写完附列资料（五）的数据后，系统会自动带入到主表中，如图 2－45 所示。

附加税费	城市维护建设税本期应补（退）税额	39	10231.72	10231.72	-----	-----
	教育费附加本期应补（退）费额	40	4385.03	4385.03	-----	-----
	地方教育附加本期应补（退）费额	41	2923.35	2923.35	-----	-----

图 2－45 填写“增值税及附加税费申报表——附加税费”界面

【寓德于技】

重拳出击严打骗取留抵退税行为

柳州市税务稽查部门根据税收大数据分析线索，检查发现广西 YH 物流有限公司通过取得虚开发票，虚增进项税额，骗取留抵退税 1.64 万元，同时对外虚开增值税专用发票 7 600 余万元。税务稽查部门依法追缴该企业骗取的留抵退税款，依据《中华人民共和国行政处罚法》《中华人民共和国税收征收管理法》相关规定，拟处 3 倍罚款；税务机关将会同公安等部门，严肃查处骗取留抵退税等税收违法行为，特别是运用税收大数据精准发现、重拳打击团伙式造假虚开发票骗取留抵退税，为留抵退税政策落准落稳保驾护航。

（三）填写附加税申报表

根据《国家税务总局关于开展2021年“我为纳税人缴费人办实事暨便民办税春风行动”的意见》（税总发〔2021〕14号），税务总局决定全面推行增值税、消费税分别与附加税费申报表整合工作。企业填完增值税纳税申报表后，需要填写增值税及附加税费附列资料（五），现以北京福燕纺织有限公司为例，根据本期增值税额146 167.00元，计算并申报本期应缴纳的城市维护建设税、教育费附加和地方教育费附加。将本期应缴纳的增值税额“146 167.00”分别填入第1行第1列、第2行第1列、第3行第1列中，北京福燕纺织有限公司的附加税适用的税率：城市维护建设税为7%、教育费附加征收率3%、地方教育费附加征收率为2%，对应税种依次录入到第4列中，系统会自动计算出本期应缴纳的附加税费金额17 540.10元，如图2－46所示。

增值税及附加税费申报表附列资料（五）

（附加税费情况表）

纳税人识别号:91110101976912573M　　纳税人名称:北京福燕纺织有限公司

所属时期:2021-06-01　至2021-06-30　　填表日期:2021-07-05

税（费）种		计税（费）依据			税（费）率（征收率）（%）	本期应纳税（费）额	本期减免税（费）额		试点建设培育产教融合型企业	
		增值税税额	增值税免抵税额	留抵退税本期扣除额			减免性质代码	减免税（费）额	减免性质代码	本期抵免金额
		1	2	3	4	5=（1-3+2）×4	6	7	8	9
城市维护建设税	1	146167.49			7%	10231.72			--	--
教育费附加	2	146167.49			3%	4385.03				
地方教育附加	3	146167.49			2%	2923.35				
合计	4	--	--	--	--	17540.10	--	0.00	--	
本期是否适用试点建设培育产教融合型企业抵免政策					□是□否	当期新增投资额				5
						上期留抵可抵免金额				6
						结转下期可抵免金额				7

图2－46　填写“增值税及附加税费申报表附列资料（五）”界面

完成附加税申报后，认真检查主表及附表之间的数据，确认无误后，点击“申报”按钮，系统会弹出“正式申报后将不允许修改已申报表单，确认申报?”再次确认后，点击“申报”按钮，显示“申报成功，进入税款缴纳环节”，完成本期增值税及附加税费申报，如图2－47所示。

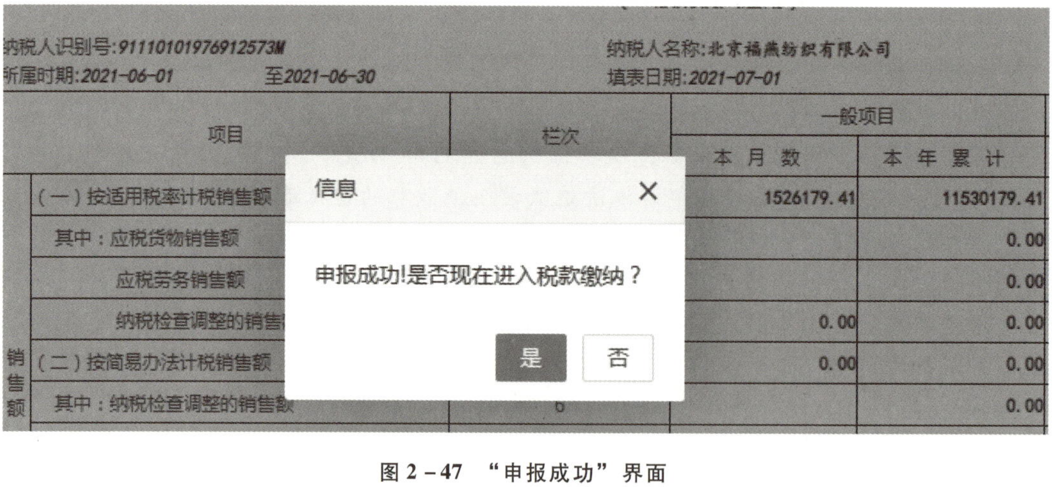

图2－47　“申报成功”界面

四、缴纳税款和远程清卡

（一）缴纳税款并进行会计处理

1. 缴纳税款

一般纳税人申报成功后准备缴纳税款，进入“税费缴纳”界面后，核对应缴纳的金额，确认无误后，点击“立即缴款”按钮，完成缴款，如图 2－48 所示。

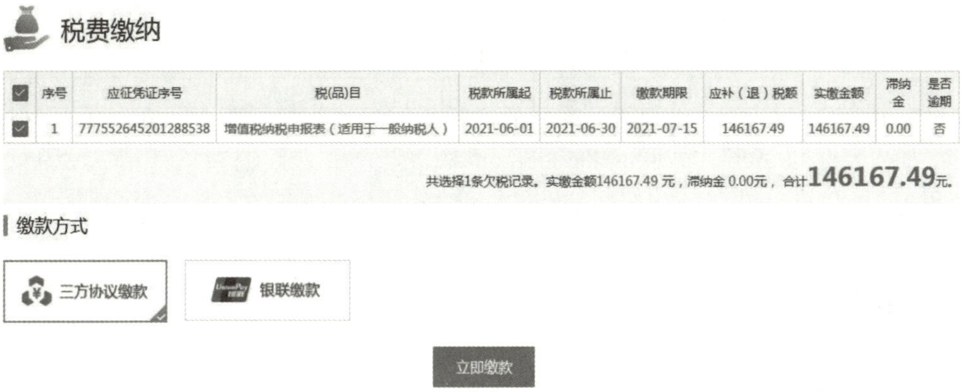

图 2－48　完成“税费缴纳”界面

2. 会计处理

按规定的纳税期限上缴税款时，应借记“应交税费——应交增值税”账户，贷记“银行存款”账户；收到退回多缴的增值税时，做相反的分录。

北京福燕纺织有限公司申报完成并成功缴纳 6 月份的增值税及附加税费，通过系统左边列表“缴款查询及打印”按钮，可以查询到已经完成缴纳增值税的电子缴款凭证。系统会自动将缴款凭证推送至财务云共享服务中心，票据管理岗的会计人员查看凭证，并对凭证进行归类，选择“付款类”票据，保存后系统会自动生成记账凭证，主管审核岗会计人员对其进行审核，如图 2－49 所示。

记账凭证

记字第 1 号　日期 2021-07-05　附单据 1 张

摘要	会计科目	借方金额	贷方金额
缴纳增值税及附加税费	222102 应交税费-未交增值税	146167.49	
缴纳增值税及附加税费	222114 应交税费-应交城市维护建设税	10231.72	
缴纳增值税及附加税费	222115 应交税费-应交教育费附加	4385.03	
缴纳增值税及附加税费	222116 应交税费-应交地方教育费附加	2923.35	
缴纳增值税及附加税费	100201 银行存款-建设银行东城支行（4672）		163707.59
合计：		163707.59	163707.59

审核：　过账：　制单：

图 2－49　完成缴纳税费的记账凭证

（二）远程清卡

一般纳税人在纳税申报完成后，需要登录开票系统将上期开票信息清空，即清卡。将留存的发票结转本期使用。以北京福燕纺织有限公司为例，涉税服务岗的会计人员进入开票系统，点击“远程清卡”按钮后，系统会立即执行清卡操作，当进度条到100%时，系统会自动弹出“金税设备已经完成清卡操作，将重新启动开票软件”窗口，点击“确定”按钮后，清卡操作完成，如图2－50所示。

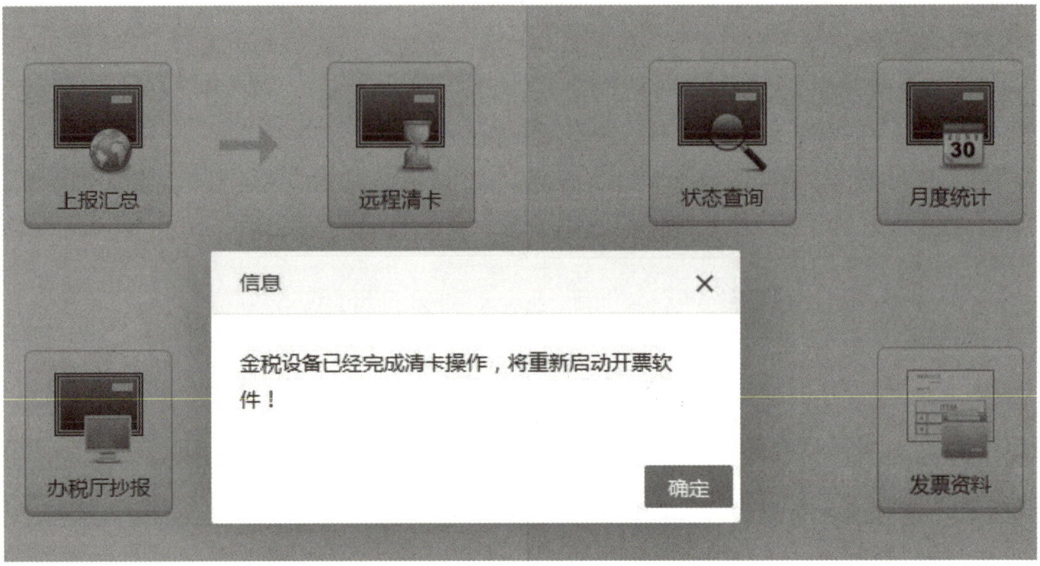

图2－50 进行“远程清卡”界面

任务总结：

“一般纳税人增值税申报与缴纳”任务总结如图2－51所示。

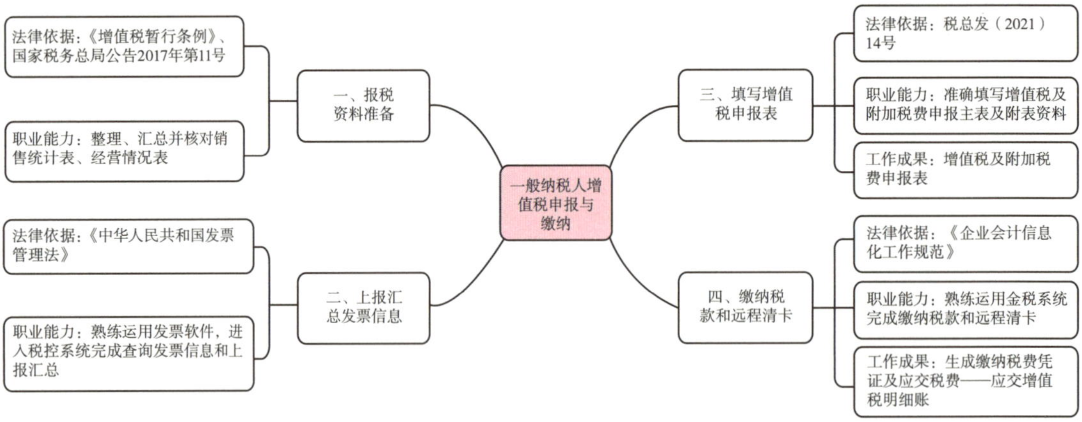

图2－51 “一般纳税人增值税申报与缴纳”任务总结

情境二　增值税小规模纳税人核算与缴纳

实战演练

知识目标：

1. 明确增值税小规模纳税人税收优惠政策
2. 知晓增值税小规模纳税人纳税申报与税款缴纳的工作流程
3. 掌握增值税小规模纳税人应纳增值税额的计算方法

技能目标：

1. 依据最新税收优惠政策及相关法律文件，准确计算小规模纳税人应纳增值税额
2. 依据小规模纳税人纳税申报与税款缴纳的工作流程，准确进行纳税申报

素养目标：

1. 运用税收优惠政策帮企业减轻税负，感恩社会主义制度优越性
2. 在处理税收业务中树立职业荣誉感和自豪感

知识储备：

一、什么是增值税小规模纳税人

所谓小规模纳税人，是指年销售额在规定标准以下，并且会计核算不健全，不能按规定报送有关税务资料的增值税纳税人。随着增值税制度的逐步完善，依据《财政部　税务总局关于统一增值税小规模纳税人标准的通知》（财税〔2018〕33 号）的规定，小规模纳税人也包括年销售额未超过标准，但会计核算健全，不想申请成为一般纳税人的企业。

二、增值税小规模纳税人与一般纳税人的区别

小规模纳税人免征增值税公告

1. 认定标准不同

根据《财政部　税务总局关于统一增值税小规模纳税人标准的通知》（财税〔2018〕33 号）及《增值税暂行条例》中关于增值税小规模纳税人标准规定，小规模纳税人的认证标准包括四个方面：

(1) 增值税小规模纳税人标准为年应征增值税销售额（这里的年应征增值税销售额包括销售货物，提供应税劳务，销售应税服务，销售无形资产，销售不动产等所有销售额。）500 万元以下。

(2) 按照《中华人民共和国增值税暂行条例实施细则》第二十八条规定，已登记为增值税一般纳税人的单位和个人，在 2018 年 12 月 31 日前，可转登记为小规模纳税人，其未抵扣的进项税额作转出处理。

(3) 年应税销售额超过小规模纳税人标准的，其他个人按小规模纳税人纳税。

(4) 非企业性单位、不经常发生应税行为的企业，可选择按小规模纳税人纳税。

但需要注意的是，小规模纳税人也可以主动申请成为一般纳税人。

2. 所需符合的条件不同

一般情况下，小规模纳税人会计核算不健全，且政策要求较为宽泛。而对于一般纳税人企业来说，其必须要符合以下条件，即有固定生产经营场所；能够按照国家统一的会计制度规定设置账簿；根据合法、有效凭证核算，能够提供准确税务资料。

3. 二者适用税率不同

一般纳税人税率分为 13%、9%、6% 以及零税率，而小规模纳税人征收率一般为 3%，而销售不动产、出租不动产及土地、房地产开发企业销售自行开发的房地产项目、选择差额纳税的劳务派遣服务及安全保护服务等适用的税率为 5%。小规模纳税人税收政策执行期限，如表 2 - 10 所示。

表 2 - 10　　小规模纳税人税收政策执行期限表

小规模纳税人	2021 年 1 月 1 日至 2021 年 3 月 31 日	2021 年 4 月 1 日至 2022 年 3 月 31 日	2022 年 4 月 1 日至 2022 年 12 月 31 日
湖北地区	免税	1%	免税
非湖北地区	1%	1%	免税

【税率记忆技巧】

税率是 1 还是 3，要看日期和文件。

4. 使用发票不同

小规模纳税人销售一般情况下使用普通发票，如若遇到对方要求开具增值税专用发票，可以到税务局代开或自行开具 3% 的增值税专用发票。根据《国家税务总局关于增值税发票管理等有关事项的公告》（国家税务总局公告 2019 年第 33 号）规定，增值税小规模纳税人（其他个人除外）发生增值税应税行为，需要开具增值税专用发票的，可以自愿使用增值税发票管理系统自行开具。选择自行开具增值税专用发票的小规模纳税人，税务机关不再为其代开增值税专用发票。

一般纳税人既可以开具普通发票，也可以开具增值税专用发票，并且一般纳税人所取得的增值税专用发票可以用于抵扣。

5. 二者收取增值税专用发票后账务处理不同

一般纳税人按发票金额记入成本，税款部分记入“应交税费——应交增值税——进项税额”账户；小规模纳税人则按价税合计全额计入成本。

6. 税收优惠政策及纳税申报的时间不同

2021 年 4 月 1 日起施行的，小规模纳税人关于免征增值税的最新政策《财政部　税务总局关于明确增值税小规模纳税人免征增值税政策的公告》（2021 年第 11 号）的规定，小规模纳税人每月销售额度不超过 15 万元的或季度不超过 45 万元的，免征增值税，只有超过上述标准，才需要缴税。小规模纳税人通常按季申报增值税。而一般纳税人每月进行纳税申报。

7. 应纳增值税额计算方法不同

一般纳税人按“抵扣制”计算增值税税额，即按销项税额减进项税额后的余额缴税；小规模纳税人按销售收入除以（1 + 适用征收率）后的金额再乘征收率计算应纳增值税额。

【寓德于技】

赵奢的赋税理念

公元前 271 年，赵奢担任当时赵国的最高税务长官。赵奢在中国赋税思想史上的主要贡献，是他坚持以法治税。他认为，以法治税是以法治国的一项重要内容，破坏税法会导致国家法制削弱，而国家的法制一旦遭到破坏，社会就会陷入混乱，国家就会衰弱，诸侯就会乘机进攻，政权就会灭亡。他指出：“不奉公则法削，法削则国弱，国弱则诸侯加兵，诸侯加兵是无赵也。”赵奢有法律面前人人平等的民主思想。他认为，税法不仅平民百姓必须遵守，贵族官僚也必须履行其纳税义务，这就是执行公平。做到了执行公平，国家就会强盛，政权就会巩固。赵奢掌管赵国赋税期间，“国赋大平，民富而府库实”，也为后世树立了一个极为难得的执法如山的税官形象。

知识小结：

“增值税小规模纳税人核算与缴纳”相关知识小结如图 2 – 52 所示。

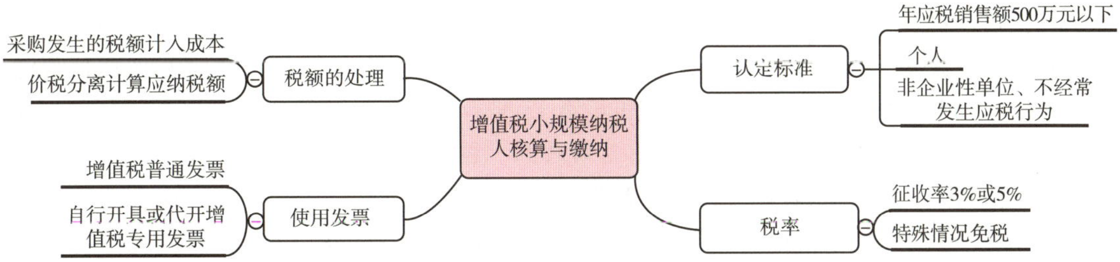

图 2 – 52　“增值税小规模纳税人核算与缴纳”相关知识小结

任务一　小规模纳税人增值税应纳税额的核算

学习目标：

1. 明确小规模纳税人最新税收优惠政策
2. 准确计算小规模纳税人增值税的应纳税额
3. 准确辨析增值税业务的票据，正确进行会计处理
4. 应用小规模纳税人税收优惠政策为企业减轻税收负担，践行会计职业的使命与担当

任务描述：

一、公司基本介绍

公司全称：北京福隆餐饮有限公司（简称福隆公司）。

企业类型：餐饮服务企业，主要从事餐饮服务、预包装食品批发与零售（均取得经营许可证）。

公司开户银行：中国工商银行北京海淀支行。

基本存款账户：41622124568322。

统一社会信用代码（纳税人识别号）：911101087416360922。

经营地址、电话：北京市海淀区洪文路 83 号　010－39663311。

二、公司内部会计制度

执行法律：执行《小企业会计准则》（2022）、《增值税暂行条例》等。

申报税种：本公司为小规模纳税人，销售商品、提供劳务增值税税率为 3%，城市维护建设税、教育费附加及地方教育费附加分别按流转税的 7%、3%、2% 计算。其中小规模纳税人的增值税核算与申报按照《财政部　税务总局关于支持个体工商户复工复业增值税政策的公告》（财政部　税务总局公告 2020 年第 13 号）《财政部　税务总局关于延长小规模纳税人减免增值税政策执行期限的公告》（财政部　税务总局公告 2020 年第 24 号）《财政部　税务总局关于延续实施应对疫情部分税费优惠政策的公告》（财政部　税务总局公告 2021 年第 7 号）《财政部　税务总局关于对增值税小规模纳税人免征增值税的公告》（财政部　税务总局公告 2022 年第 15 号）的相关法律文件。

任务分解：

将任务一小规模纳税人增值税应纳税额的核算分解成两个子任务，如图 2－53 所示。

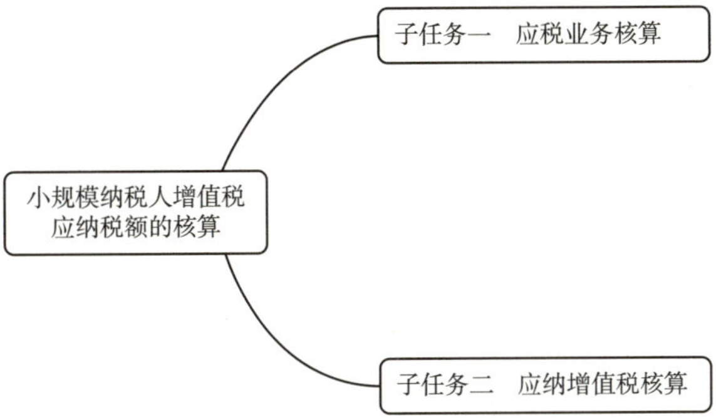

图 2－53　任务分解

子任务一　应税业务核算

实战演练

任务布置：

一、业务描述

北京福隆餐饮有限公司运用财务云共享平台进行会计核算，2022 年 3 月所发生的增值税购进业务主要包括采购材料、采购固定资产、采购服务等业务，典型经济业务如下：

【业务 2－16】3 月 5 日，从北京凯达批发有限公司购入面粉 750 千克，单价 8.00 元/千克，税率 9%；购进白糖 350 千克，单价 9.00 元/千克，税率 13%；购进红糖 300 千克，单价 10.00 元/千克，税率 13%，收到增值税普通发票一张，材料验收入库，款项尚未支付。

【业务 2－17】3 月 6 日，从北京鑫鹏包装有限公司购进保鲜袋 200 包，单价 5.00 元/包，税率 3%，收到增值税普通发票一张，款项尚未支付。

【业务 2－18】3 月 13 日，支付电信服务费 972.00 元，其中基础服务费 654.00 元，增值服务费 318.00 元，收到增值税普通发票一张，款项以银行存款支付。

【业务 2－19】3 月 25 日，从北京友达贸易公司购进双头大锅灶 1 台，单价 3 000.00 元/台，税率 13%，款项尚未支付。

要求：按照财务共享中心岗位分工，依据最新税收政策，采用最优纳税方案，完成 3 月份增值税购进业务的核算。

二、明确任务

分别按照票据管理岗、会计核算岗、涉税服务岗、主管审核岗完成以下工作。

（1）智能采集和审核原始凭证。
（2）智能生成和审核记账凭证。
（3）智能生成并查询会计账簿。

三、工作成果

（1）采集并上传采购类原始凭证的影像资料。
（2）生成采购材料等物资的记账凭证。
（3）生成“原材料”“固定资产”等会计账户的明细账。

四、评价标准

（1）依据《增值税暂行条例》的规定，准确计算外购物资的成本。

（2）依据《会计基础工作规范》《企业会计信息化工作规范》等要求，规范采集并审核原始凭证，生成记账凭证及会计账簿。

任务分析：

一、工作思路

（1）采集并审核原始凭证，明确小规模纳税人外购材料物资所取得原始凭证的种类。
（2）智能审核并生成记账凭证，分析经济业务计税依据、成本入账价值、会计科目。
（3）智能生成并查询会计账簿，生成“原材料”“固定资产”等会计账簿。

二、岗位分工及工作流程

岗位分工及工作流程如图 2－54 所示。

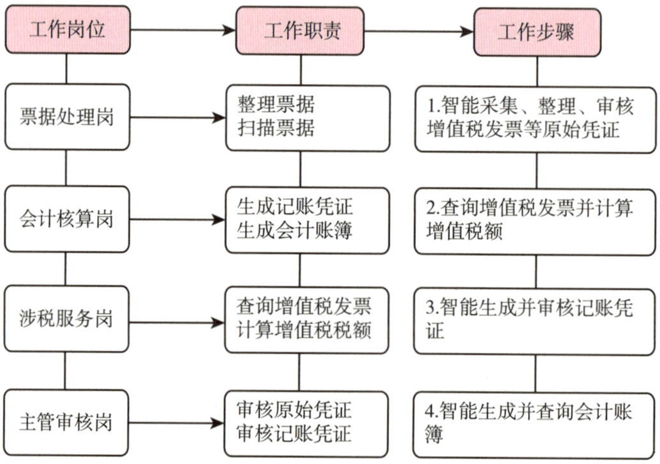

图 2－54 岗位分工及工作流程

任务实施：

一、智能采集和审核原始凭证

（一）采集票据信息，整理票据并分类

票据扫描岗的会计人员首先应根据票据信息读懂业务内容，判断业务类型并进行分类，为便于后续业务处理及方便查找，需将各类票据进行分类并编号，扫描上传至财务云共享中心平台，如图2－55所示。

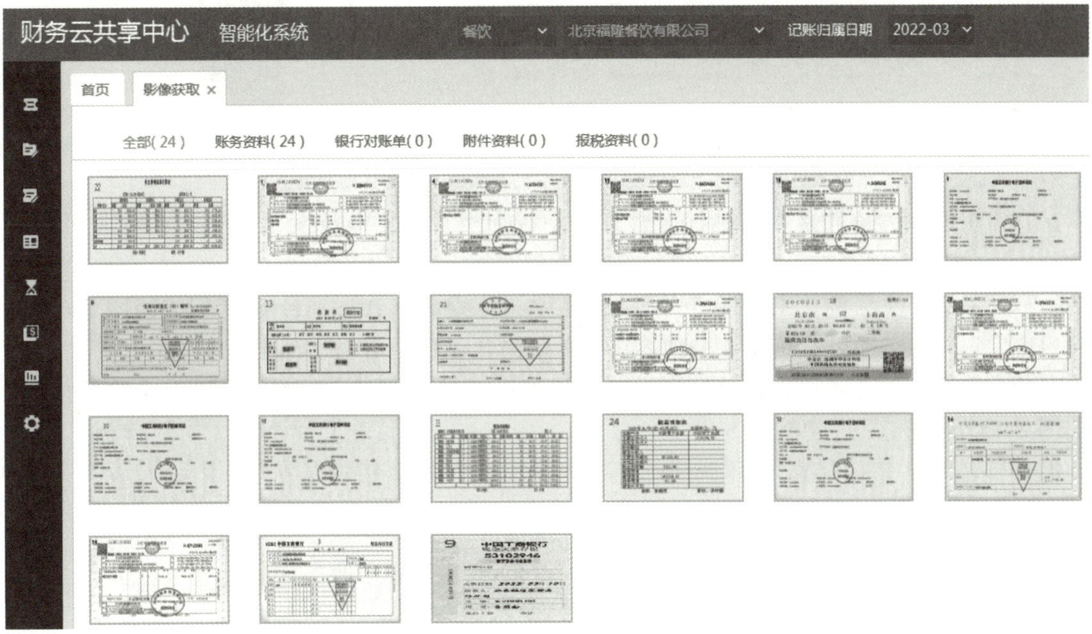

图2－55　上传至云平台的票据影像

根据业务内容分析，北京福隆餐饮有限公司典型经济业务中业务2－16和业务2－17属于购进材料业务；业务2－18属于采购服务业务，业务2－19属于购进固定资产业务，4笔典型经济业务均取得了增值税普通发票，按照票据分类属于采购类票据。以业务2－17为例，将已扫描并上传至云平台的票据进行分类。在采集票据信息时，要准确录入发票上的号码，根据业务内容及购销主体辨别票据的种类，判断是否采用现金结算，一般情况下，采购材料、固定资产业务使用非现金结算，如图2－56所示。

（二）辨识并审核原始凭证

财务共享服务中心主管审核岗的会计人员按照经济业务发生的内容进行认真审核，确保所记载的经济业务的真实性，内容真实可靠、合理合法。以保证核算结果的准确性。

对于外购材料物资取得增值税普通发票审核要点包括：①审核发票的真伪。发票真实性审核可通过网上查询、扫描发票二维码等方式进行查询；②审核发票联是否加盖发票专用

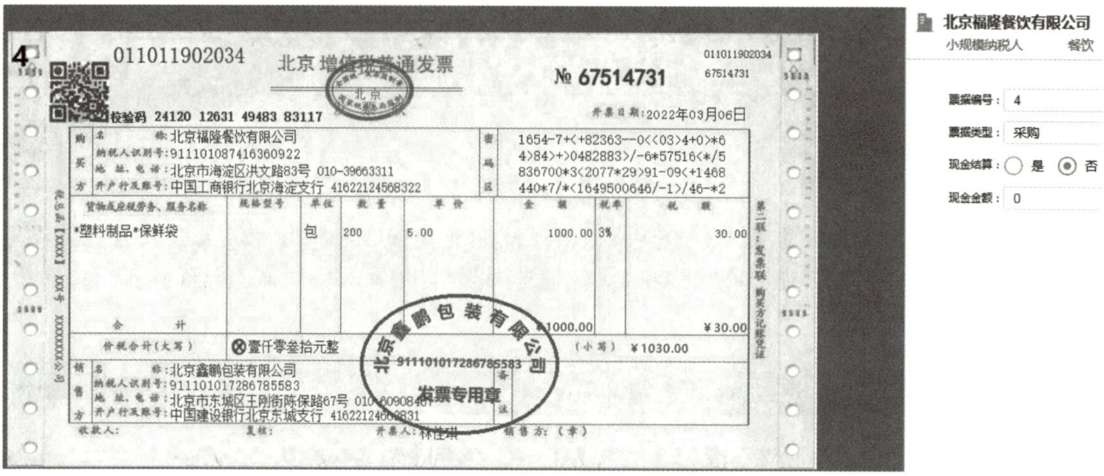

图 2-56　进行“票据分类”界面

章；③审核购销方信息是否正确，发票日期是否为当月；④审核发票金额是否和合同金额相符。

以业务 2-17 为例，主管审核岗的会计人员进入财务云共享平台审核原始凭证，辨析业务内容、选择业务类型，确定业务内容属于低值易耗品、原材料、固定资产等，核对往来单位名称，根据发票是否可以抵扣选择为“其他不得抵扣”项目，核对价税合计金额等内容，如图 2-57 所示。

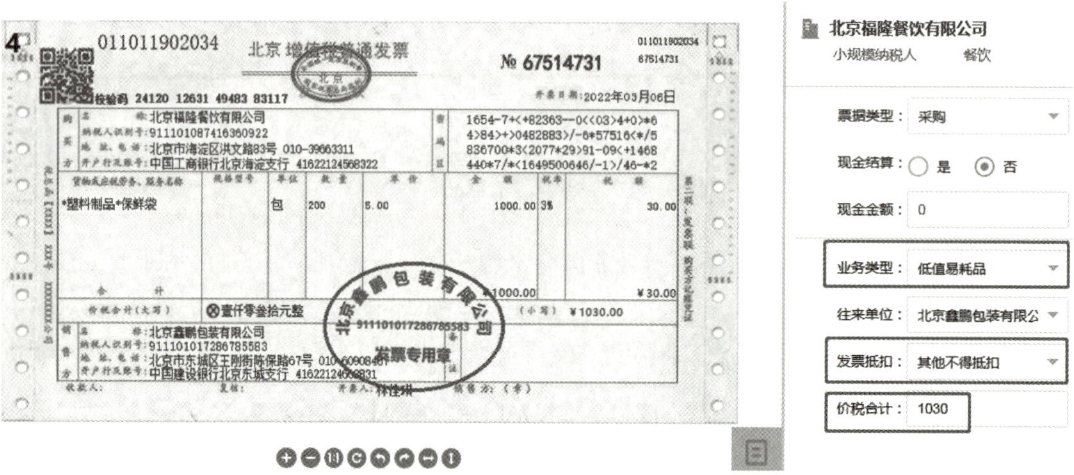

图 2-57　主管会计岗审核原始凭证

【自我挑战】

按照上述方法，请审核其余三笔业务（业务 2-16、业务 2-18、业务 2-19）发生的原始凭证，并总结审核要点。

二、查询增值税发票并计算采购成本

（一）有关规定

根据《企业会计准则第 1 号——存货》第六条规定：存货的采购成本，包括购买价款、相关税费、运输费、装卸费、保险费以及其他可归属于存货采购成本的费用。《增值税暂行条例》第十一条规定：小规模纳税人销售货物或者应税劳务，实行按照销售额和征收率计算应纳税额的简易办法，并不得抵扣进项税额。

（二）计算外购物资成本的入账价值

业务 2－16：3 月 5 日，从北京凯达批发有限公司购入面粉 750 千克，单价 8.00 元/千克，税率 9%；购进白糖 350 千克，单价 9.00 元/千克，税率 13%；购进红糖 300 千克，单价 10.00 元/千克，税率 13%，收到增值税普通发票一张，材料验收入库，款项尚未支付。

原材料（面粉）的入账价值 = 750 × 8.00 ×（1 + 9%）= 6 540.00（元）

原材料（白糖）的入账价值 = 350 × 9 ×（1 + 13%）= 3 559.50（元）

原材料（红糖）的入账价值 = 300 × 10.00 ×（1 + 13%）= 3 390.00（元）

业务 2－17：3 月 6 日，从北京鑫鹏包装有限公司购进保鲜袋 200 包，单价 5.00 元/包，税率 3%，收到增值税普通发票一张，款项尚未支付。

外购材料物资的入账价值 = 200 × 5.00 ×（1 + 3%）= 1 030.00（元）

【要点提示】

疫情期间公司购买的防疫物资无发票的情况下，也是可以正常入账的。但是纳税人应当注意：因为进行税前扣除等有关税务处理时，其凭证就是取得的发票。在没有发票的情况下也就不能正常抵扣。所以汇算清缴时需做相应的纳税调增处理。

业务 2－18：3 月 13 日，支付电信服务费 972.00 元，其中基础服务费 654.00 元，增值服务费 318.00 元，收到增值税普通发票一张，款项以银行存款支付。

电信服务费的入账价值 = 654.00 + 318.00 = 972.00（元）

业务 2－19：3 月 25 日，从北京友达贸易公司购进双头大锅灶 1 台，单价 3 000.00 元/台，税率 13%，款项尚未支付。

固定资产的入账价值 = 3 000.00 ×（1 + 13%）= 3 390.00（元）

【要点提示】

小规模纳税人购入固定资产（除初次购置税控设备外）时，其进项税额不能抵扣，因此在固定资产入账时，需要将含增值税的购买价款、相关税费、使固定资产达到预定可使用状态前发生的可归属于该项资产的运输费、装卸费、安装费等一切合理的、必要的支出一并计入固定资产的入账价值。

【自我挑战】

甲公司为增值税小规模纳税人，2022 年 1 月 20 日从一般纳税人企业购入一台不需要安装的机器设备，价款 100 000.00 元，增值税 13 000.00 元，另支付运杂费 2 000.00 元，包装费 1 000.00 元，款项均以银行存款支付。甲公司购入设备时的入账价值为多少元？

三、智能生成并审核会计凭证

（一）账户设置

小规模纳税人购买物资、服务、无形资产或不动产，取得增值税专用发票上注明的增值税应计入相关成本费用或资产，不通过“应交税费——应交增值税”账户核算。按照采购物资、服务、无形资产或不动产等业务，借记“原材料”“周转材料”“管理费用”“固定资产”等账户，贷记“银行存款”“应付票据”“应付账款”等账户。

【知识拓展】

企业购入增值税税控系统的会计处理

企业购入增值税税控系统专用设备，按实际支付或应付的金额，借记“固定资产”账户，贷记“银行存款”“应付账款”等账户。按规定抵减的增值税应纳税额，借记“应交税费——应交增值税”账户，贷记“递延收益”账户。按期计提折旧，借记“管理费用”等账户，贷记“累计折旧”账户；同时，借记“递延收益”账户，贷记“管理费用”等账户。

企业发生技术维护费，按实际支付或应付的金额，借记“管理费用”等账户，贷记“银行存款”等账户。按规定抵减的增值税应纳税额，借记“应交税费——应交增值税”账户，贷记“管理费用”等账户。

（二）编制会计分录

结合业务 2－16 分析，外购材料的会计处理如下：

借：原材料——面粉	6 540.00	
——白糖	3 559.50	
——红糖	3 390.00	
贷：应付账款		13 489.50

结合业务 2－17 分析，外购物资的会计处理如下：

借：周转材料——保鲜袋　　1 030.00

　　贷：应付账款　　1 030.00

结合业务 2－18 分析，采购服务的会计处理如下：

借：管理费用——电信费　　972.00

　　贷：银行存款　　972.00

结合业务 2－19 分析，外购固定资产的会计处理如下：

借：固定资产　　3 390.00

　　贷：应付账款　　3 390.00

【要点提示】

疫情期间公司购买防疫物资应根据购进防疫物资的用途不同记入不同的会计账户。具体情况如下：

(1) 如果公司是当作储备物资使用，会计分录如下：

借：管理费用——劳保费

　　贷：银行存款

(2) 如果公司是发放给员工使用，会计分录如下：

借：应付职工薪酬——福利费

　　贷：银行存款

（三）生成并审核记账凭证

为了保证账务处理的质量，会计核算岗的会计人员录入票据的关键信息后，认真查看系统自动生成的记账凭证，如发现问题进行调整后保存凭证，将凭证转入主管审核岗，以业务 2－16 为例，进入财务云共享平台生成会计凭证，如图 2－58 所示。

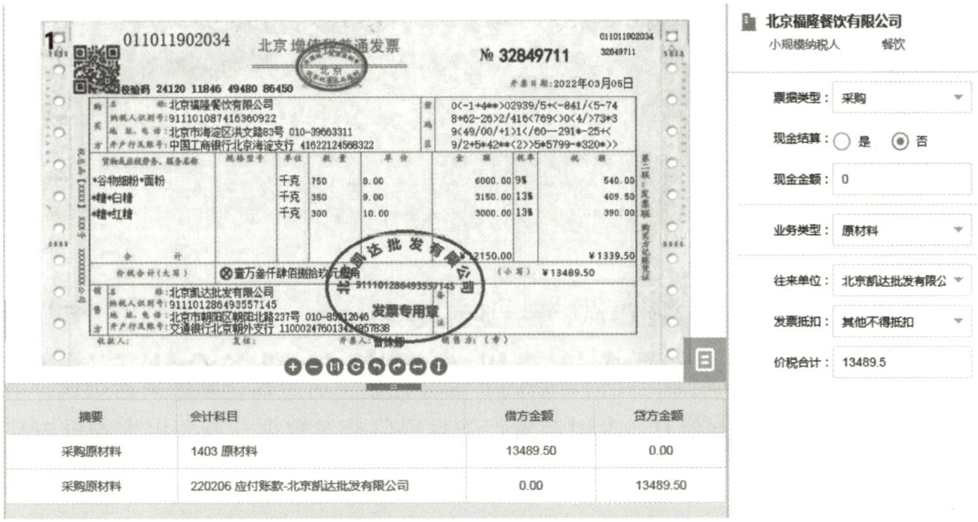

图 2－58　系统“自动生成凭证”界面

主管审核岗的会计人员进入财务云共享中心查看并审核凭证，审核记账凭证时，重点审核自动生成凭证的应借应贷科目是否正确，是否有原始凭证为依据，所附原始凭证的内容是否与记账凭证一致。以业务 2－16 为例，查看并审核记账凭证，如图 2－59 所示。

记账凭证

记字第：1 号　　日期：2022-3-31　　附单据：1 张

摘要	会计科目	借方金额	贷方金额
采购原材料	1403 原材料	13489.50	
采购原材料	220206 应付账款-北京凯达批发有限公司		13489.50
合计：		13489.50	13489.50

审核：　　过账：　　制单：

图 2－59 “查看并审核凭证”界面

【自我挑战】

按照上述方法，请查看并审核其余三笔业务发生的记账凭证，并总结审核要点。

四、智能生成并查询会计账簿

会计核算岗的会计人员根据已审核的会计凭证进行过账。过账后则表示凭证的数据全部登记到账簿上，如图 2－60 所示。

图 2－60 “账务处理—过账”界面

查询“原材料”“周转材料”“固定资产”等会计账户的金额，掌握采购类账户增减变动情况，及时掌握账户数据信息，及时与资产管理部门核对数据，避免出现物资短缺的情况。以查询本月“原材料”账户为例，如图 2－61 所示。

会计科目： 1403 原材料

会计科目	日期	凭证号	摘要	借方金额	贷方金额		余额
1403 原材料	03-01		期初余额	38559.34	30000.00	借	11380.00
1403 原材料	03-31	记-1	采购原材料	13489.50		借	24869.50
1403 原材料	03-31		本期合计	13489.50		借	24869.50
1403 原材料	03-31		本年累计	52048.84	30000.00	借	24869.50

图 2－61　查询“原材料明细账”界面

【自我挑战】

按照上述方法，请查询“固定资产”“周转材料”“银行存款”等账户，并写出账户的期末余额。

任务总结：

“应税业务核算”任务总结如图 2－62 所示。

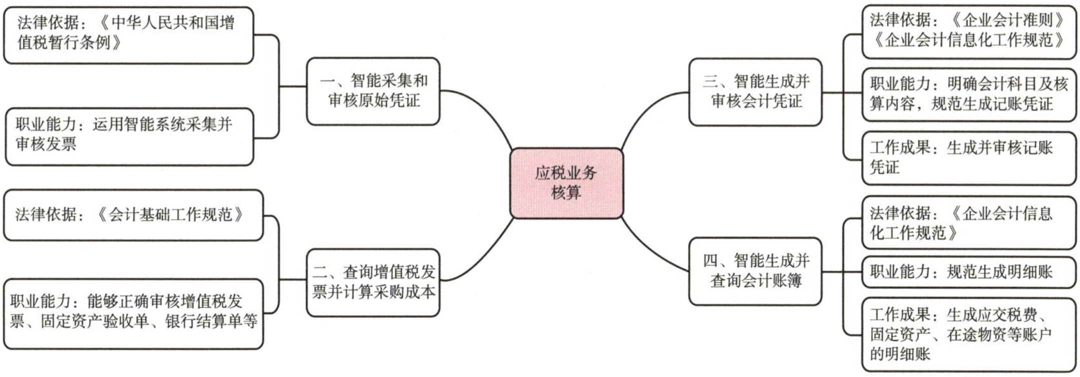

图 2－62　“应税业务核算”任务总结

子任务二　应纳增值税的核算

实战演练

任务布置：

一、业务描述

北京福隆餐饮有限公司属于增值税小规模纳税人，2022 年 3 月份取得不含税餐饮服务收入 146 260.00 元，其中增值税普通发票收入合计为 110 000.00 元；增值税电子普通发票收入合计为 21 260.00 元；无票收入为 15 000.00 元。典型经济业务如下：

【业务 2－20】3 月 5 日，提供给北京金钰制造有限公司餐饮服务，不含税金额 60 000.00 元，开具普通发票 1 张。

【业务 2－21】3 月 25 日，提供给北京锐科贸易有限公司餐饮服务，不含税金额 50 000.00 元，开具电子普通发票 1 张。

【业务 2－22】3 月 31 日，销售使用过的电脑售价为 3 030.00 元。

要求：按照财务共享中心岗位分工，依据最新税收政策，采用最优纳税方案，完成 3 月份应纳增值税额的核算。

二、明确任务

分别按照涉税服务岗、票据管理岗、会计核算岗、主管审核岗完成以下工作：

（1）领购并开具增值税发票。

（2）智能采集和审核原始凭证。

（3）智能生成和审核记账凭证。

（4）智能生成并查询会计账簿。

三、工作成果

（1）领购并开具增值税普通发票。

（2）采集并上传销售类原始凭证的影像资料。

（3）生成提供应税收入、销售旧固定资产等记账凭证。

（4）生成“主营业务收入”“应交税费——应交增值税”等会计账户的明细账。

四、评价标准

（1）依据《增值税暂行条例》的规定，准确计算应税收入；

（2）依据《会计基础工作规范》《企业会计信息化工作规范》等要求，规范采集并审核原始凭证，生成记账凭证及会计账簿。

任务分析：

一、工作思路

（1）领购并开具增值税普通发票，掌握开具普通发票的方法；

（2）采集并审核原始凭证，明确小规模纳税人应税收入所取得原始凭证的种类；

（3）智能审核并生成记账凭证，确认计税依据，计算应纳增值税额，编制会计分录；

（4）智能生成并查询会计账簿，生成“主营业务收入”“应交税费——应交增值税”等会计账簿。

二、岗位分工及工作流程

岗位分工及工作流程如图 2－63 所示。

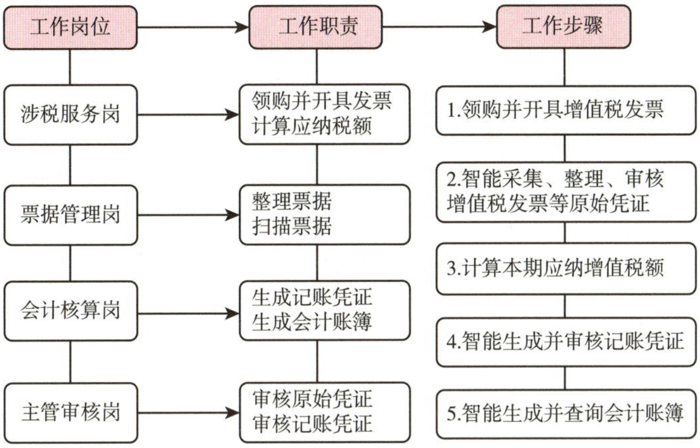

图 2－63　岗位分工及工作流程

任务实施：

一、查询并智能开具增值税发票

（一）查询发票数量并进行登记

涉税服务岗的会计人员根据销售业务需要开具增值税发票，开具增值税发票之前首先登录开票软件查询未开具发票的数量，如发现本月可开具发票数量较少，要及时领购发票，如图 2－64 所示。

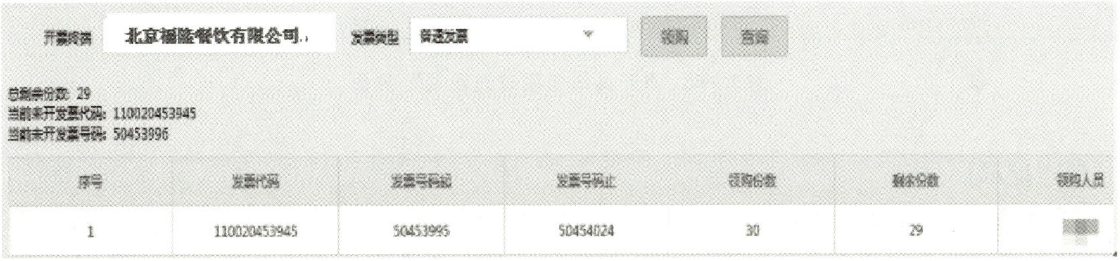

图 2－64　查询“剩余发票数量”界面

（二）开具增值税普通发票

开具增值税普通发票时，为了提高开票效率，一般情况下需要维护商品信息和客户信息，将常用的商品信息和客户信息档案录入到系统中。《财政部　税务总局关于对增值税小规模纳税人免征增值税的公告》（财政部　税务总局公告 2022 年第 15 号）规定的税收优惠政策，执行期限延长至 2022 年 3 月 31 日。其中，自 2021 年 4 月 1 日至 2022 年 3 月 31 日，湖北省增值税小规模纳税人适用 3% 征收率的应税销售收入，减按 1% 征收率征收增值税；适用 3% 预征率的预缴增值税项目，减按 1% 预征率预缴增值税。根据上述规定，以典型业务 2－20 为例，开具增值税普通发票一张。

2022 年 3 月 5 日，提供给北京金钰制造有限公司餐饮服务，不含税金额 60 000. 00 元。选择客户名称“北京金钰制造有限公司”，系统会自动填入已储存的客户信息；根据业务发生的内容准确选择货物或应税劳务、服务名称“餐饮服务＊餐费”；录入数量和不含税金额，因为从客户收取的金额为含税金额，在录入时可以填入含税金额后，点击工具栏中“不含税”按钮，系统会自动折算为不含税金额；选择税率为“1%”，系统自动计算税额为“600. 00 元”，点击“暂存”按钮后，根据合同信息或客户提供信息核对发票内容，审核无误后点击“发票开具”按钮，开票工作完成，如图 2－65 所示。

发票代码：110020453945　　增值税普通发票　　№ 50453996

开票日期： 2022-03-05

购买方	* 名　称：	北京金钰制造有限公司
	纳税人识别号：	911101151240084923
	地址 、电话：	北京市丰台区程庄路南里3号楼010-58364046
	开户行及账号：	中国工商银行北京程庄路支行110001839276645211097
密码区		9++*+5713+9876<-3426525/2-767*2<642><+2+-+**-/2>-*04+-6<854590-<->-7/5+-04>23+-97081/86-68>773-*6+>933+575*/+74125*+2521-/07>4</

行号	货物或应税劳务、服务名称	规格型号	单位	数量	单价(不含税)	金额(不含税)	零税率标识	税率	税额
1	*餐饮服务*餐费		次	1	60000	60000.00		1%	600.00
	合计折扣					0.00			0.00
	合　计					¥60000.00			¥600.00
	价税合计（大写）	⊗陆万零陆佰元整				(小写) ¥ 60600.00			

图 2－65 “开具增值税普通发票”界面

【要点提示】

纳税人应如实开具发票，小规模纳税人享受免征增值税政策的，不得开具增值税专用发票，只能开具增值税普通发票，并且开具时应当在税率或征收率栏次填写“免税”字样。纳税人享受减按 1% 征收率征收增值税政策的，在开具增值税专用发票或者普通发票时，应当在税率或征收率栏次填写“1%”字样。在减按 1% 征收率开具发票方面，税务局设计开发税控开票软件时，采取了弹窗提示和默认显示调整后的征收率两项措施，以便纳税人选择正确征收率开具增值税发票。

【自我挑战】

以小组为单位，结合典型业务 2－21 和业务 2－22，分别开具增值税电子普通发票和增值税专用发票各 1 张，总结开具发票的要点，将发票截图上传至学习平台。

二、智能采集和审核原始凭证

小规模纳税人自行开具增值税专用发票的条件

（一）采集票据信息，整理票据并分类

涉税服务岗的会计人员需要将已经开具的增值税发票的记账联推送至财务云共享平台，票据扫描岗的会计人员根据增值税发票的联次和购销双方信息判断业务类型并进行分类，主要从两个方面进行判断，一是发票为记账联，销售方为本单位，就可以判断为“销售类”票据。二是看发票中购销双方的单位名称，销售方单位名称为本企业，可以判断为“销售类”票据。

根据业务内容分析，北京福隆餐饮有限公司典型业务 2－20 和业务 2－21 均属于提供餐饮服务；业务 2－22 属于销售旧固定资产业务，3 笔典型经济业务均开具了增值税发票，按照票据分类属于销售类票据。以业务 2－20 为例，将已扫描并上传至云平台的票据进行分类。在采集票据信息时，要准确录入发票上的号码，根据业务内容及购销主体辨别票据的种类，判断是否采用现金结算，如图 2－66 所示。

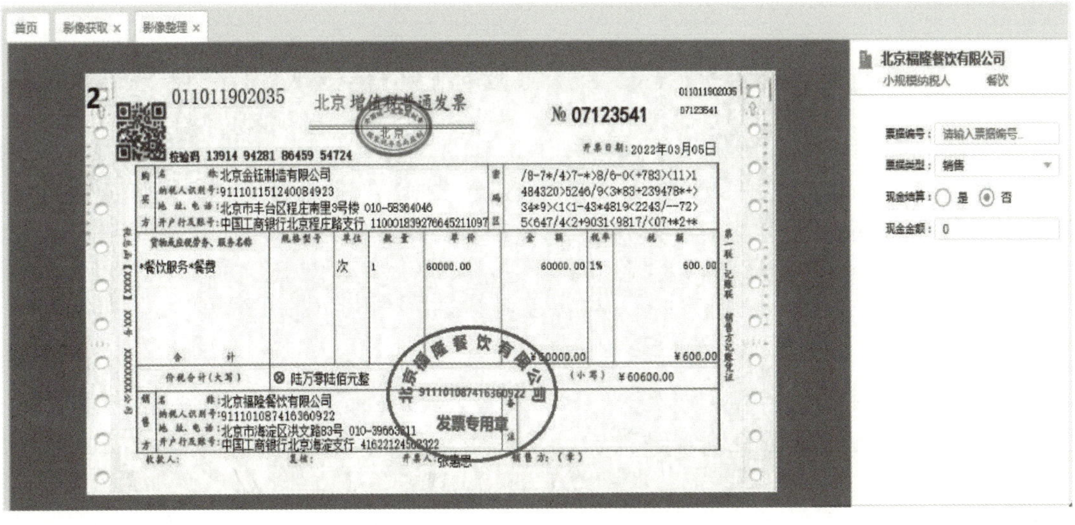

图 2－66　进行“发票整理和分类”的界面

（二）辨识并审核原始凭证

财务共享服务中心主管审核岗的会计人员按照经济业务发生的内容进行认真审核，以业务 2－20 为例，主管审核岗的会计人员进入财务云共享平台审核原始凭证，辨析业务内容选择业务类型，确定业务内容属于提供餐饮服务收入和销售旧固定资产收入等，核对往来单位名称、未税金额、业务特征、税率、额、价税合计等内容，如图 2－67 所示。

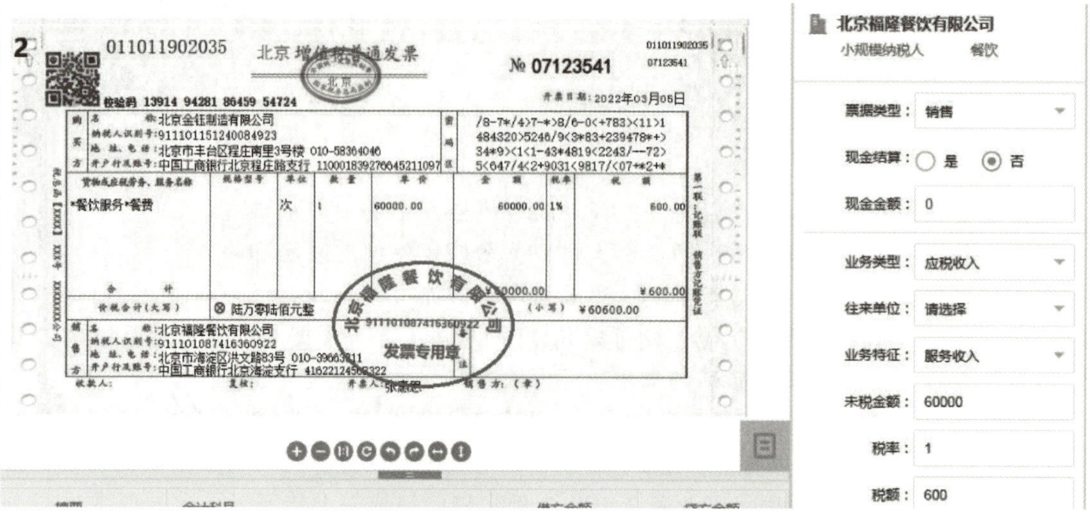

图 2-67 “审核并录入票据关键信息”界面

三、查询“销售统计表”并计算应纳增值税额

（一）查询并汇总销售金额

涉税服务岗的会计人员进入财务云共享平台查询本月的销售收入情况并进行汇总，主要统计本月的有票收入和无票收入的金额，有票收入还要根据发票的种类进行分类，如增值税普通发票收入、增值税电子普通发票收入、增值税专用发票收入等，便于计算本月应缴纳的增值税税额和进行增值税季度申报。

涉税服务岗会计人员查询并汇总北京福隆餐饮有限公司 2022 年 3 月份的销售情况如表 2-11 所示。

表 2-11 本月销售情况统计表

开票情况	应税项目	应税项目代码	金额	税率	税额	备注
增值税普通发票	*餐饮服务*餐费	3070401	110 000.00	1%	1 100.00	
增值税电子普通发票	*餐饮服务*餐费	3070401	21 260.00	1%	212.60	
增值税专用发票	旧电脑	401	3 000.00	1%	30.00	
未开发票	*餐饮服务*餐费	3070401	15 000.00			

（二）计算应纳增值税额

1. 有票收入

根据《增值税暂行条例》规定：“第十九条 增值税纳税义务发生时间：（一）销售货物或者应税劳务，为收讫销售款项或者取得索取销售款项凭据的当天；先开具发票的，为开具发票的当天。”以北京隆福餐饮有限公司本月销售收入为例，本月发生的有票收入均属于应税收入，按照规定计算应纳增值税额，对于有票收入的税额确定，可以根据发票上显示的税额进行汇总计算，本月提供餐饮服务取得有票收入不含税金额为 131 260.00 元，销售旧电脑取得收入不含税金额为3 000.00 元。所以两项收入应缴纳的增值税额计算如下：

应纳增值税额 =1 100.00 +212.60 +30.00 =1 342.60（元）

【相关法律链接】

《财政部　国家税务总局关于部分货物适用增值税低税率和简易办法征收增值税政策的通知》(财税［2009］9 号) 关于销售使用过的固定资产的规定

《财政部　国家税务总局关于部分货物适用增值税低税率和简易办法征收增值税政策的通知》(财税［2009］9 号）第二条规定，小规模纳税人销售自己使用过的固定资产，减按 2% 征收率征收增值税。

《财政部　税务总局关于支持个体工商户复工复业增值税政策的公告》（财政部　税务总局 2020 年第 13 号）规定，小规模纳税人销售使用过的动产固定资产的增值税征收率为 3%，因此，小规模纳税人销售使用过的动产固定资产，湖北省的可以适用免征增值税；非湖北省的可以适用减按 1% 征收率征收增值税。

小规模纳税人销售自己使用过（其他个人除外）的固定资产应该缴纳增值税。具体适用的征收率根据情况和税收政策的适用期间不同，税率也不同。具体情形如表 2－12 所示。

表 2－12　　小规模纳税人销售自己使用过固定资产适用税率的情况表

纳税人	销售情形	税收政策	应纳增值税额的方法
小规模纳税人	销售自己使用过的固定资产（5% 征收率除外）	减按 2% 征收率征收增值税	销售额 = 含税销售额 ÷ (1 +3%) 应纳税额 = 销售额 ×2%
	销售自己使用过的固定资产放弃享受 3% 征收率减按 2% 征收增值税	按 3% 征收率征收增值税	销售额 = 含税销售额 ÷ (1 +3%) 应纳税额 = 销售额 ×3%
	小规模纳税人处置固定资产的纳税义务发生时间在 2020 年 3 月 1 日至 2022 年 3 月 31 日期间的	享受 3% 征收率减按 1% 征收增值税	销售额 = 含税销售额 ÷ (1 +1%) 应纳税额 = 销售额 ×1%

2. 无票收入

小规模纳税人计算应纳税额时，特别要注意无票收入，无票收入一般情况下属于含税收入，在计算增值税时，需要把含税收入转化成不含税收入，计算公式如下：

应税收入 = 含税收入 ÷ (1 + 税率)

应纳增值税额 = 应税收入 × 适用税率

北京福隆餐饮有限公司本月共发生无票收入 15 000.00 元。无票收入应缴纳的增值税计算如下：

应税收入 =15 000.00 ÷ (1 +1%) =14 851.49（元）

应纳增值税额 = 14 851.49 × 1% = 148.51（元）

北京福隆餐饮有限公司本月应缴纳的增值税额 = 1 342.60 + 148.51 = 1 491.11（元）

四、智能生成并审核记账凭证

（一）账户设置

根据《增值税暂行条例》和《关于全面推开营业税改征增值税试点的通知》（财税〔2016〕36号）等有关规定，对增值税有关会计处理规定如下：小规模纳税人只需在“应交税费”账户下设置“应交增值税”明细账户，不需要设置应交增值税专栏及除“转让金融商品应交增值税”“代扣代交增值税”外的明细账户。

小规模纳税人销售货物、提供劳务时，依据结算方式借记“应收账款”“银行存款”等账户；贷记“主营业务收入”“应交税费——应交增值税”账户。

（二）编制会计分录

（1）经过对典型业务2－20的票据辨析，确定业务2－20的应纳增值税税额，确认该笔业务涉及的会计账户。

借：应收账款	606 000.00	
贷：主营业务收入		600 000.00
应交税费——应交增值税		600.00

（2）经过对业务2－21的票据辨析，确定业务2－21的应纳增值税税额，确认该笔业务涉及的会计账户。

借：银行存款	50 500.00	
贷：主营业务收入		50 000.00
应交税费——应交增值税		500.00

（3）经过对业务2－22的票据辨析，确定业务2－22的应纳增值税税额，确认该笔业务涉及的会计账户。

借：银行存款	3 030.00	
贷：固定资产清理		3 000.00
应交税费——应交增值税		30.00

（三）生成并审核记账凭证

会计核算岗的会计人员录入销售类票据的关键信息，系统自动生成记账凭证，将凭证转入主管审核岗，以业务2－20为例，进入财务云共享平台生成会计凭证，如图2－68所示。

主管审核岗的会计人员根据业务内容进行审核，主要查看确认应税服务收入使用的会计科目、金额、附件张数等，确认无误后，点击“审核”按钮，以业务2－20为例，主管审核岗会计人员进行审核，如图2－69所示。

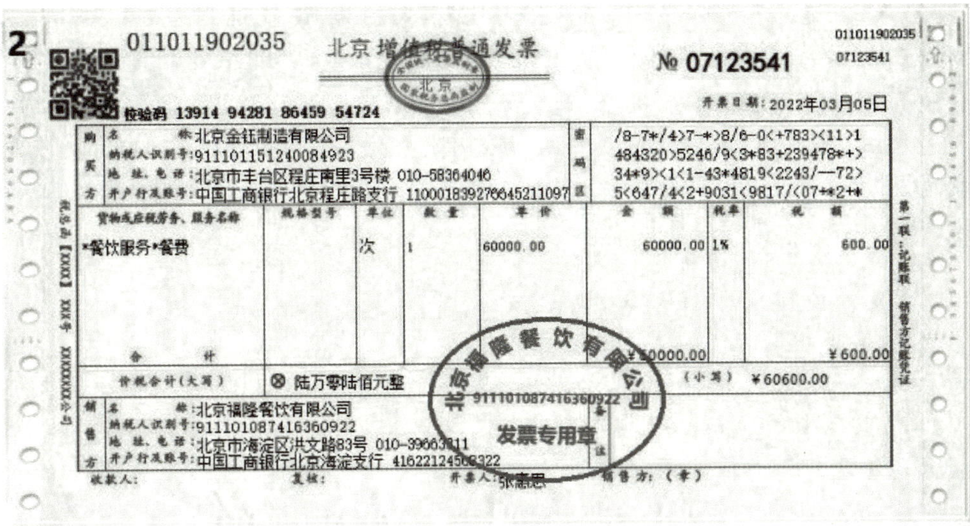

011011902035　北京增值税普通发票　№ 07123541

011011902035 07123541

校验码 13914 94281 86459 54724　开票日期：2022年03月05日

购买方	
名称	北京金钰制造有限公司
纳税人识别号	91110115124008492З
地址、电话	北京市丰台区程庄南里3号楼 010-58364046
开户行及账号	中国工商银行北京程庄路支行 110001839276645211097

密码区：/8-7*/4>7-*>8/6-0<+783><11>1 484320>5246/9<3*83+239478*+> 34*9><1<1-43*4819<2243/—72> 5<647/4<2+9031<9817/<07+*2+*

货物或应税劳务、服务名称	规格型号	单位	数量	单价	金额	税率	税额
*餐饮服务*餐费		次	1	60000.00	60000.00	1%	600.00
合计					¥60000.00		¥600.00
价税合计（大写）	⊗陆万零陆佰元整				（小写）¥60600.00		

销售方	
名称	北京福隆餐饮有限公司
纳税人识别号	91110108741636092 2
地址、电话	北京市海淀区洪文路83号 010-39663811
开户行及账号	中国工商银行北京海淀支行 41622124508322

收款人：　复核：　开票人：张憲思　销售方：（章）

第一联：记账联　销售方记账凭证

摘要	会计科目	借方金额	贷方金额
提供应税服务	112203 应收账款-北京锐科贸易有限公司	60600.00	0.00
提供应税服务	500102 主营业务收入-服务收入	0.00	60000.00
提供应税服务	222101 应交税费-应交增值税	0.00	600.00

图 2－68　“自动生成会计凭证”界面

记账凭证

记字第：3 号　　日期：2022-3-31　　附单据：1 张

摘要	会计科目	借方金额	贷方金额
提供应税服务	112203 应收账款-北京锐科贸易有限公司	60600.00	
提供应税服务	500102 主营业务收入-服务收入		60000.00
提供应税服务	222101 应交税费-应交增值税		600.00
合计：		60600.00	60600.00

审核：　　过账：　　制单：

图 2－69　“已审核的记账凭证”界面

五、智能生成并查询会计账簿

本月所有记账凭证过账后，会计人员均可以通过财务云共享平台所需要的数据资料，包括所有账户的总账、明细账、辅助账、日记账等数据资料，查询“主营业务收入”“主营业务成本”等会计账户的金额，掌握本月收入的构成及提供餐饮服务收入金额，为改变服务模式或提高服务质量等提供数据信息。以查询本月“应交税费——应交增值税”账户为例，如图 2－70 所示。

会计科目： 222101 应交增值税

会计科目	日期	凭证号	摘要	借方金额	贷方金额	余额	
222101 应交税费 应交增值税	03-01		期初余额			平	0.00
222101 应交税费 应交增值税	03-31	记-2	提供应税服务		500.00	贷	500.00
222101 应交税费 应交增值税	03-31	记-3	提供应税服务		600.00	贷	1100.00
222101 应交税费 应交增值税	03-31	记-4	销售旧电脑		30.00	贷	1130.00

图 2－70 “应交税费——应交增值税”明细账

【自我挑战】

按照上述方法，请查询“主营业务收入”“主营业务成本”“应收账款”等账户，并写出账户的期末余额。

任务总结：

“应交增值税核算”任务总结如图 2－71 所示。

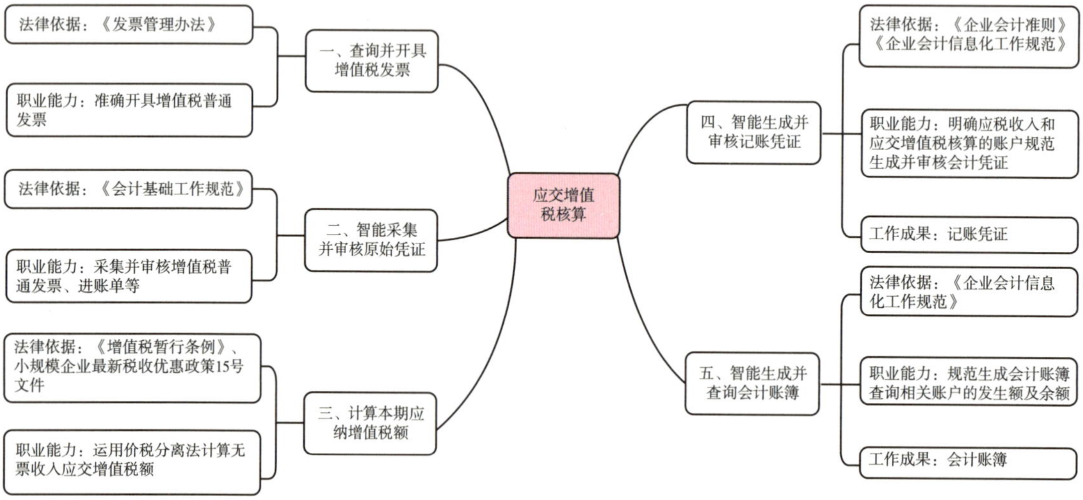

图 2－71 “应交增值税核算”任务总结

任务二　小规模纳税人增值税申报与缴纳

学习目标：

1. 明确小规模纳税人增值税申报与缴纳的工作流程
2. 依据政策变化，明确增值税纳税申报表的填报方法
3. 能够运用智能财税平台，准确完成增值税申报与缴纳工作
4. 履行纳税义务，增强学生职业荣誉感
5. 感受社会主义制度优越性，树立人民至上的家国情怀

任务描述：

一、公司基本情况

公司全称：北京福隆餐饮有限公司（简称福隆公司）。

企业类型：餐饮服务企业，主要从事餐饮服务、预包装食品批发与零售（均取得经营许可证）。

公司开户银行：中国工商银行北京海淀支行。

基本存款账户：41622124568322。

统一社会信用代码（纳税人识别号）：91110101976912573M。

经营地址、电话：北京市海淀区洪文路 83 号　010－39663311。

二、公司内部会计制度

执行法律：执行《小企业会计准则》（2022）、《增值税暂行条例》等。

申报税种：本公司为小规模纳税人，销售商品、提供劳务增值税税率为 3%，城市维护建设税、教育费附加及地方教育费附加分别按流转税的 7%、3%、2% 计算。其中小规模纳税人的增值税核算与申报按照《财政部　税务总局关于支持个体工商户复工复业增值税政策的公告》（财政部　税务总局公告 2020 年第 13 号）《财政部　税务总局关于延长小规模纳税人减免增值税政策执行期限的公告》（财政部　税务总局公告 2020 年第 24 号）《财政部　税务总局关于延续实施应对疫情部分税费优惠政策的公告》（财政部　税务总局公告 2021 年第 7 号）《财政部　税务总局关于对增值税小规模纳税人免征增值税的公告》（财政部　税务总局公告 2022 年第 15 号）的相关法律文件。

三、业务描述

【业务 2－23】北京福隆餐饮有限公司系增值税小规模纳税人，适用的征收率为 3%。从事餐饮服务等经营项目。2022 年第一季度发生业务如下：

（1）本季度堂食服务取得不含税收入 165 440.00 元，其中销售烟酒取得不含税收入 14 000.00 元；

（2）本季度提供外卖取得不含税收入 78 000.00 元，其中销售烟酒取得不含税收入 7 780.00 元；

（3）销售外购车位取得不含税收入 450 000.00 元，购买含税价为 178 500.00 元；

（4）首次购买税控设备，支付费用 200.00 元，取得增值税普通发票，并于当月支付全年技术维护服务费 280.00 元，取得增值税普通发票。

（5）本季度销售情况统计，如表 2－13 所示。

表 2－13　本期销售情况统计表

开票情况	应税项目	应税项目代码	金额	税率	税额	备注
增值税普通发票	*餐饮服务*餐费	3070401	19 400.00	3%	582.00	
电子普通发票	*餐饮服务*餐费	3070401	57 960.00	3%	1 738.80	
增值税普通发票	*不动产*车位	503	450 000.00	5%	22 500.00	
电子普通发票	*酒*啤酒	103030302	11 280.00	3%	338.40	
未开发票	*餐饮服务*餐费	3070401	144 300.00	3%	4 329.00	
未开发票	*烟草制品*烟	103040201	10 500.00	3%	315.00	

要求：以涉税服务岗会计身份，完成纳税申报及税款缴纳。

任务布置：

一、明确任务

以涉税服务岗会计的身份完成以下工作：

（1）准确填写“小规模纳税人增值税纳税申报表”。

（2）规范生成并审核缴纳增值税及附加费的记账凭证。

（3）自动生成并查询“应交税费——应交增值税”的明细账。

二、工作成果

（1）小规模纳税人增值税及附加费申报表及附表资料。

（2）缴纳增值税的会计凭证和会计账簿。

三、评价标准

（1）依据《财政部　税务总局关于明确增值税小规模纳税人免征增值税政策的公告》（财政部　国家税务总局2021年第11号）、《增值税暂行条例》的规定，正确进行纳税申报和税款缴纳。

（2）依据《会计基础工作规范》《企业会计信息化工作规范》等要求，正确审核原始凭证，生成记账凭证及会计账簿。

任务分析：

一、工作思路

（1）明确纳税申报的工作流程，整理和准备申报的纳税资料。

（2）分析经济业务计税依据、税费计算方法、填写“增值税及附加税费申报表”。

（3）财务共享云平台自动生成缴款税款记账凭证及相关账簿。

二、岗位分工及工作流程

岗位分工及工作流程如图2－72所示。

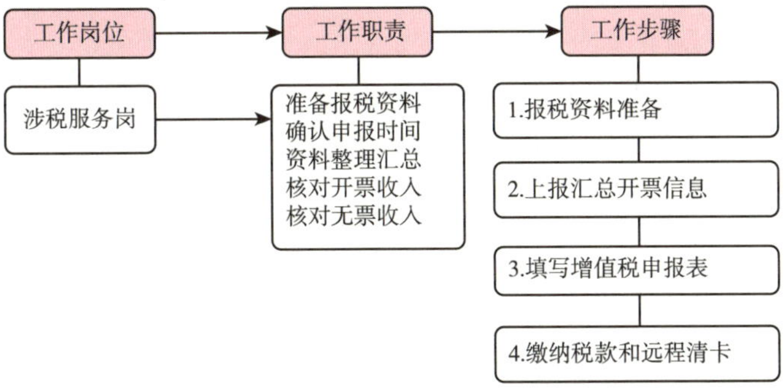

图2－72　岗位分工及工作流程

任务实施：

、准备报税资料

涉税服务岗会计人员在进行纳税申报之前，首先要明确该企业的纳税申报的时间，其次开始准备报税资料并对其进行整理、汇总和核对，完成小规模纳税人报税资料的准备。

小规模纳税人免征增值税征管问题的公告

（一）确认申报时间

小规模纳税人增值税申报一般采用季报的方式，在季度结束后的次月15日之前（遇节假日会顺延），具体要关注税务网站通知，在征期截止日期内完成纳税申报工作。

【知识链接】

小规模纳税人与一般纳税人纳税申报的区别

一是纳税申报期限不同，一般纳税人缴纳增值税，正常情况下应以月为缴税期申报纳税；金融机构、财务公司、信托投资公司、信用社，以及财政部和国家税务总局规定的其他纳税人以季度为纳税期申报纳税；一部分纳税人以1日、3日、5日、10日、15日为缴税期，自满期生效日5日内预缴税款，在次月15日内申报纳税并付清上月应缴税金。小规模纳税人缴纳增值税，正常情况下以季度为纳税期申报纳税。

二是申报申请材料不同，小规模纳税人申报的税务申报材料少，相对于一般纳税人简单；而作为增值税一般纳税人，在开展增值税税务申报时，应向主管国税局行政机关申报的税务申报材料相对性较多一些。

三是征收方式不同，小规模纳税人可以采用核定征收或查账征收；而一般纳税人不能采用核定征收，只能采用查账征收。

（二）整理、汇总并核对报税资料

涉税服务岗会计人员进入金税系统，打开金税设备资料统计，点击发票资料查询打印，选择发票数据导出，查询汇总表。

1. 汇总相关报税资料

整理本季度三个月的“增值税普通发票汇总表”“增值税电子普通发票汇总表”“增值税专用发票汇总表”及无票收入等相关报税资料进行汇总，如表2－14、表2－15所示。

表2－14　　1月份增值税普通发票汇总表

★发票领用存情况★

期初库存份数 42	正数发票份数 2	负数发票份数 0
购进发票份数 0	正数废票份数 0	负数废票份数 0
退回发票份数 0	期末库存份数 40	

★销项情况★

金额单位：元

序号	项目名称	合计	16%	10%	6%	3%	其他
1	销项正废金额	0.00	0.00	0.00	0.00	0.00	0.00
2	销项正数金额	6300.00	0.00	0.00	0.00	6300.00	0.00
3	销项负废金额	0.00	0.00	0.00	0.00	0.00	0.00
4	销项负数金额	0.00	0.00	0.00	0.00	0.00	0.00
5	实际销售金额	6300.00	0.00	0.00	0.00	6300.00	0.00
6	销项正废税额	0.00	0.00	0.00	0.00	0.00	0.00
7	销项正数税额	189.00	0.00	0.00	0.00	189.00	0.00
8	销项负废税额	0.00	0.00	0.00	0.00	0.00	0.00
9	销项负数税额	0.00	0.00	0.00	0.00	0.00	0.00
10	实际销项税额	189.00	0.00	0.00	0.00	189.00	0.00

表 2－15　　1 月份已开具普通发票汇总表

★发票领用存情况★

期初库存份数 40　　正数发票份数 4　　负数发票份数 0

购进发票份数 0　　正数废票份数 0　　负数废票份数 0

退回发票份数 0　　期末库存份数 36

★销项情况★

金额单位：元

序号	项目名称	合计	16%	10%	6%	3%	其他
1	销项正废金额	0.00	0.00	0.00	0.00	0.00	0.00
2	销项正数金额	25200.00	0.00	0.00	0.00	25200.00	0.00
3	销项负废金额	0.00	0.00	0.00	0.00	0.00	0.00
4	销项负数金额	0.00	0.00	0.00	0.00	0.00	0.00
5	实际销售金额	25200.00	0.00	0.00	0.00	25200.00	0.00
6	销项正废税额	0.00	0.00	0.00	0.00	0.00	0.00
7	销项正数税额	756.00	0.00	0.00	0.00	756.00	0.00
8	销项负废税额	0.00	0.00	0.00	0.00	0.00	0.00
9	销项负数税额	0.00	0.00	0.00	0.00	0.00	0.00
10	实际销项税额	756.00	0.00	0.00	0.00	756.00	0.00

根据上述查询方法，整理和汇总 2 月份和 3 月份的销售额和税额：

（1）2 月份开票情况如下：

已开具增值税普通发票 2 份，3% 税率的实际销售金额 11 000. 00 元，3% 税率的税额为 330. 00 元。

已开具增值税电子普通发票 4 份，实际销售金额 22 780. 00 元，3% 税率的税额为 683. 40 元。

（2）3 月份开票情况如下：

已开具增值税普通发票 2 份，3% 税率的实际销售金额 2 100. 00 元，3% 税率的税额为 63. 00 元；5% 税率的实际销售金额 450 000. 00 元，5% 的税额为 22 500. 00 元。

已开具增值税电子普通发票 5 份，3% 税率的实际销售金额 21 260. 00 元，3% 税率的税额为 637. 80 元。

2. 编制“税费计算表”

涉税服务岗会计人员根据本季度已开具发票汇总表和销售情况统计表，与账簿资料进行核对，编制“税费计算表”，如表 2－16 所示。

表 2－16　　税费计算表

2022 年 4 月 5 日　　金额单位：元

项目	税额	备注
增值税	14 000. 00	
预缴税额		
减免税额	480. 00	

续表

项目	税额	备注	
其他			
本期实际缴纳税额	13 520.00		
附加税费	计税依据	税率	应纳税额
城市维护建设税	13 520.00	7%	473.20
教育费附加		3%	202.80
地方教育附加		2%	135.20
附加税合计			811.20

【要点提示】

阅读《财政部　税务总局关于延续实施应对疫情部分税费优惠政策的公告》（财政部 税务总局公告2021年第7号）《国家税务总局关于小规模纳税人免征增值税等征收管理事项的公告》（国家税务总局公告2022年第6号）两个文件，总结增值税小规模纳税人免税情况，如表2-17所示。

表2-17　小规模纳税人免税政策情况表

类型	季度不含税销售额	是否需缴增值税
仅销售货物、劳务、服务及无形资产	全部专票≤45万元	缴税
	全部专票>45万元	缴税
	（部分专票+部分普票）≤45万元	专票缴税，普票免税
	（部分专票+部分普票）>45万元	缴税
	全部普票≤45万元	免税
	全部普票>45万元	缴税
仅销售不动产	全部专票≤45万元	缴税
	全部专票>45万元	缴税
	全部普票≤45万元	免税

【自我挑战】

请同学们结合上述税收优惠政策和企业的季度收入情况，计算业务2-23中企业本季度应缴纳的增值税，同时为企业制作一份税收筹划方案。

二、上报汇总开票信息

为了保证发票税控数据的正确生成，防止篡改等情况的发生，在纳税申报之前要在税控系统中执行上报汇总功能，即将企业上期所开发票信息和留存的发票信息通过网络远程上报至税务局，保证发票数据资料的准确性。

登录增值税发票税控开票软件，选择报税处理，点击“上报汇总功能”按钮，完成北京福隆餐饮有限公司3月份开票信息上报汇总，如图2-73所示。

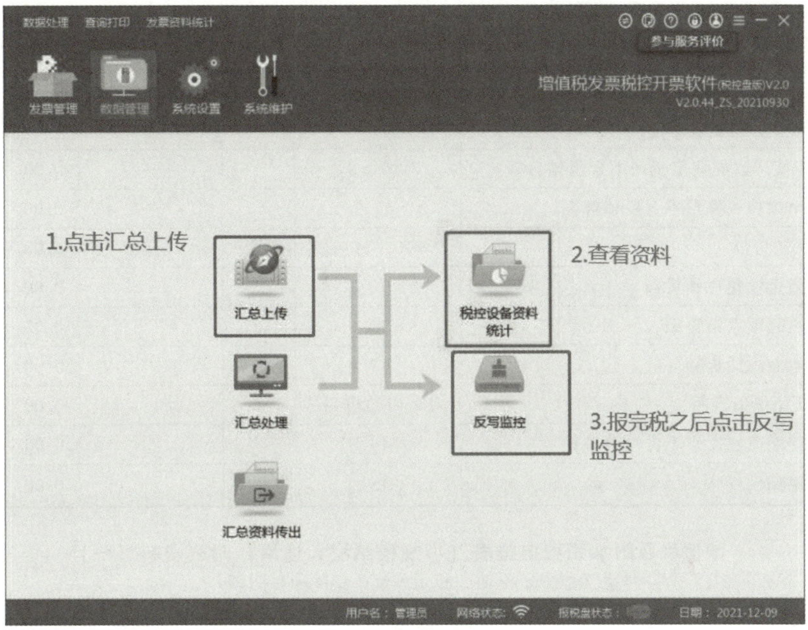

图2-73 开票系统“汇总上传”界面

三、增值税纳税申报

增值税小规模纳税人应依法向国家税务总局申报增值税，按照增值税小规模纳税人申报的方式，选择季度申报。涉税服务岗位的会计人员首先要了解增值税小规模纳税人纳税申报时需要填写报表的数量、种类及填报顺序。

（一）认识增值税申报表

小规模纳税人的增值税申报表有4张，分别是“增值税及附加税费申报表”“增值税及附加税费申报表（小规模纳税人适用）附列资料（一）”“增值税及附加税费申报表（小规模纳税人适用）附列资料（二）”“增值税减免税申报明细表”。小规模纳税人需在申报期内填写增值税纳税申报表及附列资料，符合国家减免政策的情况，先填写增值税减免税申报明细表，然后再填写“增值税及附加税费申报表”，如表2-18至表2 21所示。

表 2-18　　增值税及附加税费申报表

（小规模纳税人适用）

纳税人识别号：　　　　　　　　　　纳税人名称：

所属时期：　　　　至　　　　　　填表日期：　　　　　　　金额单位：元至角分

	项目	栏次	本期数		本年累计	
			货物及劳务	服务、不动产和无形资产	货物及劳务	服务、不动产和无形资产
一、计税依据	（一）应征增值税不含税销售额（3%征收率）	1			0.00	0.00
	增值税专用发票不含税销售额	2			0.00	0.00
	其他增值税发票不含税销售额	3			0.00	0.00
	（二）应征增值税不含税销售额（5%征收率）	4	—		—	0.00
	增值税专用发票不含税销售额	5	—		—	0.00
	其他增值税发票不含税销售额	6	—		—	0.00
	（三）销售使用过的固定资产不含税销售额	7（7≥8）		—	0.00	—
	其中：其他增值税发票不含税销售额	8		—	0.00	—
	（四）免税销售额	9=10+11+12	0.00	0.00	0.00	0.00
	其中：小微企业免税销售额	10			0.00	0.00
	未达起征点销售额	11			0.00	0.00
	其他免税销售额	12			0.00	0.00
	（五）出口免税销售额	13（13≥14）			0.00	0.00
	其中：其他增值税发票不含税销售额	14			0.00	0.00
	本期应纳税额	15			0.00	0.00

表 2-19　　增值税及附加税费申报表（小规模纳税人适用）附列资料（一）

（服务、不动产和无形资产扣除项目明细）

纳税人识别号：　　　　　　　　　　纳税人名称：

所属时期：　　　　至　　　　　　填表日期：　　　　　　　金额单位：元至角分

应税行为（3%征收率）扣除额计算			
期初余额	本期发生额	本期扣除额	期末余额
1	2	3（3≤1+2之和，且3≤5）	4=1+2+3
			0.00
应税行为（3%征收率）计税销售额计算			
全部含税收入（适用3%征收率）	本期扣除额	含税销售额	不含税销售额
5	6=3	7=5÷6	8=7÷1.03
	0.00	0.00	0.00
应税行为（5%征收率）扣除额计算			
期初余额	本期发生额	本期扣除额	期末余额
9	10	11（11≤9+10之和，且11≤13）	12=9+10-11
			0.00
应税行为（5%征收率）计税销售额计算			
全部含税收入（适用5%征收率）	本期扣除额	含税销售额	不含税销售额
13	14=11	15=13-14	16=15+1.05

表 2－20　　增值税及附加税费申报表（小规模纳税人适用）附列资料（二）

（附加税费情况表）

纳税人识别号：　　　　　　　　　　　　纳税人名称：

所属时期：　　　　　至　　　　　　　　填表日期：　　　　　　　　金额单位：元至角分

税（费）种	计税（费）依据	税（费）率（征收率）（%）	本期应纳税（费）额	本期减免税（费）额		增值税小规模纳税人"六税两费"减征政策		本期已缴税（费）额	本期应补（退）税（费）额
	增值税税额			减免性质代码	减免税（费）额	减征比例（%）	减征额		
	1	2	3＝1×2	4	5	6	7＝（3－5）×6	8	9＝3－5－7－8
城市维护建设税	0.00	7%	0.00			50%	0.00		0.00
教育费附加	0.00	3%	0.00			50%	0.00		0.00
地方教育附加	0.00	2%	0.00			50%	0.00		0.00
合计	—	—	0.00	—		—	0.00	0.00	0.00

表 2－21

增值税减免税申报明细表

纳税人识别号：　　　　　　　　　　　　纳税人名称：

所属时期：　　　　　至　　　　　　　　填表日期：　　　　　　　　金额单位：元（列至角分）

一、减税项目						
减税性质代码及名称	栏次	期初余额	本期发生额	本期应抵减税额	本期实际抵税额	期末余额
		1	2	3=1+2	4<=3	5=3-4
合计		0.00	0.00	0.00	0.00	0.00
请选择		0.00		0.00		0.00
请选择		0.00		0.00		0.00
请选择		0.00		0.00		0.00
请选择		0.00		0.00		0.00
请选择		0.00		0.00		0.00
请选择		0.00		0.00		0.00
请选择		0.00		0.00		0.00
请选择		0.00		0.00		0.00
请选择		0.00		0.00		0.00
请选择		0.00		0.00		0.00
二、免税项目						
免税性质代码及名称	栏次	免征增值税项目销售额	免税销售额扣除项目本期实际扣除金额	扣除后免税销售额	免税销售额对应的进项税额	免税额

【寓德于技】

知"惠"、懂"惠"、享"惠"，促进新的组合式税费支持政策落地见效

数据显示，2021 年支持小微企业发展的税收优惠政策新增减税 2 951 亿元。2022 年，中小微企业盼来了更多好消息：先是税费缓缴延期、"六税两费"减免政策适用主体范围扩大，后有对小规模纳税人阶段性免征增值税、对小微企业的增值税存量留抵税额于 6 月底前一次性全部退还……一系列退税减税降费政策精准"滴灌"，助力中小微企业轻装上阵、勇往直前。据测算，此次升级版的小微企业"六税两费"减免政策将惠及逾 100 万户纳税人，预计 2022 年减免税额可达到 23 亿元。

（二）填写增值税申报表

1. 填写“增值税及附加税费申报表（小规模纳税人适用）附列资料（一）”

北京福隆餐饮有限公司属于服务行业，根据附列资料的填写要求，需要将企业购进的服务、不动产和无形资产扣除项目明细填列表中。

根据业务 2－23 中企业一季度经营业务说明，将企业“销售外购车位取得不含税收入 450 000. 00 元，购买含税价为 178 500. 00 元”，其中购买含税价 178 500. 00 元填入“应税行为（5% 征收率）扣除额计算”第 10 项和第 11 项中，将“不含税收入 450 000. 00 换算为含税收入 = 450 000. 00 ×（1 + 5%）= 472 500. 00 元”，填入“应税行为（5% 征收率）计税销售额计算”中的第 13 项，第 14 项本期扣除额填写“178 500. 00”，第 15 项应填写的金额 = 472 500. 00 － 178 500. 00 = 294 000. 00 元，第 16 项填写不含税销售额 = 294 000. 00 ÷（1 + 5%）= 280 000. 00 元，如图 2－74 所示。

增值税及附加税费申报表（小规模纳税人适用）附列资料（一）

（服务、不动产和无形资产扣除项目明细）

纳税人识别号：9111010874163609　　纳税人名称：北京福隆餐饮有限公司

所属时期：2022-01-01 至 2022-03-31　　填表日期：2022-04-05　　金额单位：元至角分

应税行为（3%征收率）扣除额计算			
期初余额	本期发生额	本期扣除额	期末余额
1	2	3（3≤1+2之和，且3≤5）	4=1+2-3
			0.00

应税行为（3%征收率）计税销售额计算			
全部含税收入（适用3%征收率）	本期扣除额	含税销售额	不含税销售额
5	6=3	7=5-6	8=7÷1.03
	0.00	0.00	0.00

应税行为（5%征收率）扣除额计算			
期初余额	本期发生额	本期扣除额	期末余额
9	10	11（11≤9+10之和，且11≤13）	12=9+10-11
	178500.00	178500.00	0.00

应税行为（5%征收率）计税销售额计算			
全部含税收入（适用5%征收率）	本期扣除额	含税销售额	不含税销售额
13	14=11	15=13-14	16=15÷1.05
472500.00	178500.00	294000.00	280000.00

图 2－74 填写“增值税及附加税申报表（小规模纳税人适用）附列资料（一）”界面

2. 填写增值税减免税申报明细表

根据业务 2－23 一季度经营业务说明，北京福隆餐饮有限公司在本季度内“首次购买税控设备，支付费用 200. 00 元，取得增值税普通发票，并于当月支付全年技术维护服务费

280.00 元，取得增值税普通发票。”根据《财政部 国家税务总局关于增值税税控系统专用设备和技术维护费用抵减增值税税额有关政策通知》［财税（2012）15 号］规定，首次购买税控设备支付的费用可以享受减免政策。所以，在表中“减免性质代码及名称”栏内，准确选择符合企业的减免政策，在第 2 项“本期发生额”栏内填写 480.00，系统会自动计算出第 3 项“本期应抵减的税额”和第 4 项“本期实际抵扣额”，如图 2－75 所示。

增值税减免税申报明细表

纳税人识别号：911101087416360922　　纳税人名称：北京福隆餐饮有限公司

所属时期：2022-01-01 至 2022-03-31　　填表日期：2022-04-05　　金额单位：元(列至角分)

一、减税项目						
减税性质代码及名称	栏次	期初余额	本期发生额	本期应抵减税额	本期实际抵税额	期末余额
		1	2	3=1+2	4<=3	5=3-4
合计		0.00	480.00	480.00	480.00	0.00
01129914《财政部 国家税务总局关于增值税税控系统专用设备和技术维		0.00	480.00	480.00	480.00	0.00
请选择		0.00		0.00		0.00
请选择		0.00		0.00		0.00
请选择		0.00		0.00		0.00
请选择		0.00		0.00		0.00
请选择		0.00		0.00		0.00
请选择		0.00		0.00		0.00
请选择		0.00		0.00		0.00
请选择		0.00		0.00		0.00
请选择		0.00		0.00		0.00
二、免税项目						
免税性质代码及名称	栏次	免征增值税项目销售额	免税销售额扣除项目本期实际扣除金额	扣除后免税销售额	免税销售额对应的进项税额	免税额

图 2－75　填写“增值税减免税申报明细表”界面

3. 填写“增值税及附加税费申报表”

根据表 2－14“本期销售情况统计表”中增值税普通发票 5% 征收率的不含税金额 450 000.00元填入申报表本期数“服务、不动产和无形资产”第 6 栏“其他增值税发票不含税销售额”中，系统结合已填写附表（一）可以抵扣的应税行为（5% 征收率）不含税金额 178 500.00 ÷（1 +5%）=170 000.00 元，自动计算本期数“服务、不动产和无形资产”第 4 栏“应征增值税不含税销售额（5% 征收率）”为 450 000.00－170 000.00 =280 000.00（元）。

根据表 2－14“本期销售情况统计表”中 3% 征收率增值税普通发票、增值税电子普通发票和无票收入金额的合计 235 660.00 元（19 400.00 +57 960.00 +11 280.00 +144 300.00 +10 500.00－7 780.00）<450 000.00 元，符合国家减免税收政策，将金额 235 660.00 元填入申报表中本期数“服务、不动产和无形资产”第 10 栏“其中：小微企业免税销售额”内。将“一季度经营情况”中取得烟酒等外卖收入金额 7 780.00 元填入申报表本期数“货物及劳务”中第 10 栏“其中：小微企业免税销售额”内。系统自动计算出第 9 栏免税销售额，如图 2－76 所示。

根据以上销售数据的填写，本期的应纳税额 = 销售额 × 征收率。系统自动计算本期应纳税额的结果 14 000.00（280 000.00 ×5%）直接填入申报表中，第 16 栏根据附表资料自动填入，第 17 栏本期免税额系统自动计算并填入，其中“货物及劳务”本期金额 233.40 元（7 780.00 ×3%）；“服务、不动产和无形资产”本期金额 7 069.80 元。系统结合上述结算数据，自动计算出本期应补税额 13 520.00 元，如图 2－77 所示。

增值税及附加税费申报表

（小规模纳税人适用）

纳税人识别号: 911101087416360922　　纳税人名称 北京福曦餐饮有限公司

所属时期: 2022-01-01 至 2022-03-31　　填表日期: 2022-04-05　　金额单位：元至角分

项目		栏次	本期数		本年累计	
			货物及劳务	服务、不动产和无形资产	货物及劳务	服务、不动产和无形资产
一、计税依据	（一）应征增值税不含税销售额（3%征收率）	1			0.00	0.00
	增值税专用发票不含税销售额	2			0.00	0.00
	其他增值税发票不含税销售额	3			0.00	0.00
	（二）应征增值税不含税销售额（5%征收率）	4	——	280000.00	——	280000.00
	增值税专用发票不含税销售额	5	——		——	0.00
	其他增值税发票不含税销售额	6	——	450000.00	——	450000.00
	（三）销售使用过的固定资产不含税销售额	7(7≥8)		——	0.00	——
	其中：其他增值税发票不含税销售额	8		——	0.00	——
	（四）免税销售额	9=10+11+12	7780.00	235660.00	7780.00	235660.00
	其中：小微企业免税销售额	10	7780.00	235660.00	7780.00	235660.00
	未达起征点销售额	11			0.00	0.00
	其他免税销售额	12			0.00	0.00
	（五）出口免税销售额	13(13≥14)			0.00	0.00
	其中：其他增值税发票不含税销售额	14			0.00	0.00
二、税	本期应纳税额	15		14000.00	0.00	14000.00
	本期应纳税额减征额	16		480.00	0.00	480.00
	本期免税额	17	233.40	7069.80	233.40	7069.80
	其中：小微企业免税额	18	233.40	7069.80	233.40	7069.80

图 2－76　填写“增值税及附加税费申报表”计税依据界面

二、税款计算	本期应纳税额	15		14000.00	0.00	14000.00
	本期应纳税额减征额	16		480.00	0.00	480.00
	本期免税额	17	233.40	7069.80	233.40	7069.80
	其中：小微企业免税额	18	233.40	7069.80	233.40	7069.80
	未达起征点免税额	19			0.00	0.00
	应纳税额合计	20=15-16	0.00	13520.00	0.00	13520.00
	本期预缴税额	21			——	——
	本期应补（退）税额	22=20-21	0.00	13520.00	——	——
三、附加税费	城市维护建设税本期应补（退）税额	23	473.20		473.20	
	教育费附加本期应补（退）费额	24	202.80		202.80	
	地方教育附加本期应补（退）费额	25	135.20		135.20	

图 2－77　填写“增值税及附加税费申报表”税款计算界面

4. 填写增值税及附加税费申报表（小规模纳税人适用）附列资料（二）

北京福隆餐饮有限公司属于小型微利企业，符合增值税小规模纳税人“六税两费”减征政策，将增值税税额 13 520.00 元填入项目 1，系统会自动计算出本期应纳税（费）额，在第 6 项填写减征比例 50%，自动计算出减征额和本期应补税额，从而计算出本期应补税（费）额 =473.20 +202.80 +135.20 =811.20（元），系统会自动将计算结果传入增值税及附加税费申报表中，如图 2 –78 所示。

增值税及附加税费申报表（小规模纳税人适用）附列资料（二）

（附加税费情况表）

纳税人识别号：　911101087416360922　　　　纳税人名称：　北京福隆餐饮有限公司

所属时期：　2022-01-01　至　2022-03-31　　　　填表日期：　2022-04-05　　　　金额单位：元至角分

税（费）种	计税（费）依据	税（费）率（征收率）（%）	本期应纳税（费）额	本期减免税（费）额		增值税小规模纳税人“六税两费”减征政策		本期已缴税（费）额	本期应补（退）税（费）额
	增值税税额			减免性质代码	减免税（费）额	减征比例（%）	减征额		
	1	2	3=1×2	4	5	6	7=（3-5）×6	8	9=3-5-7-8
城市维护建设税	13520.00	7%	946.40			50%	473.20		473.20
教育费附加	13520.00	3%	405.60			50%	202.80		202.80
地方教育附加	13520.00	2%	270.40			50%	135.20		135.20
合计	--	--	1622.40	--		--	811.20	0.00	811.20

图 2 –78　填写“增值税及附加税费申报表（小规模纳税人适用）附列资料（二）”界面

“六税两费”减免政策有关征管问题的公告

【相关法律法规】

小规模纳税人减免政策规定

根据《财政部　税务总局关于进一步实施小微企业“六税两费”减免政策的公告》（财政部　税务总局公告 2022 年第 10 号）规定，由省、自治区、直辖市人民政府根据本地区实际情况，以及宏观调控需要确定，对增值税小规模纳税人、小型微利企业和个体工商户可以在 50% 的税额幅度内减征资源税、城市维护建设税、房产税、城镇土地使用税、印花税（不含证券交易印花税）、耕地占用税和教育费附加、地方教育附加。

申报表的填写完成后，认真审核，确保无误后，点击“申报”按钮，系统会弹出“申报成功！是否现在进入税款缴纳？”窗口，点击“是”按钮，自动进入税款缴纳界面，如图 2 –79 所示。

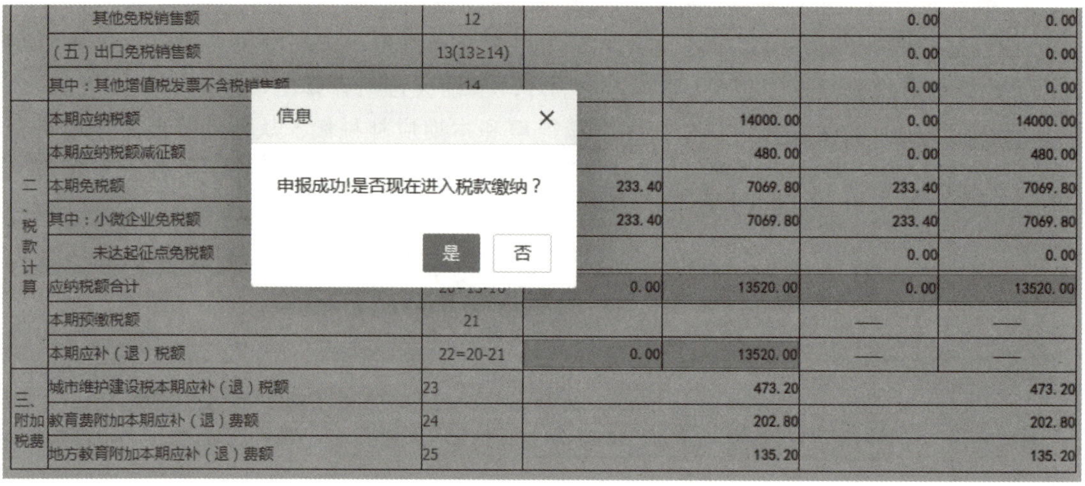

	其他免税销售额	12			0.00	0.00
	（五）出口免税销售额	13(13≥14)			0.00	0.00
	其中：其他增值税发票不含税销售额	14			0.00	0.00
二、税款计算	本期应纳税额			14000.00	0.00	14000.00
	本期应纳税额减征额			480.00	0.00	480.00
	本期免税额		233.40	7069.80	233.40	7069.80
	其中：小微企业免税额		233.40	7069.80	233.40	7069.80
	未达起征点免税额				0.00	0.00
	应纳税额合计	20=15-16	0.00	13520.00	0.00	13520.00
	本期预缴税额	21			——	——
	本期应补（退）税额	22=20-21	0.00	13520.00	——	——
三、附加税费	城市维护建设税本期应补（退）税额	23		473.20		473.20
	教育费附加本期应补（退）费额	24		202.80		202.80
	地方教育附加本期应补（退）费额	25		135.20		135.20

图 2-79 完成“纳税申报”界面

【要点提示】

如果在纳税系统中缴款出现错误应进行如下操作：

零申报完成后可以进行更正及作废处理；非零申报完成缴款后，只能对提交的申报表进行更正，不能作废。所以，在纳税申报环节，税务会计人员要秉持严谨认真的职业精神，缴费前再次检查数据的准确性，确认无误后，完成缴费工作。

四、缴纳税款和远程清卡

（一）缴纳税款并进行会计处理

扶助小微，“六税两费”减免政策扩围

1. 缴纳税款

小规模纳税人申报成功后准备缴纳税款，进入“税费缴纳”界面后，核对应缴纳的金额，确认无误后，点击“立即缴款”按钮，完成缴款，如图 2-80 所示。

2. 会计处理

按规定的纳税期限上缴税款时，应借记“应交税费——应交增值税”账户，贷记“银行存款”账户；收到退回多缴的增值税时，做相反的分录。

北京福隆餐饮有限公司申报完成并成功缴纳第一季度增值税及附加税费，系统会自动将缴款凭证推送至财务云共享服务中心，票据管理岗的会计人员查看凭证，并对凭证进行归类，选择“付款类”票据，保存后系统会自动生成记账凭证，主管审核岗会计人员对其进行审核，如图 2-81 所示。

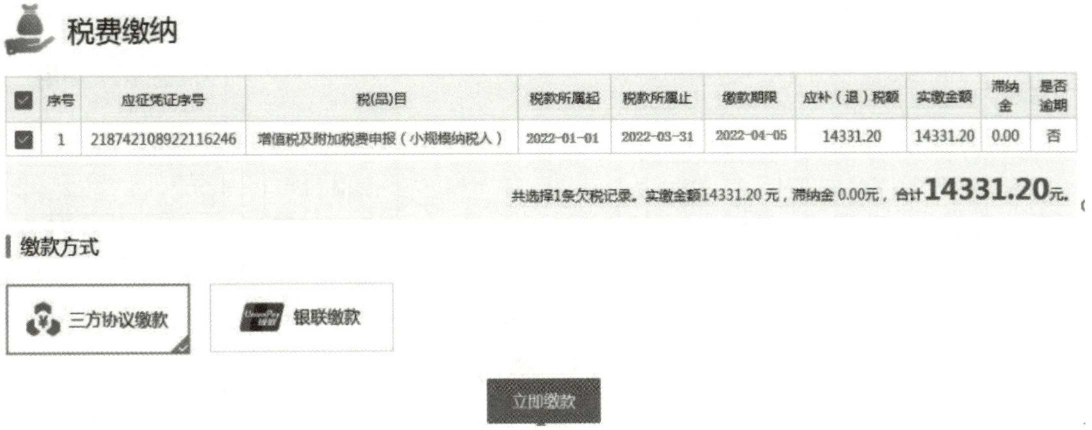

税费缴纳

☑	序号	应征凭证序号	税(品)目	税款所属起	税款所属止	缴款期限	应补（退）税额	实缴金额	滞纳金	是否逾期
☑	1	218742108922116246	增值税及附加税费申报（小规模纳税人）	2022-01-01	2022-03-31	2022-04-05	14331.20	14331.20	0.00	否

共选择1条欠税记录。实缴金额14331.20元，滞纳金0.00元，合计14331.20元。

缴款方式

三方协议缴款　银联缴款

立即缴款

图 2－80　完成“税费缴纳”界面

记账凭证

记字第 2 号　日期 2022-04-05　附单据 1 张

摘要	会计科目	借方金额	贷方金额
缴纳增值税及附加费	222101 应交税费-应交增值税	13520.00	
缴纳增值税及附加费	222114 应交税费-应交城市维护建设税	473.20	
缴纳增值税及附加费	222115 应交税费-应交教育费附加	202.80	
缴纳增值税及附加费	222116 应交税费-应交地方教育费附加	135.20	
缴纳增值税及附加费	100201 银行存款-工行海淀支行68322		14331.20
合计：		14331.20	14331.20

审核：　过账：　制单：

图 2－81　完成缴纳税费的记账凭证

（二）远程清卡

小规模纳税人在纳税申报完成后，需要登录开票系统将上期开票信息清空，即清卡。将留存的发票结转本期使用。清卡操作一般在纳税申报后立即执行，清卡期限不能超过本月报税截止日期，否则税控系统将会自动锁死，影响本期开具发票及上报汇总，出现此类问题涉税服务岗会计人员必须携带金税盘或税控盘到所属税务服务机构办理解锁。

任务总结：

“小规模纳税人增值税申报与缴纳”任务总结如图 2－82 所示。

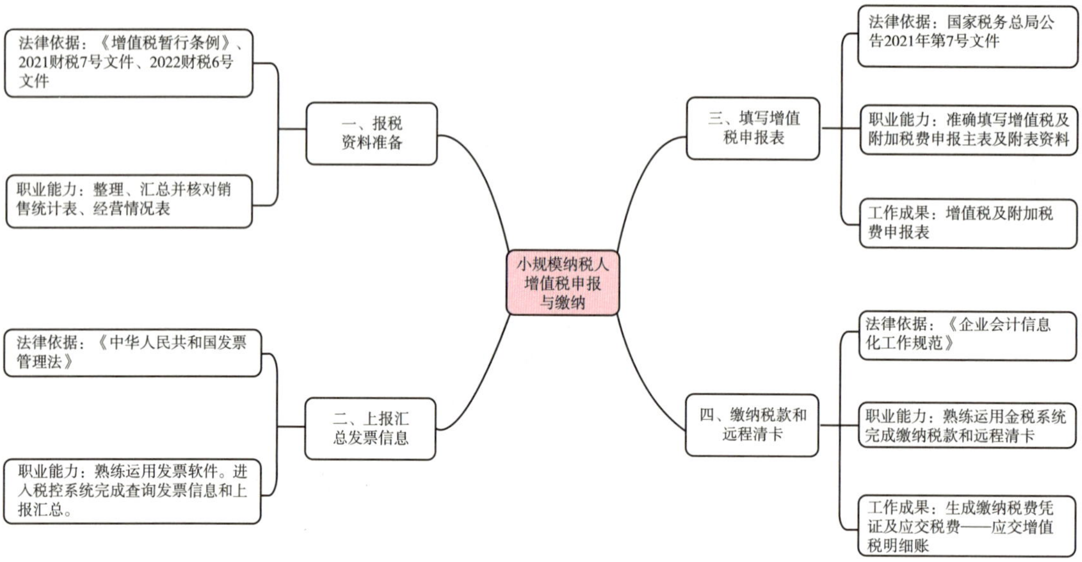

图 2－82 “小规模纳税人增值税申报与缴纳”任务总结

单元练习
与实训

单元三 3 消费税核算与缴纳

消费税与增值税同为流转税，凡征收消费税的物品肯定征收增值税。然而增值税和消费税，一个是价外税，一个是价内税，征税环节也不一样，其计税依据也不完全相同。在我国的税制结构体系中，消费税是增值税的配套税种，征收的目的是调节产业结构，限制某些奢侈品、高能耗产品的生产，正确引导消费，保证国家财政收入。

任务内容与思政元素的相互协同如图 3－1 所示。

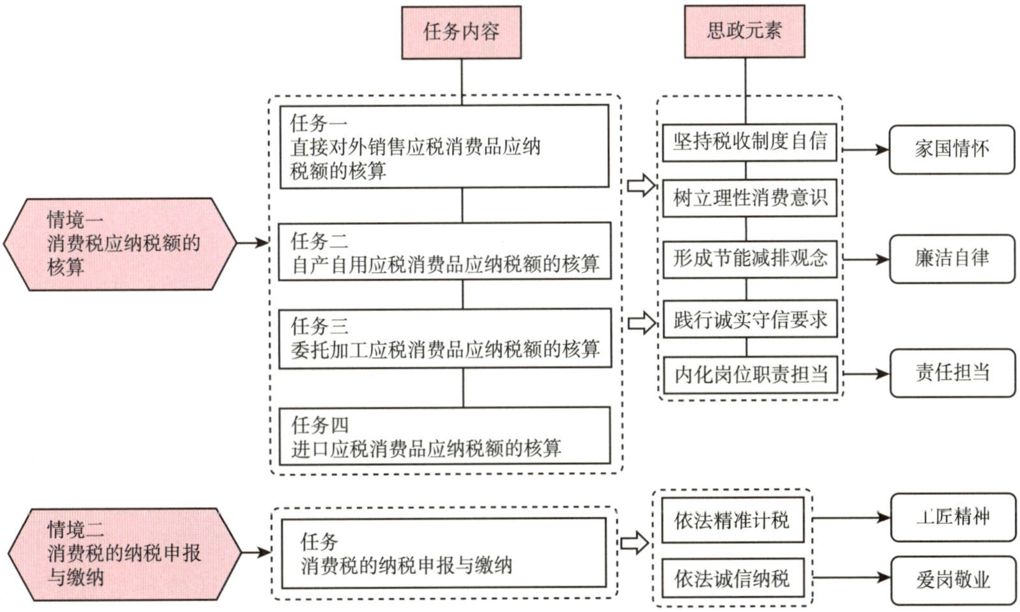

图 3－1　任务内容与思政元素的相互协同

情境一　消费税应纳税额的核算

实战演练

知识目标：

1. 明确应税消费品的核算范围及特点
2. 掌握消费税应纳税额的计算方法
3. 掌握应纳消费税税额的账务处理方法

技能目标：

1. 能够准确辨析原始票据，确定计税依据
2. 能够准确计算消费税的应纳税额
3. 能够正确编制记账凭证，生成会计账簿

素养目标：

1. 明确应税消费品的核算范围，强化依法依规的责任意识
2. 准确计算消费税的应纳税额，具备依法纳税的法律意识
3. 规范编制记账凭证、生成会计账簿，体会严谨细致的会计职业作风

知识储备：

一、什么是消费税

《中华人民共和国消费税暂行条例》（以下简称《消费税暂行条例》）中所阐述的消费税是指对在我国境内从事生产、委托加工和进口应税消费品的单位和个人，就其应税消费品的销售额或销售量征收的一种税。在我国的税制结构体系中，消费税是增值税的配套税种，征收的目的是调节产业结构，限制某些奢侈品、高能耗产品的生产，正确引导消费，保证国家财政收入。消费税与增值税同为流转税，凡征收消费税的物品肯定征收增值税。然而增值税和消费税，一个是价外税，一个是价内税，征税环节也不一样，其计税依据也不完全相同。

二、消费税的纳税人与扣缴义务人

消费税的纳税人，是指在中华人民共和国境内生产、委托加工和进口应税消费品的单位和个人。自 1995 年 1 月 1 日起，金银首饰消费税改在零售环节征收，在我国境内从事金银首饰零售业务的单位和个人，为金银首饰消费税的纳税人，委托加工、委托销售金

银首饰的，受托方也是纳税人；自2009年5月1日起，对卷烟在批发环节加征一道消费税，因此，从事卷烟批发的单位和个人也是消费税纳税人。

这里所说的“中华人民共和国境内”，是指生产、委托加工和进口应税消费品的起运地或所在地在中国境内。所说的“单位”，是指国有企业、集体企业、私营企业、股份制企业、外商投资企业、外国企业和其他企业，以及行政单位、事业单位、军事单位、社会团体和其他单位。所说的“个人”，是指个体经营者和包括中国公民和外国公民在内的其他个人。

扣缴义务人是指依照法律、行政法规规定负有代扣代缴、代收代缴税款义务的单位和个人。其扣缴义务主要包括“代扣代缴”和“代收代缴”两种。《中华人民共和国消费税暂行条例》第四条规定，委托加工的应税消费品，除受托方为个人外，由受托方在向委托方交货时代收代缴税款。

三、消费税征税范围

（一）征税范围的确定原则

根据消费税的立法原则，在种类繁多的消费品中，列入消费税征税范围的消费品大体可归为五类：

（1）对人身体健康、社会秩序、生态环境等方面造成危害的特殊消费品，如烟、酒、鞭炮、焰火等。

（2）非生活必需品，如化妆品、贵重首饰、珠宝玉石等。

（3）高能耗及高档消费品，如摩托车、小汽车、高尔夫球及球具、高档手表、游艇等。

（4）不可再生和替代的稀缺资源消费品，如汽油、柴油等油品。

（5）促进节能环保的消费品，如电池、涂料等。

（二）征税范围的具体规定

消费税的征收范围比较狭窄，同时也会根据经济发展、环境保护等国家大政方针进行修订，依据《消费税暂行条例》及相关法规规定，目前消费税税目包括烟、酒、高档化妆品、贵重首饰及珠宝、鞭炮焰火、成品油、摩托车、小汽车、高尔夫球及球具、高档手表、游艇、木制一次性筷子、实木地板、电池、涂料共计15种商品，部分税目还进一步划分了若干子目。

2021年消费税的税目和税率

四、消费税税率

消费税实行比例税率、定额税率和从量定额以及从价定率相结合的复合计税的三种形式，共设置了20余档不同的税率。绝大多数的消费品实行比例税率，最高税率达56%，最低税率为1%；对成品油和黄酒、啤酒实行定额税率；对卷烟、粮食、白酒等实行从量定额与从价定率相结合的复合计税方法。

消费税征税范围的具体规定

【寓德于技】

偷逃消费税超千亿！成品油里猫腻多

北京一家加油站站长和便利店店长因虚开发票2 000余张、金额达1.14亿余元，2021年12月被判刑。北京东城法院以虚开发票罪，分别判处二人有期徒刑3年6个月、3年3个月，各处罚金7万元，并继续追缴二人违法所得，一并予以没收。

仅一家加油站就能通过虚开发票偷逃税高达亿元，全国近12万家加油站将造成多少税款流失？

2020年，全国汽柴油表观消费量为2.52亿吨，估计全年汽柴油实际消费量为3.47亿吨，其中隐性资源供应近1亿吨，年偷逃消费税1 000亿元以上。

知识小结：

“消费税核算与缴纳”相关知识小结如图3－2所示。

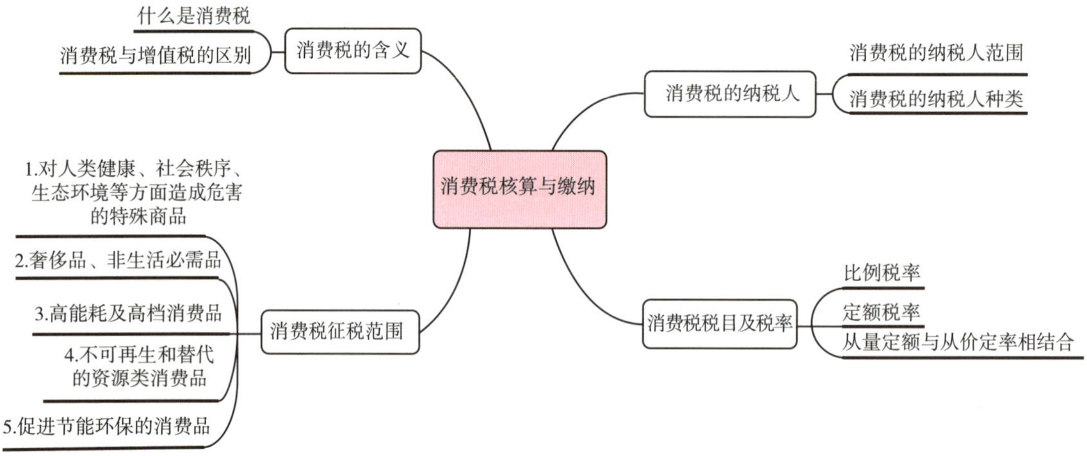

图3－2 “消费税核算与缴纳”相关知识小结

任务一　直接对外销售应税消费品应纳税额的核算

任务拓展

学习目标：

1. 明确直接对外销售应税消费品的含义及特点
2. 能够依据《消费税暂行条例》的相关规定，辨析直接对外销售消费品的业务类别

3. 掌握直接对外销售应税消费品应纳税额的计算方法，准确计算应纳消费税税额，强化依法依规的法律意识、树立坚持准则的职业意识，践行社会主义核心价值观

4. 能够运用财务云平台，正确处理业务票据，生成应纳消费税税额的记账凭证及会计账簿，体会规范操作的重要性，形成严谨细致的工作作风

任务描述：

一、企业情况介绍

公司全称：北京祥宏盛达贸易有限公司（简称祥宏盛达公司）。

企业类型：贸易企业，主要从事卷烟、酒类、高档化妆品的生产、零售与批发业务。

公司开户银行：工行北京市百巨路支行。

基本存款账户：6673618317881058847。

统一社会信用代码（纳税人识别号）：91110102M921903806。

经营地址、电话：北京市西城区隆途路518号　010－98259065。

二、公司内部会计制度

执行法律：执行《企业会计准则》（2017）、《消费税暂行条例》等。

申报税种：本公司为一般纳税人，销售商品增值税税率为13%，城市维护建设税、教育费附加及地方教育费附加分别按流转税的7%、3%、2%计算。其中消费税申报按照2021年最新税务总局发布的《关于增值税消费税与附加税费申报表整合有关事项的公告》（2021年第20号，以下简称《公告》）的要求，填写新版“消费税及附加税费申报表”及附表。

三、业务描述

北京祥宏盛达贸易有限公司2021年6月的典型经济业务如下：

【业务3－1】6月1日销售高档化妆品50套，已知增值税专用发票上注明的价款为30 000.00元，税额3 900.00元，款项已经收到。

【业务3－2】6月8日销售A型啤酒20吨给副食品公司，开具增值税专用发票不含税金额58 000.00元，另外收取包装物押金2 500.00元；销售B型啤酒10吨给宾馆，开具发票取得价税合计是32 000.00元，另外收取包装物押金1 400.00元，款项已经收到。

【业务3－3】6月10日对外销售卷烟250条，每条调拨价格85.00元，共计不含税价款21 250.00元。

要求：按照财务共享中心岗位分工，依据最新税收政策，采用最优纳税方案，完成6月份消费税的核算。

任务布置：

一、明确任务

分别按照涉税服务岗、票据管理岗、会计核算岗、主管审核岗完成以下工作：

（1）智能开具增值税专用发票。

（2）智能生成并审核记账凭证。

（3）智能生成并审核会计账簿。

二、工作成果

（1）生成增值税专用发票。

（2）生成应纳消费税税额的记账凭证。

（3）生成并查询“应交税费”“税金及附加”的会计账簿。

三、评价标准

（1）依据《增值税暂行条例》的规定，准确计算应纳消费税税额。

（2）依据《会计基础工作规范》《企业会计信息化工作规范》等要求，正确审核原始凭证，生成记账凭证及会计账簿。

任务分析：

一、工作思路

（1）依据购销合同的内容，智能开具增值税专用发票。

（2）查询增值税发票并计算应纳消费税税额。

（3）智能生成并审核应纳消费税税额的记账凭证。

（4）智能生成并查询会计账簿，生成“应交税费”“税金及附加”等会计账簿。

二、岗位分工及工作流程

岗位分工及工作流程如图 3 - 3 所示。

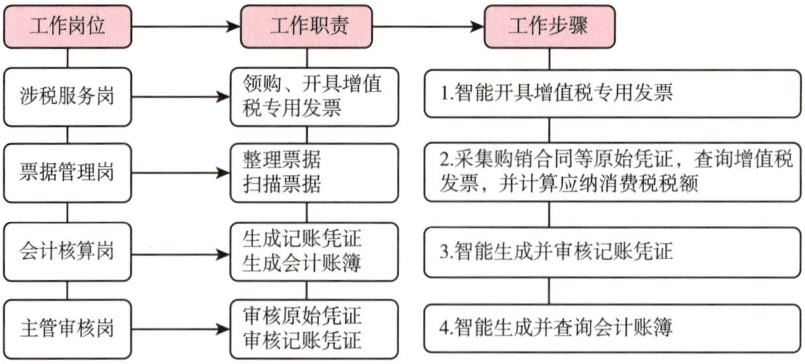

图 3 - 3 岗位分工及工作流程

任务实施：

一、智能开具增值税专用发票

三笔经济业务为企业外购商品销售，按照《消费税暂行条例》规定的应税销售商品——高档化妆品、啤酒、烟是消费税征收对象。

涉税服务岗会计人员应根据购销合同正确开具增值税专用发票，以便后续业务处理及查询。依据业务内容分析，祥宏盛达贸易公司典型经济业务3－1、业务3－2、业务3－3都属于直接对外销售业务，均需要开具增值税专用发票。以业务3－1为例，增值税发票开具如图3－4所示。

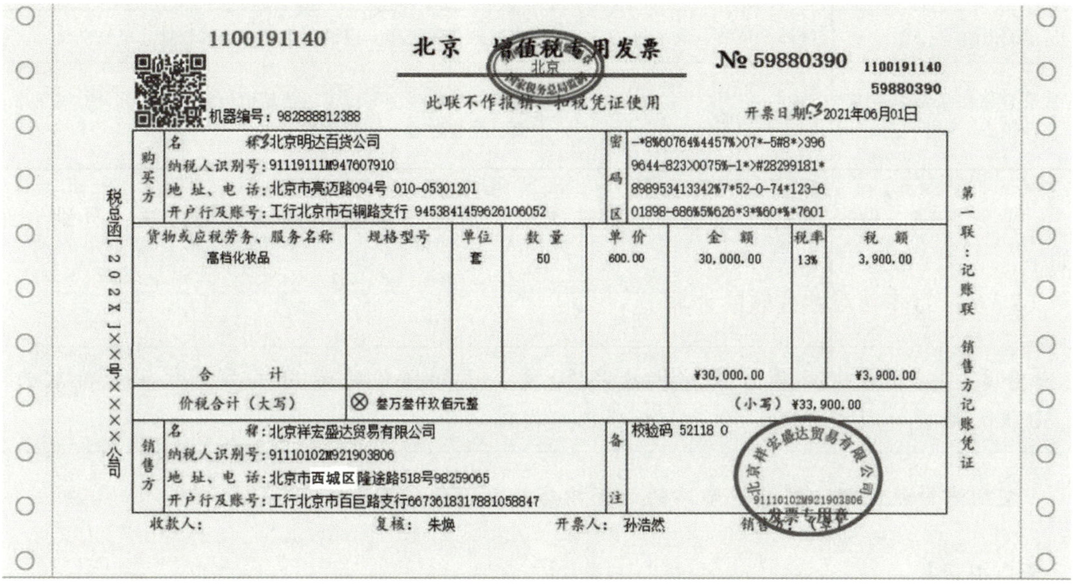
1100191140　北京　增值税专用发票　№ 59880390　1100191140　59880390

此联不作报销、扣税凭证使用

机器编号：982888812388　开票日期：2021年06月01日

购买方	名称：北京明达百货公司 纳税人识别号：91119111M947607910 地址、电话：北京市亮迈路094号 010-05301201 开户行及账号：工行北京市石铜路支行 9453841459626106052	密码区	-*8%60764%4457%>07*-5#8*>396 9644-823>0075%-1*)#28299181* 898953413342%7*52-0-74*123-6 01898-686%5%626*3*%60*%*7601

货物或应税劳务、服务名称	规格型号	单位	数量	单价	金额	税率	税额
高档化妆品		套	50	600.00	30,000.00	13%	3,900.00
合计					¥30,000.00		¥3,900.00
价税合计（大写）	⊗叁万叁仟玖佰元整				（小写）¥33,900.00		

销售方	名称：北京祥宏盛达贸易有限公司 纳税人识别号：91110102M921903806 地址、电话：北京市西城区隆途路518号98259065 开户行及账号：工行北京市百巨路支行6673618317881058847	备注	校验码 52118 0

收款人：　复核：朱焕　开票人：孙浩然　销售方：（章）

第一联：记账联　销售方记账凭证

图3－4　业务3－1开具增值税专用发票

二、查询增值税发票并计算应纳消费税税额

（一）查询并审核增值税专用发票、出库单、银行对账单等原始凭证。

依据《会计基础工作规范》规定，原始凭证审核要求如下：

1. 审核原始凭证的真实性

业务内容、数字是否真实、符合实际情况。

2. 审核原始凭证的合理性、合法性

经济业务是否符合有关规定、有无贪污盗窃，虚报冒领，伪造凭证等违法乱纪现象。

3. 审核原始凭证的完整性、正确性

填列项目是否完整、有无缺项、漏项，金额填列是否正确。

4. 审核原始凭证的及时性

原始凭证的填制与传递是否及时。

（二）计算应纳消费税税额

《消费税暂行条例》规定直接对外销售应税消费品应纳消费税税额的 3 种计算方法，即从价定率法、从量定额法、从价定率和从量定额复合计税法，如表 3－1 所示。

表 3－1 直接对外销售应税消费品应纳税额的计算

税率形式	适用税目	计算公式
从价定率法	除适用从量计税、复合计税以外的其他税目	应纳消费税税额＝应纳消费品的计税销售额×比例税率
从量定额法	啤酒、黄酒、成品油	应纳消费税税额＝应税消费品的销售数量×单位税额
从价定率和从量定额复合计税法	卷烟、白酒	应纳消费税税额＝应税消费品销售额×比例税率＋应税消费品销售数量×定额税率

业务 3－1、业务 3－2、业务 3－3 这 3 笔经济业务涉及不同的计征方法，分别介绍如下。

1. 从价定率法应纳税额的计算

业务 3－1：6 月 1 日销售高档化妆品 50 套，已知增值税专用发票上注明的价款为 30 000.00 元，税额 3 900.00 元，款项已经收到。

应纳消费税税额＝应纳消费品的计税销售额×比例税率

【要点提示】

计税销售额的一般规定

纳税人对外销售其生产的应税消费品，应当以其销售额为依据计算纳税。这里的销售额包括向购货方收取的全部价款和价外费用。由于消费税和增值税实行交叉征收：消费税实行价内税，增值税实行价外税，因此实行从价定率征收消费税的消费品，其消费税税基和增值税税基是一致的，都是以含消费税而不含增值税的销售额作为计税基数。

业务 3－1 应交消费税税额＝30 000.00×15%＝4 500.00（元）

【自我挑战】

某化妆品公司为增值税一般纳税人，2021 年 6 月份销售一批高档化妆品，开具增值税专用发票注明的销售额为 200 000.00 元，开具增值税普通发票注明的销售额为 26 000.00 元，要求：计算该公司 6 月份应缴纳的消费税税额。

2. 从量定额法应纳税额的计算

业务3-2：6月8日销售A型啤酒20吨给副食品公司，开具增值税专用发票不含税金额58 000.00元，另外收取包装物押金2 500.00元；销售B型啤酒10吨给宾馆，开具发票取得价税合计是32 000.00元，另外收取包装物押金1 400.00元，款项已经收到。

应纳消费税税额=应税消费品的销售数量×单位税额

【要点提示】

应税消费品销售数量的确定

销售应税消费品的，为应税消费品的销售数量。纳税人通过自设的非独立核算门市部销售自产应税消费品的，应当按照门市部对外销售数量征收消费税。

按照《消费税暂行条例》规定，对黄酒、啤酒、成品油等应税消费品采取从量定额办法计算应纳税额。其计量单位的换算标准如下：

啤酒1吨=988升	柴油1吨=1 176升	润滑油1吨=1 126升
黄酒1吨=962升	石脑油1吨=1 385升	燃料油1吨=1 015升
汽油1吨=1 388升	溶剂油1吨=1 282升	航空煤油1吨=1 246升

【要点提示】

包装物押金的税务处理

应税消费品连同包装物销售的，无论包装物是否单独计价，也不论在会计上如何核算，均应并入应税消费品的销售额中征收消费税。但是这项规定不适用实行从量定额征收消费税的啤酒和黄酒。其中啤酒的包装物押金虽然不并入销售额计征消费税，但是在区分甲类啤酒和乙类啤酒的税率时，要把包装物押金加进来计算（因为啤酒、黄酒、成品油是从量计征消费税的，所以包装物押金只影响啤酒类别和税率的使用情况，不直接影响消费税的计算），如表3-2所示。

表3-2 包装物押金的税务处理比较

押金种类	收取时，未逾期	逾期时
一般应税消费品的包装物押金	不缴纳增值税、不缴纳消费税	缴纳增值税、消费税（押金需换算成不含税价）
酒类产品包装物押金（除啤酒、黄酒外）	缴纳增值税、消费税（押金需换算成不含税价）	不缴纳增值税、消费税
啤酒、黄酒包装物押金	不缴纳增值税、不缴纳消费税	只缴纳增值税；不缴纳消费税（因为从量征收）

业务 3-2 应交消费税税额 = 20×250.00 + 10×220.00 = 7 200.00（元）

A 型啤酒的出厂单价（含包装物和包装物押金）= 58 000.00 + 2 500.00 ÷ 1.13 = 3 010.62（元）> 3 000.00 元，属于甲类啤酒，适用定额税率 250.00 元/吨。

B 型啤酒的出厂单价（含包装物和包装物押金）=（32 000.00 + 1 400.00）÷ 1.13 = 2 955.75（元）< 3 000.00 元，属于乙类啤酒，适用定额税率 220.00 元/吨。

【自我挑战】

某炼油公司购买一批原油 100 吨，加工成 20 吨柴油，则应纳消费税税额是多少？

3. 从价定率和从量定额复合计税法应纳税额的计算

业务 3-3：6 月 10 日对外销售卷烟 250 条，每条调拨价格 85.00 元，共计不含税价款 21 250.00 元。

应纳税额 = 应税消费品销售额 × 比例税率 + 应税消费品销售数量 × 单位税额

【要点提示】

1. 粮食白酒、薯类白酒消费税的计算

粮食白酒、薯类白酒的计税依据与前面从价定率、从量定额相同，但是卷烟的计税依据比较特殊。

我们国家为了控烟，对卷烟征收消费税，生产销售卷烟的单位和个人，都是卷烟消费税的纳税人，卷烟消费税的征收根据烟草级别执行不同的税率。在实际情况中，这个税额最终是被加入到烟草零售价中，由消费者承担的。烟草消费税是指在卷烟批发环节加征一道从价税，税率 11%。即在中华人民共和国境内从事卷烟批发业务的单位和个人，凡是批发销售的所有牌号规格卷烟的，都要按批发卷烟的销售额（不含增值税）乘以 11% 的税率缴纳批发环节的消费税。

2. 卷烟消费税的计算

卷烟的折算标准如下：1 箱 = 250 条　1 条 = 10 包　1 包 = 20 支

（1）甲类卷烟：销售额 × 56% + 销售数量标准条 × 200 支 × 0.003 元/支（生产环节）

（2）乙类卷烟：销售额 × 36% + 销售数量标准条 × 200 支 × 0.003 元/支（生产环节）

（3）批发环节：从价税 11%，从量税 0.005 元/支

【自我挑战】

南方卷烟厂销售 50 个标准箱，每条烟价格为 85.00 元，共计 1 062 500.00 元，货已发出款项已付。如何计算应纳消费税税额？

业务 3-3 应交消费税税额 = 250 × 0.6 + 21 250.00 × 56% = 12 050.00（元）

三、智能审核并生成记账凭证

已纳消费税扣除计算的相关规定

（一）账户设置

1. 应交税费——应交消费税

为了准确地反映企业消费税的应交、已交、欠交等情况，应在“应交税费”账户下增设“应交消费税”明细账户进行会计核算。“应交消费税”明细账户采用三栏式账户记账，借方核算实际缴纳的消费税或待扣的消费税；贷方核算按规定应缴纳的消费税；期末贷方余额表示尚未缴纳的消费税，借方余额表示多缴纳的或尚未抵扣的消费税，如图 3 - 5 所示。

借方　　　应交税费——应交消费税	贷方
实际缴纳税额 待抵扣的消费税	应缴纳的消费税税额 进项税额转
企业多缴纳或尚未抵扣的税额	企业尚未缴纳的税额

图 3 - 5　“应交税费——应交消费税”账户结构

2. 税金及附加——消费税

“税金及附加——消费税”账户核算应由销售产品、提供劳务等负担的销售税金及附加。“税金及附加——消费税”账户应按产品（或劳务）类别设置明细账。期末，应将“税金及附加”账户余额转入“本年利润”账户，结转后“税金及附加”账户应无余额，如图 3 - 6 所示。

借方　　　税金及附加——消费税	贷方
应缴纳的金额	结转利润的金额
	期末无余额

图 3 - 6　“税金及附加——消费税”账户结构

（二）编制会计分录

经过对业务 3 - 1 的票据辨析，确定业务 3 - 1 的应纳消费税税额，确认该笔业务涉及的会计账户。

编制会计分录如下：

借：税金及附加——消费税　　　　4 500.00

　　贷：应交税费——应交消费税　　　　4 500.00

【自我挑战】

业务 3 – 1 确认销售收入、结转销售成本的会计分录是什么？

经过对业务 3 – 2 的票据辨析，确定业务 3 – 2 的应纳消费税税额，确认该笔业务涉及的会计账户。

编制会计分录如下：

借：税金及附加——消费税　　　　7 200. 00

　　贷：应交税费——应交消费税　　　　7 200. 00

经过对业务 3 – 3 的票据辨析，确定业务 3 – 3 的应纳消费税税额，确认该笔业务涉及的会计账户。

编制会计分录如下：

借：税金及附加——消费税　　　　12 050. 00

　　贷：应交税费——应交消费税　　　　12 050. 00

（三）生成并审核记账凭证

第一步：会计核算岗的会计人员审核增值税专用发票，将其类型更改为其他。在“凭证管理”模块手动添加记账凭证。

第二步：进入凭证管理模块，手动录入记账凭证，如图 3 – 7 所示。

序号	摘要	会计科目	借方金额	贷方金额
1	计提消费税	640302 税金及附加-消费税	450000	
2	计提消费税	222122 应交税费-应交消费税		450000
3				
4				
合计:肆仟伍佰元整			450000	450000

图 3 – 7　业务 3 – 1 记账凭证

【要点提示】

录入凭证需要修改日期，科目名称录入时可以直接录入科目代码，附件张数与审核无误的原始凭证张数自动匹配，无须录入。

业务 3 – 2、3 – 3 的记账凭证录入方法同业务 3 – 1，在此省略。

第三步：主管审核岗的会计人员进入财务云共享中心查看并审核凭证，重点审核借贷方的科目、金额是否正确，所附原始凭证信息是否准确无误等。

四、智能生成并查询会计账簿

记账凭证审核无误之后，系统自动将记账凭证推送至“账簿模块”，查询“应交税费——应交消费税”及“税金及附加——消费税”明细账，及时掌握账户数据信息，及时与库管部门进行核对，避免出现物资短缺影响销售的情况。以业务 3－1 的账簿为例，如图 3－8、图 3－9 所示。

2021-06 至 2021-06　　打印当前　打印全部

	科目编码	科目名称	日期	凭证号	摘要	借方	贷方	方向
1	222122	应交税费-应交消费税	2021-06-01		期初余额			平
2			2021-06-01	记-0001	计提消费税		4,500.00	贷
3			2021-06-30		本月合计		4,500.00	贷
4			2021-06-30		本年累计		4,500.00	贷

图 3－8　查询“应交税费”明细账界面

2021-06 至 2021-06

	科目编码	科目名称	日期	凭证号	摘要	借方	贷方	方向	余额
1	6403	税金及附加	2021-06-01		期初余额			平	
2			2021-06-30	记-0001	计提消费税	4,500.0		借	4,500.00
3			2021-06-30		本月合计	4,500.0		借	4,500.00
4			2021-06-30		本年累计	4,500.0		借	4,500.00

图 3－9　查询“税金及附加”明细账界面

任务总结：

“直接对外销售应税消费品应纳税额的核算”任务总结如图 3－10 所示。

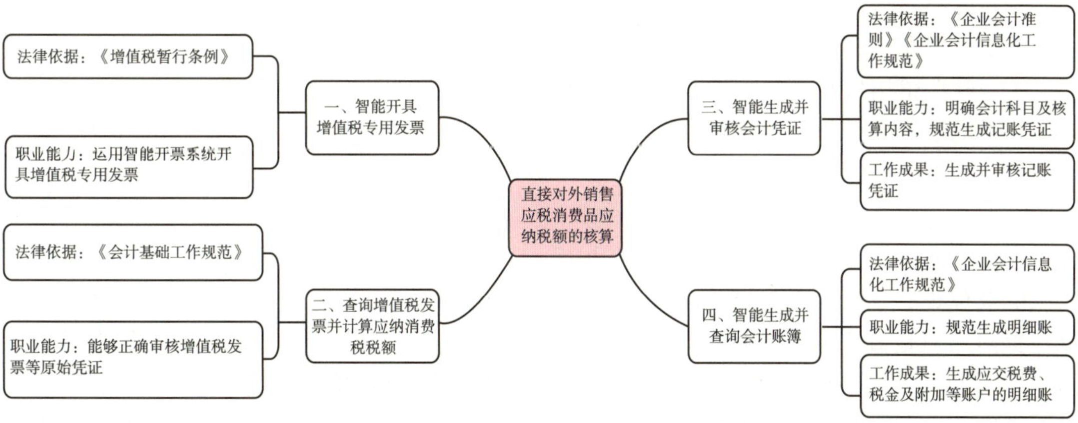

图 3－10　“直接对外销售应税消费品应纳税额的核算”任务总结

任务二 自产自用应税消费品应纳税额的核算

学习目标：

任务拓展

1. 明确自产自用应税消费品的含义及范围
2. 能够依据《消费税暂行条例》的相关规定，辨析自产自用消费品的业务类别
3. 掌握自产自用应税消费品应纳税额的计算方法，准确计算应纳消费税税额，强化依法依规的法律意识、树立坚持准则的职业意识，践行社会主义核心价值观
4. 能够运用财务云平台，正确处理业务票据，生成应纳消费税税额的记账凭证及会计账簿，体会规范操作的重要性，形成严谨细致的工作作风

任务描述：

一、企业情况介绍

公司全称：北京祥宏盛达贸易有限公司（简称祥宏盛达公司）。

企业类型：贸易企业，主要从事卷烟、酒类、高档化妆品的生产、零售与批发业务，6月份将自产的高档化妆品、啤酒对外捐赠和赞助活动。

公司开户银行：工行北京市百巨路支行。

基本存款账户：6673618317881058847。

统一社会信用代码（纳税人识别号）：91110102M921903806。

经营地址、电话：北京市西城区隆途路518号 010－98259065。

二、公司内部会计制度

执行法律：执行《企业会计准则》(2017)、《消费税暂行条例》等。

申报税种：本公司为一般纳税人，销售商品增值税税率为13%，城市维护建设税、教育费附加及地方教育费附加分别按流转税的7%、3%、2%计算。其中消费税申报按照2021年最新税务总局发布的《关于增值税消费税与附加税费申报表整合有关事项的公告》（2021年第20号，以下简称《公告》）的要求，填写新版“消费税及附加税费申报表”及附表。

三、业务描述

北京祥宏盛达贸易有限公司 2021 年 6 月的典型经济业务如下：

【业务 3 -4】6 月 2 日，将自产的 5 箱化妆品赠送给北京光明有限公司，已知在当月销售的 200 箱化妆品中，第一次 70 箱，单价 200.00 元/箱，销售价格 14 000.00 元；第二次销售 50 箱，单价 240.00 元/箱，销售价格 12 000.00 元；第三次销售 20 箱，单价 100.00 元/箱，销售价格 2 000.00 元；第四次销售 60 箱，单价 216.67 元/箱，销售价格 13 000.00 元。计算赠送这 5 箱化妆品应纳消费税额。

【业务 3 -5】6 月 6 日，将自产的 2 吨啤酒花继续生产成啤酒 1 吨发放给员工作为福利，每吨不含税销售价格 2 000.00 元，成本价 1 000.00 元。

【业务 3 -6】6 月 8 日，以自产的 2 000 斤白酒用于 10 周年庆典活动，每斤白酒成本 12.00 元，每斤出厂价 20.00 元，无同类产品售价（白酒实行复合计征，每斤 0.5 元，税率 20%，成本利润率 10%）。

要求：按照财务共享中心岗位分工，依据最新税收政策，采用最优纳税方案，完成 6 月份消费税的核算。

任务布置：

一、明确任务

分别按照涉税服务岗、票据管理岗、会计核算岗、主管审核岗完成以下工作：

（1）智能开具增值税专用发票。

（2）智能生成并审核记账凭证。

（3）智能生成并审核会计账簿。

二、工作成果

（1）生成增值税专用发票。

（2）生成应纳消费税税额的记账凭证。

（3）生成并查询“应交税费”“税金及附加”的会计账簿。

三、评价标准

（1）依据《增值税暂行条例》的规定，准确计算应纳消费税税额。

（2）依据《会计基础工作规范》《企业会计信息化工作规范》等要求，正确审核原始凭证，生成记账凭证及会计账簿。

任务分析：

一、工作思路

（1）智能开具增值税专用发票。

（2）查询增值税发票并计算应纳消费税税额。

（3）智能生成并审核应纳消费税税额的记账凭证。

（4）智能生成并查询会计账簿，生成“应交税费”“税金及附加”等会计账簿。

二、岗位分工及工作流程

岗位分工及工作流程如图3－11所示。

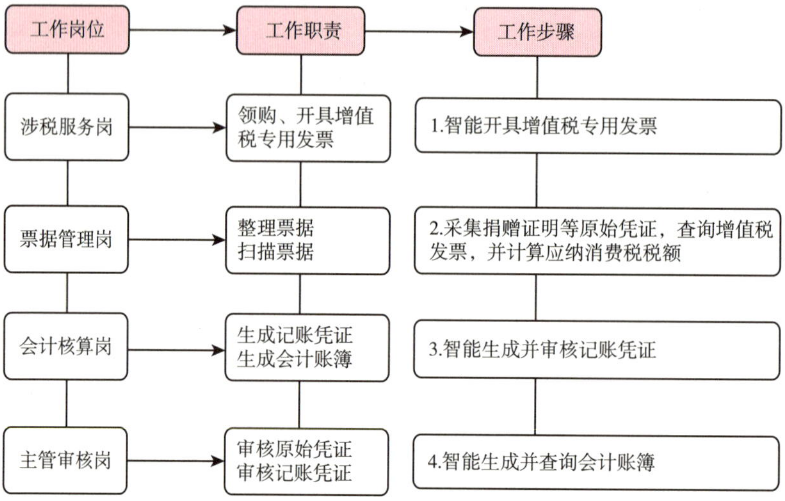

图3－11 岗位分工及工作流程

任务实施：

一、智能开具增值税专用发票

三笔经济业务为企业资产自用的应税消费品，按照《消费税暂行条例》规定的应税销售商品——高档化妆品、啤酒、烟是消费税征收对象。销售部门根据业务内容分析祥宏盛达贸易公司典型经济业务3－4属于对外捐赠业务、业务3－5属于员工福利、业务3－6属于自产自用。以业务3－4为例，涉税服务岗会计人员应根据捐赠证明正确开具增值税专用发票，以便后续业务处理及查询，如图3－12所示。

二、查询增值税发票并计算应纳消费税税额

（一）查询并审核增值税专用发票、出库单、捐赠证明等原始凭证

业务3－4的经济业务原始凭证为：增值税专用发票、出库单、捐赠物资接收证明，如图3－13所示。

捐赠接收证明的审核要点：是否与企业捐赠的产品名称、型号一致，捐赠数量是否与出库单数量匹配，捐赠接收日期是否与经济业务发生的日期相匹配。

1100191140 **北京 增值税专用发票** № 59880390 1100191140 59880390

此联不作报销、扣税凭证使用

机器编号：982888812388 开票日期：2021年06月01日

购买方	名称：北京光明有限公司 纳税人识别号：9111191M9476010765 地址、电话：北京市亮迈路094号 010-05301201 开户行及账号：工行北京市石铜路支行9453841459626106260			密码区	-*8%60764%4457%>07*-5#8*>396 9644-823>0075%-1*>#28299181* 898953413342%7*52-0-74*123-6 01898-686%5%626*3*%60*%*7601		
货物或应税劳务、服务名称	规格型号	单位	数量	单价	金额	税率	税额
高档化妆品		套	50	600.00	30,000.00	13%	3,900.00
合计					¥30,000.00		¥3,900.00
价税合计（大写）	⊗叁万叁仟玖佰元整				（小写）¥33,900.00		
销售方	名称：北京祥宏盛达贸易有限公司 纳税人识别号：91110102M921903806 地址、电话：北京市西城区隆途路518号98259065 开户行及账号：工行北京市百巨路支行6673618317881058847			备注	校验码 52118 02817 68248 65499		

收款人： 复核：朱焕 开票人：孙浩然 销售方：（章）

第一联：记账联 销售方记账凭证

税总函[202X]××号×××公司

图 3－12　业务 3－4 开具增值税专用发票

捐赠接收证明

2021年6月6日收到北京祥宏盛达贸易有限公司赠送的一批化妆品，共计5箱。

特此证明，并感谢！

北京光明有限公司

2021.6.6

图 3－13　业务 3－4 捐赠证明

【知识链接】

捐赠自产产品需要开票吗?

答：需要，捐赠自产产品需要开票。

根据《增值税暂行条例实施细则》第四条规定：单位或者个体工商户的下列行为，视同销售货物：

（1）将货物交付其他单位或者个人代销；

（2）销售代销货物；

（3）设有两个以上机构并实行统一核算的纳税人，将货物从一个机构移送其他机构用于销售，但相关机构设在同一县（市）的除外；

（4）将自产或者委托加工的货物用于非增值税应税项目；

（5）将自产、委托加工的货物用于集体福利或者个人消费；

（6）将自产、委托加工或者购进的货物作为投资，提供给其他单位或者个体工商户；

（7）将自产、委托加工或者购进的货物分配给股东或者投资者；

（8）将自产、委托加工或者购进的货物无偿赠送其他单位或者个人。

产品用于职工福利视同销售，不需要开具发票。

依据上述规定，业务 3－5 无须开具增值税专用发票。根据出库单计算应纳消费税税额。业务 3－6 的原始凭证同业务 3－4。

（二）计算应纳消费税税额

自产自用是指纳税人生产应税消费品后，不是直接用于对外销售，而是用于自己连续生产应税消费品，或用于其他方面。根据《消费税暂行条例》规定，纳税人自产自用的消费品，用于连续生产应税消费品的，不再重复缴纳消费税，用于其他方面的，于移送使用时缴纳消费税。自产自用应税消费品应纳税额的 3 种计算方法与直接对外销售的应税消费品类似，即从价定率法、从量定额法、从价定率和从量定额复合计税法，区别在于计税依据不同，见表 3－3。

表 3－3　　自产自用应税消费品应纳税额的计算

税率形式	适用税目	计算公式
从价定率法	除适用从量计税、复合计税以外的其他税目	应纳消费税税额＝自产自用同类应税消费品销售额或组成计税价格×比例税率
从量定额法	啤酒、黄酒、成品油	应纳消费税税额＝应税消费品移送使用数量×定额税率
从价定率和从量定额复合计税法	卷烟、白酒	应纳消费税税额＝自产自用同类应税消费品销售额或组成计税价格×适用税率＋应税消费品移送使用数量×定额税率

【要点提示】

“用于其他方面的规定”

其他方面是指：①生产非应税消费品；②用于：在建工程；管理部门、非生产机构；提供劳务等。（对内）用于：馈赠、赞助、集资、广告、样品、职工福利、奖励等方面。（对外）企业生产的应税消费品虽然没有用于销售或联系生产应税消费品，但只要用于税法所规定的范围都要视同销售，依法缴纳消费税。

业务 3－4、业务 3－5、业务 3－6 涉及不同的计征方法，分别介绍如下。

1. 从价定率法应纳税额的计算

业务 3－4：6 月 2 日，将自产的 5 箱化妆品赠送给北京光明有限公司，已知在当月销售的 200 箱化妆品中，第一次 70 箱，单价 200.00 元/箱，销售价格 14 000.00 元；第二次销售 50 箱，单价 240.00 元/箱，销售价格 12 000.00 元；第三次销售 20 箱，单价 100.00 元/箱，销售价格 2 000.00 元；第四次销售 60 箱，单价 216.67 元/箱，销售价格 13 000.00 元。计算赠送这 5 箱化妆品应纳消费税额。

应纳消费税税额＝自产自用同类应税消费品销售额或组成计税价格×比例税率

根据上述规定，业务 3－4 计税销售额的计算方法符合有同类消费品销售价格的第 2 种情况，需先计算出加权平均售价 =（14 000.00 + 12 000.00 + 13 000.00）÷（70 + 50 + 60）= 216.67（元）。

业务 3－4 应交消费税税额 = 216.67 × 5 × 30% = 325.00（元）。

计税销售额的确定

应税消费品全国平均利润率

【自我挑战】

某卷烟公司为增值税一般纳税人，2021 年 6 月份将自产的雪茄烟 10 条发给职工作为福利，当月无同类卷烟的销售价格，每条雪茄烟的成本为 250.00 元，要求计算该公司 6 月份应缴纳的消费税税额。

2. 从量定额法应纳税额的计算

业务3－5：6 月 6 日，将自产的 2 吨啤酒花继续生产成啤酒 1 吨发放给员工作为福利，每吨不含税销售价格 2 000.00 元，成本价 1 000.00 元。

应纳消费税税额 = 应税消费品移送使用数量 × 定额税率

移送使用数量的确定

【自我挑战】

某酒厂为增值税一般纳税人，2021 年 6 月份日销售一批高档黄酒，开具增值税专用发票注明的销售量为 5 吨；每吨黄酒的不含税售价为 4 000.00 元，要求计算该公司 6 月份应缴纳的消费税税额。

3. 从价定率和从量定额复合计税法应纳税额的计算

业务3－6：6 月 8 日，以自产的 2 000 斤白酒用于 10 周年庆典活动，每斤白酒成本 12.00 元，每斤出厂价 20.00 元，无同类产品售价（白酒实行复合计征，每斤 0.5 元，税率 20%，成本利润率 10%）。

应纳消费税税额 = 自产自用同类应税消费品销售额或组成计税价格 × 适用税率 + 应税消费品移送使用数量 × 定额税率

【要点提示】

计税销售额与移送数量的确定

没有同类消费品的销售价格的，按照组成计税价格计算纳税。其中实行复合计税办法计算纳税的组成计税价格计算公式：

组成计税价格 =［成本 ×（1 + 成本利润率）+ 自产自用数量 × 定额税率］÷（1 − 比例税率）

根据上述规定，业务 3 − 6 属于没有同类消费品的销售价格，实行复合计税法计算组成计税价格。

业务 3 − 6 的组成计税价格 = [12 × 2 000.00 × (1 + 10%) + 2 000.00 × 0.5] ÷ (1 − 20%)
= 34 250.00（元）

业务 3 − 6 应交消费税税额 = 34 250.00 × 20% + 2 000.00 × 0.5 = 7 850.00（元）

【自我挑战】

某卷烟厂为增值税一般纳税人，2021 年 6 月份销售一批甲类卷烟，开具增值税专用发票注明的销售量为 5 箱；每箱卷烟的成本为 10 000.00 元，无同类产品售价。要求计算该公司 6 月份应缴纳的消费税税额。

三、智能生成并审核记账凭证

（一）账户设置

1. 应交税费——应交消费税（具体内容参考任务一）

2. 税金及附加——消费税（具体内容参考任务一）

3. 营业外支出

捐赠、赞助自产品视同为销售，会计分录借记“营业外支出”账户，贷记“库存商品”“应交税费——应交增值税”账户。纳税人将自产的应税消费品用于捐赠、赞助和广告的，应于货物移送使用时，按照同类消费品的平均销售价格组成计税价格计算应纳消费税，贷记“应交税费——应交消费税”账户；按移送使用的货物成本，贷记“库存商品”账户；按应纳的增值税、消费税和移送使用货物的成本之和，借记“营业外支出”账户，如图 3 − 14 所示。

借方　　　营业外支出	贷记
非流动资产处置损失、公益性捐赠支出、盘亏损失、非常损失、罚款支出	结转的金额
期末无余额	

图 3 − 14 “营业外支出”账户结构

（二）编制会计分录

经过对业务 3 - 4 的票据辨析，确定业务 3 - 4 的应纳消费税税额，确认该笔业务涉及的会计账户。

编制会计分录如下：

借：营业外支出——捐赠支出　　325.00

　　贷：应交税费——应交消费税　　325.00

【自我挑战】

业务 3 - 4 确认销售收入、结转销售成本的会计分录是什么？

经过对业务 3 - 5 的票据辨析，确定业务 3 - 5 的应纳消费税税额，确认该笔业务涉及的会计账户。

编制会计分录如下：

借：税金及附加——消费税　　220.00

　　贷：应交税费——应交消费税　　220.00

【自我挑战】

业务 3 - 5 将自产的商品用于员工福利如何确认收入？

经过对业务 3 - 6 的票据辨析，确定业务 3 - 6 的应纳消费税税额，确认该笔业务涉及的会计账户。

编制会计分录如下：

借：营业外支出——捐赠支出　　7 850.00

　　贷：应交税费——应交消费税　　7 850.00

（三）生成并审核记账凭证

第一步：会计核算岗人员审核增值税专用发票，将其类型更改为其他。在“凭证管理”模块手动添加记账凭证。

第二步：进入凭证管理模块，手动录入记账凭证。

第三步：主管审核岗的会计人员进入财务云共享中心查看并审核凭证，重点审核借贷方的科目、金额是否正确，所附原始凭证信息是否准确无误等，如图 3 - 15 所示。

【要点提示】

录入凭证需要修改日期，科目名称录入时可以直接录入科目代码，附件张数与审核无误的原始凭证张数自动匹配，无须录入。

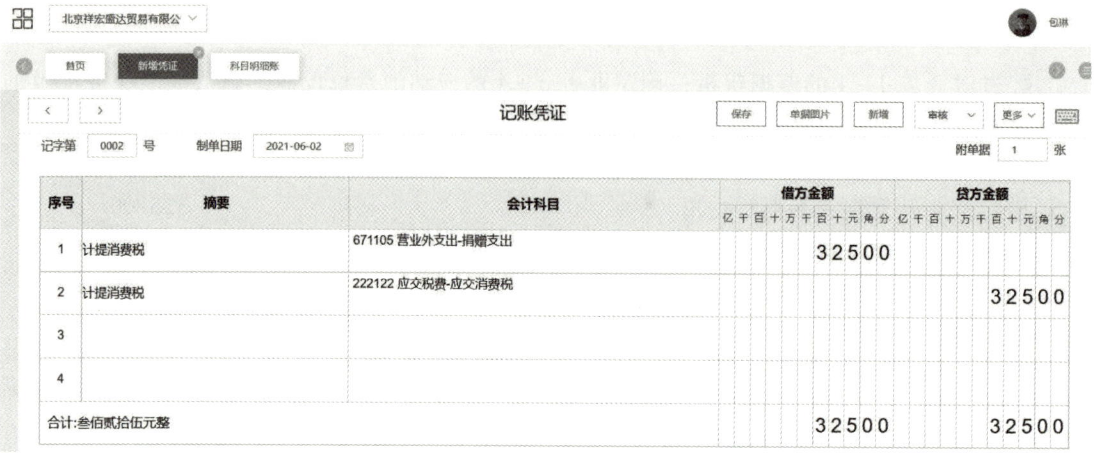

图 3-15 查看并审核业务 3-4 的记账凭证

四、智能生成并查询会计账簿

记账凭证审核无误之后，系统自动将记账凭证推送至“账簿模块”，会计核算岗人员查询“应交税费——应交消费税”“税金及附加——消费税”“营业外支出——捐赠支出”明细账，及时掌握账户数据信息，及时进行核对，避免出现账实不符。以“应交税费——应交消费税”明细账为例，如图 3-16 所示。

图 3-16 查询“应交税费——应交消费税”明细账界面

任务总结：

“自产自用应税消费品应纳税额的核算”任务总结如图 3-17 所示。

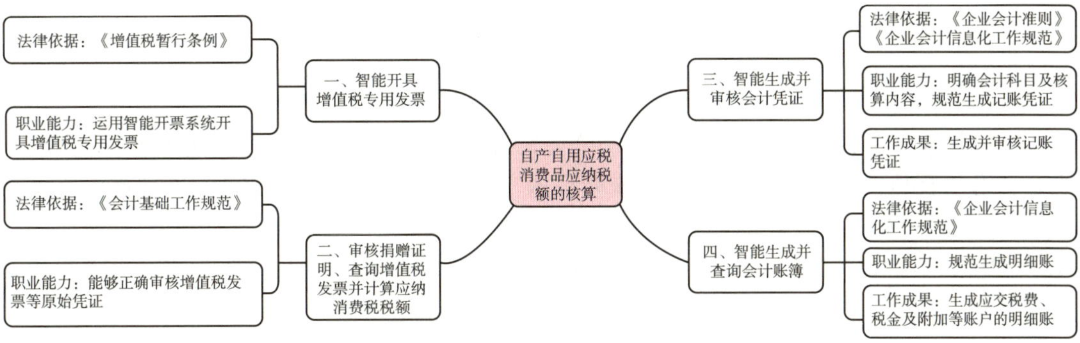

图 3－17 “自产自用应税消费品应纳税额的核算”任务总结

任务三 委托加工应税消费品应纳税额的核算

任务拓展

学习目标：

1. 明确委托加工应税消费品的含义及特点

2. 能够依据《消费税暂行条例》的相关规定，辨析委托加工应税消费品的业务类别

3. 掌握委托加工应税消费品应纳税额的计算方法，准确计算应纳消费税税额，强化依法依规的法律意识、树立坚持准则的职业意识，践行社会主义核心价值观

4. 能够运用财务云平台，正确处理业务票据，生成应纳消费税税额的记账凭证及会计账簿，体会规范操作的重要性，形成严谨细致的工作作风

任务描述：

一、企业情况介绍

公司全称：北京祥宏盛达贸易有限公司（简称祥宏盛达公司）。

企业类型：贸易企业，主要从事卷烟、酒类、高档化妆品的委托加工、零售与批发业务。

公司开户银行：工行北京市百巨路支行。

基本存款账户：6673618317881058847。

统一社会信用代码（纳税人识别号）：91110102M921903806。

经营地址、电话：北京市西城区隆途路 518 号 010－98259065。

二、公司内部会计制度

执行法律：执行《企业会计准则》（2017）、《消费税暂行条例》等。

申报税种：本公司为一般纳税人，销售商品增值税税率为13%，城市维护建设税、教育费附加及地方教育费附加分别按流转税的7%、3%、2%计算。其中消费税申报按照2021年最新税务总局发布的《关于增值税消费税与附加税费申报表整合有关事项的公告》（2021年第20号，以下简称《公告》）的要求，填写新版“消费税及附加税费申报表”及附表。

三、业务描述

北京祥宏盛达贸易有限公司2021年6月的典型经济业务如下：

【业务3-7】6月8日，委托华康香料公司加工一批高档化妆品，材料成本1 000 000.00元（不含税），委托加工费及代垫费用100 000.00元。受托方无同类参照价格。

【业务3-8】6月12日，委托雪花啤酒厂生产一批啤酒3吨，提供的啤酒花的不含税价格为7 500.00元，发生加工费及代垫费用共计5 000.00元（不含税）。啤酒对外售价3 000元/吨。

【业务3-9】6月13日，委托华能酒厂生产一批粮食白酒5 000斤，提供原料粮食的价款为1 200 000.00元（不含税），取得税务机关代开的专用发票，注明加工费680 000.00元，公司没有同类白酒的销售价格。

要求：按照财务共享中心岗位分工，依据最新税收政策，采用最优纳税方案，完成6月份消费税的核算。

任务布置：

一、明确任务

分别按照涉税服务岗、票据管理岗、会计核算岗、主管审核岗完成以下工作：

（1）智能开具增值税专用发票。

（2）智能生成并审核记账凭证。

（3）智能生成并审核会计账簿。

二、工作成果

（1）采集并上传增值税专用发票、委托加工合同等原始凭证。

（2）生成委托加工应税消费品应纳税额的记账凭证。

（3）生成并查询“应交税费”“税金及附加”的会计账簿。

三、评价标准

（1）依据《增值税暂行条例》的规定，准确计算应纳消费税税额。

（2）依据《会计基础工作规范》《企业会计信息化工作规范》等要求，正确审核原始凭证，生成记账凭证及会计账簿。

任务分析：

一、工作思路

（1）智能采集并审核增值税专用发票、委托加工合同、代扣代收税款证明等票据。
（2）查询并计算应纳消费税税额。
（3）智能生成并审核应纳消费税税额的记账凭证。
（4）智能生成并查询会计账簿，生成“应交税费”“税金及附加”等会计账簿。

二、岗位分工及工作流程

岗位分工及工作流程如图3－18所示。

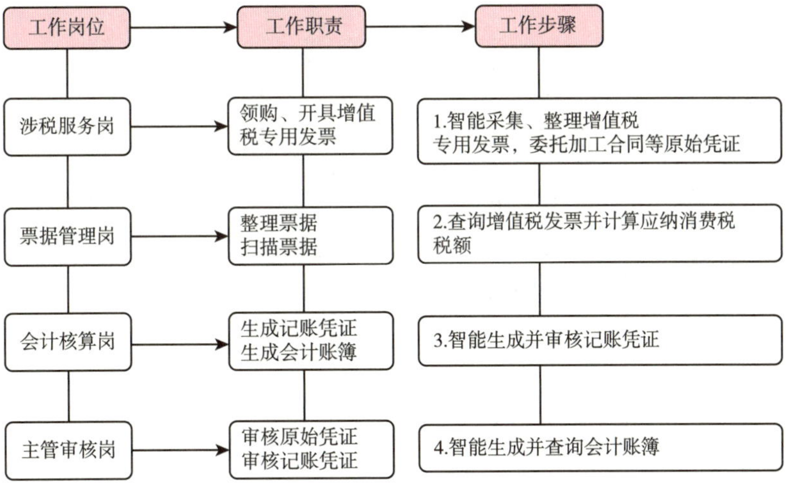

图3－18　岗位分工及工作流程

任务实施：

一、智能采集和审核原始凭证

（一）采集票据信息，整理票据并分类

三笔经济业务为企业委托加工应税消费品，按照《消费税暂行条例》规定的应税销售商品——高档化妆品、啤酒、白酒是消费税征收对象。

以业务3－7为例，涉及的原始凭证有：增值税专用发票（见图3－19）、委托加工合同（见图3－20）、材料出库单（略）、代扣代收税款凭证（略）、电子缴税付款凭证（见图3－21）。

1100191140　　**北京增值税专用发票**　　№ 54711550　1100191140 54711550

抵扣联

机器编号：982888812388　　开票日期：2021年06月08日

购买方	名　　称：北京祥宏盛达贸易有限公司 纳税人识别号：91110102M921903806 地 址、电 话：北京市西城区隆途路518号98259065 开户行及账号：工行北京市百巨路支行6673618317881058847
密码区	0239%572*75—254*%9%3%6%7*2 1*>382>07194-0758—5320*%20- 09—09606653*5*-7568—%*2-*8 960139>084>0390619771%744>*%

货物或应税劳务、服务名称	规格型号	单位	数量	单价	金额	税率	税额
加工费			1	100,000.00	100,000.00	13	1,300,000.00
合　计					¥100,000.00		¥1,300,000.00
价税合计（大写）	⊗壹佰肆拾万元整				（小写）¥1,400,000.00		

销售方	名　　称：华康香料公司 纳税人识别号：9111101M765091235647865 地 址、电 话：北京市新苑路656号 010-51305643 开户行及账号：工行北京市西华南路支行6634786532468876
备注	校验码 52118 02813 08248 65199

收款人：　　复核：李响　　开票人：王芳　　销售方：（章）

9111101M765091235647865 发票专用章

税总函［202X］××号×××公司

第二联：抵扣联　购买方扣税凭证

图 3－19　增值税专用发票

委托加工　合同

（　2021　）第　11　号

甲方	北京祥宏盛达贸易有限公司	乙方	华康香料公司
地址	北京市隆途路518号	地址	福建省福州市香樟路27号
电话	98259065	电话	87674321
联系人	黄明	联系人	刘海达
合同条款	甲、乙双方在平等互利、自愿的基础上，经充分协商，就甲方委托乙方生产“__”事宜，达成如下协议： 一、甲方责任： 1、甲方负责提供委托生产产品的技术和质量文件，包括生产工艺、物料要求、中间产品质量控制、成品出厂质量标准、包装要求等。 2、甲方负责提供(除化验用试剂外)委托生产产品的所有原辅料、包材。 3、甲方定期派专人对乙方的生产过程进行监督:定期对产品进行抽查检验。 4、甲方按照双方协定的价格向乙方支付委托生产费用。 二、乙方责任： 1、乙方负责按照甲方提供的产品质量标准，提供合格的产品，并负责生产过程及质量控制。 2、乙方加工生产甲方委托的产品，不得自行加工销售，不得利用甲方产品技术 进行同类产品研发。 3、未经甲方同意，乙方不得将受托产品委托第三方生产。 三、加工量、加工费用及付款方式： 1、产品名称　：高档香精　　2.加工费用及代垫费：100000元 3、加工费等款项结算采用银行转账，甲方验收15天内支付全部加工费用。 四、其他 1、在合同规定的履行期限内，由于不可抗力造成的损失，双方协商解决。 2、加工过程中发生纠纷时，甲乙双方协商解决，协商不成时任何一方可向合同履行地人民法院起诉。 3、本合同签字之日生效，合同履行完毕后即失效。 五、适用法律： 中华人民共和国法律为本合同的适用法律。 北京祥宏盛达贸易有限公司 12345678901234　印 王婉　　华康香料公司　印 李红 甲方签章：　　乙方签章： 日期：2021.6.8　　日期：2021

图 3－20　委托加工合同

中国工商银行　　凭证

电子缴税付款凭证

缴税日期：　2021　年　06　月　13　日　　　　凭证字号：20200010

纳税人全称及纳税人识别号：

付款人全称：

付款人账号：6673618317881058847　　　　征收机关名称：国家税务总局北京市税务局

付款人开户行：工行北京市百巨路支行　　　　收款国库（银行）名称：国家金库北京市支库

小写（合计）金额：　¥59,117.65　　元　　　　缴款书交易流水号：81384598

大写（合计）金额：伍万玖仟壹佰壹拾柒元陆角伍分　　　　税票号码：　237147694197727087

税（费）种名称	所属日期	实缴金额（单位：元）
消费税	2021.06.01 - 2021.06.30	¥59,117.65

工行北京市百巨路支行 电子回单专用章

第　　次打印　　　　打印时间：　2021　年　06　月　13　日

客户回单联　　验证码：590889　　复核：　　记账：

图 3-21　电子缴税付款凭证

【知识链接】

委托加工物资是由委托方还是受托方开具发票？

答：受托方。

（1）委托加工当中，委托方不需向受托方就材料开具增值税发票，而是应由受托方向委托方就加工费开具增值税发票。

（2）委托加工的时候，委托方的增值税，只有付给对方的加工费产生的进项税额。如果对方加工费开具的是增值税专用发票，发出材料和收回货物都是不交增值税的。

（3）受委托方主要是加工费产生的销项税额（加工费可能含有辅料费）。对方发来的材料入库和加工完后发回给对方也是不交增值税的。

（二）辨识并审核原始凭证

业务 3-7、业务 3-8、业务 3-9 的原始凭证为：委托加工合同、增值税专用发票、材料出库单、代扣代收税款凭证、电子缴税付款凭证。其中增值税专用发票、材料出库单的审核要点参考第二单元的具体内容，在此省略。委托加工合同、代扣代收税款凭证及电子缴税付款凭证的审核要点如下：

1. 委托加工合同的审核要点

①委托人和受托人身份信息是否完整；②委托事项记载清晰；③委托权限分工明确；④委托人签字盖章齐全；⑤合同签订日期是否有效。

委托方与受托方双方必须遵守《经济合同法》的规定，贯彻平等互利、协商一致、等价有偿的原则，否则，视为无效经济合同。

2. 代扣代收税款凭证的审核要点

代扣代收税款凭证是税法规定的扣缴义务人向纳税人扣收税款时使用的一种专用收款凭证。税务机关委托代征税款的代征单位和代征人代征税款时不能使用此凭证，只能使用税收完税凭证。代扣代收税款凭证一式三联：第一联为存根联，扣缴义务人留存；第二联为收据联，交纳税人作完税凭证；第三联为报查联，由扣缴义务人办理扣缴税款申报时送主管税务机关备查。该凭证格式由国家税务总局统一设计，由省级税务机关集中印制发放各基层税务机关，再由基层税务机关盖章后发给扣缴义务人使用。在审核时注意以下几点：

（1）日期是否正确；

（2）纳税人、扣缴义务人的代码、全称、地址信息齐全、正确；

（3）代扣代收的税种、金额、税率填写正确；

（4）税务机关签章、扣缴义务人签章齐备。

3. 银行电子缴税付款凭证的审核要点

根据《国家税务总局关于实施〈税收票证管理办法〉若干问题的公告》（国家税务总局公告 2013 年第 34 号）第一条第三款规定，纳税人通过横向联网电子缴税系统缴纳税款后，银行为纳税人打印的《电子缴税付款凭证》和纳税人通过税务机关网上开票系统自行开具的《电子缴款凭证》，不属于税收票证的范畴，但是，经银行确认并加盖收讫章的《电子缴税付款凭证》、与银行对账单核对无误的《电子缴款凭证》可以作为纳税人的记账核算凭证。

二、查询增值税发票并计算应纳消费税税额

依据增税发票的业务内容，委托加工应税消费品是指委托方提供原料和主要材料，受托方只收取加工费和代垫部分辅助材料加工的应税消费品。委托加工的征税对象是以委托单位或个人为消费税的纳税人，征税对象为委托加工应税消费品。即纳税人为委托方，受托方为扣缴义务人。

【要点提示】

满足委托加工应税消费品的条件

第一，由委托方提供原料和主要材料；

第二，受托方只收取加工费和代垫部分辅助材料。

下列情形均不能按照委托加工应税消费品进行税务处理，包括由受托方提供原材料生产的应税消费品；受托方先将原材料卖给委托方，然后再接受加工的应税消费品；受托方以委托方名义购进原材料生产的应税消费品。这体现了税收管理的源泉控制原则，避免了应交税费的损失。

《消费税暂行条例》规定委托加工应税消费品应纳消费税税额的3种计算方法，即从价定率法、从量定额法、从价定率和从量定额复合计税法。计算方法与自产自销的应税消费品类似，区别在于计税依据不同，见表3－4。

表3－4　　委托加工应税消费品应纳税额的计算

税率形式	适用税目	计算公式
从价定率法	除适用从量计税、复合计税以外的其他税目	应纳消费税税额＝委托加工同类应税消费品销售价格÷组成计税价格×比例税率
从量定额法	啤酒、黄酒、成品油	应纳消费税税额＝纳税人收回的应税消费品数量×定额税率
从价定率和从量定额复合计税法	卷烟、白酒	应纳消费税税额＝委托加工同类应税消费品销售价格÷组成计税价格×比例税率＋委托加工应税消费品销售数量×定额税率

业务3－7、业务3－8、业务3－9这3笔经济业务涉及不同的计征方法，分别介绍如下。

1. 从价定率法应纳税额的计算

业务3－7：6月8日，委托华康香料公司加工一批高档化妆品，材料成本1 000 000.00元（不含税），委托加工费及代垫费用100 000.00元。受托方无同类参照价格。

应纳消费税税额＝委托加工同类应税消费品销售价格÷组成计税价格×比例税率

【要点提示】

计税销售额的确定

委托加工的应税消费品，按照受托方的同类消费品的销售价格计算纳税，同类消费品的销售价格是指受托方当月销售的同类消费品的销售价格。

（1）有同类消费品的销售价格的，按照纳税人生产的当月同类消费品的销售价格计算纳税；如果当月同类消费品的各期销售价格高低不同，则按照纳税人生产的同类消费品的销售价格计算纳税（加权平均售价）。（销售价格偏低又没有正当理由的或没有销售价格的除外）

（2）没有同类消费品的销售价格的，按照组成计税价格计算纳税。

实行从价定率办法计算纳税的组成计税价格计算公式：

组成计税价格＝（材料成本＋加工费）÷（1－消费税税率）

公式中所称的“材料成本”是指委托方提供的加工材料的实际成本，需在委托加工合同中注明材料成本，凡未提供的，受托方所在的税务机关有权核实。此举是为了防止假冒委托加工应税消费品或少报材料成本从而达到逃避纳税的目的。“加工费”是指受托方加工应税消费品向委托方收取的全部费用（包括代垫辅助材料的实际成本，不包括增值税税额），这是税法对受托方的要求。

依据上述规定，业务 3－7 的计税销售额因为没有同类消费品，需要按照组成计税价格计算纳税。

业务 3－7 组成计税价格＝(1 000 000.00＋100 000.00)÷(1－15%)＝1 294 117.65(元)

业务 3－7 应交消费税税额＝1 294 117.65×15%＝194 117.60（元）

【自我挑战】

某公司 6 月份委托南方烟厂加工烟丝，公司提供的 1 吨烟叶成本为35 000.00 元，代垫辅助材料 2 000.00 元（不含税），发生加工费用 5 000 元（不含税），烟丝的成本利润率 5%。要求计算该公司 6 月份应缴纳的消费税税额。

2. 从量定额法应纳税额的计算

业务 3－8：6 月 12 日，委托雪花啤酒厂生产一批啤酒 3 吨，提供的啤酒花的不含税价格为 7 500.00 元，发生加工费及代垫费用共计 5 000.00 元（不含税）。啤酒对外售价 3 000.00 元/吨。

应纳消费税税额＝纳税人收回的应税消费品数量×定额税率

【要点提示】

应税消费品数量的确定

依据《消费税暂行条例》规定：从量定额销售数量的确定原则，委托加工应税消费品的，从量定额的计税依据为纳税人收回的应税消费品数量，与委托加工材料的数量不一致。

业务 3－8：应交消费税税额＝3×250.00＝750.00（元）

【自我挑战】

某公司 6 月份委托江南酒厂加工黄酒，公司提供的 5 吨食用酒精，生产出 2 吨黄酒，对外售价 2 500.00 元/吨。要求计算该公司 6 月份应缴纳的消费税税额。

3. 从价定率和从量定额复合计税法应纳税额的计算

业务 3－9：6 月 13 日，委托华能酒厂生产一批粮食白酒 5 000 斤，给华能酒厂提供原料粮食的价款为 1 200 000.00 元（不含税），取得税务机关代开的专用发票，注明加工费 680 000.00 元，公司没有同类白酒的销售价格。

应纳消费税税额＝委托加工同类应税消费品销售价格/组成计税价格×比例税率＋委托加工应税消费品销售数量×定额税率

【要点提示】

组成计税价格的规定

没有同类消费品的销售价格的，按照组成计税价格计算纳税。其中实行复合计税办法计算纳税的组成计税价格计算公式：

组成计税价格 =（材料成本 + 加工费 + 委托加工数量 × 定额税率）÷（1 - 消费税税率）

据上述规定，业务 3 - 9 属于没有同类消费品的销售价格，实行复合计税法计算组成计税价格。

业务 3 - 9 的组成计税价格 =（1 200 000.00 + 680 000.00 + 5 000 × 0.5）÷（1 - 20%）
= 2 353 125.00（元）

业务 3 - 9 应交消费税税额 = 2 353 125.00 × 20% + 5 000 × 0.5 = 473 125.00（元）

【自我挑战】

某公司 6 月份委托南方烟厂加工甲类卷烟，公司提供的材料成本为50 000.00 元，代垫辅助材料 10 000.00 元（不含税），发生加工费用 6 000.00 元（不含税），共生产出 1 500 条卷烟。要求计算该公司 6 月份应缴纳的消费税税额。

三、智能生成并审核会计凭证

（一）账户设置

1. 委托方的账户设置要求

委托加工的应税消费品收回后不同使用情况的税务处理：

（1）用于直接销售的，在销售时不再征收消费税。委托方应将受托方代收代缴的消费税计入委托加工应税消费品的成本，即借记“委托加工物资”等账户，贷记“银行存款”等账户。

（2）用于连续生产应税消费品按规定准予抵扣的，按生产领用量抵扣已由受托方代收代缴的消费税。即借记“应交税费——应交消费税”账户，贷记“银行存款”账户。

（3）用于连续生产非应税消费品，不征收消费税。

2. 应交税费——应交消费税（具体内容同任务一）

3. 税金及附加——消费税（具体内容同任务一）

4. 委托加工物资

委托加工物资是指企业委托外单位加工成新的材料或包装物、低值易耗品等物资。委托加工物资的成本应当包括加工中实际耗用物资的成本、支付的加工费用及应负担的运杂费、支付的税金等，如图 3 - 22 所示。

借方	委托加工物资	贷方
委托加工物资增加的成本		加工完成验收入库的物资的实际成本和剩余物资的实际成本
企业尚未完工的委托加工物资的实际成本		

图 3－22 “委托加工物资”账户结构

（二）编制会计分录

经过对业务 3－7 的票据辨析，确定业务 3－7 的应纳消费税税额，确认该笔业务涉及的会计账户。

编制会计分录如下：

借：应交税费——应交消费税　　194 117.60

　　贷：银行存款　　194 117.60

经过对业务 3－8 的票据辨析，确定业务 3－8 的应纳消费税税额，确认该笔业务涉及的会计账户。

编制会计分录如下：

借：应交税费——应交消费税　　750.00

　　贷：银行存款　　750.00

经过对业务 3－9 的票据辨析，确定业务 3－9 的应纳消费税税额，确认该笔业务涉及的会计账户。

编制会计分录如下：

借：应交税费——应交消费税　　473 125.00

　　贷：银行存款　　473 125.00

（三）运用财务软件编制记账凭证

第一步：审核增值税专用发票，将其类型更改为其他。在“凭证管理”模块手动添加记账凭证。

第二步：进入凭证管理模块，手动录入记账凭证。为了保证账务处理的质量，会计核算岗的会计人员录入票据的关键信息后，认真查看系统自动生成的记账凭证，如发现问题进行调整后保存凭证，将凭证转入主管审核岗，以业务 3－7 为例，进入财务云共享平台生成会计凭证。

第三步：主管审核岗的会计人员进入财务云共享中心查看并审核凭证，审核记账凭证时，重点审核自动生成凭证的应借应贷科目是否正确，是否有原始凭证为依据，所附原始凭证的内容是否与记账凭证一致。以业务 3－7 为例，查看并审核记账凭证，如图 3－23 所示。

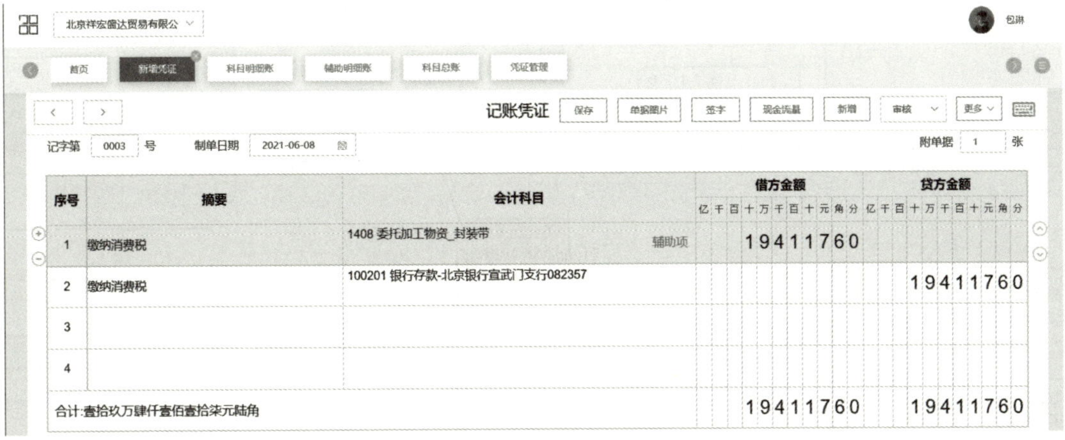

图 3－23　查看并审核凭证界面

【要点提示】

录入凭证需要修改日期，科目名称录入时可以直接录入科目代码，附件张数与审核无误的原始凭证张数自动匹配，无须录入。

四、智能生成并查询会计账簿

会计核算岗的会计人员根据已审核的会计凭证进行过账。过账后则表示凭证的数据全部登记到账簿上。记账凭证审核无误之后，系统自动将记账凭证推送至“账簿模块”，查询“委托加工物资”“银行存款”等明细账，以业务 3－7 为例，如图 3－24 所示。

图 3－24　查询“银行存款”明细账界面

任务总结：

“委托加工应税消费品应纳税额的核算”任务总结如图 3－25 所示。

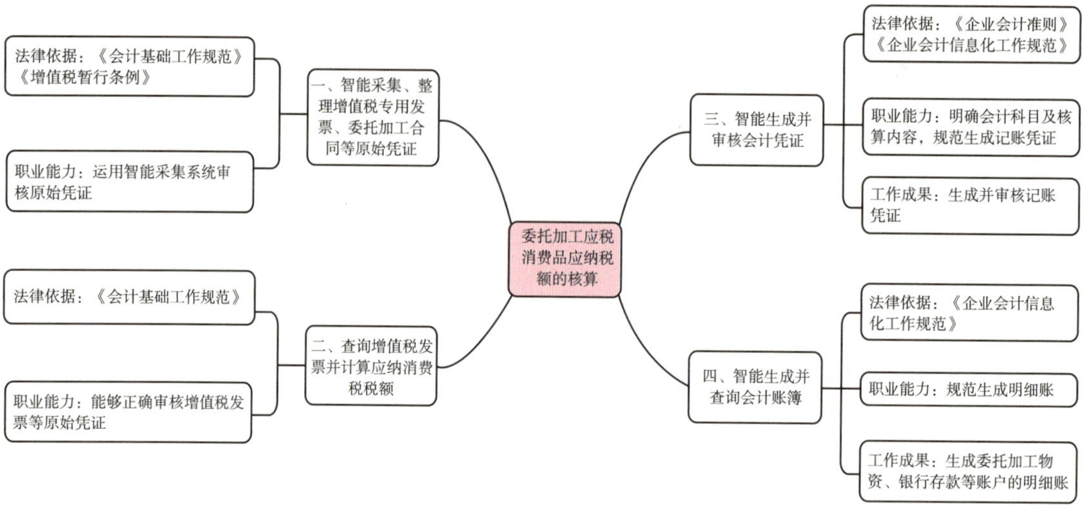

图 3－25 “委托加工应税消费品应纳税额的核算”任务总结

任务四　进口应税消费品应纳税额的核算

学习目标：

1. 明确进口应税消费品的含义及特点

2. 能够依据《消费税暂行条例》的相关规定，辨析进口应税消费品的业务类别

3. 掌握进口应税消费品应纳税额的计算方法，准确计算应纳消费税税额，强化依法依规的法律意识、树立坚持准则的职业意识，践行社会主义核心价值观

4. 能够运用财务云平台，正确处理业务票据，生成应纳消费税税额的记账凭证及会计账簿，体会规范操作的重要性，形成严谨细致的工作作风

任务拓展

任务描述：

一、企业情况介绍

公司全称：北京祥宏盛达贸易有限公司（简称祥宏盛达公司）。

企业类型：贸易企业，主要从事卷烟、酒类、高档化妆品、小汽车的进口业务。

公司开户银行：工行北京市百巨路支行。

基本存款账户：6673618317881058847。

统一社会信用代码（纳税人识别号）：91110102M921903806。

经营地址、电话：北京市西城区隆途路518号　010－98259065。

二、公司内部会计制度

执行法律：执行《企业会计准则》（2017）、《消费税暂行条例》等。

申报税种：本公司为一般纳税人，销售商品增值税税率为13%，城市维护建设税、教育费附加及地方教育费附加分别按流转税的7%、3%、2%计算。其中消费税申报按照2021年最新税务总局发布的《关于增值税消费税与附加税费申报表整合有关事项的公告》（2021年第20号，以下简称《公告》）的要求，填写新版"消费税及附加税费申报表"及附表。

三、业务描述

北京祥宏盛达贸易有限公司2021年6月的典型经济业务如下：

【业务3－10】6月20日，公司进口一批小汽车100 000辆，关税完税价格折合人民币8 000 000.00元，关税税率25%，消费税税率9%。

【业务3－11】6月21日，公司进口一批高档啤酒共30吨，关税完税价格12 000.00美元，关税税率25%。

【业务3－12】6月22日，公司进口一批粮食白酒共1 000瓶，每瓶500克，关税完税价格200 000.00元，关税税率20%。

要求：按照财务共享中心岗位分工，依据最新税收政策，采用最优纳税方案，完成6月份应纳消费税额的核算。

任务布置：

一、明确任务

分别按照涉税服务岗、票据管理岗、会计核算岗、主管审核岗完成以下工作。

（1）智能采集和审核原始凭证。

（2）智能生成和审核记账凭证。

（3）智能生成并查询会计账簿。

二、工作成果

（1）采集并上传进口增值税缴款书。

（2）生成进口应税消费品应纳税额的记账凭证。

（3）生成"库存商品""应付账款"等会计账户的明细账。

三、评价标准

（1）依据《增值税暂行条例》的规定，准确计算应纳消费税税额。

（2）依据《会计基础工作规范》《企业会计信息化工作规范》等要求，正确审核原始凭证，生成记账凭证及会计账簿。

任务分析：

一、工作思路

（1）智能采集并审核进口增值税缴款书等原始票据。

（2）查询并计算应纳消费税税额。

（3）智能生成并审核应纳消费税税额的记账凭证。

（4）智能生成并查询会计账簿，生成“库存商品”“应付账款”等会计账簿。

二、岗位分工及工作流程

岗位分工及工作流程如图 3－26 所示。

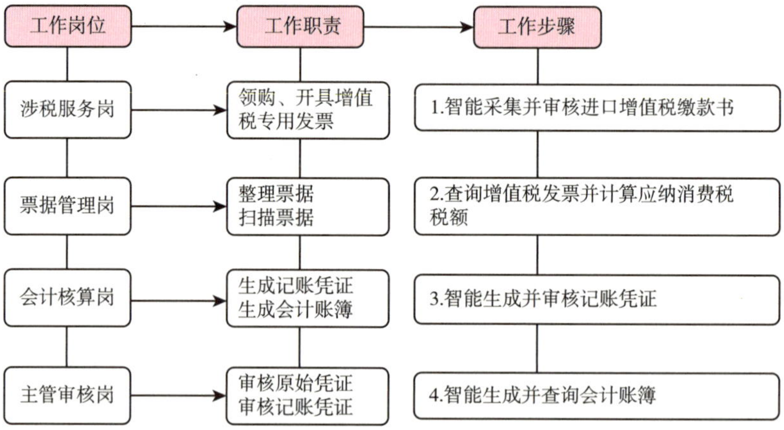

图 3－26　岗位分工及工作流程

任务实施：

一、智能采集和审核原始凭证

（一）采集票据信息，整理票据并分类

三笔经济业务为企业进口应税消费品，按照《消费税暂行条例》规定的应税销售商品——高档化妆品、啤酒、烟是消费税征收对象。业务 3－10、业务 3－11、业务 3－12 的经济业务原始凭证为：进口增值税专用缴款书、入库单。以业务 3－10 的进口增值税专用缴款书为例，如图 3－27 所示。

GS01

海关 进口增值税 专用缴款书

收入系统：税务系统　　填发日期：2021 年 6 月 20 日　　号码 No.22002021062080001880-L01

收款单位	收入机关	中央金库		缴款单位	名 称	北京祥宏盛达贸易有限公司
	科 目	进口增值税	预算级次 中央		账 号	6673618317881058847
	收款国库	工行北京分行			开户银行	工行北京市百巨路支行

税 号	货 物 名 称	数 量	单 位	完税价格（¥）	税率（%）	税款金额（¥）
7116200000	小汽车	100000	辆	8000000	13	1040000
金额人民币（大写）壹佰零肆万元整				合计（¥）	1040000	

申请单位编号	2200001988	报关单编号	080001880	填制单位	收款国库（银行）
合同（批文）号	CCNTRACT03	运输工具（号）	CZ3103		工行北京分行 2021.06.20 转讫
缴款期限	2021-6-30	提/装货单号		制单人：王明	
备注	一般贸易（0110）一般征税（101） 2021-6-20 国际代码：320103100001988JPY 1.000			复核人	

从填发缴款书之日起限 15 日内缴纳（期末遇法定节假日顺延），逾期按日征收税款总额万分之五的滞纳金

图 3－27　扫描进口增值税专用缴款书

（二）辨识并审核原始凭证

【要点提示】

进口增值税专用缴款书的审核要点

海关进口增值税专用缴款书：简称专用缴款书，出口货物办理退还增值税的重要凭证。按照海关总署与财政部、税务总局、档案局的 2018 年第 100 号联合公告，进出口企业、单位，以海关电子缴税方式缴纳税款后，可以通过“互联网 + 海关”一体化网上办事平台“我要查”相关功能下载电子《海关专用缴款书》，或向海关现场申请打印纸质《海关专用缴款书》。若税务局比对缴款书显示缺联，可向海关发函核实。

业务 3－11 的经济业务原始凭证为：进口增值税专用缴款书、入库单。审核方法同业务 3－10。

业务 3－12 的经济业务原始凭证为：进口增值税专用缴款书、入库单。审核方法同业务 3－10。

二、查询并计算应纳消费税税额

依据《消费税暂行条例》规定进口应税消费品应纳消费税税额的 3 种计算方法，即从价定率法、从量定额法、从价定率和从量定额复合计税法，见表 3－5。

表 3-5 进口应税消费品应纳税额的计算

税率形式	适用税目	计算公式
从价定率法	除适用从量计税、复合计税以外的其他税目	应纳消费税税额 = 组成计税价格 × 比例税率
从量定额法	啤酒、黄酒、成品油	应纳消费税税额 = 进口应税消费品数量 × 定额税率
从价定率和从量定额复合计税法	卷烟、白酒（进口卷烟除外）	应纳消费税税额 = 组成计税价格 × 比例税率 + 进口消费品数量 × 定额税率

业务 3-10、业务 3-11、业务 3-12 这 3 笔经济业务涉及不同的计征方法，分别介绍如下。

1. 从价定率法应纳税额的计算

业务 3-10：6 月 20 日，公司进口一批小汽车 100 000 辆，关税完税价格折合人民币 8 000 000.00 元，关税税率 25%，消费税税率 9%。

应纳消费税税额 = 组成计税价格 × 比例税率

【要点提示】

组成计税价格的一般规定

纳税人进口应税消费品，按照组成计税价格和规定的税率计算应纳消费税税额，组成计税价格由到岸价格、关税和消费税三部分组成。

组成计税价格 =（关税完税价格 + 关税）÷（1 - 消费税税率）

业务 3-10：组成计税价格 =（8 000 000.00 + 8 000 000.00 × 25%）÷（1 - 9%）

= 10 989 010.99（元）

业务 3-10：应交消费税税额 = 10 989 010.99 × 9% = 989 010.99（元）

【自我挑战】

某化妆品公司为增值税一般纳税人，2021 年 6 月份进口一批高档化妆品，关税完税价格 200 万元，关税率 25%，计算该公司 6 月份应缴纳的消费税税额。

2. 从量定额法应纳税额的计算

业务 3-11：6 月 21 日，公司进口一批高档啤酒共 30 吨，关税完税价格 12 000.00 美元，关税税率 25%。

应纳消费税税额 = 进口应税消费品数量 × 定额税率

【要点提示】

应税消费品数量规定

进口应税消费品的，为应税消费品的进口数量。进口完税价格≥370 美元/吨的麦芽酿造啤酒，消费税税率为 250 元/吨；进口完税价格 <370 美元/吨的麦芽酿造啤酒，消费税税率为 220 元/吨。

业务 3－11：应交消费税税额 =30×250 =7 500（元）

【自我挑战】

某酒业公司为增值税一般纳税人，2021 年 6 月份进口一批黄酒，关税完税价格 1 000 000.00 元，关税税率 20%，计算该公司 6 月份应缴纳的消费税税额。

3. 从价定率和从量定额复合计税法应纳税额的计算

业务 3－12：6 月 22 日，公司进口一批粮食白酒共 1 000 瓶，每瓶 500 克，关税完税价格 200 000.00 元，关税税率 20%。

应纳消费税税额 = 组成计税价格 × 比例税率 + 进口消费品数量 × 定额税率

【要点提示】

组成计税价格的确定

实行复合计税办法计算纳税的组成计税价格计算公式：

组成计税价格 =（关税完税价格 + 关税 + 进口数量 × 定额税率）÷（1 － 消费税税率）

根据上述规定，业务 3－12 实行复合计税办法计算组成计税价格。

业务 3－12 组成计税价格 =（200 000.00 +200 000.00 ×20% +1 000.00 ×0.5）÷（1 －20%）=300 625.00（元）

（500 克/瓶 ×1 000 瓶 =500 000 克 =1 000 斤）

业务 3－12 应交消费税税额 =300 625.00 ×20% +1 000.00 ×0.5 =60 625.00（元）

【自我挑战】

某酒业公司为增值税一般纳税人，2021 年 6 月进口一批薯类白酒，关税完税价格 100 万元，关税税率 20%，计算该公司 6 月份应缴纳的消费税税额。

三、智能生成并审核记账凭证

（一）账户设置

纳税人进口应税消费品时，由海关代征的进口消费税，应计入应税消费品的成本中去，根据海关完税凭证上注明的消费税税额，借记“固定资产”“在途物资”“库存商品”“应交税费——应交增值税（进项税额）”等账户，贷记“银行存款”“应付账款”等账户。在缴纳消费税时，应按照应交消费税税额，借记“税金及附加”账户，贷记“应交税费——应交消费税”账户。

1. 库存商品

“库存商品”账户中的借方表示商品库存增加（即入库），入库既包括车间完工入库，也包括新采购返回入库。贷方表示商品库存减少（即出库），出库既表示卖出商品，也可以表示从仓库流入车间。

2. 其余会计科目同任务一，在此省略

（二）编制会计分录

经过对业务 3-10 的票据辨析，确定业务 3-10 的应纳消费税税额，确认该笔业务涉及的会计账户。

编制会计分录如下：

借：税金及附加　　989 010.99

　　贷：应交税费——应交消费税　　989 010.99

经过对业务 3-11 的票据辨析，确定业务 3-11 的应纳消费税税额，确认该笔业务涉及的会计账户。

编制会计分录如下：

借：税金及附加　　7 500.00

　　贷：应交税费——应交消费税　　7 500.00

经过对业务 3-12 的票据辨析，确定业务 3-12 的应纳消费税税额，确认该笔业务涉及的会计账户。

编制会计分录如下：

借：税金及附加　　60 625.00

　　贷：应交税费——应交消费税　　60 625.00

（三）运用财务软件编制记账凭证

第一步：审核增值税专用发票，将其类型更改为其他。在“凭证管理”模块手动添加记账凭证。

第二步：进入凭证管理模块，手动录入记账凭证。为了保证账务处理的质量，会计核算岗的会计人员录入票据的关键信息后，认真查看系统自动生成的记账凭证，如发现问题进行调整后保存凭证，将凭证转入主管审核岗，以业务 3-10 为例，进入财务云共享平台生成会计凭证。

第三步：主管审核岗的会计人员进入财务云共享中心查看并审核凭证，审核记账凭证时，重点审核自动生成凭证的应借应贷科目是否正确，是否有原始凭证为依据，所附原始凭证的内容是否与记账凭证一致。以业务 3-10 为例，查看并审核记账凭证，如图 3-28 所示。

图 3-28 查看并审核记账凭证

【要点提示】

录入凭证需要修改日期，科目名称录入时可以直接录入科目代码，附件张数与审核无误的原始凭证张数自动匹配，无须录入。

四、智能生成会计账簿

会计核算岗的会计人员将记账凭证审核无误之后，系统自动将记账凭证推送至“账簿模块”，查询“库存商品”及“应付账款”明细账，如图 3-29 所示。

图 3-29 查询“应付账款”明细账界面

任务总结:

“进口应税消费品应纳税额的核算”任务总结如图 3-30 所示。

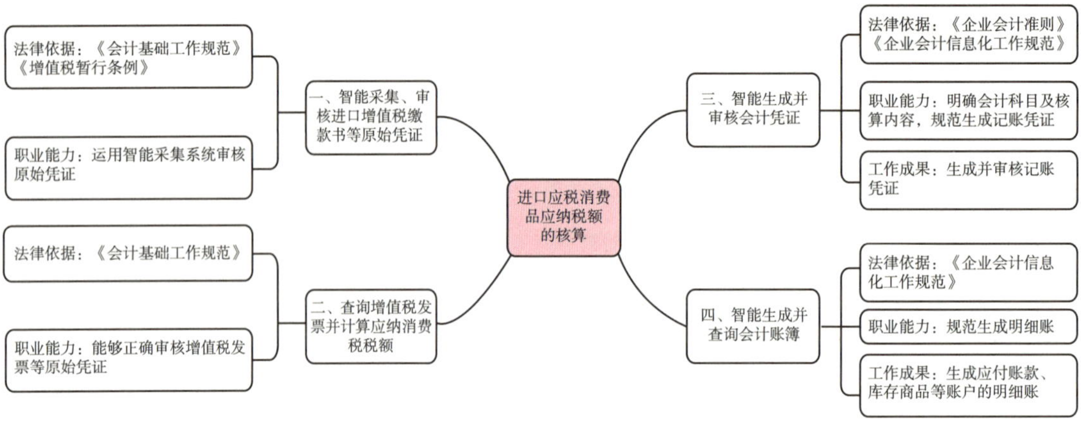

图 3－30 “进口应税消费品应纳税额的核算”任务总结

情境二 消费税的纳税申报与缴纳

实战演练

知识目标：

1. 明确纳税申报发生的时间、地点及期限的要求
2. 掌握纳税申报表的主表及附表的填制方法
3. 掌握缴纳消费税税款的账务处理方法

技能目标：

1. 能够明确纳税申报的时间、地点及期限的规定
2. 能够正确填制纳税申报表
3. 能够准确缴纳消费税税款，生成记账凭证及会计账簿

素养目标：

1. 明确纳税申报的管理要求，强化依法依规的责任意识
2. 准确填制纳税申报表，具备依法纳税的法律意识
3. 规范编制记账凭证、生成会计账簿，体会严谨细致的会计职业作风

知识储备：

一、消费税的征收管理要求

（一）纳税义务发生时间

纳税人生产的应税消费品于销售时纳税，进口应税消费品应于报关进口环节纳税，但是金银首饰、钻石及钻石饰品在零售环节纳税。消费税纳税义务发生时间，以货物结算方式或行为发生时间分别确定如表3-6所示。

表3-6

情形	不同结算方式	纳税义务发生时间
①纳税人直接对外销售的应税消费品	赊销和分期付款	合同规定的收款日期的当天
	预收账款	发出应税消费品的当天
	托收承付和委托收款	发出应税消费品并办妥托收手续的当天
	其他方式	收讫销售款或者取得索取销售款凭据的当天
②纳税人自产自用的应税消费品	无	应税消费品为已送使用的当天
③纳税人委托加工的应税消费品	无	纳税人提货的当天
④纳税人进口的应税消费品	无	报关进口的当天

（二）纳税地点

消费税的纳税地点分为以下几种情况，见表3-7。

表3-7

情形	纳税地点
①纳税人销售的应税消费品及自产自用的应税消费品	向机构所在地或者居住地的主管税务机关缴纳税款
②纳税人到外县（市）销售或委托外县（市）代销自产应税消费品	事先向其所在地主管税务机关提出申请，并于应税消费品销售后，回纳税人核算地缴纳税款
③纳税人的总机构与分支机构不在同一县（市）的	分别向各自机构所在地的主管税务机构申报纳税，但经财政部、国家税务总局或者其授权的财政、税务机关批准，可以由总机构汇总向总机构所在地的主管税务机关申报纳税
④委托加工的应税消费品	除受托方为个人外，由受托方向机构所在地或者居住地的主管税务机关缴纳税款
⑤进口的应税消费品	由进口人或者其代理人向报关地海关申报纳税
⑥纳税人销售的应税消费品，如因质量问题由购买者退回时	经机构所在地或者居住地主管税务机关审核批准后，可退还已经缴纳的消费税税款，但不能自行直接抵减应纳税款

（三）纳税期限

依据《消费税暂行条例》规定，消费税的纳税期限分别为1日、3日、5日、10日、15

日、1个月或者1个季度。纳税人的具体纳税期限，由主管税务机关根据纳税人应纳税额的大小分别核定；不能按照固定期限纳税的，可以按次纳税。

以1个月或者1个季度为1个纳税期的，自期满之日起15日内申报纳税；以其他期限纳税的，自期满之日起5日内预缴税款，于次月1日起15日内申报纳税并结清上月税款。

纳税人进口应税消费品，应当自海关填发税款缴纳证的次日起15日内缴纳税款。

二、消费税纳税申报的要求及流程

（一）消费税的纳税申报要求

2021年4月12日国家税务总局发布了《关于简并税费申报有关事项的公告》（国家税务总局公告2021年第9号）提出将增值税、消费税分别与附加税费申报表整合试点，首次提出了消费税、消费税分别与城市维护建设税、教育费附加、地方教育附加申报表整合试点，经过两个月的试用，税务总局7月9日发布了《关于增值税　消费税与附加税费申报表整合有关事项的公告》（国家税务总局公告2021年第20号）于8月1日起，消费税分别与城市维护建设税、教育费附加、地方教育附加申报表整合，启用“消费税及附加税费申报表”。

除了“消费税及附加税申报表”外，还需要依据经济业务的具体内容分别填写“本期准予扣除税额计算表”“本期委托加工收回情况报告表”“消费税附加税额计算表”“本期减（免）税额明细表”“本期准予扣除税额计算表（成品油消费税纳税人适用）”“卷烟批发企业月份销售明细清单（卷烟批发环节消费税纳税人适用）”“卷烟生产合作企业生产卷烟消费社会情况报告表（卷烟生产环节消费税纳税人适用）”共计7张附表。参考下面列表3-8。

表3-8

征收品目	填报主表	填报附表
成品油	“消费税及附加税费申报表”	“本期准予扣除税额计算表（成品油消费税纳税人适用）”
		“本期减（免）税额明细表”
		“本期委托加工收回情况报告表”
烟——商业批发，金银首饰、铂金首饰和钻石及钻石饰品，超豪华小汽车	“消费税及附加税费申报表”	无
商档化妆品、高尔夫球及球具、贵重首饰及珠宝玉石、高档手表、酒类（除白酒）、汽车、游艇、卷烟生产、电池、涂料	“消费税及附加税费申报表”	“本期准予扣除税额计算表”
		“本期减（免）税额明细表”
		“本期委托加工收回情况报告表”
卷烟（商业批发）	“消费税及附加税费申报表”	“卷烟批发企业月份销售明细清单（卷烟批发环节消费税纳税人适用）”
白酒	“消费税及附加税费申报表”	“本期准予扣除税额计算表”
		“本期委托加工收回情况报告表”
		“已核定最低计税价格白酒清单”

【法律链接】

国家税务总局公告2021年第20号

为贯彻落实中办、国办印发的《关于进一步深化税收征管改革的意见》，深入推进税务领域“放管服”改革，优化营商环境，切实减轻纳税人、缴费人申报负担，根据《国家税务总局关于开展2021年“我为纳税人缴费人办实事暨便民办税春风行动”的意见》（税总发〔2021〕14号），现将申报表整合有关事项公告如下：

自2021年8月1日起，增值税、消费税分别与城市维护建设税、教育费附加、地方教育附加申报表整合，启用“增值税及附加税费申报表（一般纳税人适用）”“增值税及附加税费申报表（小规模纳税人适用）”“增值税及附加税费预缴表”及其附列资料和“消费税及附加税费申报表”（附表1～附表7），《废止文件及条款清单》（附件8）所列文件、条款同时废止。

（二）消费税的纳税申报流程

消费税的纳税申报流程

三、消费税纳税申报表的填表方法及说明

填表说明参考网址：http：//beijing. chinatax. gov. cn/（国家税务总局北京市税务局）

知识小结：

“消费税的纳税申报与缴纳”相关知识小结如图3－31所示。

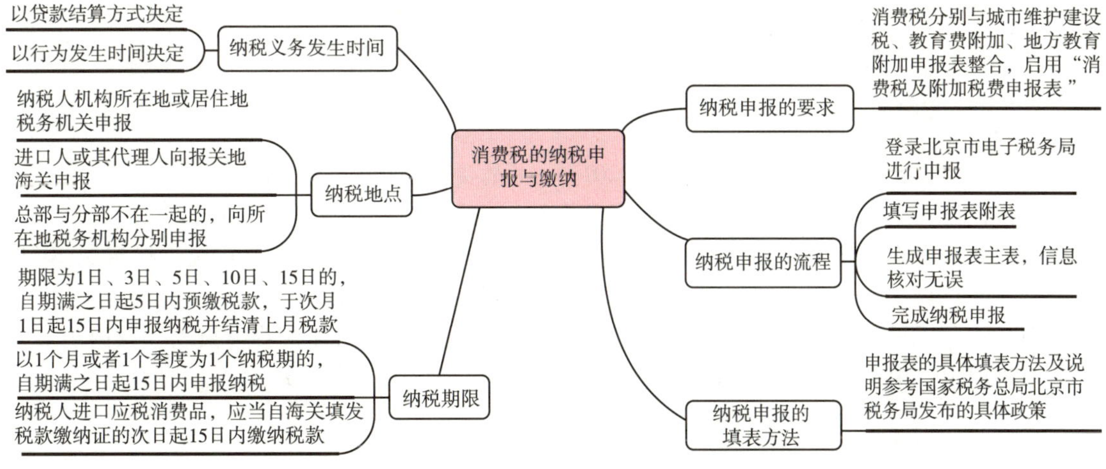

图3－31　“消费税的纳税申报与缴纳”相关知识小结

任务 消费税的纳税申报与缴纳

学习目标：

1. 掌握消费税纳税申报的时间及地点要求
2. 掌握“消费税纳税申报表”的填制方法
3. 能够依据业务资料，准确填制“消费税纳税申报表”、相关附表及税款缴纳书
4. 在完成消费税申报与缴纳的过程中树立依法依规足额纳税的法律意识、积极履行纳税义务、履行企业的社会责任

实战演练

任务描述：

一、企业情况介绍

（一）公司基本情况

公司全称：北京祥宏盛达贸易有限公司（简称祥宏盛达公司）。

企业类型：贸易企业，主要从事卷烟、酒类、高档化妆品、汽车的零售、批发、进口等业务。

公司开户银行：工行北京市百巨路支行。

基本存款账户：6673618317881058847。

统一社会信用代码（纳税人识别号）：91110102M921903806。

经营地址、电话：北京市西城区隆途路 518 号 010 - 98259065。

（二）公司内部会计制度

执行法律：执行《企业会计准则》（2017）、《消费税暂行条例》等。

申报税种：本公司为一般纳税人，销售商品增值税税率为 13%，城市维护建设税、教育费附加及地方教育费附加分别按流转税的 7%、3%、2% 计算。其中消费税申报按照 2021 年最新税务总局发布的《关于增值税消费税与附加税费申报表整合有关事项的公告》（2021 年第 20 号，以下简称《公告》）的要求，填写新版“消费税及附加税费申报表”及附表。

申报期限：消费税的申报期限为 1 个月。

二、业务描述

祥宏盛达贸易有限公司 2021 年第二季度发生的典型消费品经济业务如下：

【业务 3 - 13】6 月 1 日公司委托加工应税消费品已纳税款 2 000. 00 元；6 月 12 日收回委托其他企业加工的高档化妆品，计税价格为 15 000. 00 元，相应消费税已由受托方代收代缴；截至 6 月 30 日，公司当月领用的委托加工应税消费品已纳消费税共计 1 500. 00 元，其中 500. 00 元已纳消费税不能扣除。已知高档化妆品生产、委托加工环节的消费税适用税率为 15% 。

【业务 3 - 14】6 月 10 日将自产的 2 辆小汽车移送改装厂改造成救护车用于疫情防控，每辆不含税单价 80 000. 00 元，消费税适用税率为 5% 。

【业务 3 - 15】6 月 10 日批发销售 M 牌号的卷烟 500 箱（卷烟包装商品条码 CSYC *** :），其中批发给另一卷烟批发企业 300 箱、零售专卖店 150 箱、个体烟摊 50 箱。每箱不含税批发价格为 13 000. 00 元。公司应缴纳的消费税为(150 + 50) × 13 000. 00 × 11% + (150 + 50) × 250. 00 = 336 000. 00(元)。卷烟批发商之间销售的卷烟不缴纳消费税。

【业务 3 - 16】6 月 18 日将外购烟叶 100 000. 00 元委托佳能公司生产成烟丝，佳能公司代垫辅助材料 4 000. 00 元（款项已支付），本月应支付加工费 36 000. 00 元，6 月 25 日，公司以银行存款支付所有款项和代缴的消费税。6 月 26 日收回所有烟丝生产成卷烟 10 箱，6 月 27 日全部对外销售，总售价 300 000. 00 元。截至 6 月 30 日当月佳能公司代收代缴的消费税 60 000. 00 元，公司应纳消费税税额共计 109 500. 00 元。

【业务 3 - 17】6 月 22 日向前锋超市销售上月外购烟丝公司生产的卷烟 20 箱，每标准条调拨价格 80 元，共计 40 000. 00 元，已知购入烟丝的含税价格是 90 400. 00 元。货已发出，款项已经收到。截至 6 月 30 日当月公司应纳消费税税额共计 203 000. 00 元。

【业务 3 - 18】6 月 23 日销售外购的宏兴粮食白酒 500 斤，单价 150 元/斤，截至 6 月 30 日当月公司应纳消费税税额共计 152 500. 00 元。

要求：以涉税服务岗会计身份，完成消费税纳税申报及税款缴纳工作。

任务布置：

一、明确任务

以涉税服务岗会计的身份完成以下工作。

（1）依据经济业务所涉及的税目，确定需要填写的申报表附表类型。

（2）规范填写申报表的附表，生成申报表的主表。

（3）规范生成并审核缴纳消费税及附加税的记账凭证。

（4）自动生成并查询应交税费——应交消费税的明细账。

二、工作成果

（1）消费税纳税申报表的主表及附表。

（2）缴纳消费税的会计凭证和会计账簿。

三、评价标准

（1）依据《会计基础工作规范》《企业会计信息化工作规范》等要求，正确操作纳税申报流程，完成申报与缴纳，生成记账凭证及账簿。

（2）依据《增值税暂行条例》的规定，准确填写消费税的纳税申报表。

任务分析：

一、工作思路

（1）明确纳税申报的工作流程，整理和准备申报的纳税资料；

（2）分析经济业务计税依据、税费计算方法、填写消费税及附加税费申报表；

（3）财务共享云平台自动生成缴款税款记账凭证及相关账簿。

二、岗位分工及工作流程

岗位分工及工作流程如图 3－32 所示。

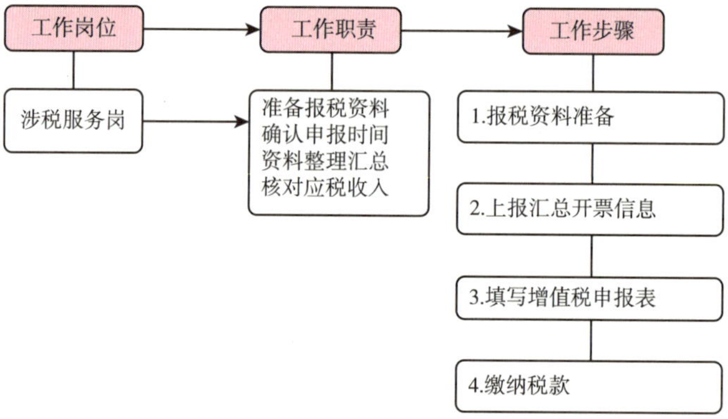

图 3－32　岗位分工及工作流程

任务实施：

一、准备报税资料

涉税服务岗会计人员在进行纳税申报之前，首先要明确该企业的纳税申报时间，然后开始准备报税资料并对其进行整理、汇总和核对，完成小规模纳税人报税资料的准备。

（1）确认申报时间。消费税申报时间一般以月或季度结束后的次月 15 日之前（遇节假日会顺延），具体要关注税务网站通知，在征期截止日期内完成纳税申报工作。

（2）整理、汇总并核对报税资料。涉税服务岗会计人员进入金税系统，打开金税设备资料统计，点击发票资料查询打印，选择发票数据导出，查询汇总表。整理本季度三个月的增值税专用发票汇总表，如图 3－33 所示。

二、依据消费税税目，选择纳税申报表

纳税人申报消费税时，应一并申报附征的城市维护建设税、教育费附加和地方教育附加等附加税费。消费税与附加税费申报表整合，是指将“消费税纳税申报表”与“城市维护

发票清单								
纳税人识别号	91110102M921903806		税款所属期:	2021年6月			单位:	北京祥宏盛达贸易有限公司
序号	发票代码	发票号码	开票日期	销方名称	金额	税额	发票状态	发票类型
1	1101193130	12003631	2021-05-01	北京市海淀烟草局	7000000	910000	正常	增值税专用发票
2	1101193130	15282222	2021-05-01	北京市京海纸制品有限公司	1380000	179400	正常	增值税专用发票
3	1101193130	13065823	2021-05-02	北京蓝星纤维有限公司	4000000	520000	正常	增值税专用发票
4	1101193130	16005824	2021-05-04	江苏苏宁易购股份有限公司	2300000	299000	正常	增值税专用发票
5	1101193130	16822002	2021-05-05	北京市通州烟草局	10500000	1365000	正常	增值税专用发票
6	1101193130	10025202	2021-05-06	北京隆安木制品有限公司	300000	39000	正常	增值税专用发票
7	1101193130	10026693	2021-05-08	北京市东城烟草局	18000000	2340000	正常	增值税专用发票
8	1101193130	10336203	2021-05-11	北京市茂华物流运输有限公司	200000	18000	正常	增值税专用发票
9	1101193130	25498321	2021-05-30	北京市金物明物业管理有限公司	80000	4800	正常	增值税专用发票
10	1101193130	33680270	2021-05-30	北京市水务集团有限公司	20000	600	正常	增值税专用发票
11	1101193130	66902251	2021-05-30	北京市电力集团有限公司	250000	32500	正常	增值税专用发票
12	1101193130	96555201	2021-05-30	中国电信股份有限公司北京分公司	14000	1080	正常	增值税专用发票

图 3－33　二季度已开具增值税发票汇总表

建设税教育费附加地方教育附加申报表”整合，启用“消费税纳税申报表”。依据《关于增值税 消费税与附加税费申报表整合有关事项的公告》（国家税务总局公告 2021 年第 20 号）的规定，结合 6 月份发生的应税消费品经济业务，列示每笔经济业务所涉及的需要填写的申报表的类型，如表 3－9 所示。

表 3－9

业务内容	填报主表	填报附表
业务 3－13：委托加工化妆品	附件 7“消费税及附加税费申报表”	附表 1－1“本期准予扣除税额计算表” 附表 3“本期委托加工收回情况报告表”
业务 3－14：自产自销的救护车进行捐赠	附件 7“消费税及附加税费申报表”	附表 2“本期减（免）税额明细表”
业务 3－15：卷烟批发	附件 7“消费税及附加税费申报表”	附表 4“卷烟批发企业月份销售明细清单（卷烟批发环节消费税纳税人适用）”
业务 3－16：委托加工并销售卷烟	附件 7“消费税及附加税费申报表”	附表 1－1“本期准予扣除税额计算表” 附表 3“本期委托加工收回情况报告表”
业务 3－17：对外销售生产的卷烟	附件 7“消费税及附加税费申报表”	附表 1－1“本期准予扣除税额计算表”
业务 3－18：外购销售白酒	附件 7“消费税及附加税费申报表”	附表 5“已核定最低计税价格白酒清单”

6 月份未发生成品油业务、卷烟生产业务及附加税的扣减项目，因此不需要填写附表 1－2［“本期准予扣除税额计算表”（成品油消费税纳税人适用）］、附表 5 和附表 6。

三、填写消费税纳税申报表，完成纳税申报

（一）消费税纳税申报附表填写

1. 业务 3－13 的填表方法

公司应先填写附表 3“本期委托加工收回情况报告表”、附表 1“本期准予扣除税额计算表”，填写完成并核对信息无误后，再填报附表 7“消费税及附加税费申报表”。

“本期准予扣除税额计算表”第 1 栏“期初库存委托加工应税消费品已纳税款”填写数值为：2 000.00，第 2 栏“本期收回委托加工应税消费品已纳税款”填写数值为 2 250.00（15 000.00×15%），第 3 栏“期末库存委托加工应税消费品已纳税款”填写数值为 2 750.00（2 000.00+2 250.00−1 500.00），第 4 栏“本期领用不准予扣除委托加工应税消费品已纳税款”填写数值为 500.00。按照表中公式，第 5 栏“本期准予扣除委托加工应税消费品已纳税款”填写数值为 1 000.00（2 000.00+2 250.00−2 750.00−500.00），第 19 栏“本期准予扣除税款合计”填写数值为 1 000.00。也就是说，“消费税及附加税费申报表”第 9 栏“本期准予扣除税额”填写数值为 1 000.00。

【要点提示】

本期准予扣除税额计算表的填表方法

“本期准予扣除税额”一栏填写税法规定的本期外购、进口或委托加工收回应税消费品后，用于连续生产应税消费品，准予扣除的消费税已纳税额，以及委托加工收回应税消费品后，以高于受托方计税价格销售的，在计税时准予扣除的消费税已纳税额。鉴于成品油消费税纳税人和其他消费税纳税人适用不同的“本期准予扣除税额计算表”，“本期准予扣除税额”一栏下，成品油消费税纳税人和其他消费税纳税人适用不同的勾稽关系。

具体来说，成品油消费税纳税人的“本期准予扣除税额”栏数值，等于附表 1−2“本期准予扣除税额计算表（成品油消费税纳税人适用）”第 6 栏“本期准予扣除税额”“合计”栏数值。其他消费税纳税人的“本期准予扣除税额”栏数值，等于附表 1−1“本期准予扣除税额计算表”第 19 栏“本期准予扣除税款合计”“合计”栏数值。

【自我挑战】

某成品油企业 6 月生产 60 吨成品油，本期不能抵扣税额为 10 000.00 元，如何填写纳税申报表？

2. 业务 3−14 的填表方法

自 2020 年 1 月 1 日至 2021 年 12 月 31 日，单位和个体工商户将自产、委托加工或购买的货物，通过公益性社会组织和县级以上人民政府及其部门等国家机关，或者直接向承担疫情防治任务的医院，无偿捐赠用于应对新冠肺炎疫情的，免征增值税、消费税、城市维护建设税、教育费附加、地方教育附加。因此此笔业务符合减免税政策。

纳税人按规定享受免征增值税、消费税优惠的，可自主进行免税申报，无须办理有关免税备案手续，但应将相关证明材料留存备查。在办理消费税纳税申报时，应当在附表 2“本期减（免）税额明细表”的第 2、3 列中选择适用免税性质代码名称（0002120601 支持新型冠状病毒感染的肺炎疫情防控有关捐赠免征消费税），并填写对应的“减（免）金额”等相关数据，并在附表 7“消费税及附加税费申报表”的“减（免）金额”栏中填写正确数据。

【相关法律链接】

《财政部 税务总局关于支持新型冠状病毒感染的肺炎疫情防控有关捐赠税收政策的公告》（2020 年第 9 号）

《国家税务总局关于支持新型冠状病毒感染的肺炎疫情防控有关税收征收管理事项的公告》（2020 年第 4 号）

《财政部 税务总局关于支持疫情防控保供等税费政策实施期限的公告》（2020 年第 28 号）

其他关联政策如表 3－10 所示。

表 3－10

序号	收入种类	减免政策大类	减免政策小类	减免性质代码	减免项目名称	关联政策条款
224	消费税	支持其他各项事业	公益	02120601	支持新型冠状病毒感染的肺炎疫情防控有关捐赠免征消费税	《财政部 税务总局关于支持疫情防控保供等税费政策实施期限的公告》（财政部 税务总局公告 2020 年第 28 号） 《财政部 税务总局关于延续实施应对疫情部分税费优惠政策的公告》（财政部 税务总局公告 2021 年第 7 号）

【自我挑战】

请列举三种符合减（免）税条件的应税消费品。如果公司是小规模纳税人还能享受何种税收优惠？

3. 业务 3－15 的填表方法

公司应先填写附表 4“卷烟批发企业月份销售明细清单（卷烟批发环节消费税纳税人适用）”，根据销售卷烟的实际编号等信息进行填写，完成并核对信息无误后，再填报“消费税及附加税费申报表”，应纳消费税税额为 336 000.00 元。卷烟批发环节产生的消费税不需要填报“本期准予扣除税额计算表”。

【相关法律链接】

根据《财政部、国家税务总局关于调整烟类产品消费税政策的通知》，企业在计算纳税时不得扣除已含的生产环节的消费税税款，所以上述企业在计算应纳消费税时，不得扣除生产环节已缴纳的消费税税款。

【自我挑战】

某卷烟厂 6 月销售 M 牌号的卷烟 500 箱（卷烟包装商品条码 CSYC *** :），每箱不含税批发价格为 13 000.00 元。应如何填报纳税申报表？

4. 业务 3 - 16 的填表方法

公司应先填写附表 3 “本期委托加工收回情况报告表”、附表 1 - 1 “本期准予扣除税额计算表”，填写完成并核对信息无误后，再填报“消费税及附加税费申报表”。

“本期准予扣除税额计算表”第 2 栏“本期收回委托加工应税消费品已纳税款”填写数值为 60 000. 00，按照表中公式，第 5 栏“本期准予扣除委托加工应税消费品已纳税款”填写数值为 60 000. 00，第 19 栏“本期准予扣除税款合计”填写数值为 60 000. 00。也就是说，“消费税及附加税费申报表”第 9 栏“本期准予扣除税额”填写数值为 60 000. 00。附表 3 “本期委托加工收回情况报告表”中填写委托加工收回的数据。

【自我挑战】

2021 年 6 月份外购委托加工的高档香精并继续生产成高档香水并对外销售高档香水取得不含税收入 1 000 000. 00 元。可抵扣税额 135 000. 00 万元。如何填写纳税申报表？

5. 业务 3 - 17 的填表方法

公司应先填写附表 1 - 1 “本期准予扣除税额计算表”，填写完成并核对信息无误后，再填报“消费税及附加税费申报表”。

“本期准予扣除税额计算表”第 6 栏“期初库存外购应税消费品买价”填写数值为 80 000. 00，第 10 栏“外购应税消费品适用税率”填写 30%。按照表中公式，第 11 栏“本期准予扣除外购应税消费品已纳税款”填写数值为 24 000. 00，第 19 栏“本期准予扣除税款合计”填写数值为 24 000. 00。也就是说，“消费税及附加税费申报表”第 9 栏“本期准予扣除税额”填写数值为 24 000. 00。

【自我挑战】

某卷烟厂销售上月外购烟丝公司生产的卷烟 10 箱，每标准条调拨价格 60. 00 元，共计 40 000. 00 元，已知购入烟丝的含税价格是 7 910. 00 元。如何进行纳税申报？

6. 业务 3 - 18 的填表方法

依据政策要求，委托方加工的应税消费品，委托方收回后用于连续生产应税消费品的，已经缴纳的消费税准予抵扣。但是应税消费品中有四类消费税是不能抵扣的：酒及酒精，小汽车，高档手表，游艇。因此，公司直接在“消费税及附加税费申报表”中填报相关信息，相应税款不予抵扣。并在“已核定最低计税价格白酒清单”中填写白酒的品名、规格、出厂价格 = 150. 00 ÷ 500. 00 = 0. 3 （元），核定消费税最低计税价格 = 105. 00 ÷ 500. 00 = 0. 21 （元）。

【相关法律链接】

《财政部　国家税务总局关于调整酒类产品消费税政策的通知》（财税［2001］84 号）第五条规定，停止执行外购或委托加工已税酒和酒精生产的酒（包括以外购已税白酒加浆降度，用外购已税的不同品种的白酒勾兑的白酒，用曲香、香精对外购已税白酒进行调香、调味以及外购散装白酒装瓶出售等）、外购酒及酒精已纳税款或受托方代收代缴税款不予抵扣消费税。因此，外购已税白酒生产优质白酒是不能抵扣已纳的消费税。

【自我挑战】

某贸易公司进口一批小汽车，适用消费税税率9%，关税税率25%，关税的完税价格为1 000 000.00元，如何进行纳税申报？

（二）消费税纳税申报主表填写

附表填写完成后，系统自动生成“消费税及附加税费申报表”相关数据，在附加税栏一次录入“城市维护建设税”“教育费附加”“地方教育费附加”的税率7%、3%、2%，计算出消费税附加税金额。

（三）分别填制纳税申报表

填制纳税申报表如附表1－1至附表1－7所示。

附表1－1　**本期准予扣除税额计算表**　金额单位：元（列至角分）

项目	应税消费品名称	高档化妆品	卷烟	卷烟	合计
当期准予扣除的委托加工应税消费品已纳税款计算	期初库存委托加工应税消费品已纳税款（1）	2 000.00	0		—
	本期收回委托加工应税消费品已纳税款（2）	2 250.00	60 000.00		
	期末库存委托加工应税消费品已纳税款（3）	2 750.00	0		—
	本期领用不准予扣除委托加工应税消费品已纳税款（4）	500.00	0		
	本期准予扣除委托加工应税消费品已纳税款（5＝1＋2－3－4）	1 000.00	60 000.00		
当期准予扣除的外购应税消费品已纳税款计算（一）——从价计税	期初库存外购应税消费品买价（6）			80 000.00	—
	当期购进应税消费品买价（7）			0	—
	期末库存外购应税消费品买价（8）			0	—
	本期领用不准予扣除外购应税消费品买价（9）			0	
	外购应税消费品适用税率（10）			30%	—
	本期准予扣除外购应税消费品已纳税款(11)＝(6＋7－8－9)×10			24 000.00	
当期准予扣除的外购应税消费品已纳税款计算（二）——从量计税	期初库存外购应税消费品数量（12）				
	本期外购应税消费品数量（13）				
	期末库存外购应税消费品数量（14）				
	本期领用不准予扣除外购应税消费品数量（15）				
	适用税率（16）				
	计量单位（17）				
	本期准予扣除的外购应税消费品已纳税款(18)＝(12＋13－14－15)×16				
本期准予扣除税款合计（19）＝5＋11＋18		1 000.00	60 000.00	24 000.00	85 000.00

附表1－2　本期准予扣除税额计算表（成品油消费税纳税人适用）

本任务不涉及此表，此处略。

附表1－2　　本期减（免）税额明细表

金额单位：元（列至角分）

项目 应税消费品名称	减（免）性质代码	减（免）项目名称	减（免）金额	适用税率（从价定率）	减（免）数量	适用税率（从量定额）	减（免）税额
1	2	3	4	5	6	7	8＝4×5＋6×7
救护车	02120601	支持新型冠状病毒感染的肺炎疫情防控有关捐赠免征消费税	160 000.00	5%			8 000.00
合　计	—	—	—	—	—	—	8 000.00

附表1－3　　本期委托加工收回情况报告表

一、委托加工收回应税消费品代收代缴税款情况

金额单位：元（列至角分）

应税消费品名称	商品和服务税收分类编码	委托加工收回应税消费品数量	委托加工收回应税消费品计税价格	适用税率		受托方已代收代缴的税款	受托方（扣缴义务人）名称	受托方（扣缴义务人）识别号	税收缴款书（代扣代收专用）号码	税收缴款书（代扣代收专用）开具日期
				定额税率	比例税率					
1	2	3	4	5	6	7＝3×5＋4×6	8	9	10	11
高档化妆品	化妆品		15 000.00		15%	2 250.00				
烟丝	卷烟		200 000.00		30%	60 000.00				

二、委托加工收回应税消费品领用存情况

应税消费品名称	商品和服务税收分类编码	上期库存数量	本期委托加工收回入库数量	本期委托加工收回直接销售数量	本期委托加工收回用于连续生产数量	本期结存数量
1	2	3	4	5	6	7＝3＋4－5－6

附表 1-4　　**卷烟批发企业月份销售明细清单**

（卷烟批发环节消费税纳税人适用）

卷烟条包装商品条码	卷烟牌号规格	卷烟类别	卷烟类型	销售价格（元/箱）	销售数量（箱）	销售额（元）	备注
1	2	3	4	5	6	7	8
CSYC ***	M	乙类	国产卷烟	13 000.00	50	650 000.00	

附表 1-5　　**已核定最低计税价格白酒清单**

填报企业名称：　　　　所属时间：　　　　单位：元/500 毫升（克）

序号	品名	规格	出厂价格	核定消费税最低计税价格	备注
1	宏兴	粮食白酒	0.3	0.21	

附表 1-6　　**消费税附加税费计算表**　　金额单位：元（列至角分）

税（费）种	计税（费）依据	税（费）率（%）	本期应纳税（费）额	本期减免税（费）额		本期是否适用增值税小规模纳税人“六税两费”减征政策 □是 √□否		本期已缴税（费）额	本期应补（退）税（费）额
	增值税税额			减免性质代码	减免税（费）额	减征比例（%）	减征额		
	1	2	3=1×2	4	5	6	7=(3-5)×6	8	9=3-5-7-8
城市维护建设税	801 500.00	7%	56 105.00						56 105.00
教育费附加	801 500.00	3%	24 045.00						24 045.00
地方教育附加	801 500.00	2%	16 030.00						16 030.00
合计	—	—	112 210.00	—		—			

附表 1-7　　**消费税及附加税费申报表**

税款所属期：自 2021 年 4 月 1 日至 2021 年 6 月 30 日

纳税人识别号（统一社会信用代码）：□□□□□□□□□□□□□□□□□□□□□□

纳税人名称：北京祥宏盛达贸易有限公司　　金额单位：人民币元（列至角分）

项目 应税消费品名称	适用税率		计量单位	本期销售数量	本期销售额	本期应纳税额
	定额税率	比例税率				
	1	2	3	4	5	6=1×4+2×5
高档化妆品		15%	盒	100	10 000.00	1 500
捐赠救护车		5%	台		160 000.00	8 000
卷烟（批发）	0.005	11%	支	1 500 000	2 600 000.00	336 000.00

续表

项目 应税消费品名称	适用税率		计量单位	本期销售数量	本期销售额	本期应纳税额
	定额税率	比例税率				
	1	2	3	4	5	6 =1 ×4 +2 ×5
卷烟（生产）	150	56%	箱	10	300 000.00	169 500.00
卷烟（销售）	150	56%	箱	20	400 000.00	227 000.00
白酒	0.5	20%	斤	5 000	750 000.00	152 500.00
合计	—	—	—	—	—	894 500.00
				栏次	本期税费额	
本期减（免）税额				7	8 000.00	
期初留抵税额				8	0	
本期准予扣除税额				9	85 000.00（1 000.00 +60 000.00 +24 000.00）	
本期应扣除税额				10 =8 +9	85 000.00	
本期实际扣除税额				11［10＜（6 −7），则为 10，否则为 6 −7］	85 000.00	
期末留抵税额				12 =10 −11	0	
本期预缴税额				13	0	
本期应补（退）税额				14 =6 −7 −11 −13	801 500.00	
城市维护建设税本期应补（退）税额				15	56 105.00	
教育费附加本期应补（退）费额				16	24 045.00	
地方教育附加本期应补（退）费额				17	16 030.00	
声明：此表是根据国家税收法律法规及相关规定填写的，本人（单位）对填报内容（及附带资料）的真实性、可靠性、完整性负责。 纳税人（签章）： 年 月 日						
经办人：*** 经办人身份证号：****** 代理机构签章：**** 代理机构统一社会信用代码：****				受理人：*** 受理税务机关（章）：*** 受理日期： 年 月 日		

（四）完成申报确认

消费税申报数据填写完毕后，检查数据。若带出的表单或者表单数据不正确，重新加载表单填写数据。若无须检查数据则略过下载凭证，直接点击“申报”按钮，完成消费税的申报工作，如图 3 –34 所示。

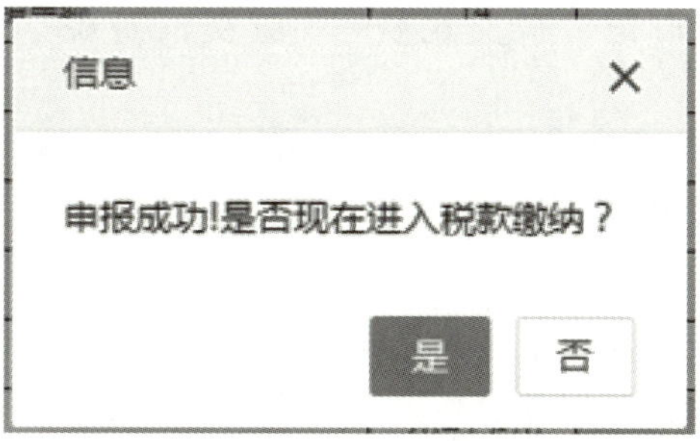

图 3-34 申报成功界面

四、缴纳税款

（一）完成缴纳税款

进入缴款界面，选择支付方式（第三方协议或银行端）进行税款缴纳。完成后可以打开并保存消费税纳税申报表，作为会计档案进行保管，如图 3-35 所示。

图 3-35 完成“缴纳税款”界面

（二）会计处理

为了准确地反映企业消费税的应交、已交、欠交等情况，应在“应交税费”账户下增设“应交消费税”明细账户进行会计核算。“应交消费税”明细账户采用三栏式账户记账，借方核算实际缴纳的消费税或待扣的消费税；贷方核算按规定应缴纳的消费税；期末贷方余额表示尚未缴纳的消费税，借方余额表示多缴纳的消费税。

按规定的纳税期限上缴税款时，应借记“应交税费——应交增值税”账户，贷记“银行存款”账户；收到退回多缴的增值税时，做相反的分录。

次月初，收到银行扣款凭证后完成税款缴纳的会计处理。企业缴纳消费税收到结算凭证后，依据银行缴款凭证借记“应交税费——应交消费税”账户，贷记“银行存款”账户。

2021 年 7 月 5 日，以北京祥宏盛达公司 6 月份应交的消费税税款做如下会计分录。

借：应交税费——应交消费税　　　　801 500.00

　　贷：银行存款　　　　801 500.00

北京祥宏盛达贸易有限公司申报完成并成功缴纳第二季度消费税及附加税费，系统会自动将缴款凭证推送至财务云共享服务中心，票据管理岗的会计人员查看凭证，并对凭证进行归类，选择“付款类”票据，保存后系统会自动生成记账凭证，主管审核岗会计人员对其进行审核，如图 3－36 所示。

北京祥宏盛达贸易有限公 　包琳

首页　新增凭证　科目明细账　辅助明细账　科目总账　凭证管理

常用凭证　记账凭证　保存并新增　保存　单据图片　更多

记字第 0001 号　制单日期 2021-07-05　附单据 1 张

序号	摘要	会计科目	借方金额	贷方金额
1	缴纳上月消费税	222122 应交税费——应交消费税	80150000	
2	缴纳上月消费税	222126 应交税费——应交城市维护建设税	5610500	
3	缴纳上月消费税	222127 应交税费——应交教育费附加	2404500	
4	缴纳上月消费税	222133 应交税费——应交地方教育费附加	1603000	
5	缴纳上月消费税	100201 银行存款——北京银行宣武门支行082357		89768000
合计:捌拾玖万柒仟陆佰捌拾元整			89768000	89768000

图 3－36　完成缴纳税费的记账凭证

任务总结：

“消费税的纳税申报与缴纳”任务总结如图 3－37 所示。

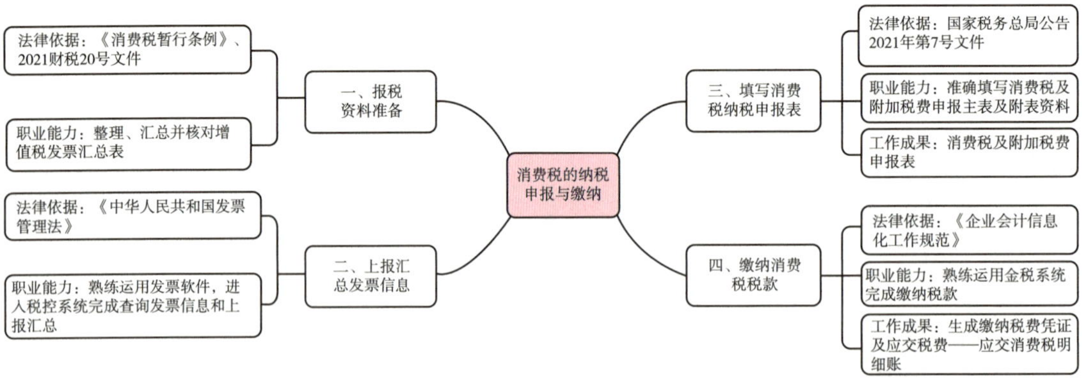

图 3－37　“消费税的纳税申报与缴纳”任务总结

单元练习
与实训

4 单元四 关税核算与缴纳

关税是由海关根据国家制定的有关法律，以进出关境的货物和物品为征税对象而征收的一种流转税。征收进口关税会增加进口货物成本，提高进口货物市场价格，从而减少货物的进口数量。因此，各国都利用进口关税来限制国外货物以保护本国市场。而征收出口关税会增加货物的出口成本，提高货物在国外的售价，降低货物的国外竞争力。因此，19 世纪后期，各国相继取消了出口关税。目前，我国对进出境货物征收的关税分为进口关税和出口关税两类。

没有关税，国家会怎样？

任务内容与思政元素的相互协同如图 4 – 1 所示。

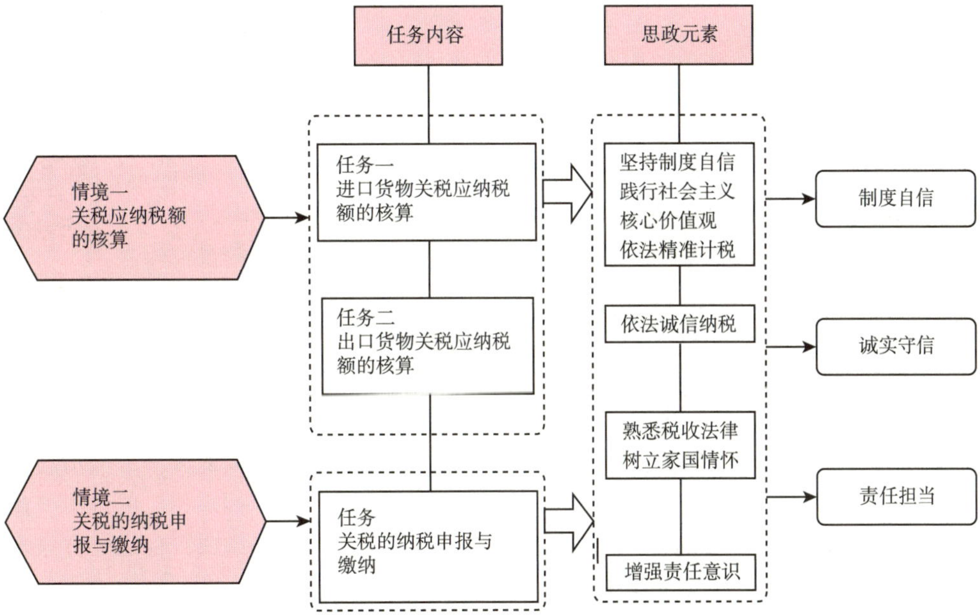

图 4 – 1　任务内容与思政元素的相互协同

情境一　关税应纳税额的核算

实战演练

知识目标：

1. 明确关税的征税对象、纳税人和税率
2. 掌握进口货物关税应纳税额的计算方法
3. 掌握出口货物关税应纳税额的计算方法

技能目标：

依据《中华人民共和国海关法》《中华人民共和国进出口关税条例》《中华人民共和国海关进出口税则》等相关法律文件，准确计算进（出）口货物关税的应纳税额

素养目标：

1. 运用税收优惠政策帮助企业减轻税负，感恩社会主义制度优越性
2. 在处理税收业务中树立职业荣誉感和自豪感

知识储备：

一、关税的征税对象

关税的征税对象是准许进出境的货物和物品。货物是指贸易性商品，物品指入境旅客随身携带的行李物品、个人邮递物品、各种运输工具上的服务人员携带进口的自用物品、馈赠物品以及其他方式进境的个人物品。

怎么理解关税？

二、关税的纳税人

进口货物的收货人、出口货物的发货人、进出境物品的所有人，是关税的纳税义务人。进出口货物的收、发货人是依法取得对外贸易经营权，并进口或者出口货物的法人或者其他社会团体。进出境物品的所有人包括该物品的所有人和推定为所有人的人。一般情况下，对于携带进境的物品，推定其携带人为所有人；对分离运输的行李，推定相应的进出境旅客为所有人；对以邮递方式进境的物品，推定其收件人为所有人；以邮递或其他运输方式出境的物品，推定其寄件人或托运人为所有人。

三、关税税率

《中华人民共和国海关进出口税则》（以下简称《海关进出口税则》）是一国政府根据

国家关税政策和经济政策，通过一定的立法程序制定公布实施的进出口货物和物品应税的关税税率表。《海关进出口税则》以税率表为主体，通常还包括实施税则的法令、使用税则的有关说明和附录等。《海关进出口税则》是我国海关凭以征收关税的法律依据，我国关税税率是由《海关进出口税则》反映的，分为进口税率和出口税率两种。

（一）进口关税税率

我国进口税则设有最惠国税率、协定税率、特惠税率、普通税率、关税配额税率等税率。对进口货物在一定期限内可以实行暂定税率。

1. 最惠国税率

最惠国税率是指某国的来自于其最惠国的进口产品享受的关税税率。最惠国税率适用原产于与我国共同适用最惠国待遇条款的 WTO 成员或地区的进口货物，或原产于与我国签订有相互给予最惠国待遇条款的双边贸易协定的国家或地区进口的货物，以及原产于我国境内的进口货物。

2. 协定税率

协定税率是指一国根据其与别国签订的贸易条约或协定而制定的关税税率。协定税率适用原产于我国参加的含有关税优惠条款的区域性贸易协定有关缔约方的进口货物。

聚焦关税调整，我国主要关税税率

3. 特惠税率

特惠税率是指我国关税税则中的一栏税率，即对原产于与我国签订含有特殊关税优惠条款的贸易协定的国家或地区的进口货物所适用的关税税率。

4. 普通税率

普通税率是指我国关税税则中的一栏税率，即对原产于与我国未签订互惠条款贸易条约或协定国家或地区进口货物所适用的关税税率。原产地不明的货物，适用普通税率。

《2022 年关税调整方案》

5. 关税配额税率

关税配额税率是指对实行关税配额管理的进口货物采用的关税税率。目前，我国对部分进口农产品和化肥产品实行关税配额，即一定数量内的上述进口商品适用税率较低的配额内税率，超出该数量的进口商品适用配额外税率。配额外税率，按不同情况分别适用于最惠国税率、协定税率、特惠税率或普通税率。

6. 暂定税率

在最惠国税率的基础上，对于一些国内需要降低进口关税的货物，以及出于国际双边关系的考虑需要个别安排的进口货物，可以实行暂定税率。我国对部分进口原材料、零部件、农药原药和中间体、乐器及生产设备实行暂定税率。《中华人民共和国进出口关税条例》（以下简称《进出口关税条例》）规定，适用最惠国税率的进口货物有暂定税率的，应当适用暂定税率；适用特惠税率、协定税率的进口货物有暂定税率的，应当从低适用税率；适用普通税率的进口货物，不适用暂定税率。

（二）出口关税税率

我国出口税则为一栏税率，即出口税率。国家仅对少数资源性产品及易于竞相杀价、盲目进口、需要规范出口秩序的半制成品征收出口关税，现行税则对100余种商品计征出口关税。与进口暂定税率一样，出口暂定税率优先适用于出口税则中规定的出口税率。

四、关税应纳税额的计算

（一）进口货物关税应纳税额的计算

按照计税依据的不同，我国进口关税的计征办法有从价计征、从量计征和复合计征、滑准计税等四种类型。

1. 从价计征进口关税应纳税额

我国大部分进口货物的关税征税都采用从价计征，从价计征以进口货物的完税价格作为计税依据。

根据《中华人民共和国海关法》（以下简称《海关法》）规定，进口货物的完税价格包括货物的货价、货物运抵我国境内输入地点起卸前的运输及其相关费用、保险费。

进口货物的保险费，应当按照实际支付的费用计算。如果进口货物的保险费无法确定或者未实际发生，海关应当按照“货价加运费”两者总额的3‰计算保险费，其计算公式如下：

保险费 =（货价 + 运费）× 3‰

综上所述，不同成交价格条件下的进口货物完税价格计算公式可归纳如下：

（1）以FOB（离岸价格）成交的：完税价格 = FOB + 运输费 + 保险费

（2）以CIF（到岸价格）成交的：完税价格 = CIF

（3）以CFR（离岸价格 + 运输费）成交的：完税价格 = CFR + 保险费

进口货物应纳关税税额 = 关税完税价格 × 税率

【要点提示】

佣金、回扣的处理

（1）在货物成交过程中，进口人在成交价格外另支付给卖方的佣金，应计入成交价格，而向境外采购代理人支付的买方佣金不能计入，如已包含在成交价格中应予以扣除。

（2）卖方付给进口人的正常回扣，应从成交价格中扣除。

2. 从量计征进口关税应纳税额

从量计征以进口货物的长度、重量、面积、体积、容积等计量单位为计税依据。目前我国适用从量计税的货物主要有原油、部分鸡产品、啤酒、胶卷。

进口货物应纳关税税额 = 应税进口货物数量 × 单位货物税额

3. 复合计征进口关税应纳税额

复合计征以进口货物的价格和数量作为计税依据。目前我国适用复合计税的货物主要有录像机、放像机。

进口货物应纳关税税额 = 应税进口货物数量 × 单位货物税额 + 关税完税价格 × 税率

4. 滑准计税

滑准计税是对进口税则中的同一种商品按其市场价格标准分别制定不同价格档次的税率而征收的一种进口关税

（二）出口货物关税应纳税额的计算

我国现行出口货物关税全部为从价计征。出口货物的完税价格，由海关以该货物的成交价格为基础审查确定，并且应当包括货物运至我国境内输出地点装载前的运输及其相关费用、保险费。

出口货物的成交价格，是指该货物出口销售时，卖方为出口该货物应当向买方直接收取和间接收取的价款总额。下列税收、费用不计入出口货物的完税价格：

（1）出口关税；

（2）在货物价款中单独列明的货物运至我国境内输出地点装载后的运输及其相关费用、保险费。

综上所述，不同成交价格条件下的出口货物完税价格计算公式可归纳如下：

① 以 FOB（离岸价格）成交的：完税价格 = FOB ÷ (1 + 出口关税税率)

② 以 CIF（到岸价格）成交的：完税价格 = (CIF − 运输费 − 保险费) ÷ (1 + 出口关税税率)

③ 以 CFR（离岸价格 + 运输费）成交的：完税价格 = (CFR − 运输费) ÷ (1 + 出口关税税率)

【寓德于技】

斩驸马治税

洪武末年，驸马都尉欧阳伦“奉使至川、陕”，眼见川茶私运出境销售，可赚大钱，便利令智昏，自恃皇亲国戚，不顾茶禁之严，“数遣私人贩茶出境”。对欧阳伦这种明目张胆的犯法行径，边疆大吏都不敢过问，陕西布政使，还趁机巴结，要下属为其“开放绿灯”。某次贩私茶至兰县渡河，河桥司巡检依法前往稽查，反被辱打。这位河桥小吏气愤不过，便大着胆子向明太祖朱元璋告发了欧阳伦的不法行为。欧阳伦是安庆公主的丈夫。安庆公主是朱元璋极为宠信的马皇后所生。所以，论私情，欧阳伦乃是朱元璋的爱婿。但朱元璋懂得“有法必行，无信不立”的道理，知道不能私废公法，便在盛怒之下，将欧阳伦赐死，将相关人员诛杀，茶货没收入官。朱元璋为了严肃茶叶专卖制度，增加赋税，就是驸马犯法，也执法如山，严惩不贷，换来了国泰民安。

知识小结：

“关税应纳税额的核算”相关知识小结如图 4 − 2 所示。

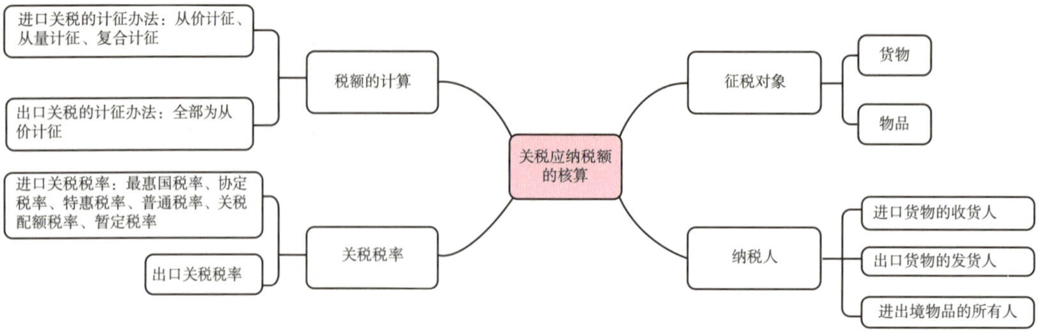

图 4-2 “关税应纳税额的核算”相关知识小结

任务一　进口货物关税应纳税额的核算

实战演练

学习目标：

1. 准确计算进口货物的关税完税价格

2. 准确计算进口货物关税应纳税额，并正确填写进口消费税、进口增值税计算表

3. 依据《会计基础工作规范》《企业会计信息化工作规范》等要求，正确进行进口货物的会计处理，践行会计职业的使命与担当

任务描述：

一、公司基本情况

公司全称：北京兴华贸易有限公司（简称兴华贸易公司）。

企业类型：主要经营电池、金属材料、摄影器材等货物的进出口业务。

公司开户银行：中国工商银行北京市腾天路支行。

基本存款账户：15868169766530。

统一社会信用代码（纳税人识别号）：736612655965876630。

经营地址、电话：北京市朝阳区恒驰路 968 号　010-58873276。

二、公司内部会计制度

执行法律：执行《企业会计准则（2017）》《海关法》《进出口关税条例》《海关进出口

税则》等。

申报税种：本公司为一般纳税人企业，销售电池、金属材料、摄影器材等货物的增值税税率为13%，电池适用的消费税税率为4%，城市维护建设税、教育费附加及地方教育费附加分别按流转税的7%、3%、2%计算。

任务布置：

一、业务描述

北京兴华贸易公司2022年3月的典型经济业务如下：

【业务4-1】3月5日，公司从德国进口镍镉蓄电池，单价300.00元/瓶，数量2 000瓶，成交价格600 000.00元，从起运地至输入地起卸前的运费为30 000.00元，进口货物的保险费无法确定，从海关监管区至公司仓库的运费为5 000.00元，关税税率为40%。

【业务4-2】3月15日，公司从澳大利亚进口舞台设备一套，共支付金额2 000 000.00元，其中进口后安装费200 000.00元，国外运费和保险费无法确定，海关按同类货物同期同程运费率计算的运费为200 000.00元，该设备的关税税率为35%。

【业务4-3】3月25日，公司从韩国购进录像机30台，成交价格为8 000.00美元/台，经查关税税率为：完税价格不高于2 000.00美元/台，关税税率为单一从价税率18%，高于2 000.00美元/台，关税税率为1.8%，加征2 624.40元/台的从量税，外汇折算率1美元=6.80元人民币。

要求：按照财务共享中心岗位分工，依据最新税收政策，完成3月份进口货物关税应纳税额的核算。

二、明确任务

分别按照票据管理岗、会计核算岗、涉税服务岗、主管审核岗完成以下工作。

（1）智能采集和审核原始凭证。

（2）智能生成和审核记账凭证。

（3）智能生成并查询会计账簿。

三、工作成果

（1）采集并上传进口货物原始凭证的影像资料。

（2）生成进口货物的记账凭证。

（3）生成"在途物资""在建工程"等会计账户的明细账。

四、评价标准

（1）依据《海关法》《进出口关税条例》《海关进出口税则》等相关法律的规定，准确计算进口货物关税应纳税额。

（2）依据《会计基础工作规范》《企业会计信息化工作规范》等要求，正确审核原始凭证，生成记账凭证及会计账簿。

任务分析：

一、工作思路

（1）采集并审核原始凭证，明确进口货物所取得原始凭证的种类。

（2）智能审核并生成记账凭证，分析经济业务计税依据、进口货物的入账价值、会计科目。

（3）智能生成并查询会计账簿，生成“在途物资”“在建工程”等会计账簿。

二、岗位分工及工作流程

岗位分工及工作流程如图 4－3 所示。

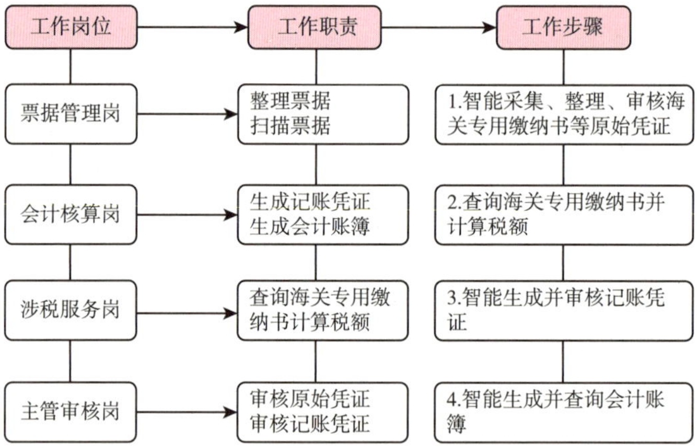

图 4－3　岗位分工及工作流程

任务实施：

一、智能采集和审核原始凭证

（一）采集票据信息，整理票据并分类

票据扫描岗的会计人员首先应根据票据信息读懂业务内容，判断业务类型并进行分类，为便于后续业务处理及方便查找，需将各类票据进行分类并编号，扫描上传至财务云共享中心平台，具体操作方法参照一般纳税人增值税的智能采集。

根据业务内容分析，兴华贸易公司典型经济业务中业务 4－1 和业务 4－3 属于进口存货业务，业务 4－2 属于进口固定资产业务，均取得了海关专用缴款书，按照票据分类属于采购类票据。在采集票据信息时，要准确录入海关专用缴款书上的号码，一般情况下，进口存货、固定资产业务使用非现金结算。

（二）辨识并审核原始凭证

财务共享服务中心主管审核岗的会计人员按照经济业务发生的内容进行认真审核，确保所记载的经济业务是企业真实发生的，内容是真实可靠、合理合法的，以保证核算结果的准确性。

（三）辨析经济业务类型，计算应纳税额

业务 4－1 属于进口存货业务，由于电池属于消费税应税项目，因此，该进口业务应缴纳关税、增值税、消费税。镍镉蓄电池（税号 85073000）依据《海关进出口税则》适用从价计征关税，应先确定关税完税价格，该业务进口货物的完税价格包括货物的货价 600 000.00 元、货物运抵我国境内输入地点起卸前的运输费 30 000.00 元和保险费，而从海关监管区至公司仓库的运费 5 000.00 元不得计入完税价格。由于进口货物的保险费无法确定，因此，应当按照“货价加运费”两者总额的 3‰计算保险费，其保险费应为（600 000.00＋30 000.00）×3‰＝1 890.00（元），关税完税价格的具体计算过程，如表 4－1 所示。

表 4－1　关税完税价格计算表　金额单位：元

货物名称	货价	国外运费	保险费	关税完税价格
镍镉蓄电池	600 000.00	30 000.00	1 890.00	631 890.00

应纳的关税税额＝关税完税价格×税率＝631 890.00×40%＝252 756.00（元）

由于镍镉蓄电池属于实行从价定率计征消费税的应税消费品，因此，其组成计税价格＝（关税完税价格＋关税）÷（1－消费税比例税率）＝（631 890.00＋252 756.00）÷（1－4%）＝921 506.25（元），应纳的进口消费税＝组成计税价格×税率＝921 506.25×4%＝36 860.25（元），应纳的进口增值税＝组成计税价格×税率＝921 506.25×13%＝119 795.81（元），进口消费税、增值税的具体计算过程，如表 4－2 和表 4－3 所示。

表 4－2　进口消费税计算表　金额单位：元

货物名称	组成计税价格	税率	应纳进口消费税
镍镉蓄电池	921 506.25	4%	36 860.25

表 4－3　进口增值税计算表　金额单位：元

货物名称	组成计税价格	税率	应纳进口增值税
镍镉蓄电池	921 506.25	13%	119 795.81

业务 4－2 属于进口固定资产业务，由于舞台设备不属于消费税应税项目，因此，该进口业务应缴纳关税、增值税。由于舞台设备依据《海关进出口税则》适用从价计征关税，关税完税价格的具体计算过程，如表 4－4 所示。

表 4－4 关税完税价格计算表 金额单位：元

货物名称	货价	国外运费	保险费	关税完税价格
舞台设备	1 800 000.00	200 000.00	6 000.00	2 006 000.00

应纳的关税税额＝关税完税价格×税率＝2 006 000.00×35%＝702 100.00（元）

应纳的进口增值税＝组成计税价格×税率＝（关税完税价格＋关税）×税率＝（2 006 000.00＋702 100.00）×13%＝352 053.00（元）

业务 4－3 属于进口存货业务，由于录像机（税号 8521101）不属于消费税应税项目，因此，该进口业务应缴纳关税、增值税。由于录像机成交价格为 8 000.00 美元/台高于 2 000.00 美元/台，适用复合计征关税。

进口货物应纳关税税额＝应税进口货物数量×单位货物税额＋关税完税价格×税率＝30×2 624.4＋30×8 000.00×6.80×1.8%＝78 732.00＋29 376.00＝108 108.00（元）

应纳的进口增值税＝组成计税价格×税率＝（关税完税价格＋关税）×税率＝（30×8 000.00×6.80＋108 108.00）×13%＝226 214.04（元）

二、查询海关专用缴款书并计算进口货物的入账价值

业务 4－1：3 月 5 日，公司从德国进口镍镉蓄电池，单价 300.00 元/瓶，数量 2 000 瓶，成交价格 600 000.00 元，从起运地至输入地起卸前的运费为 30 000.00 元，进口货物的保险费无法确定，从海关监管区至公司仓库的运费为 5 000.00 元，关税税率为 40%。

根据《企业会计准则第 1 号——存货》第六条规定：存货的采购成本，包括购买价款、相关税费、运输费、装卸费、保险费以及其他可归属于存货采购成本的费用。本业务一般纳税人购入存货，其进项税额能抵扣，不计入存货的入账价值，但应将购买价款、消费税和关税等相关税费、运输费、保险费等一切合理的、必要的支出一并计入存货的入账价值。

镍镉蓄电池的入账价值＝600 000.00＋30 000.00＋36 860.25＋252 756.00＋5 000.00
＝924 616.25（元）

业务 4－2：3 月 15 日，公司从澳大利亚进口舞台设备一套，共支付金额 2 000 000.00 元，其中进口后安装费 200 000.00 元，国外运费和保险费无法确定，海关按同类货物同期同程运费率计算的运费为 200 000.00 元，该设备的关税税率为 35%。

根据《企业会计准则第 4 号——固定资产》第八条规定：外购固定资产的成本，包括购买价款、进口关税和其他税费，使固定资产达到预定可使用状态前所发生的可归属于该项资产的场地整理费、运输费、装卸费、安装费和专业人员服务费等。本业务一般纳税人购入固定资产，其进项税额能抵扣，不计入固定资产的入账价值，但应将购买价款、进口关税和其他税费，使固定资产达到预定可使用状态前发生的可归属于该项资产的运输费、装卸费、

安装费等一切合理的、必要的支出一并计入固定资产的入账价值。

舞台设备的入账价值 = 1 800 000.00 + 200 000.00 + 702 100.00 = 2 702 100.00（元）

> 业务4-3：3月25日，公司从韩国购进录像机30台，成交价格为8 000.00美元/台，经查关税税率为：完税价格不高于2 000.00美元/台，关税税率为单一从价税率18%，高于2 000.00美元/台，关税税率为1.8%，加征2 624.40元/台的从量税，外汇折算率1美元 = 6.80元人民币。

录像机的入账价值 = 30 × 8 000.00 × 6.80 + 108 108.00 = 1 740 108.00（元）

三、智能生成并审核会计凭证

（一）账户设置

企业核算应缴纳的关税，应在“应交税费”账户下设置“应交关税”明细账户。进口货物缴纳的关税应计入该进口货物成本，因此，企业计提进口货物关税时，应借记“在途物资”“在建工程”“固定资产”等账户，贷记“应交税费——应交进口关税”账户。实际缴纳进口关税时，借记“应交税费——应交进口关税”账户，贷记“银行存款”账户。

（二）编制会计分录

结合业务4-1分析，进口镍镉蓄电池的会计处理如下：

借：在途物资	924 616.25	
应交税费——应交增值税（进项税额）	119 795.81	
贷：银行存款		754 795.81
应交税费——应交消费税		36 860.25
——应交进口关税		252 756.00
借：应交税费——应交进口关税	252 756.00	
应交税费——应交消费税	36 860.25	
贷：银行存款		289 616.25

结合业务4-2分析，进口舞台设备，由于需要安装，需通过“在建工程”账户进行核算，具体会计处理如下：

借：在建工程	2 702 100.00	
应交税费——应交增值税（进项税额）	352 053.00	
贷：银行存款		2 352 053.00
应交税费——应交进口关税		702 100.00
借：应交税费——应交进口关税	702 100.00	
贷：银行存款		702 100.00

结合业务4－3分析，进口录像机的会计处理如下：

借：在途物资　　1 740 108.00

　　应交税费——应交增值税（进项税额）　　226 214.04

　　贷：银行存款　　1 858 214.04

　　　　应交税费——应交进口关税　　108 108.00

借：应交税费——应交进口关税　　108 108.00

　　贷：银行存款　　108 108.00

（三）生成并审核记账凭证

为了保证账务处理的质量，会计核算岗的会计人员录入票据的关键信息后，认真查看系统自动生成的记账凭证，如发现问题进行调整后保存凭证，将凭证转入主管审核岗。主管审核岗的会计人员进入财务云共享中心查看并审核凭证，审核记账凭证时，重点审核自动生成凭证的应借应贷科目是否正确，是否有原始凭证为依据，所附原始凭证的内容是否与记账凭证一致。具体操作方法参照一般纳税人增值税的记账凭证生成与审核。

四、智能生成并查询会计账簿

会计核算岗的会计人员再根据已审核的会计凭证进行过账。过账后则表示凭证的数据全部登记到账簿上，如图4－4所示。

2022-03　至　2022-03　　打印当前　打

	科目编码	科目名称	日期	凭证号	摘要	借方	贷方	方向	余额
1	222136	应交税费-应交进口关税	2022-03-01		期初余额			平	
2			2022-03-05	记-0003	进口镍镉蓄电池		252,756.00	贷	252,756.00
3			2022-03-05	记-0004	缴纳进口关税	252,756.00		平	
4			2022-03-15	记-0005	进口舞台设备		702,100.00	贷	702,100.00
5			2022-03-15	记-0006	缴纳进口关税	702,100.00		平	
6			2022-03-25	记-0007	进口录像机		108,108.00	贷	108,108.00
7			2022-03-25	记-0008	缴纳进口关税	108,108.00		平	
8			2022-03-31		本月合计	1,062,964.00	1,062,964.00	平	
9			2022-03-31		本年累计	1,062,964.00	1,062,964.00	平	

图4－4　查询“应交税费——应交进口税”账簿

任务总结：

“进口货物关税应纳税额的核算”任务总结如图4－5所示。

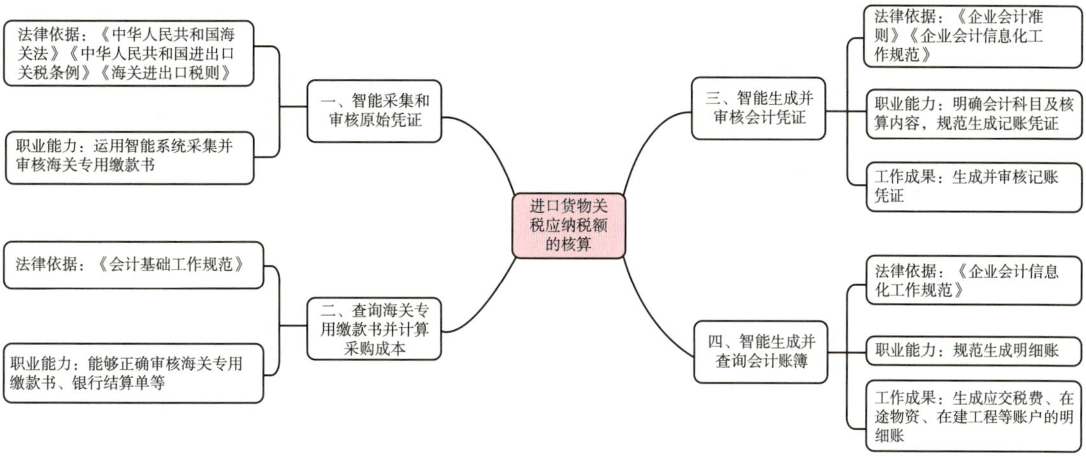

图 4－5　任务一“进口货物关税应纳税额的核算”任务总结

任务二　出口货物关税应纳税额的核算

学习目标：

实战演练

1. 准确计算出口货物的关税完税价格
2. 准确计算出口货物关税应纳税额
3. 依据《会计基础工作规范》《企业会计信息化工作规范》等要求，正确进行出口货物的会计处理，践行会计职业的使命与担当。

任务描述：

一、公司基本情况

公司全称：北京兴华贸易有限公司（简称兴华贸易公司）。

企业类型：主要经营电池、金属材料、摄影器材等货物的进出口业务。

公司开户银行：中国工商银行北京市腾天路支行。

基本存款账户：15868169766530。

统一社会信用代码（纳税人识别号）：736612655965876630。

经营地址、电话：北京市朝阳区恒驰路 968 号　010－58873276。

二、公司内部会计制度

执行法律：执行《企业会计准则》(2017)《海关法》《进出口关税条例》《海关进出口税则》等。

申报税种：本公司为一般纳税人企业，销售电池、金属材料、摄影器材等货物的增值税税率为13%，电池适用的消费税税率为4%，城市维护建设税、教育费附加及地方教育费附加分别按流转税的7%、3%、2%计算。

任务布置：

一、业务描述

北京兴华贸易公司2022年3月的典型经济业务如下：

【业务4－4】3月15日，公司向法国出口锌锭一批，FOB（离岸价格）为2 700 000.00元，其中从仓库运抵港口装卸前的运输费、保险费为150 000.00元，另支付国内港口到境外目的地的运输费、保险费为250 000.00元，出口关税税率为20%。

【业务4－5】3月25日，公司向澳大利亚出口锌锭一批，CIF（到岸价格）为1 400 000.00元，其中运输费为150 000.00元，保险费为50 000.00元，出口关税税率为20%。

要求：按照财务共享中心岗位分工，依据最新税收政策，完成3月份出口货物关税应纳税额的核算。

二、明确任务

分别按照票据管理岗、会计核算岗、涉税服务岗、主管审核岗完成以下工作。

(1) 智能采集和审核原始凭证。

(2) 智能生成和审核记账凭证。

(3) 智能生成并查询会计账簿。

三、工作成果

(1) 采集并上传出口货物原始凭证的影像资料。

(2) 生成出口货物的记账凭证。

(3) 生成“税金及附加”“应交税费”等会计账户的明细账。

四、评价标准

(1) 依据《海关法》《进出口关税条例》《海关进出口税则》等相关法律的规定，准确计算出口货物关税应纳税额。

(2) 依据《会计基础工作规范》《企业会计信息化工作规范》等要求，正确审核原始凭证，生成记账凭证及会计账簿。

任务分析：

一、工作思路

（1）采集并审核原始凭证，明确出口货物所取得原始凭证的种类；
（2）智能审核并生成记账凭证，分析经济业务计税依据、会计科目；
（3）智能生成并查询会计账簿，生成“税金及附加”“应交税费”等会计账簿。

二、岗位分工及工作流程

岗位分工及工作流程如图 4－6 所示。

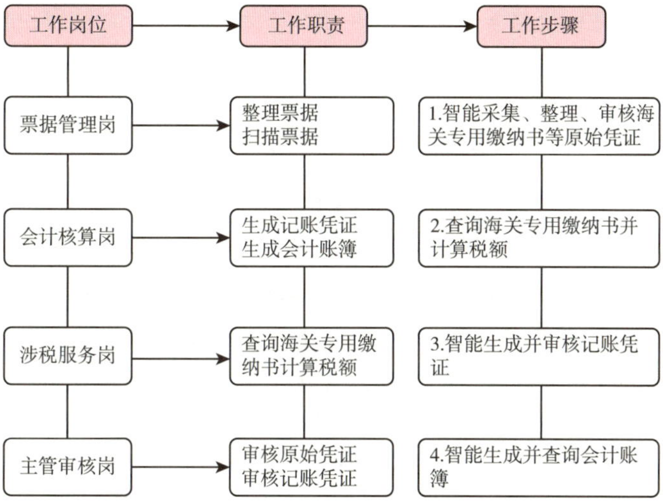

图 4－6 岗位分工及工作流程

任务实施：

一、智能采集和审核原始凭证

（一）采集票据信息，整理票据并分类

票据扫描岗的会计人员首先应根据票据信息读懂业务内容，判断业务类型并进行分类，为便于后续业务处理及方便查找，需将各类票据进行分类并编号，扫描上传至财务云共享中心平台，具体操作方法参照一般纳税人增值税的智能采集。

根据业务内容分析，兴华贸易公司典型经济业务中业务 4－4 和业务 4－5 属于出口存货业务，均取得了海关专用缴款书，按照票据分类属于销售类票据。在采集票据信息时，要准确录入海关专用缴款书上的号码，一般情况下，出口货物使用非现金结算。

（二）辨识并审核原始凭证

财务共享服务中心主管审核岗的会计人员按照经济业务发生的内容进行认真审核，确保所记载的经济业务是企业真实发生的，内容是真实可靠、合理合法的，以保证核算结果的准确性。

二、查询海关专用缴款书并计算出口货物的应纳税额

业务 4－4 属于出口存货业务，依据《海关进出口税则》第 5 条规定，我国现行出口货物关税全部为从价计征，出口货物的完税价格，由海关以该货物的成交价格为基础审查确定，并且应当包括货物运至我国境内输出地点装载前的运输及其相关费用、保险费，以 FOB（离岸价格）成交的：完税价格 = FOB ÷（1 + 出口关税税率），关税完税价格的具体计算过程，如表 4－5 所示。

表 4－5　　出口关税计算表　　金额单位：元

货物名称	关税完税价格	税率	应纳出口关税
锌锭	2 250 000.00	20%	450 000.00

关税完税价格 = FOB ÷（1 + 出口关税税率）= 2 700 000.00 ÷（1 + 20%）= 2 250 000.00（元）

应纳的关税税额 = 关税完税价格 × 税率 = 2 250 000.00 × 20% = 450 000.00（元）

业务 4－5 属于出口存货业务，依据《海关进出口税则》我国现行出口货物关税全部为从价计征，出口货物的完税价格，由海关以该货物的成交价格为基础审查确定，并且应当包括货物运至我国境内输出地点装载前的运输及其相关费用、保险费，以 CIF（到岸价格）成交的：完税价格 =（CIF－运输费－保险费）÷（1 + 出口关税税率），关税完税价格的具体计算过程，如表 4－6 所示。

表 4－6　　出口关税计算表　　金额单位：元

货物名称	关税完税价格	税率	应纳出口关税
锌锭	1 000 000.00	20%	200 000.00

关税完税价格 =（CIF－运输费－保险费）÷（1 + 出口关税税率）

=（1 400 000.00－150 000.00－50 000.00）÷（1 + 20%）

= 1 000 000.00（元）

应纳的关税税额 = 关税完税价格 × 税率 = 1 000 000.00 × 20% = 200 000.00（元）

三、智能生成并审核会计凭证

（一）账户设置

企业核算应缴纳的关税，应在“应交税费”账户下设置“应交关税”明细账户。企业计提出口货物关税时，应借记“税金及附加”账户，贷记“应交税费——应交出口关税”

账户。实际缴纳出口关税时，借记“应交税费——应交出口关税”账户，贷记“银行存款”账户。

（二）编制会计分录

结合业务 4 -4 分析，出口锌锭的会计处理如下：

借：税金及附加　　450 000.00

　　贷：应交税费——应交出口关税　　450 000.00

结合业务 4 -5 分析，出口锌锭的会计处理如下：

借：税金及附加　　200 000.00

　　贷：应交税费——应交出口关税　　200 000.00

（三）生成并审核记账凭证

为了保证账务处理的质量，会计核算岗的会计人员录入票据的关键信息后，认真查看系统自动生成的记账凭证，如发现问题进行调整后保存凭证，将凭证转入主管审核岗。主管审核岗的会计人员进入财务云共享中心查看并审核凭证，审核记账凭证时，重点审核自动生成凭证的应借应贷科目是否正确，是否有原始凭证为依据，所附原始凭证的内容是否与记账凭证一致。具体操作方法参照一般纳税人增值税的记账凭证生成与审核。

四、智能生成并查询会计账簿

会计核算岗的会计人员再根据已审核的会计凭证进行过账。过账后则表示凭证的数据全部登记到账簿上，如图 4 -7 所示。

2022-03　至　2022-03　　打印当前　打印

	科目编码	科目名称	日期	凭证号	摘要	借方	贷方	方向	余额
1			2022-03-01		期初余额			平	
2			2022-03-15	记-0001	出口锌锭		450,000.00	贷	450,000.00
3	222137	应交税费-应交进口关税	2022-03-25	记-0002	出口锌锭		200,000.00	贷	650,000.00
4			2022-03-31		本月合计		650,000.00	贷	650,000.00
5			2022-03-31		本年累计		650,000.00	贷	650,000.00

图 4 -7　查询“应交税费——应交出口关税”账簿

任务总结：

“出口货物关税应纳税额的核算”任务总结如图 4 -8 所示。

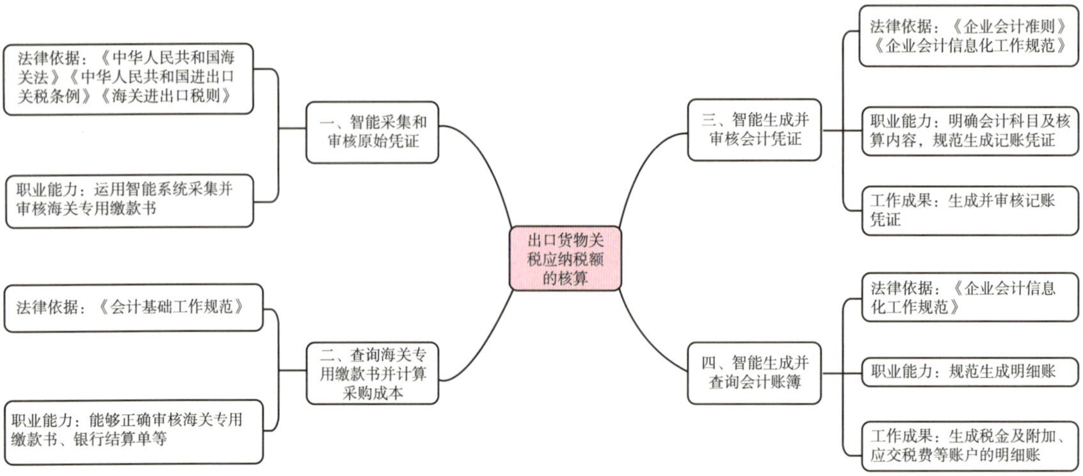

图 4-8 “出口货物关税应纳税额的核算”任务总结

情境二　关税的纳税申报与缴纳

知识目标：

1. 明确关税的纳税义务发生时间、纳税期限、纳税地点和税款缴纳方式

2. 知晓关税纳税申报与缴纳的工作流程

技能目标：

依据《海关法》《进出口关税条例》《海关进出口税则》等相关法律文件及关税纳税申报与缴纳的工作流程，准确完成关税申报与缴纳工作

素养目标：

1. 履行纳税义务，增强学生职业荣誉感

2. 感受社会主义制度优越性，树立人民至上的家国情怀

知识储备：

一、关税的纳税义务发生时间

进口货物的纳税义务人应当自运输工具申报进境之日起14日内，出口货物的纳税义务人除海关特准的以外，应当在货物运抵海关监管区后、装货的24小时以前，向货物的进出境地海关申报，海关根据税则归类和完税价格计算应缴纳的关税和进口环节代征税，并填发税款缴款书。

二、关税的纳税期限

纳税义务人应当自海关填发税款缴款书之日起15日内，向指定银行缴纳税款。如关税缴款期限届满日遇星期六、星期日等休息日或者法定节假日，则关税缴纳期限顺延至休息日或者法定节假日之后的第一个工作日。

关税纳税义务人因不可抗力或者在国家税收政策调整的情形下，不能按期缴纳税款的，经依法提供税款担保后，可以延期缴纳税款，但最长不得超过6个月。

三、关税的纳税地点

为方便纳税义务人，经申请且海关同意，进（出）口货物的纳税义务人可以在设有海关的指运地（启运地）办理海关申报、纳税手续。

四、关税的缴纳方式

（一）柜台支付

纳税义务人在POP（公共服务系统）查询到“缴纳税费”的信息，即可到税费核注窗口领取税款缴款书去银行缴纳税费。目前，我国国内设立的各商业银行均可经收海关税款，纳税人一般可以通过自己的开户银行，将税款缴纳至当地国库或国库经理处。

（二）网上支付

纳税义务人可通过中国电子口岸数据平台办理进出口税费的缴纳手续。

【寓德于技】

“税警关银”联合打击“三假”，严守交易真实

MLG公司系电子商务企业、电子商务交易平台。PA快递公司是新西兰的一家国际快递和货运物流公司。为谋取非法利益，MLG公司的曹某某与PA快递公司的夏某合谋，以国内淘宝、京东网站奶粉等物品价格的6～7折作为申报价格，将国内购买人向新西兰代购商所购买的本应通过行邮渠道进境的奶粉等物品由MLG公司伪报成跨境电商贸易方式走私入境，并将快递送达给国内购买人，偷逃税款224.9105万元。本案应以国内奶粉购买人所支付的购买价格（即实际交易价格）为基础确定完税价格。

知识小结：

“关税的纳税申报与缴纳”相关知识小结如图 4 – 9 所示。

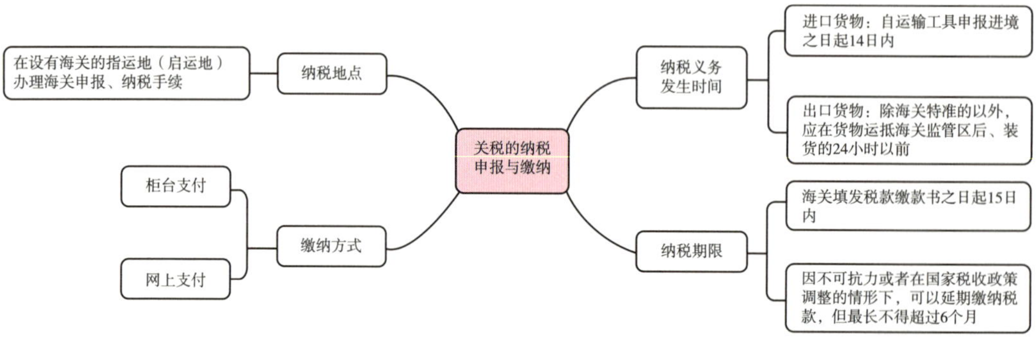

图 4 – 9 “关税的纳税申报与缴纳”相关知识小结

任务 关税的纳税申报与缴纳

实战演练

学习目标：

1. 明确关税纳税申报与缴纳的工作流程
2. 能够运用智能财税平台，准确完成关税申报与缴纳工作
3. 履行纳税义务，增强学生职业荣誉感
4. 感受社会主义制度优越性，树立人民至上的家国情怀

任务描述：

一、公司基本情况

公司全称：北京兴华贸易有限公司（简称兴华贸易公司）。

企业类型：主要经营电池、金属材料、摄影器材等货物的进出口业务。

公司开户银行：中国工商银行北京市腾天路支行。

基本存款账户：15868169766530。

统一社会信用代码（纳税人识别号）：736612655965876630。

经营地址、电话：北京市朝阳区恒驰路 968 号 010 – 58873276。

二、公司内部会计制度

执行法律：执行《企业会计准则》(2017)《海关法》《进出口关税条例》《海关进出口税则》等。

申报税种：本公司为一般纳税人企业，销售电池、金属材料、摄影器材等货物的增值税税率为13%，电池适用的消费税税率为4%，城市维护建设税、教育费附加及地方教育费附加分别按流转税的7%、3%、2%计算。

三、业务描述

以涉税服务岗会计身份，完成关税的纳税申报及税款缴纳。

任务布置：

一、明确任务

以涉税服务岗会计的身份完成以下工作。

(1) 整理和准备关税申报的纳税资料。

(2) 准确完成关税申报。

(3) 及时并正确完成关税及相关税费的缴纳。

二、工作成果

(1) 关税申报的纳税资料。

(2) 缴纳进（出）口货物应纳税额的会计凭证和会计账簿。

三、评价标准

(1) 依据《海关法》《进出口关税条例》《海关进出口税则》等相关法律的规定，正确进行纳税申报和税款缴纳。

(2) 依据《会计基础工作规范》《企业会计信息化工作规范》等要求，正确审核原始凭证，生成记账凭证及会计账簿。

任务分析：

一、工作思路

(1) 明确纳税申报的工作流程，整理和准备申报的纳税资料。

(2) 分析经济业务计税依据、税费计算方法、填写相关纳税资料。

(3) 财务共享云平台自动生成缴款税款记账凭证及相关账簿。

二、岗位分工及工作流程

岗位分工及工作流程如图4-10所示。

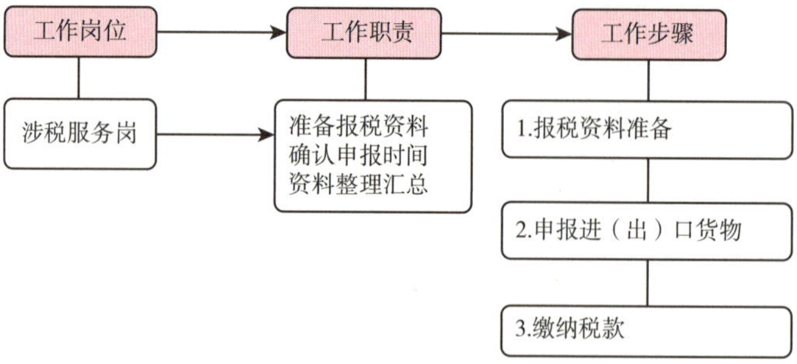

图 4－10 岗位分工及工作流程

任务实施：

一、准备报税资料

涉税服务岗会计人员在进行纳税申报之前，首先要明确该企业的纳税申报时间，然后开始准备报税资料并对其进行整理、汇总和核对，完成进（出）口货物报税资料的准备。

（一）确定纳税义务发生时间

进口货物的纳税义务人应当自运输工具申报进境之日起 14 日内，出口货物的纳税义务人除海关特准的以外，应当在货物运抵海关监管区后、装货的 24 小时以前，向货物的进出境地海关申报，海关根据税则归类和完税价格计算应缴纳的关税和进口环节代征税，并填发税款缴款书。

（二）确定纳税期限

纳税义务人应当自海关填发税款缴款书之日起 15 日内，向指定银行缴纳税款。如关税缴款期限届满日遇星期六、星期日等休息日或者法定节假日，则关税缴纳期限顺延至休息日或者法定节假日之后的第一个工作日。

关税纳税义务人因不可抗力或者在国家税收政策调整的情形下，不能按期缴纳税款的，经依法提供税款担保后，可以延期缴纳税款，但最长不得超过 6 个月。

（三）确定纳税地点

为方便纳税义务人，经申请且海关同意，进（出）口货物的纳税义务人可以在设有海关的指运地（启运地）办理海关申报、纳税手续。

（四）确定税款的缴纳方式

1. 柜台支付

纳税义务人在 POP（公共服务系统）查询到“缴纳税费”的信息，即可到税费核注窗口领取税款缴款书去银行缴纳税费。目前，我国国内设立的各商业银行均可经收海关税款，纳税人一般可以通过自己的开户银行，将税款缴纳至当地国库或国库经理处。

2. 网上支付

纳税义务人可通过中国电子口岸数据平台办理进出口税费的缴纳手续。

二、进（出）口货物纳税申报

（1）用浏览器登录中华人民共和国海关“互联网 + 海关”一体化网上办事平台(http://online. customs. gov. cn)，如图 4 - 11 所示。

图 4 - 11　中华人民共和国海关“互联网 + 海关”一体化网上办事平台

（2）点击“登录”按钮后，系统跳转至登录界面，如图 4 - 12 所示。

图 4 - 12　进入中华人民共和国海关“互联网 + 海关”一体化网上办事平台“登录”界面

（3）登录成功后，如图 4 - 13 所示。在该页面，点击“电子税单”图标，即可进入电子税单系统页面，如图 4 - 14 所示。特别注意，双企业卡号的企业用户点击“电子税单”后，需要选择企业号，如图 4 - 15 所示。

图 4－13　“登录”成功后界面

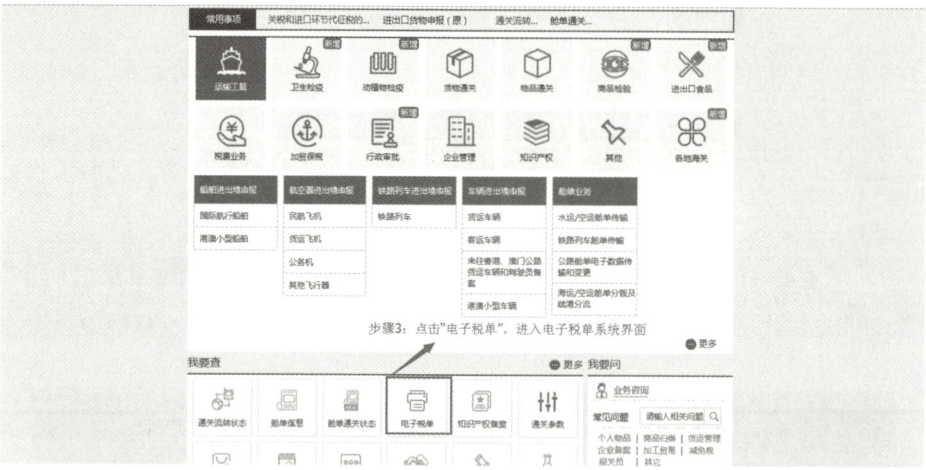

图 4－14　点击“电子税单”图标

图 4－15　选择企业号

（4）进入“电子税单”系统后，有 4 个模块区域，如图 4－16 所示。其中模块 4 提供电子税单的“下载”和“导出数据”两个功能。

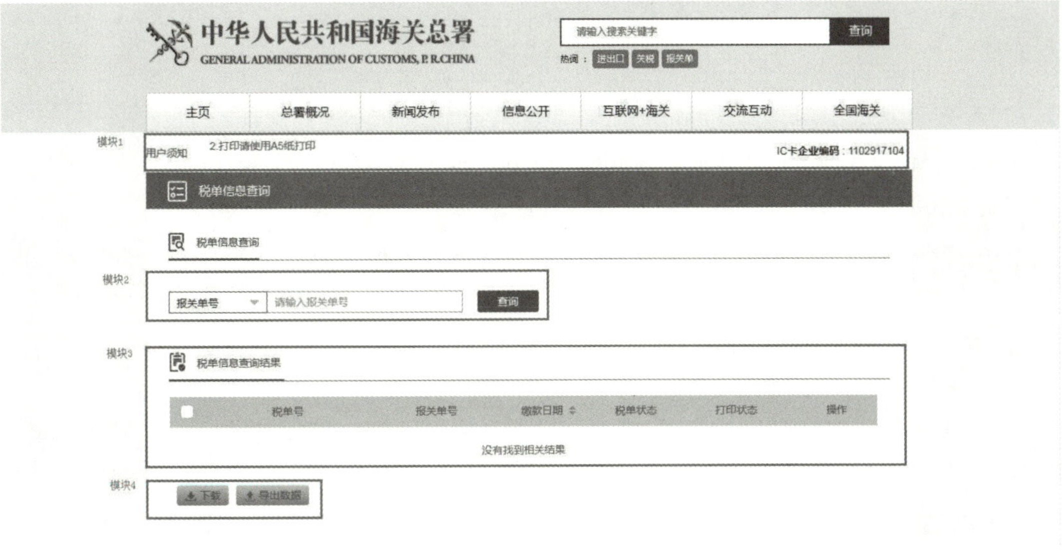

图 4－16　“电子税单”系统界面

（5）模块 1 分为两个区域，分别为用户须知和 IC 卡企业编码，在使用税单查询功能前，需先阅读该说明；IC 卡企业编码显示当前插入的 IC 卡编码，如图 4－17 所示。

图 4－17　查看模块 1 界面

（6）在模块 2 中，可根据报关单号查询、税单号查询或者缴款日期区间进行税单的查询，如图 4－18 所示。

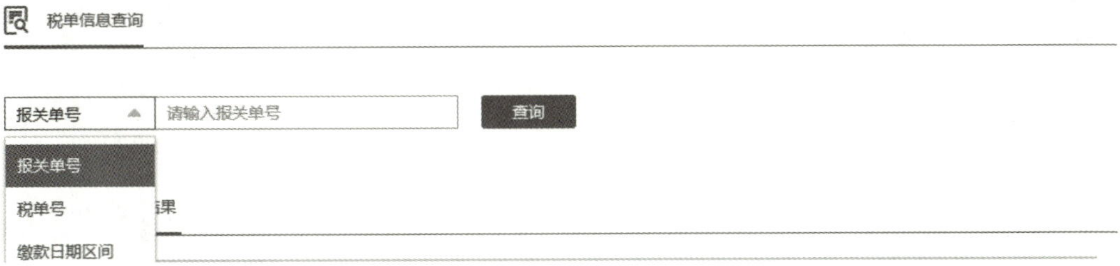

图 4－18　查看模块 2 界面

（7）模块 3 用于显示查询结果，在根据缴款日期区间查询时，会出现分页，企业用户可在跳转页输入框中输入预想跳转的指定页码，并按下“Enter”键，即可跳转到相应的页数，如图 4－19 所示。

税单信息查询结果

	税单号	报关单号	缴款日期	税单状态	打印状态	操作
	231787064155931066-A01	231787064155931066	2022-03-10	正常税单	未打印	非电子支付
	231776732785044454-A01	231776732785044454	2022-03-10	正常税单	未打印	非电子支付
	231758447779561209-A01	231758447779561209	2022-03-10	正常税单	未打印	非电子支付
	231758447779561208-A01	231758447779561208	2022-03-10	正常税单	未打印	非电子支付
	220195132600797284-A01	220195132600797284	2022-03-10	正常税单	未打印	非电子支付
	220100999079340922-A01	220100999079340922	2022-03-10	正常税单	第2次打印	查看并打印
	220100999079340921-A01	220100999079340921	2022-03-10	正常税单	第1次打印	查看并打印
	220100999079340920-A01	220100999079340920	2022-03-10	正常税单	第1次打印	查看并打印
	220100999079340919-A01	220100999079340919	2022-03-10	正常税单	未打印	查看并打印
	220100999079340918-A01	220100999079340918	2022-03-10	正常税单	未打印	查看并打印
	220100999079340917-A01	220100999079340917	2022-03-10	正常税单	未打印	查看并打印

下载　导出数据　共 110 条　20 条/页　1 2 3 4 5 6　前往 1 页

图 4－19　查看税单信息查询结果界面

（8）企业用户点击“查看并打印”按钮，进入税单预览界面，如图 4－20 所示。

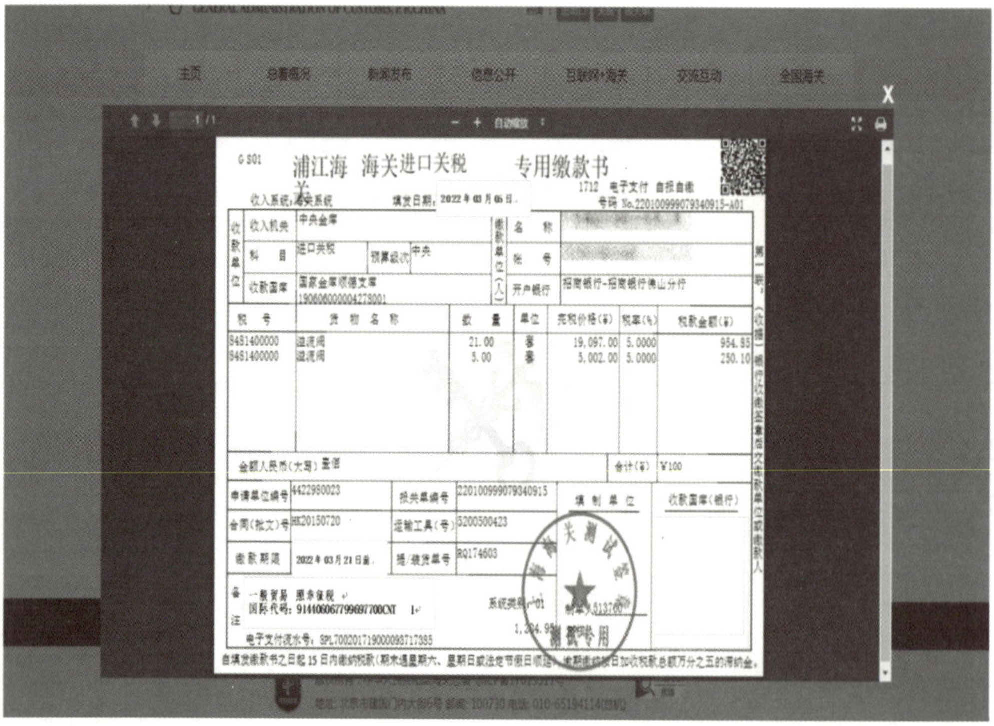

图 4－20　进入税单预览界面

（9）点击右上角的“打印”按钮，进行打印操作，如图 4－21 所示。

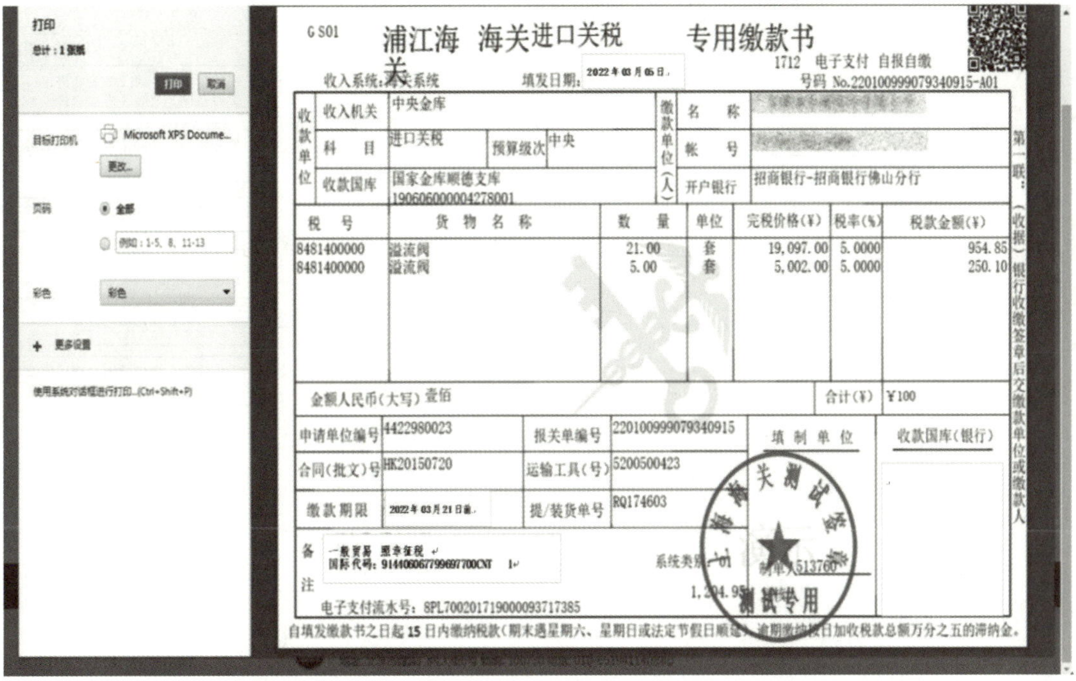

G S01　浦江海关　海关进口关税　专用缴款书

收入系统：海关系统　填发日期：2022 年 03 月 05 日　1712　电子支付　自报自缴　号码 No.220100999079340915-A01

收款单位	收入机关	中央金库		缴款单位（人）	名称	
	科目	进口关税	预算级次 中央		帐号	
	收款国库	国家金库顺德支库 190606000004278001			开户银行	招商银行-招商银行佛山分行

税号	货物名称	数量	单位	完税价格（¥）	税率（%）	税款金额（¥）
8481400000	溢流阀	21.00	套	19,097.00	5.0000	954.85
8481400000	溢流阀	5.00	套	5,002.00	5.0000	250.10

金额人民币（大写）壹佰　合计（¥）¥100

申请单位编号	4422980023	报关单编号	220100999079340915	填制单位	收款国库（银行）
合同（批文）号	HK20150720	运输工具（号）	5200500423		
缴款期限	2022 年 03 月 21 日前	提/装货单号	RQ174603		

备注：一般贸易　照章征税　国际代码：91440606779969770CNT　1
电子支付流水号：SPL70020171900000093717385
系统类别：01　1,204.95　制单人 513760
上海海关测试签章　测试专用

第一联：（收据）银行收缴签章后交缴款单位或缴款人

自填发缴款书之日起 15 日内缴纳税款（期末遇星期六、星期日或法定节假日顺延），逾期缴纳按日加收税款总额万分之五的滞纳金。

图 4－21　点击“打印”按钮

三、缴纳税款并进行会计处理

一般纳税人按规定的纳税期限缴纳进口关税时，借记“应交税费——应交关税（进口关税）”账户，贷记“银行存款”账户。一般纳税人按规定的纳税期限缴纳出口关税时，借记“应交税费——应交关税（出口关税）”账户，贷记“银行存款”账户。

以业务 4－1 兴华贸易公司 2022 年 3 月 5 日的进口存货业务为例，假定 3 月 10 日，该公司缴纳了进口环节的各项税金，则其会计分录为：

借：应交税费——应交消费税	36 860.25	
——应交进口关税	252 756.00	
——应交增值税（进项税额）	119 795.81	
贷：银行存款		409 412.06

兴华贸易公司申报完成并成功缴纳进（出）口货物的税款后，系统会自动将缴款凭证推送至财务云共享服务中心，票据管理岗的会计人员查看凭证，并对凭证进行归类，选择“付款类”票据，保存后系统会自动生成记账凭证，主管审核岗会计人员对其进行审核。

任务总结：

“关税的纳税申报与缴纳”任务总结如图 4－22 所示。

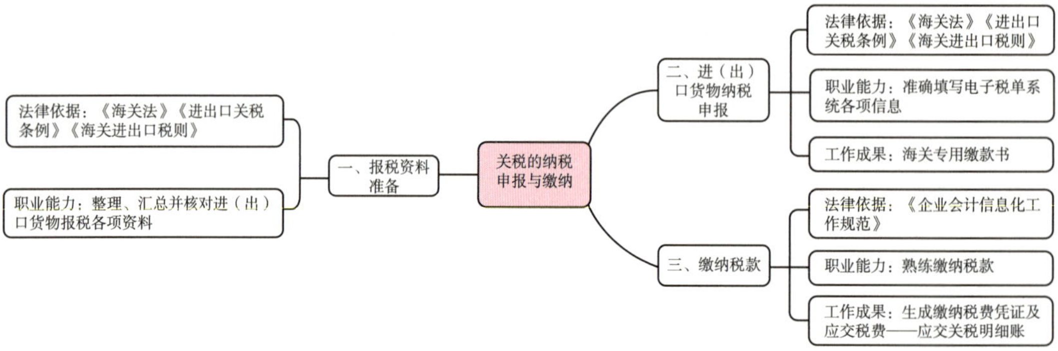

图 4－22 “关税的纳税申报与缴纳”任务总结

单元练习
与实训

单元五
5 个人所得税核算与缴纳

个人所得税是国家对居民个人从中国境内和境外取得的所得、非居民个人从中国境内取得的所得征收的一种所得税。自2019年1月1日起，我国开始施行《中华人民共和国个人所得税法》第七次修正稿，同时，实行国务院印发的《个人所得税专项附加扣除暂行办法》。本次改革，将个税起征点提高至5 000元，并将专项附加扣除的原则和子女教育、继续教育、大病医疗、住房贷款利息或者住房租金、赡养老人、婴幼儿照护（2022年新增）等7项专项附加扣除的扣除范围、扣除标准、扣除方式以及保障措施等内容做出了新规定。

我国采用了综合与分类相结合的个人所得税制，在组织财政收入、提高公民纳税意识，尤其是在调节个人收入分配差距方面具有重要作用。依法依规正确计算缴纳个人所得税，对实现“中国梦”与“共同富裕”的目标具有重要意义。

任务内容与思政元素的相互协同如图5－1所示。

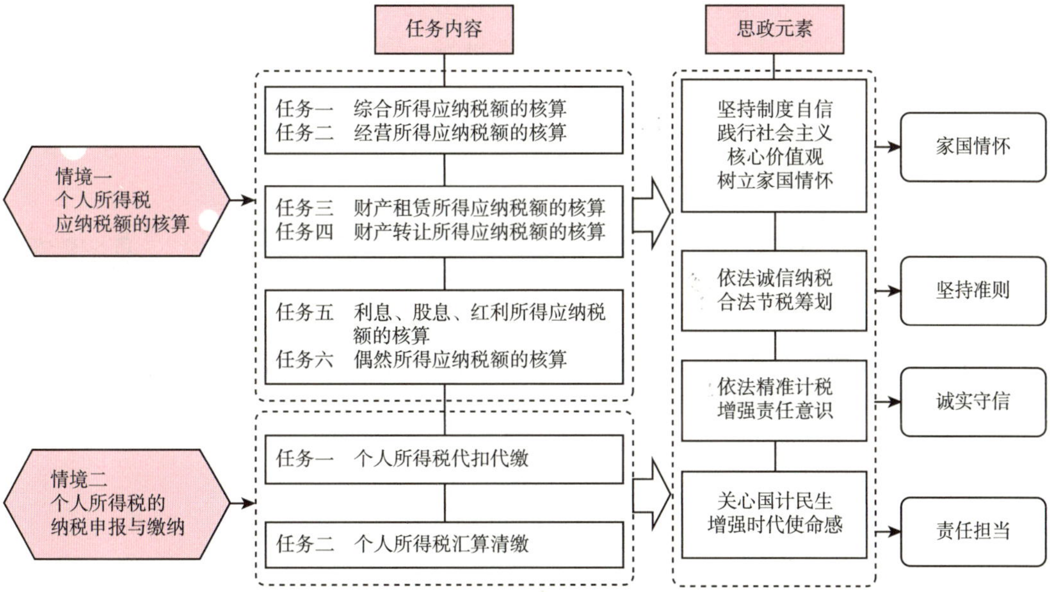

图5－1　任务内容与思政元素的相互协同

情境一　个人所得税应纳税额的核算

知识目标:

1. 明确个人所得税的计税依据、税收优惠、扣除标准等税收法律、法规

2. 掌握个人所得税六类（9 项所得）应纳税额的计算方法

3. 掌握“个人所得税扣缴申报单”所得的填写方法及会计处理方法

实战演练

技能目标:

1. 能够正确界定六类所得的计税依据、税目、扣除项目、适用税率和税收优惠等要素

2. 能够准确计算六类应纳税所得额和个人所得税应纳税额

3. 能够准确填写申报表，并能运用智能财税平台进行账务处理

素养目标:

1. 培养学生理解税费取之于民用之于民的意图，提升依法纳税的公民意识和责任担当

2. 培养学生精准计税、严谨细致的工匠精神，提升规范操作、坚持准则的会计职业素养

知识储备:

一、什么是个人所得税

个人所得税改革变迁史

根据《中华人民共和国个人所得税法》（以下简称《个人所得税法》）第一条，个人所得税是对个人（居民或非居民）取得的各项所得征收的一种税，具体来说是国家对居民个人从中国境内和境外取得的所得、非居民个人从中国境内取得的所得征收的一种所得税。

（一）个人所得税的特点

1. 实行分类征收

世界各国的个人所得税制大体分为三种类型：分类所得税制、综合所得税制和混合所得

税制。我国现行个人所得税采用的是分类所得税制，即将个人取得的各种所得划分为“类”，分别适用不同的费用减除规定、不同的税率和不同的计税方法。（先分人，再分类，最后计算）

2. 超额累进税率与比例税率并用

分类所得税制一般采用比例税率，综合所得税制通常采用超额累进税率。我国现行个人所得税根据各类个人所得的不同性质和特点，将这两种形式的税率运用于个人所得税制。对工资、薪金所得，个体工商户的生产、经营所得，对企事业单位的承包、承租经营所得，采用超额累进税率，实行量能负担。对劳务报酬、稿酬和资本利得性所得，采用比例税率，实行等比负担。

3. 费用扣除额较宽

我国本着费用扣除从宽、从简的原则，采用费用定额扣除和定率扣除两种方法。

4. 计算简便

用应税所得的收入减去允许扣除的，剩下的部分作为所得额，乘以规定的税率。

5. 采取源泉扣缴和个人申报两种征纳方法

（1）源泉扣缴。由支付单位来代扣代缴税款。

（2）自行申报。有一些个人所得的项目要自行申报纳税。

（二）个人所得税的立法原则

（1）调节收入分配，体现社会公平。

（2）增强纳税意识，树立义务观念。

（3）扩大聚财渠道，增加财政收入。

二、个人所得税的纳税人与扣缴义务人

“住所标准”和“居住时间标准”的界定

（一）纳税义务人

个人所得税的纳税人，既包括中国公民、外籍个人以及中国香港、中国澳门、中国台湾同胞等，又包括“自然人性质的特殊主体”，如个体工商户、个人独资企业的投资人、合伙企业的合伙人。上述纳税义务人依据住所和居住时间两个标准，区分为居民个人和非居民个人，分别承担不同纳税义务，如表 5－1 所示。

表 5－1　个人所得税的纳税人区分

纳税人	判定标准	征收范围
居民个人	在中国境内“有住所”	来源于中国境内和境外的全部所得纳税；无限纳税义务
	在中国境内“无住所”而“一个纳税年度内”在中国境内居住累计“满 183 天”的个人	
非居民个人	在中国境内“无住所”且不居住的个人	仅就其来源于中国境内的所得；有限纳税义务
	在中国境内“无住所”而“一个纳税年度内”在中国境内居住累计“不满 183 天”的个人	

（二）扣缴义务人

我国实行个人所得税代扣代缴和个人申报相结合的征收管理制度。税法规定，凡支付应纳税所得的单位或个人，都是个人所得税的扣缴义务人。扣缴义务人在向纳税人支付各项应纳税所得（个体工商户的生产、经营所得和对企事业单位的承包经营、承租经营除外）时，必须履行代扣代缴税款的义务。

三、个人所得税的征税范围及计税方法

（一）征税范围

个人所得税
应税所得
项目表

个人所得税的征税对象是应纳税所得额。所得额的形式包括现金、实物、有价证券和其他形式的经济利益。根据《个人所得税法》第二条，下列各项个人所得，应当缴纳个人所得税：①工资、薪金所得；②劳务报酬所得；③稿酬所得；④特许权使用费所得；⑤经营所得；⑥利息、股息、红利所得；⑦财产租赁所得；⑧财产转让所得；⑨偶然所得。

居民个人取得前款第①项至第④项所得（以下称综合所得），按纳税年度合并计算个人所得税；非居民个人取得前款第①项至第④项所得，按月或者按次分项计算个人所得税。纳税人取得前款第⑤项至第⑨项所得，依照《个人所得税法》规定分别计算个人所得税。

（二）计税方法

依据《个人所得税法》，对纳税义务人的征税方法有三种：

（1）按年计征，如经营所得，居民个人取得的综合所得；

（2）按月计征，如非居民个人取得的工资、薪金所得；

（3）按次计征，如利息、股息、红利所得，财产租赁所得，偶然所得和非居民个人取得的劳务报酬所得，稿酬所得，特许权使用费所得等 6 项所得。

四、个人所得税的税率

个人所得税
减免税优惠表

个人所得税依照所得项目的不同，分别确定了超额累进税率和比例税率。综合所得（工资、薪金所得；劳务报酬所得；稿酬所得；特许权使用费所得）适用七级超额累进税率（3% ~45%）。经营所得适用五级超额累进税率（5% ~35%）。财产租赁所得；财产转让所得；偶然所得；利息、股息、红利所得适用比例税率 20%。

五、个人所得税的税收优惠

《中华人民
共和国个人
所得税法》

《个人所得税法》第四条及其实施条例、财政部、国家税务总局的若干规定等，都对个人所得项目给予了减税免税的优惠，主要分为三类：免税项目、减税项目、暂免税项目。

知识小结：

“个人所得税”相关知识小结如图 5－2 所示。

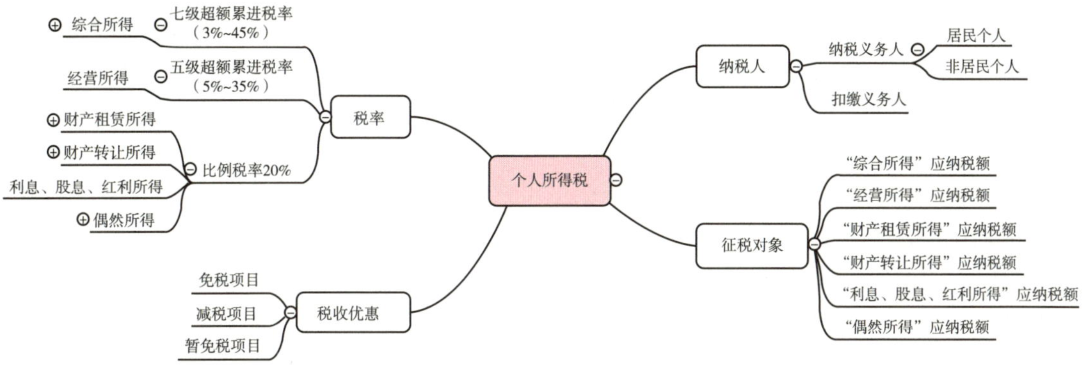

图 5－2　“个人所得税”相关知识小结

任务一　综合所得应纳税额的核算

实战演练

学习目标：

1. 明确综合所得的税目、扣除项目、适用税率、计税依据，以及优惠政策等最新法律规定
2. 能够准确计算居民个人综合所得和非居民个人取得各项所得的应纳税所得额与应纳税额
3. 能够正确进行综合所得代扣代缴方式的会计处理
4. 培养依法诚信纳税、精准计税的职业能力

任务描述：

【业务 5－1】扣缴义务人向居民个人支付工资、薪金所得预扣预缴个人所得税的计算。

我国居民个人李某为独生女，就职于我国的甲公司。本年每月税前工资、薪金收入为 30 000.00 元，每月减除费用为 5 000.00 元。李某个人每月负担的基本养老保险 2 400.00 元、基本医疗保险 600.00 元、失业保险 150.00 元、住房公积金 2 400.00 元，三险一金合计 5 550.00 元。另外，赡养老人每月专项附加扣除金额为 2 000.00 元。李某没有其他的专项附加扣除和依法确定的其他扣除。

【业务5-2】扣缴义务人向居民个人支付劳务报酬所得、稿酬所得、特许权使用费所得预扣预缴个人所得税的计算。

居民个人李某本年3月从兼职单位乙公司取得一次性劳务报酬收入40 000.00元，本年6月从丙出版社取得一次性稿酬收入12 000.00元，本年10月转让给丁公司专利权取得一次性特许权使用费收入共计3 000.00元。上述收入均为税前收入，且均来源于中国境内，假设不考虑增值税等因素。

【业务5-3】非居民个人取得工资薪金、劳务报酬、稿酬、特许权使用费应纳税额的计算。

本年1月，非居民个人玛丽从任职单位取得税前工资、薪金收入12 000.00元。上述收入来源于中国境内，且不享受免税优惠政策。

本年1月，非居民杰克一次性取得劳务报酬1 800.000元；一次性取得稿酬收入6 000.00元；一次性取得特许权使用费收入3 500.00元。上述收入来源于中国境内，且不享受免税优惠政策。假设不考虑增值税等因素。

任务布置：

一、明确任务

分别按照涉税服务岗、会计核算岗、主管审核岗完成以下工作：

（1）准确计算综合所得（居民或非居民）个人所得税应纳税所得额。

（2）智能生成和审核记账凭证。

（3）智能生成和查询会计凭证。

二、工作成果

（1）综合所得个人所得税应纳税额。

（2）企业代缴个人所得税的记账凭证。

（3）“应交税费——应交个人所得税”“银行存款”等账户的明细账。

三、评价标准

（1）根据《个人所得税法》，明确综合所得应纳税额的计算方法并准确计算应纳税额。

（2）根据《企业会计准则》《企业会计信息化工作规范》，正确使用“应交税费——应交个人所得税”“银行存款”会计科目，运用财务软件进行账务处理，生成记账凭证及会计账簿。

任务分析：

一、工作思路

（1）根据税法规定，准确计算综合所得应纳税所得额，确定适用税率。

（2）准确计算个人所得税应纳税额，并根据纳税数额导入工资表进行整理。

（3）进行企业预扣预缴个人所得税的会计处理。

二、岗位分工及工作流程

岗位分工及工作流程如图 5－3 所示。

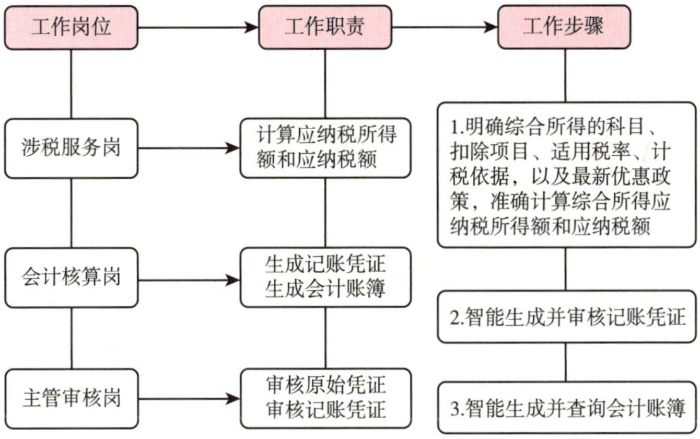

图 5－3　岗位分工及工作流程

任务实施：

一、计算个人所得税综合所得应纳税所得额和应纳税额

（一）扣缴义务人向居民个人支付工资、薪金所得预扣预缴个人所得税的计算

1. 分析经济业务，确定居民个人工资、薪金所得的收入额

工资、薪金所得是个人因“任职或受雇”而取得的所得，属于“非独立”个人劳动所得。根据业务 5－1 任务描述得知，本业务的纳税义务人取得工资、薪金所得，所属税目类型为一般规定，个人因“任职或受雇”而取得的所得，我国居民个人李某每月税前工资、薪金收入为 30 000.00 元。

“工资、薪金所得”税目特殊规定

2. 明确扣除标准，计算扣除项目金额

允许在税前扣除的项目包括生计费、专项扣除、专项附加扣除、其他扣除等项目，如图 5－4 所示。

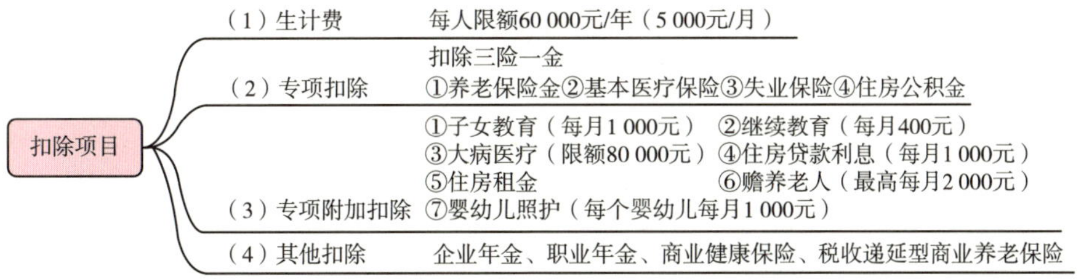

图 5－4　扣除项目汇总

以业务 5－1 为例，确认可以扣除的项目及金额如下：

（1）生计费（减除费用）规定：每人限额 60 000 元/年（5 000 元/月）。

本业务适用：60 000.00 元/年（5 000.00 元/月）

（2）专项扣除规定：扣除三险一金：①养老保险金、②基本医疗保险、③失业保险、④住房公积金。

【要点提示】

生育险、工伤保险是由单位负担缴纳，因此不在扣除范围内。

本业务适用：三险一金 5 550.00 元。

（3）专项附加扣除规定：是指个人所得税法规定的子女教育、继续教育、大病医疗、住房贷款利息、住房租金、赡养老人和婴幼儿照护等七项专项附加扣除。

专项附加扣除规定

本业务适用：赡养老人每月专项附加扣除金额 2 000.00 元

（4）累计依法确定的其他扣除规定：企业年金、职业年金、商业健康保险、税收递延型商业养老保险。

本业务适用：不涉及

3. 确定居民个人本年度 12 个月工资、薪金所得的应纳税所得额

累计预扣预缴应纳税所得额＝累计收入－累计免税收入－累计减除费用－累计专项扣除－累计专项附加扣除－累计依法确定的其他扣除

以业务 5－1 为例，计算李某每月应纳税所得额：

（1 月份）累计预扣预缴应纳税所得额＝累计收入－累计免税收入－累计减除费用－累计专项扣除－累计专项附加扣除－累计依法确定其他扣除＝30 000－5 000－5 550－2 000＝17 450（元）

速算扣除数是什么？

（2 月份）累计预扣预缴应纳税所得额＝30 000×2－5 000×2－5 550×2－2 000×2＝34 900（元）

【自我挑战】

请计算李某（3 月份～12 月份）每个月份的累计预扣预缴应纳税所得额为多少？

4. 计算居民个人综合所得中工资、薪金所得的应纳税额

依据李某本年每月工资、薪金所得计算应由甲公司预扣预缴的个人所得税应纳税额，如表 5－2 所示：

表 5－2　　李某本年度“工资、薪金所得”个人所得税预扣预缴表　　单位：元

月份	累计收入	累计减除费用	累计专项扣除	累计专项附加扣除	累计预扣预缴应纳税所得额	预扣率	速算扣除数	累计已预扣预缴税额	当月预缴
1	30 000.00	5 000.00	5 550.00	2 000.00	17 450.00	3%	0	523.50	523.50
2	60 000.00	10 000.00	11 100.00	4 000.00	34 900.00	3%	0	1 047.00	523.50
3	90 000.00	15 000.00	16 650.00	6 000.00	52 350.00	10%	2 520	2 715.00	1 668.00
4	120 000.00	20 000.00	22 200.00	8 000.00	69 800.00	10%	2 520	4 460.00	1 745.00
5	150 000.00	25 000.00	27 750.00	10 000.00	187 250.00	10%	2 520	6 205.00	1 745.00
6	180 000.00	30 000.00	33 300.00	12 000.00	104 700.00	10%	2 520	7 950.00	1 745.00
7	210 000.00	35 000.00	38 850.00	14 000.00	122 150.00	10%	2 520	9 695.00	1 745.00
8	240 000.00	40 000.00	44 400.00	16 000.00	139 600.00	10%	2 520	11 440.00	1 745.00
9	270 000.00	45 000.00	49 950.00	18 000.00	157 500.00	20%	16 920	14 490.00	3 050.00
10	300 000.00	50 000.00	55 500.00	20 000.00	174 500.00	20%	16 920	17 980.00	3 490.00
11	330 000.00	55 000.00	61 050.00	22 000.00	191 950.00	20%	16 920	21 470.00	3 490.00
12	360 000.00	60 000.00	66 600.00	24 000.00	209 400.00	20%	16 920	24 960.00	3 490.00

【要点提示】

居民个人的“工资、薪金所得”个人所得税税率表（按年），如表 5－3 所示。

表 5－3　　居民个人的“工资、薪金所得”个人所得税预扣表（按年）

级数	“全年”应纳税所得额（含税级距）	税率（%）	速算扣除数（元）
1	不超过 36 000 元的部分	3	0
2	超过 36 000 元至 144 000 元的部分	10	2 520
3	超过 144 000 元至 300 000 元的部分	20	16 920
4	超过 300 000 元至 420 000 元的部分	25	31 920
5	超过 420 000 元至 660 000 元的部分	30	52 920
6	超过 660 000 元至 960 000 元的部分	35	85 920
7	超过 960 000 元的部分	45	181 920

注：本表所称全年应纳税所得额是指依照税法规定，居民个人取得综合所得以每一纳税年度收入额减除费用 6 万元以及专项扣除、专项附加扣除和依法确定的其他扣除后的余额。

（二）扣缴义务人向居民个人支付劳务报酬所得、稿酬所得、特许权使用费所得预扣预缴个人所得税的计算

1. 分析经济业务，确定劳务报酬所得、稿酬所得、特许权使用费的税目

（1）“劳务报酬所得”税目。劳动报酬所得是指个人独立从事“非雇佣”的各种劳务所得，以收入减除 20% 的费用后的余额为收入额。

“劳务报酬所得”税目特殊规定

（2）“稿酬所得”税目。

①基本规定：稿酬所得是指个人因其作品以图书、报刊形式“出版、发表”而取得的所得，其收入额在扣除费用20%的基础上，再减按70%计算，即稿酬所得的收入额为实际取得稿酬收入的56%。

②遗作稿酬：作者去世后，财产继承人取得的遗作稿酬，也应收个人所得税。

（3）“特许权使用费所得”税目。

①基本规定：特许权使用费所得是指个人提供“专利权、商标权、著作权、非专利技术”以及其他特许权的“使用权”所得，以收入减除20%的费用后的余额为收入额。不包括稿酬所得。

②特别规定（见表5－4）：

表5－4 “特许权使用费所得”的特别规定

收入来源	相关性
作者的“手稿原件或复印件”拍卖所得	自己的文学作品
个人的“经济赔偿收入”所得	个人取得的特许权
编剧的“剧本使用费”所得	不论剧本使用方是否为其任职单位

注：个人转让著作权免征增值税。

2. 计算居民个人劳务报酬所得、稿酬所得、特许权使用费的应纳税所得额

（1）预扣预缴方式。

按“次”或按“月”预扣预缴个人所得税，属于一次性收入的，以取得该项收入为一次；属于同一项目连续性收入的，以1个月内取得的收入为一次。

（2）费用扣除标准。

每次收入额≤4 000元的：800.00元（减除费用）

每次收入额＞4 000元的：20%（减除费用按比例计算）

（3）确定扣除项目，计算预扣预缴应纳税所得额。

以业务5－2为例，计算居民李某应纳税所得额为：

居民个人李某劳务报酬预扣预缴所得额＝40 000.00×（1－20%）＝32 000.00（元）

居民个人李某稿酬预扣预缴所得额＝12 000.00×（1－20%）×70%＝6 720.00（元）

居民个人李某特许权使用费预扣预缴所得额＝3 000.00－800.00（减除费用）＝2 200.00（元）

确定应纳税所得额后，需要根据居民个人的“劳务报酬所得”的个人所得税预扣率表（按次或按月），如表5－5所示。选择税率和相对应的速算扣除数，计算应纳税额。

表5－5 居民个人的“劳务报酬所得”的个人所得税预扣率表（按次或按月）

级数	预扣预缴应纳税所得额	预扣率（%）	速算扣除数
1	不超过20 000元的	20	0
2	超过20 000元至50 000元的部分	30	2 000
3	超过50 000元的部分	40	7 000

（4）计算居民个人预扣预缴个人所得税额。

劳务报酬所得应预扣预缴税额＝预扣预缴应纳税所得额×预扣率－速算扣除数

稿酬所得、特许权使用费所得应预扣预缴税额＝预扣预缴应纳税所得额×20%

①“劳务报酬所得”预扣预缴的个人所得税额：

预扣预缴应纳税所得额＝40 000.00×（1－20%）＝32 000.00（元）

预扣率：30%；速算扣除数：2 000

劳务报酬所得应预扣预缴税额＝32 000.00×30%－2 000＝7 600.00（元）

②“稿酬所得”预扣预缴的个人所得税额：

预扣预缴应纳税所得额＝12 000.00×（1－20%）×70%＝6 720.00（元）

预扣率：20%

稿酬所得应预扣预缴税额＝6 720.00×20%＝1 344.00（元）

③“特许权使用费所得”预扣预缴的个人所得税额：

应纳税所得额＝3 000.00－800.00＝2 200.00（元）

预扣率：20%

特许权使用费应预扣预缴税额＝2 200.00×20%＝440.00（元）

非居民个税

【要点提示】

年度终了，李某如有其他的综合所得，2022.3.1～6.30之间，李某需要进行汇算清缴。

3. 计算非居民个人取得工资薪金、劳务报酬、稿酬、特许权使用费应纳税额

（1）知晓非居民个人个人所得税适用税率。非居民个人的个人所得税执行七级超额累进税率表（按月），如表5－6所示。

表5－6　非居民个人“工资、薪金所得，劳务报酬所得，稿酬所得，特许权使用费所得”个人所得税税率表（按月）

级数	“月”应纳税所得额（含税级距）	税率（%）	速算扣除数（元）
1	不超过3 000元的部分	3	0
2	超过3 000元至12 000元的部分	10	210
3	超过12 000元至25 000元的部分	20	1 410
4	超过25 000元至35 000元的部分	25	2 660
5	超过35 000元至55 000元的部分	30	4 410
6	超过55 000元至80 000元的部分	35	7 160
7	超过80 000元的部分	45	15 160

【注意】非居民个人取得工资、薪金所得，劳务报酬所得，稿酬所得和特许权使用费所得，依照本表按月换算后计算应纳税额。

（2）计算个人所得税应纳税额。

以业务 5－3 为例，计算非居民个人玛丽和杰克应纳个人所得税额。

①非居民玛丽本年度 1 月“工资薪金所得”个人所得税月应纳税额：

＝（每月工资、薪金收入额－5 000）×适用税率－速算扣除数

＝（12 000.00－5 000.00）× 10% － 210.00

＝490.00（元）

②非居民个人杰克本年度 1 月“劳务报酬所得”应纳税额（支付所得的单位应代扣代缴）：

＝劳务报酬收入 ×（1－20%）×适用税率－速算扣除数

＝18 000.00 ×（1－20%）×70% ×20% －1 410.00

＝1 470.00（元）

③非居民个人杰克本年度 1 月份“稿酬所得”应纳税额（支付所得的单位应代扣代缴）：

＝稿酬收入 ×（1－20%）×70% ×适用税率－速算扣除数

＝6 000.00 ×（1－20%）×70% ×10% －210.00

＝126.00（元）

④非居民个人杰克本年度 1 月份“特许权使用费所得”应纳税额：

＝特许权使用费收入 ×（1－20%）×适用税率－速算扣除数

＝3 500.00 ×（1－20%）×3% －0

＝84.00（元）

二、智能生成并审核记账凭证

（一）账户设置

以业务 5－1 为例，为了正确记录、反映个人所得税的代扣代缴情况，支付工资、薪金所得的单位在代扣代缴个人所得税时，应通过“应交税费——应交个人所得税”账户核算。为此应代扣代缴的职工个人所得税，借记“应付职工薪酬——工资”账户，贷记“应交税费——应交个人所得税”账户；对缴纳的个人所得税，借记“应交税费——应交个人所得税”账户，贷记“银行存款”等账户。

（二）会计处理

实际核算时，企业为职工代扣代缴个人所得税有 2 种情况：一是职工自己承担个人所得税，企业只负有扣缴义务；二是企业既承担税款，又负有扣缴义务。在支付工资、薪金所得的同时代扣个人所得税：

1. 企业支付时：

借：应付职工薪酬——工资	36 073.50	
贷：现金/银行存款		30 000.00
应交税费——应交个人所得税		523.50
其他应付款——社会保险费		5 550.00

2. 实际代缴个人所得税时：

借：应交税费——应交个人所得税　　523.50

　　贷：银行存款　　523.50

（三）智能生成并审核记账凭证

会计核算岗的人员根据工资表录入结转代扣款项的记账凭证，根据个人所得税缴款单生成缴纳个人所得税的凭证，保存后将凭证转入主管审核岗，主管审核岗会计人员根据单据进行审核，如图 5－5 和 5－6 所示。

记账凭证

记字第 0001 号　制单日期 2022-01-31　附单据 0 张

序号	摘要	会计科目	借方金额	贷方金额
1	代扣代缴个人所得税	221101 应付职工薪酬-职工工资	3607350	
2	代扣代缴个人所得税	1002 银行存款		3000000
3	代扣代缴个人所得税	222131 应交税费-应交个人所得税		52350
4	代扣代缴个人所得税	221109 应付职工薪酬-代扣保险费		555000
5				
合计:叁万陆仟零柒拾叁元伍角			3607350	3607350

已审核

图 5－5　企业支付时代扣记账凭证

记账凭证

记字第 0002 号　制单日期 2022-01-31　附单据 0 张

序号	摘要	会计科目	借方金额	贷方金额
1	代缴个人所得税	222131 应交税费-应交个人所得税	52350	
2	代缴个人所得税	1002 银行存款		52350
3				
4				
合计:伍佰贰拾叁元伍角			52350	52350

已审核

图 5－6　实际代缴个人所得税记账凭证

三、智能生成并查询会计账簿

主管审核岗人员审核记账凭证后，系统会自动将记账凭证推送至“账簿模块”，涉税服务岗会计人员可以通过账簿模块查询明细账“应交税费——应交个人所得税”明细账的金额。

任务总结：

“综合所得应纳税额的核算”任务总结如图 5－7 所示。

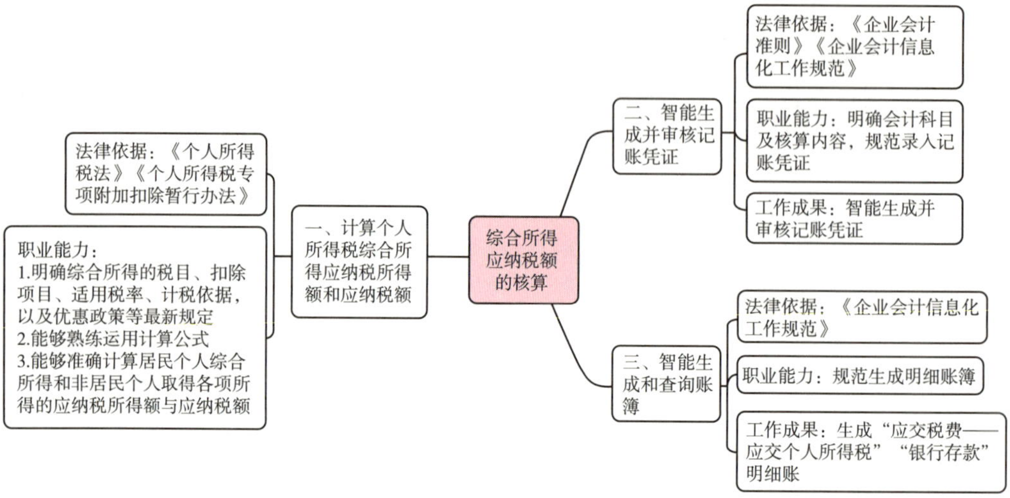

图 5－7 "综合所得应纳税额的核算"任务总结

任务二 经营所得应纳税额的核算

学习目标：

实战演练

1. 明确经营所得的税目、扣除项目、税率以及优惠政策等相关税法的最新政策规定

2. 能够准确计算经营所得的个人所得税应纳税所得额与应纳税额

3. 能够正确填制"个人所得税经营所得纳税申报表（B 表）"并进行会计处理

4. 培养学生爱国家、爱岗敬业，并积极履行纳税义务，能依法进行税务申报的职业能力

任务描述：

一、纳税人基础信息

纳税人名称：聚香园饭店（个体工商户）。

统一社会信用代码：52310246871212699J。

工商注册号：412328626650488。

成立时间：2018 年 08 月 01 日。

经营者：王亮。

开户银行及账号：杭州银行中山路支行 3301033426227789。

地址及电话：杭州市上城区中山路 68 号　0571－85341362。

适用的会计准则：小企业会计准则。

企业主要经营范围：快餐服务（依法须经批准的项目，经相关部门批准后方可开展经营活动）。

出资比例：王亮个人投资额为 80 万元，出资比例 100%。

税务核定信息：聚香园饭店为查账征收，个人所得税征收方式为据实预缴，收入、费用等资料健全。纳税期限为季度申报。

二、业务描述

【业务 5－4】2022 年 03 月 31 日，聚香园饭店财务人员为王亮进行 2021 年个人所得税经营所得年度汇算清缴。

资料 1：基础信息如表 5－7 所示。

表 5－7　　基础信息

工号	姓名	性别	身份证号	联系电话	任职日期	国籍
1	王亮	男	3301021988060809××	13767896782	2018－08－01	中国

资料 2：利润表如表 5－8 所示。

表 5－8　　利润表

纳税人识别号：52310246871212699J　　会小企 02 表

核算单位：聚香园饭店　　2021 年 12 月　　单位：元

项目	行次	本年累计金额	本月金额
一、营业收入	1	3 200 000.00	300 000.00
减：营业成本	2	980 000.00	96 000.00
税金及附加	3	370 000.00	16 700.00
其中：消费税	4	0.00	0.00
城市维护建设税	5	0.00	0.00
资源税	6	0.00	0.00
土地增值税	7	0.00	0.00
城镇土地使用税、房产税、车船税、印花税	8	0.00	0.00
教育费附加、矿产资源补偿费、排污费	9	0.00	0.00
销售费用	10	0.00	0.00
其中：商品维修费	11	0.00	0.00
广告费和业务宣传费	12	0.00	0.00
管理费用	13	300 000.00	30 800.00
其中：开办费	14	0.00	0.00

续表

项目	行次	本年累计金额	本月金额
业务招待费	15	0.00	0.00
研究费用	16	0.00	0.00
财务费用	17	0.00	0.00
其中：利息费用（收入以-填列）	18	0.00	0.00
加：投资收益（亏损以-填列）	19	0.00	0.00
二、营业利润（亏损以-号填列）	20	1 550 000.00	156 500.00
加：营业外收入	21	0.00	0.00
其中：政府补助	22	0.00	0.00
减：营业外支出	23	0.00	0.00
其中：坏账损失	24	0.00	0.00
无法收回的长期债券投资损失	25	0.00	0.00
无法收回的长期股权投资损失	26	0.00	0.00
自然灾害等不可抗力因素造成的损失	27	0.00	0.00
税收滞纳金	28	0.00	0.00
三、利润总额（亏损总额以-号填列）	29	1 550 000.00	156 500.00

资料3：

（1）聚香园饭店管理费用中列支王亮工资215 000.00元、家庭混用的水电等支出12 000.00元、王亮陪父母出国旅游费用32 700.00元，税收滞纳金3 212.00元。

（2）业务招待费超标列支12 000.00元，2019年6月，王亮购买了首套房，办理了为期25年的住房公积金首套房贷款，正在还款中。王亮尚未结婚，2021年8月，父母刚年满55岁。王亮每月按国家规定的标准缴纳“三险一金”2 000.00元（其中养老保险800.00元，医疗保险300.00元，失业保险100.00元，公积金800.00元），其2021年收入均来源于聚香园饭店个体经营，无其他所得。

（3）聚香园饭店上年度亏损23 000.00元需要弥补。

（4）2021年6月20日，聚香园饭店通过中国教育发展基金会（社会信用代码310Y15907980289）向教育事业捐赠现金20万元，凭证号1300030510。

要求：（1）请根据资料计算该个体工商户当年应缴纳的个人所得税税额；

（2）请填制税款所属期为2021年度个人所得税经营所得汇算清缴纳税申报表并进行会计处理。

任务布置：

一、明确任务

分别按照涉税服务岗、会计核算岗、主管审核岗完成以下工作。

（1）根据《中华人民共和国个人所得税法》规定计算经营所得个人所得税应纳税所得额。

（2）准确计算经营所得（年度汇缴）个人所得税应纳税额。

二、工作成果

（1）个体工商户经营所得（年度汇缴）个人所得税应纳税所得额。
（2）个体工商户经营所得（年度汇缴）个人所得税应纳税额。
（3）“个人所得税经营所得纳税申报表（B表）”。

三、评价标准

（1）根据《个人所得税法》，准确计算经营所得（年度汇缴）个人所得税应纳税额。

（2）根据《财政部　税务总局公告2021年第12号》规定，准确计算税收优惠后应补税/退税税额。

（3）依据“个人所得税生产经营所得纳税申报表（B表）”填报说明规范，填写“个人所得税经营所得纳税申报表”。

任务分析：

一、工作思路

（1）计算经营所得个人所得税应纳税所得额及应纳税额。
（2）分析税收优惠政策，计算税收优惠及本期应退（补）所得税额。
（3）填写“个人所得税生产经营所得纳税申报表（B表）”。
（4）进行个人所得税生产经营所得年度汇算清缴的会计处理。

二、岗位分工及工作流程

岗位分工及工作流程如图5-8所示。

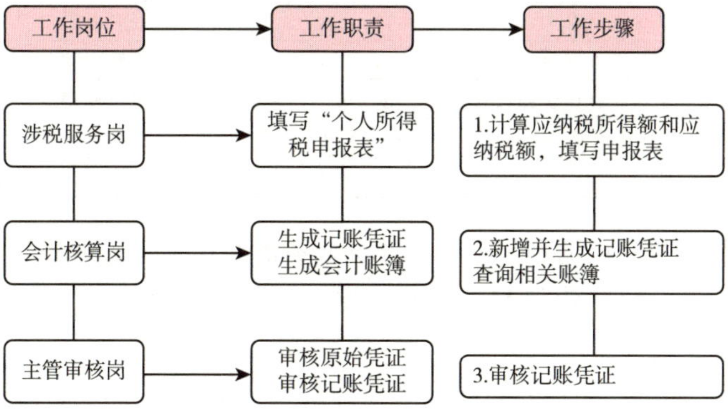

图5-8　岗位分工及工作流程

任务实施：

一、计算经营所得个人所得税应纳税所得额及应纳税额

根据《个人所得税法》第六条第三款规定，经营所得应纳税所得额的计算：以每一纳税年度的收入总额减除成本、费用以及损失后的余额为应纳税所得额。计算公式为：

应纳税所得额 = 每一纳税年度的收入总额 – 成本 – 费用 – 损失

正确进行经营所得应纳税额的核算，明确计税依据如下：

公式 1：“个体工商户”的生产、经营所得应纳税额的计算公式：

应纳税额 =（全年收入总额 – 成本、费用、税金、损失、其他支出以及以前年度亏损）× 适用税率 – 速算扣除数

公式 2：“对企事业单位的承包经营、承租经营”所得应纳税额的计算公式：

应纳税额 =（纳税年度收入总额 – 必要费用）× 适用税率 – 速算扣除数

（一）分析经济业务，确定经营所得在纳税年度的收入总额

经营所得的计税税目如下所述：

1. 基本规定

（1）个人通过中国境内注册登记的个体工商户、个体独资企业、合伙企业从事生产、经营活动取得的所得；

（2）个人依法取得执照，从事办学、医疗、咨询以及其他有偿服务活动取得的所得；

（3）个人承包、承租、转包、转租取得的所得；

（4）个人从事其他生产、经营活动取得的所得。

2. 特殊规定（见表 5 – 9）

表 5 – 9 “经营所得”计税规定

所得项目		所属税目
个体工商户取得与生产经营无关的所得		按有关规定计征
出租车司机	出租车属于个人所有	经营所得
	单车承包或承租方式运营	工资、薪金所得
企业为个人购买资产	个体独资企业、合伙企业投资者 + 家庭成员	经营所得
	“非”个体独资企业、合伙企业投资者 + 家庭成员	利息、股息、红利所得
	企业其他成员	工资、薪金所得

【分析】根据任务描述中的利润表，本经济业务的纳税义务人取得经营所得，所属税目类型为“个体工商户”的经营所得，适用公式 1，确定纳税年度 2021 年度收入总额为 3 200 000.00 元。

（二）确定扣除项目并计算

取得经营所得的个人，没有综合所得的情况，计算其每一纳税年度的应纳税所得额时，应当减除费用 6 万元、专项扣除、专项附加扣除，以及依法规定的其他扣除（同个人所得税

综合所得的四项扣除项目)。专项附加扣除在办理汇算清缴时减除。

1. 允许扣除的项目（合计 96 000.00 元）

（1）投资者减除费用：60 000.00 元。

（2）专项扣除：三险一金 2 000 × 12 = 24 000.00（元）。

（3）专项附加扣除：住房贷款利息 12 000.00 元。

2. 不允许扣除的项目（合计 258 112.00 元）

（1）税收滞纳金：3 212.00 元。

（2）用于个人和家庭的支出：7 200.00 元。

（3）与取得生产经营收入无关的其他支出：32 700.00 元。

（4）投资者工资薪金支出：215 000.00 元。

【想一想】

个体工商户户主的职工薪酬应该怎样扣除？

3. 其他

（1）准予扣除的个人捐赠支出：200 000.00 元。

（2）依据公式 1，扣除项目还有成本、费用、税金、损失、其他支出以及以前年度亏损的几个项目，该经济业务的成本费用（营业成本 + 管理费用 + 税金）：1 650 000.00 元，弥补以前年度亏损 23 000.00 元。

（3）不得扣除超过规定标准的扣除项目金额（业务招待费）：12 000.00 元。

（三）确定应纳税所得额

应纳税所得额 = 每一纳税年度的收入总额 − 成本 − 费用 + 超出标准的费用 + 不允许扣除的项目 − 损失 − 允许扣除的个人费用及其他扣除 − 准予扣除的个人捐赠支出

= 3 200 000.00 − 1 650 000.00 + 12 000.00 + 258 112.00 − 23 000.00 − 96 000.00 − 200 000.00

= 1 501 112.00（元）

（四）确定适用税率

经营所得适用五级超额累进税率，税率为 5% ~ 35%，如表 5 − 10 所示。

表 5 − 10　　个人所得税税率表（经营所得适用）

级数	"全年"应纳税所得额	税率（%）	速算扣除数（元）
1	不超过 30 000 元的部分	5	0
2	超过 30 000 元至 90 000 元的部分	10	1 500
3	超过 90 000 元至 300 000 元的部分	20	10 500
4	超过 300 000 元至 500 000 元的部分	30	40 500
5	超过 500 000 元的部分	35	65 500

【分析】经查表得知，属于五级档位，税率为 35%，速算扣除数为 65 500 元。

（五）计算应纳税额

应纳税额 =（全年收入总额 - 成本、费用、税金、损失、其他支出以及以前年度亏损）× 适用税率 - 速算扣除数 = 1 501 112 × 35% - 65 500 = 459 889.20（元）

二、分析税收优惠政策，计算税收优惠及本期应退（补）所得税额

根据《财政部　税务总局公告2021年第12号》关于个体工商户个人所得税减半政策有关事项：

（1）对个体工商户经营所得年应纳税所得额不超过100万元的部分，在现行优惠政策基础上，再减半征收个人所得税。个体工商户不区分征收方式，均可享受。

（2）个体工商户在预缴、汇缴税款时均可享受，在预缴享受时，其年应纳税所得额暂按截至本期申报所属期末的情况进行判断，并在年度汇算清缴时按年计算、多退少补。若个体工商户从两处以上取得经营所得，需在办理年度汇总纳税申报时，合并个体工商户经营所得年应纳税所得额，重新计算减免税额，多退少补。

（3）个体工商户按照以下方法计算减免税额：

减免税额 =（个体工商户经营所得应纳税所得额不超过100万元部分的应纳税额 - 其他政策减免税额 × 个体工商户经营所得应纳税所得额不超过100万元部分 ÷ 经营所得应纳税所得额）×（1 - 50%）

（4）个体工商户需将按上述方法计算得出的减免税额填入对应经营所得纳税申报表"减免税额"栏次，并附报"个人所得税减免税事项报告表"。对于通过电子税务局申报的个体工商户，税务机关将提供该优惠政策减免税额和报告表的预填服务。实行简易申报的定期定额个体工商户，税务机关按照减免后的税额进行税款划缴。

【计算分析】不超过100万元的部分，就是用100万元计算，依据公式计算如下：

减免税额 =（个体工商户经营所得应纳税所得额不超过100万元部分的应纳税额 - 其他政策减免税额 × 个体工商户经营所得应纳税所得额不超过100万元部分 ÷ 经营所得应纳税所得额）×（1 - 50%）=（1 000 000.00 × 35% - 65 500.00）×（1 - 50%）= 142 250.00（元）

三、填写"个人所得税生产经营所得纳税申报表（B表）"

（一）个人所得税经营所得纳税申报表A表、B表、C表

1. A表的适用对象及报送期限

适用对象：适用于查账征收和核定征收的个体工商户业主、个人独资企业投资人、合伙企业个人合伙人、承包承租经营者个人以及其他从事生产、经营活动的个人在中国境内取得经营所得，办理个人所得税预缴纳税申报时，向税务机关报送。（合伙企业有两个或者两个以上个人合伙人的，应分别填报本表。）

报送期限：纳税人取得经营所得，应当在月度或者季度终了后15日内，向税务机关办理预缴纳税申报。

2. B 表的适用对象及报送期限

适用对象：适用于个体工商户业主、个人独资企业投资人、合伙企业个人合伙人、承包承租经营者个人以及其他从事生产、经营活动的个人在中国境内取得经营所得，且实行查账征收的，在办理个人所得税汇算清缴纳税申报时，向税务机关报送。

（合伙企业有两个或者两个以上个人合伙人的，应分别填报本表。）

报送期限：纳税人在取得经营所得的次年 3 月 31 日前，向税务机关办理汇算清缴。

3. C 表的适用对象及报送期限

适用对象：适用于个体工商户业主、个人独资企业投资人、合伙企业个人合伙人、承包承租经营者个人以及其他从事生产、经营活动的个人在中国境内两处以上取得经营所得，办理合并计算个人所得税的年度汇总纳税申报时，向税务机关报送。

报送期限：纳税人从两处以上取得经营所得，应当于取得所得次年 3 月 31 日前办理年度汇总纳税申报。

（二）A 表和 B 表的区别

1. 征收方式不同

A 表：一般用于实行查账征收方式企业申报；适用于一般纳税人。

B 表：实行核定征收方式企业申报，适合小规模纳税人。

2. 缴税时间不同

A 表：适用于月度（季度）纳税申报；

B 表：适用于年度的汇算清缴。

3. 申报期限不同

A 表：十五日内办理预缴纳税申报。

B 表：三十日内办理个人所得税年度纳税申报。

【填表分析】

该经济业务的主体是个体工商户业主，进行年度的汇算清缴申报业务，且没有在中国境内两处以上取得经营所得，所以选择填写“个人所得税经营所得纳税申报表（B 表）”，根据填报说明申报表填写如表 5－11 所示。

个人所得税经营所得纳税申报表（B 表、C 表）填报说明

表 5－11　个人所得税经营所得纳税申报表（B 表）

（适用于汇算清缴申报）

税款所属期：2021 年 01 月 01 日～2021 年 12 月 31 日

纳税人姓名：王亮

纳税人识别号：　　　　金额单位：人民币元（列至角分）

被投资单位信息	名称	聚香园饭店	纳税人识别号（统一社会信用代码）	52310246871212699J
项　目			行次	金额/比例
一、收入总额			1	3 200 000.00
其中：国债利息收入			2	0.00

续表

项　　目	行次	金额/比例
二、成本费用（3 =4 +5 +6 +7 +8 +9 +10）	3	1 650 000. 00
（一）营业成本	4	980 000. 00
（二）营业费用	5	0. 00
（三）管理费用	6	300 000. 00
（四）财务费用	7	0. 00
（五）税金	8	370 000. 00
（六）损失	9	0. 00
（七）其他支出	10	0. 00
三、利润总额（11 =1 -2 -3）	11	1 550 000. 00
四、纳税调整增加额（12 =13 +27）	12	270 112. 00
（一）超过规定标准的扣除项目金额 （13 =14 +15 +16 +17 +18 +19 +20 +21 +22 +23 +24 +25 +26）	13	12 000. 00
1. 职工福利费	14	0. 00
2. 职工教育经费	15	0. 00
3. 工会经费	16	0. 00
4. 利息支出	17	0. 00
5. 业务招待费	18	12 000. 00
6. 广告费和业务宣传费	19	0. 00
7. 教育和公益事业捐赠	20	0. 00
8. 住房公积金	21	0. 00
9. 社会保险费	22	0. 00
10. 折旧费用	23	0. 00
11. 无形资产摊销	24	0. 00
12. 资产损失	25	0. 00
13. 其他	26	0. 00
（二）不允许扣除的项目金额（27 =28 +29 +30 +31 +32 +33 +34 +35 +36）	27	258 112. 00
1. 个人所得税税款	28	0. 00
2. 税收滞纳金	29	3 212. 00
3. 罚金、罚款和被没收财物的损失	30	0. 00
4. 不符合扣除规定的捐赠支出	31	0. 00
5. 赞助支出	32	0. 00
6. 用于个人和家庭的支出	33	7 200. 00
7. 与取得生产经营收入无关的其他支出	34	32 700. 00
8. 投资者工资薪金支出	35	215 000. 00
9. 其他不允许扣除的支出	36	0. 00
五、纳税调整减少额	37	0. 00

续表

项　　目	行次	金额/比例
六、纳税调整后所得（38 = 11 + 12 - 37）	38	1 820 112.00
七、弥补以前年度亏损	39	23 000.00
八、合伙企业个人合伙人分配比例（%）	40	100.00
九、允许扣除的个人费用及其他扣除（41 = 42 + 43 + 48 + 55）	41	96 000.00
（一）投资者减除费用	42	60 000.00
（二）专项扣除（43 = 44 + 45 + 46 + 47）	43	24 000.00
1. 基本养老保险费	44	9 600.00
2. 基本医疗保险费	45	3 600.00
3. 失业保险费	46	1 200.00
4. 住房公积金	47	9 600.00
（三）专项附加扣除（48 = 49 + 50 + 51 + 52 + 53 + 54 + 55）	48	12 000.00
1. 子女教育	49	0.00
2. 继续教育	50	0.00
3. 大病医疗	51	0.00
4. 住房贷款利息	52	12 000.00
5. 住房租金	53	0.00
6. 赡养老人	54	0.00
7. 婴幼儿照护	55	0.00
（四）依法确定的其他扣除（56 = 57 + 58 + 59）	56	0.00
1. 商业健康保险	57	0.00
2. 税延养老保险	58	0.00
3. 其他	59	0.00
十、投资抵扣	60	0.00
十一、准予扣除的个人捐赠支出	61	200 000.00
十二、应纳税所得额（62 = 38 - 39 - 41 - 60 - 61）或[62 =（38 - 39）× 40 - 41 - 60 - 61]	62	1 501 112.00
十三、税率（%）	63	35.00
十四、速算扣除数	64	65 500.00
十五、应纳税额（65 = 62 × 63 - 64）	65	459 889.20
十六、减免税额（附报“个人所得税减免税事项报告表”）	66	142 250.00
十七、已缴税额	67	0.00
十八、应补/退税额（68 = 65 - 66 - 67）	68	317 639.20

谨声明：本申报表是根据国家税收法律法规及相关规定填报的，是真实的、可靠的、完整的。 纳税人签字：　　　　年　月　日	
代理机构签章： 代理机构统一社会信用代码： 经办人： 经办人身份证件号码：	受理人： 受理税务机关（章）： 受理日期：　年　月　日

四、智能生成并审核记账凭证

（一）账户设置

为了正确记录、反映经营所得的个人所得税代扣代缴情况，支付工资、薪金所得的单位在代扣代缴个人所得税时，应通过“应交税费——应交个人所得税”账户核算。

（二）会计处理

扣缴义务人支付个人的生产经营所得缴纳个人所得税时，一般由支付单位作为扣缴义务人向纳税人扣缴个人所得税款，并计入该企业的有关账户。

（1）企业计提时：

借：所得税费用　　317 639.20

　　贷：应交税费——应交个人所得税　　317 639.20

（2）实际缴纳个人所得税时：

借：应交税费——应交个人所得税　　317 639.20

　　贷：库存现金/银行存款　　317 639.20

（三）生成并审核记账凭证

会计核算岗新增并生成计提企业所得税记账凭证，所得税费用结转记账凭证在智能财税平台月末自动结转。主管审核岗登录智能财税平台对计提所得税费用记账凭证进行审核，系统自动将记账凭证推送至“账簿模块”，会计核算岗在账簿模块查询明细账“应交税费——应交个人所得税”及“所得税费用”账簿。以上操作略。

任务总结：

“经营所得应纳税额的核算”任务总结如图5-9所示。

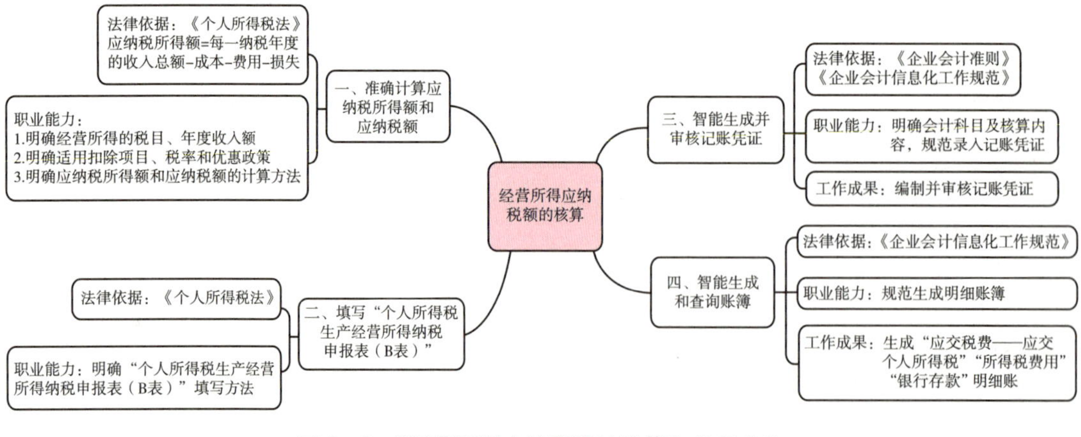

图5-9 “经营所得应纳税额的核算”任务总结

任务三　财产租赁所得应纳税额的核算

实战演练

学习目标：

1. 明确财产租赁所得的税目、扣除项目、税率以及优惠政策等相关税法规定
2. 掌握确定财产租赁所得的个人所得税应纳税所得额的计算方法
3. 能够准确计算财产租赁所得的个人所得税应纳税额并进行会计处理
4. 培养学生坚持准则、诚信计税的会计职业能力

任务描述：

一、纳税人基础信息

纳税人：中国居民徐昊（性别：男，身份证号：3714281980050805××）；国籍：中国。
任职受雇从业类型：其他；出租类型：自有居民住房。
租赁起止时间：2021年01月01日－2021年12月31日。

二、业务描述

【业务5－5】某市居民徐昊2021年1月至6月每月取得出租居民住房的含租金收入35 000元（按市场价出租，6月份发生修缮费用1 000元）。

要求：

（1）请计算徐昊1月至6月份每月应缴纳的增值税、城建税、教育费附加、地方教育附加、房产税和个人所得税；

（2）请登录自然人电子税务局填写财产租赁所得申报单。

任务布置：

一、明确任务

分别按照涉税服务岗、会计核算岗、主管审核岗完成以下工作。

（1）计算财产租赁所得应纳税所得额及应纳税额。

（2）正确进行个人所得税财产租赁所得的会计处理。

二、工作成果

（1）财产租赁所得个人所得税应纳税所得额及应纳税额。

（2）“财产租赁所得个人所得税代扣代缴申报表”。

三、评价标准

（1）根据《个人所得税法》，准确计算财产租赁所得应纳税额。

（2）根据《企业会计准则》《会计基础工作规范》《企业会计信息化工作规范》，正确使用会计科目，运用财务软件进行会计处理，智能生成记账凭证及会计账簿。

任务分析：

一、工作思路

（1）辨析财产租赁所得类型，明确税目和计税依据，确定扣除项目，计算应纳税所得额。

（2）选择财产租赁所得适用税率，分析税收优惠政策，计算个人所得税应纳税额。

（3）自然人电子税务局（扣缴端）代扣代缴申报表信息填报。

（4）进行个人所得税财产转让所得的会计处理。

二、岗位分工及工作流程

岗位分工及工作流程如图 5－10 所示。

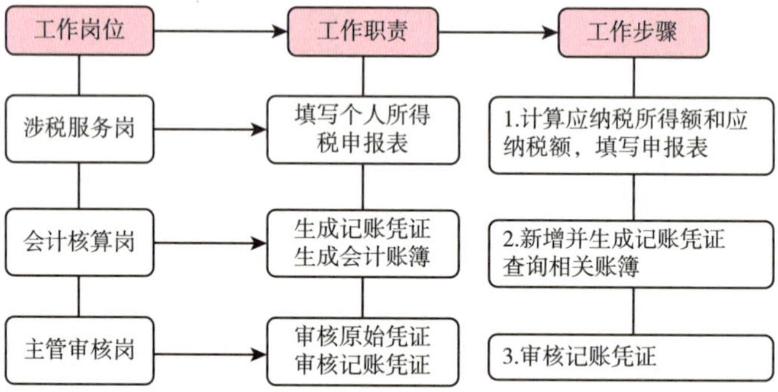

图 5－10 岗位分工及工作流程

任务实施：

一、计算应纳税所得额

根据《个人所得税法》第六条第四款规定，财产租赁所得，每次收入不超过 4 000 元的，减除费用 800 元；4 000 元以上的，减除 20% 的费用，其余额为应纳税所得额。

（一）分析经济业务，明确财产租赁所得的税目

1. 基本规定

财产租赁所得是个人“出租”不动产、土地使用权、机器设备、车船以及其他财产而取得的所得。

2. 特别规定

房地产开发企业与商店购买者个人签订协议规定，以优惠价格出售其商店给购买者个人，购买者个人在一定期限内必须将购买的商店无偿提供给房地产开发企业对外出租使用。对购买者个人支出的购房价款，应视同个人财产租赁所得，按照“财产租赁所得”项目征收个人所得税。

【分析】根据任务描述：某市居民徐昊2021年1月至6月每月取得出租居民住房的含租金收入35 000.00元（按市场价出租，6月份发生修缮费用1 000.00元）。本经济业务的纳税义务人取得财产租赁所得，所属税目类型为基本规定中的“个人”出租不动产而取得的所得。

（二）确定计税方法和税率

根据《个人所得税法》第三条第三款规定，纳税人取得财产租赁所得，适用比例税率，税率为20%。根据第十二条规定：纳税人取得财产租赁所得，按月或者按次计算个人所得税，有扣缴义务人的，由扣缴义务人按月或者按次代扣代缴税款。

计税方法：按“次”计征，以“一个月”内收取的收入为一次；税率：20%。

税收优惠：个人按市场价格出租“住房”取得的所得暂减按10%的税率征收。

【计算分析】本经济业务符合“个人按市场价格出租住房”情形，取得的所得应减按10%的税率征收。

（三）辨别扣除项目并计算

根据《个人所得税法》第六条第四款规定，财产租赁所得，每次收入不超过4 000元的，减除费用800元；4 000元以上的，减除20%的费用，其余额为应纳税所得额。依次扣除以下费用：

（1）财产租赁过程中缴纳的税费（包括城建税、教育费附加、房产税；不包括：增值税）；

（2）向出租方支付的租金（仅适用于转租情况。需提供房屋租赁合同和合法的支付凭据，方可扣除）；

（3）由纳税人负担的该出租财产实际开支的修缮费用（强调实际开支，准予税前扣除，每次以800元为限一次扣不完的下次继续扣除，直到扣完为止）；

（4）税法规定的费用扣除标准（800元或20%）。

【计算分析】

（1）税费扣除：在计算应纳“增值税”的基础上，计算扣除项目“城建税、教育费附加、房产税”的应纳税额：

应纳增值税 = 含税销售额 ÷ (1 + 5%) × 1.5% = 35 000.00 ÷ (1 + 5%) × 1.5% = 500.00(元)

个人出租住房，应按照5%的征收率减按1.5%，计算增值税应纳税额；免征印花税。

应纳城建税、教育费附加、地方教育费附加 = 500.00 × (7% + 3% + 2%) = 60.00(元)

应纳房产税 = (35 000.00 − 500.00) × 4% = 1 380.00(元)

(2) 修缮费用扣除：由业务描述，6 月发生修缮费用为 1 000.00 元。根据法律规定"由纳税人负担的该出租财产实际开支的修缮费用，每次以 800.00 元为限一次扣不完的下次继续扣除，直到扣完为止"，判定本期可以扣除的修缮费用为 800.00 元。

(3) 税法规定的费用扣除标准（800.00 元或 20%）：由于步骤一已经确定应纳税额超过 4 000.00 元，所以本期费用扣除标准应确定为 20%。

（四）确定应纳税所得额的计算方法

采用"定额和定率相结合"的扣除方式

(1) 每次收入额≤4 000 元的：应纳税所得额 = 每次收入额 − 800.00

(2) 每次收入额 >4 000 元的：应纳税所得额 = 每次收入额 × (1 − 20%)

关于"4 000.00 元收入额"的判定："收入额 − 财产租赁过程中缴纳的税费 − 修缮费"是否达到 4 000.00 元的基数。

【计算分析】应纳税所得额 = 每次(月)收入额 − 准予扣除项目 − 修缮费用(实际发生以 800.00 元为限) = 35 000.00 − (500.00 + 60.00 + 1 380.00) − 800.00 = 32 260.00(元)

二、分析税收优惠政策，计算个人所得税应纳税额

应纳税所得额及应纳税额的计算公式：应纳税额 = 应纳税所得额 × 适用税率（10% 或 20%）

公式 1：每次（月）收入不超过 4 000 元的：

应纳税所得额 = 每次(月)收入额 − 准予扣除项目 − 修缮费用(实际发生以 800 元为限) − 800

公式 2：每次（月）收入超过 4 000 元的：

应纳税所得额 = [每次(月)收入额 − 准予扣除项目 − 修缮费用(实际发生以 800 元为限)] × (1 − 20%)

【计算分析】由于应纳税所得额超过 4 000 元，该业务适用于公式 2：

应纳税额 = [每次(月)收入额 − 准予扣除项目 − 修缮费用(实际发生以 800 元为限)] × (1 − 20%) × 10% = [35 000.00 − (500.00 + 60.00 + 1 380.00) − 800.00] × (1 − 20%) × 10% = 2 580.80(元)

三、自然人电子税务局（扣缴端）平台填写报表

图 5 − 11 所示为自然人电子税务局（扣缴端）信息填报图。

四、进行个人所得税财产租赁所得的会计处理

（一）账户设置

为了正确记录、反映财产租赁所得的个人所得税代扣代缴情况，相关企业在代扣代缴个人所得税时，应通过"应交税费——应交个人所得税"账户核算。

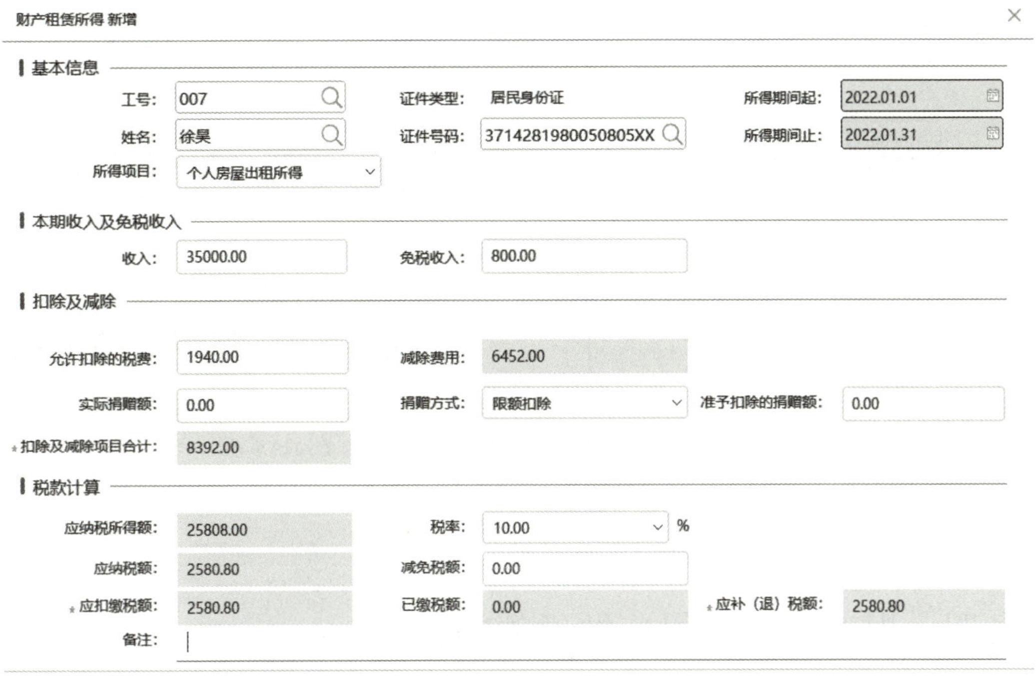

图 5－11　自然人电子税务局（扣缴端）信息填报图

（二）编制会计分录

扣缴义务人支付个人的财产租赁所得缴纳个人所得税时，一般由支付单位作为扣缴义务人向纳税人扣缴个人所得税款，并计入该企业的有关账户。

（1）企业在计提税金时：

借：所得税费用　　2 580. 80

　　贷：应交税费——应交个人所得税　　2 580. 80

（2）实际缴纳个人所得税时：

借：应交税费——应交个人所得税　　2 580. 80

　　贷：库存现金/银行存款　　2 580. 80

（三）生成并审核记账凭证

会计核算岗新增并生成计提企业所得税记账凭证，所得税费用结转记账凭证在智能财税平台月末自动结转。主管审核岗登录智能财税平台对计提所得税费用记账凭证进行审核，系统自动将记账凭证推送至“账簿模块”，会计核算岗在账簿模块查询明细账“应交税费——应交个人所得税”及“所得税费用”账簿。以上操作略。

另外，纳税义务人也可以选择以自缴方式进行个人所得税的纳税申报。徐昊每月因出租房屋应缴纳的个人所得税，应当主动去房屋所在地税务机关缴纳税款，取得完税证明，保存以备税务稽查使用。

任务总结：

“财产租赁所得应纳税额的核算”相关知识小结如图 5－12 所示。

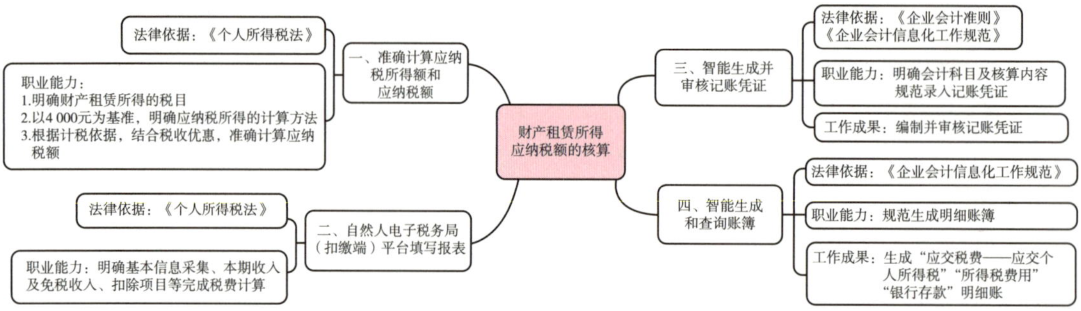

图 5－12 “财产租赁所得应纳税额的核算”相关知识小结

任务四 财产转让所得应纳税额的核算

实战演练

学习目标：

1. 明确财产转让所得的税目、计税方法、税率以及优惠政策等相关税法规定

2. 掌握财产转让所得的个人所得税应纳税所得额的计算方法

3. 能够准确计算财产转让所得的个人所得税应纳税额及账务处理

4. 培养学生廉洁自律、诚信纳税的职业素养，以及规范操作的职业能力

任务描述：

一、纳税人基础信息

纳税人：中国居民徐昊（性别：男，身份证号：3714281980050805 × ×）。
国籍：中国；任职受雇从业类型：自然人股东；股份占比：60%；转让类型：公司股权。

二、业务描述

【业务 5－6】中国居民徐昊为北京好会计服务有限公司的自然人股东，该公司实收资本为 50 万元，其中徐昊占 60% 股份并实缴了对应部分的入资款。截至上月末，该公司账面显示的所有者权益为 75 万元。徐昊于本月将自己的全部股权转让给甲某，并取得 5 万元的转让费，其中徐昊另行缴纳了相关转让税费 1 万元。

要求：1. 请计算徐昊本次转让财产所得应交个人所得税的税额是多少？

2. 请代北京好会计服务有限公司为中国居民徐昊进行个人所得税代扣代缴的会计处理。

任务布置：

一、明确任务

分别按照涉税服务岗、会计核算岗、主管审核岗完成以下工作。

（1）计算财产转让所得个人所得税应纳税所得额及应纳税额。

（2）正确进行个人所得税财产转让所得的会计处理。

二、工作成果

（1）财产转让所得个人所得税应纳税所得额及应纳税额。

（2）“财产转让所得个人所得税代扣代缴申报表”。

三、评价标准

（1）根据《个人所得税法》规定，准确计算财产转让所得应纳税额。

（2）根据《企业会计准则》《企业会计信息化工作规范》，正确使用“应交税费——应交个人所得税”“银行存款”账户，运用财务软件进行会计处理，生成记账凭证及会计账簿。

任务分析：

一、工作思路

（1）明确转让所得和视同转让所得的税目，确定扣除项目，计算应纳税所得额。

（2）明确计税依据，适用税率 20%，分析 2 种情况的税收优惠政策，计算个人所得税应纳税额。

（3）自然人电子税务局（扣缴端）代扣代缴申报表信息填报。

（4）进行个人所得税财产转让所得的会计处理。

二、岗位分工及工作流程

岗位分工及工作流程如图 5－13 所示。

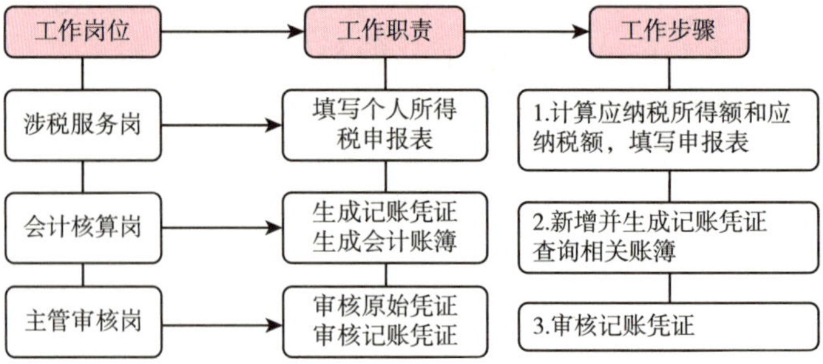

图 5－13　岗位分工及工作流程

任务实施：

一、计算应纳税所得额

（一）分析经济业务，明确财产转让所得的税目

1. 基本规定

财产转让所得是指个人“转让”有价证券、股权、合伙企业中的财产份额、不动产、机器设备、车船以及其他财产取得的所得。

【注意】属于财产转让所得税目包括转让“有形资产”+“土地使用权”+“股权”+“债券”。

2. 特别规定（视同转让所得）

（1）个人转让股权：①个人转让“限售股”，以每次限售股转让收入，减除股票原值和合理税费后的余额，为应纳税所得额。②对个人转让“新三板”挂牌公司“原始股”取得的所得，按照“财产转让所得”，适用税率20%的比例税率征收个人所得税。

（2）个人转让债权：个人通过招标、竞拍或其他方式购置债权以后，通过相关司法或行政程序主张债权而取得的所得，按“财产转让所得”征税。

（3）个人以“货币性资产”投资：属于转让和投资同时发生，对转让所得应按“财产转让所得”征税。

（4）个人转让“虚拟货币”：个人通过网络收购玩家的虚拟货币，加价后向他人出售取得的收入，按“财产转让所得”征税。

（5）企业改制职工个人取得的量化资产（见表5－12）。

表 5－12　企业改制职工个人取得的量化资产适用情形与计税规定

适用情形		计税规定
仅作分红依据无所有权		不征税
拥有所有权	取得时	不征税
	转让时	财产转让所得
持有期间参与分配		利息、股息、红利所得

【分析】根据业务描述，“徐昊于本月将自己的全部股权转让给甲某，并取得了 50 万元的转让费”，该经济业务属于“个人转让股权”取得的所得，属于财产转让所得的基本规定税目，需缴纳个人所得税财产转让所得的税费。

（二）确定应纳税所得额

根据《个人所得税法》第六条第五款规定，财产转让所得，以转让财产的收入额减除财产原值和合理费用后的余额，为应纳税所得额。即应纳税所得额 = 收入 - 原值 - 合理费用

【计算分析】由该公司上月末的所有者权益得知，目前徐昊对应的股权增值到了 45 万元，而徐昊以 50 万元的转让费转让股权，大于其账面增值金额，应当按照 50 万元的价格作为计税基础，即应纳税所得额。

股权增值后的股权现值 =（50 ×60%）×（75/50）=45（万元）

二、计算个人所得税应纳税额

根据《个人所得税法》第三条第三款，财产转让所得，适用比例税率，税率为 20%，即该业务的计税方法：按“次”计征；税率：20%。

（一）一般情况下财产转让所得应纳税额的计算

财产转让所得应纳税额的计算公式为：

应纳税额 = 应纳税所得额 ×20% =（收入 - 原值 - 合理费用）×20%

【要点提示】

个人转让房屋的个人所得税应税收入不含增值税，其取得房屋时所支付价款中包含的增值税计入财产原值，计算转让所得时可扣除的税费不包括本次转让缴纳的增值税。

对个人转让自用“5 年以上”并且是家庭“唯一”“生活用房”取得的所得，继续免征个人所得税。

（二）个人销售无偿受赠不动产应纳税额的计算

受赠人转让受赠房屋的，以其转让受赠房屋的收入减除原捐赠人取得该房屋的实际购置成本以及赠予和转让过程中受赠人支付的相关税费后的余额，为受赠人的应纳税所得额，依法计征个人所得税。

应纳税额 =（转让受赠房屋的收入 - 原捐赠人取得该房屋的实际购置成本 - 赠予和转让过程中受赠人支付的相关税费）×20%

【计算分析】根据业务描述，辨析本次财产转让属于“一般情况下财产转让所得应纳税额的计算”，适用公式 1：应纳税额 = 应纳税所得额 ×20% =（收入 - 原值 - 合理费用）×20%

已知：收入：50 万元；原值：50 ×60% =30（万元）；合理费用：1 万元

本次财产转让所得应纳税额 = 应纳税所得额 × 20% = (收入 - 原值 - 合理费用) × 20% = (500 000.00 - 300 000.00 - 10 000.00) × 20% = 38 000.00(元)

三、自然人电子税务局(扣缴端)平台填写报表

自然人电子税务局(扣缴端)信息填报如图 5 - 14 所示。

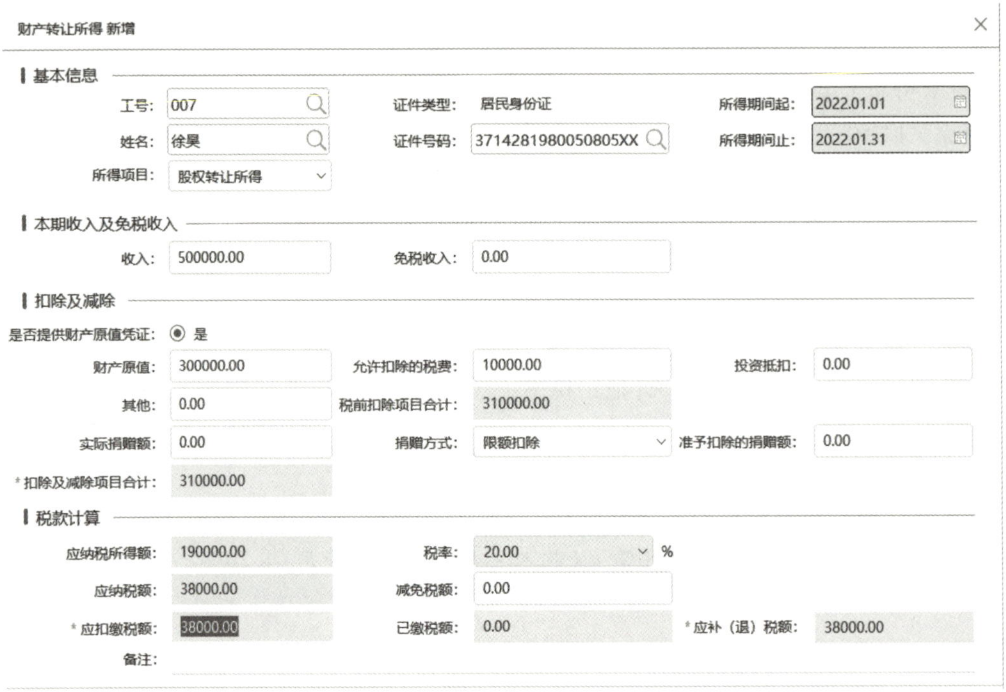

图 5 - 14 自然人电子税务局(扣缴端)信息填报

四、智能生成并审核记账凭证

根据《个人所得税法》第十五条，个人转让不动产的，税务机关应当根据不动产登记等相关信息核验应交的个人所得税，登记机构办理转移登记时，应当查验与该不动产转让相关的个人所得税的完税凭证。个人转让股权办理变更登记的，市场主体登记机关应当查验与该股权交易相关的个人所得税的完税凭证。

该业务，徐昊股权转让应缴纳的个人所得税，应当主动联系涉及股权变更的相关企业，按照规定的流程，在企业机构所在地税务机关缴纳税款并取得完税凭证，同时甲某应当配合涉及股权转让的相关企业，完成其他相关变更手续。

(一) 账户的设置

为了正确记录、反映财产转让所得的个人所得税代扣代缴情况，涉及股权变更的相关企业的单位在代扣代缴个人所得税时，应通过“应交税费——应交个人所得税”账户核算。

（二）编制会计分录

扣缴义务人支付个人的财产转让所得缴纳个人所得税时，一般由支付单位作为扣缴义务人向纳税人扣缴个人所得税款，并计入该企业的有关账户。

（1）企业在计提税金时：

借：所得税费用　　38 000.00

　　贷：应交税费——应交个人所得税　　38 000.00

（2）实际缴纳个人所得税时：

借：应交税费——代扣代缴个人所得税　　38 000.00

　　　　贷：库存现金/银行存款　　38 000.00

【要点提示】

（1）如果是转让固定资产所有权，则可以先通过“固定资产清理”账户来进行处理：

借：银行存款

　　贷：固定资产清理

　　　　应交税费——应交增值税（销项税额）

（2）在转让固定资产时，首先应当结转设备净值：

借：固定资产清理

　　累计折旧

　　贷：固定资产

（3）支付在转让过程中所发生的费用：

借：固定资产清理

　　贷：银行存款

（4）当收到转让收入时：

借：银行存款

　　贷：固定资产清理

（5）结转转让净收益时：

借：固定资产清理

　　贷：营业外收入

（三）生成并审核记账凭证

会计核算岗新增并生成计提企业所得税记账凭证，所得税费用结转记账凭证在智能财税平台月末自动结转。主管审核岗登录智能财税平台对计提所得税费用的记账凭证进行审核，系统自动将记账凭证推送至“账簿模块”，会计核算岗在账簿模块查询明细账“应交税费——应交个人所得税”及“所得税费用”账簿。

任务总结：

“财产转让所得应纳税额的核算”任务总结如图 5－15 所示。

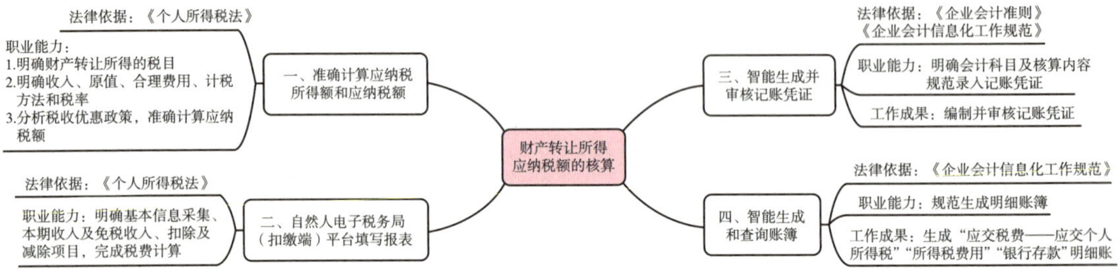

图 5－15 “财产转让所得应纳税额的核算”任务总结

任务五 利息、股息、红利所得应纳税额的核算

学习目标：

实战演练

1. 明确利息、股息、红利所得的税目、计税方法、税率以及优惠政策等相关税法规定

2. 掌握利息、股息、红利所得的个人所得税应纳税所得额的确认依据

3. 能够准确计算利息、股息、红利所得的个人所得税应纳税额

4. 培养学生依法诚信纳税，增强纳税责任感

任务描述：

一、纳税人基础信息

纳税人：中国居民顾明（性别：男，身份证号：3301021977051644 × ×）；国籍：中国。

任职受雇从业类型：其他。

持股数和期限：甲公司发行的股票 10 000 股，持有 6 个月；乙公司发行股票 5 000 股，持有 5 年转让类型：公司股权。

二、业务描述

【业务 5－7】中国公民顾明持有甲公司发行的股票 10 000 股，持有 6 个月；持有乙公司发行股票 5 000 股，已持有 5 年。甲、乙公司均属于上市公司，股票均属于公开发行。现两个公司的利润分配方案分别为甲公司发放现金股利，分配方案为每 10 股发放 7 元。乙公司发放股票股利，分配方案为每 10 股送 8 股，乙公司股票的每股市价为 1 元。

要求：1. 请计算甲、乙上市公司应分别扣缴顾明的个人所得税应纳税额。

2. 请为中国居民顾明进行个人所得税代扣代缴的会计处理。

任务布置：

一、明确任务

分别按照涉税服务岗、会计核算岗、主管审核岗完成以下工作。

（1）计算个人所得税应纳税所得额及应纳税额。

（2）进行个人所得税利息、股息、红利所得的会计处理。

二、工作成果

（1）利息、股息、红利所得个人所得税应纳税所得额及应纳税额。

（2）“利息、股息、红利所得个人所得税代扣代缴申报表”。

三、评价标准

（1）根据《个人所得税法》，准确计算利息、股息、红利所得个人所得税应纳税额。

（2）根据《企业会计准则》《企业会计信息化工作规范》，正确使用会计科目，运用财务软件进行账务处理，生成记账凭证及会计账簿。

（3）根据“个人所得税扣缴申报表”填表说明规范填写利息、股息、红利所得的申报表。

任务分析：

一、工作思路

（1）辨析利息、股息、红利所得类型，明确三项所得的税目，计算应纳税所得额。

（2）明确计税依据，适用比例税率 20%，分析税收优惠政策，计算个人所得税应纳税额。

（3）自然人电子税务局（扣缴端）代扣代缴申报表信息填报。

（4）进行个人所得税利息、股息、红利所得的会计处理。

二、岗位分工及工作流程

岗位分工及工作流程如图 5－16 所示。

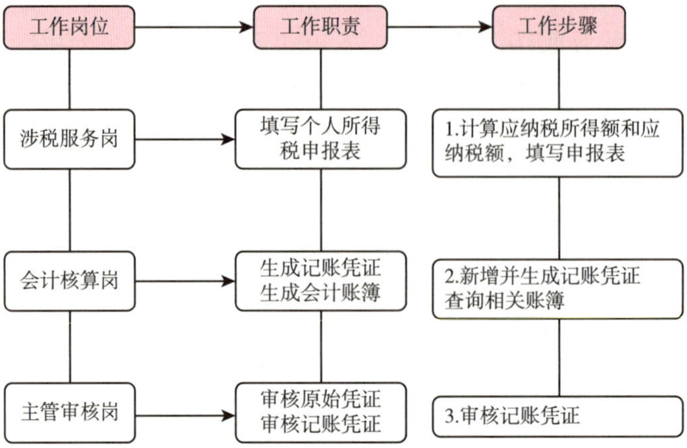

图 5－16 岗位分工及工作流程

任务实施：

一、计算应纳税所得额

根据《个人所得税法》第六条第六款规定，利息、股息、红利所得，以每次收入额为应纳税所得额。

（一）分析经济业务，明确利息、股息、红利所得的计税税目。

1. 基本规定

个人拥有债权、股权等而取得的利息、股息、红利性质的所得。

2. 特别规定

（1）房产买卖人在未办理房屋产权证的情况下，按照与房地产公司的约定条件（如对房屋的占有、使用、收益和处分权进行限制）在一定时期后无条件退房而取得的补偿款，应按照“利息、股息、红利所得”缴纳个人所得税。

（2）个人投资者收购后，将企业原有盈余积累（资本公积、盈余公积、未分配利润）转增股本。

【分析】根据业务描述知，本经济业务的纳税义务人取得“股息红利所得”，应作为个人所得税应纳税额的核算。

（二）确定应纳税所得额

税收优惠政策如下：

（1）“储蓄存款利息”所得暂免征收个人所得税。

（2）“国债和国家发行的金融债券”利息免税。

（3）个人从公开发行和转让市场取得的“上市公司股票”取得的股息：

① 持股期限≤1 个月：全额；

② 1 个月＜持股期限≤1 年：减按 50% 计入应纳税所得额；

③ 持股期限 >1 年：免征。

（4）个人持有“上市公司限售股”，解禁前取得的股息红利，减按 50% 计入应纳税所得额。

【计算分析】根据“税收优惠”政策规定，个人取得持有超过 1 年以上的上市公司公开发行股票的股息红利，暂免征收个人所得税。个人取得持有超过 1 个月不满 1 年的此类股票的股息红利，减按 50% 征收个人所得税。而个人取得持有不满 1 个月的此类股票的股息红利，需要全额征收个人所得税，并且，以“每次收入额”为应纳税所得额，不扣减任何费用。

本业务中顾明持有甲公司发行的股票 10 000 股，持有 6 个月，确定应减按 50% 征收个人所得税；持有乙公司发行股票 5 000 股，持有 5 年，暂免征收个人所得税，乙公司不应当扣缴冯某的个人所得税。

由业务描述知：甲公司发放现金股利，分配方案为每 10 股发放 7 元。

应纳税所得额 = 甲公司分配给顾明的现金股利 = 10 000.00 ÷ 10 × 7 = 7 000.00（元）

二、计算个人所得税应纳税额

根据《个人所得税法》第三条第三款规定，利息、股息、红利所得和偶然所得，适用比例税率，税率为 20%。确定该经济业务应按照计税方法（按“次”计征），税率 20% 计算应纳税额。

应纳税额 = 应纳税所得额 × 20%

甲公司应扣缴的个人所得税 = 应纳税所得额 × 20% × 50%

= (10 000 ÷ 10 × 7) × 20% × 50% = 700(元)

三、自然人电子税务局（扣缴端）平台填写报表

自然人电子税务局（扣缴端）信息填报如图 5 - 17 所示。

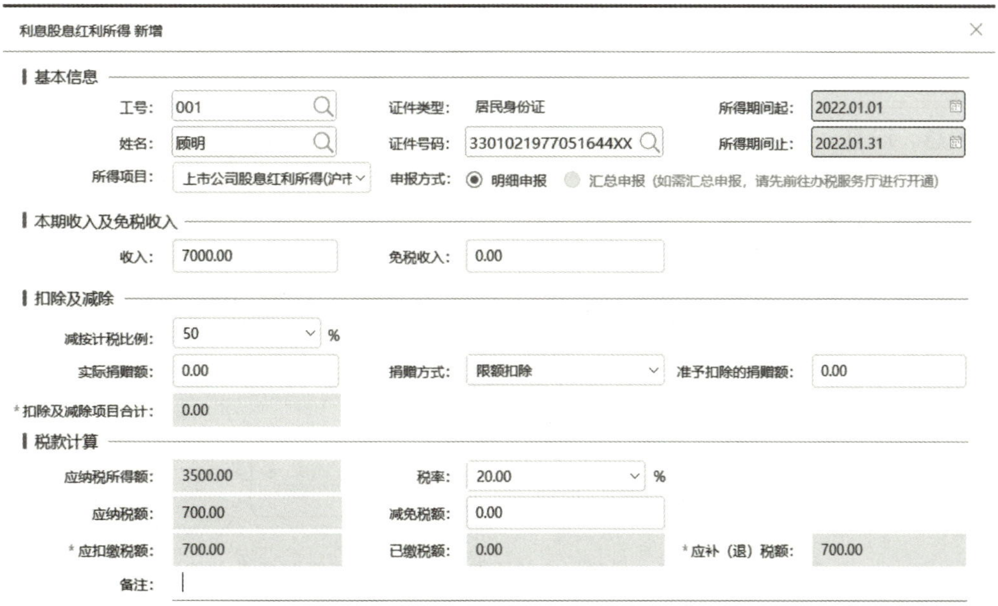

图 5 - 17　自然人电子税务局（扣缴端）信息填报图

四、智能生成并审核记账凭证

（一）账户设置

为了正确记录、反映股息、红利所得的个人所得税代扣代缴情况，支付股息、红利所得的单位在代扣代缴个人所得税时，应通过“应交税费——应交个人所得税”账户核算。

（二）编制会计分录

扣缴义务人支付个人的股息、红利所得缴纳个税时，一般由支付单位作为扣缴义务人向纳税人扣缴个人所得税款，并计入该企业的有关账户。

（1）计提股利时：

借：利润分配——分配股利　　7 000.00

　　贷：应付股利　　7 000.00

（2）实际发放股利时：

借：应付股利　　7 000.00

　　贷：银行存款（库存现金）　　6 300.00

　　　　应交税费——应交个人所得税　　700.00

（三）生成并审核记账凭证

会计核算岗新增并生成计提企业所得税记账凭证，所得税费用结转记账凭证在智能财税平台月末自动结转。主管审核岗登录智能财税平台对计提所得税费用记账凭证进行审核，系统自动将记账凭证推送至“账簿模块”，会计核算岗在账簿模块查询明细账“应交税费——应交个人所得税”及“应付股利”账簿。以上操作略。

任务总结：

“利息、股息、红利所得应纳税额的核算”任务总结如图 5－18 所示。

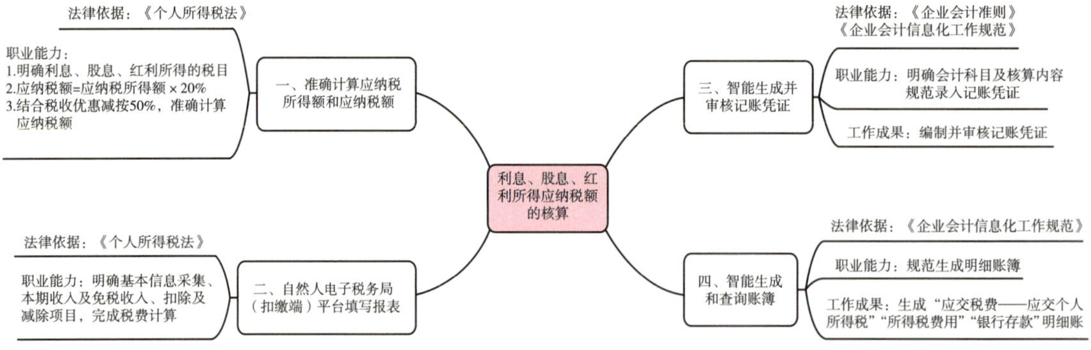

图 5－18　“利息、股息、红利所得应纳税额的核算”任务总结

任务六　偶然所得应纳税额的核算

实战演练

学习目标:

1. 明确偶然所得的税目、计税方法、税率以及优惠政策等相关税法规定
2. 掌握偶然所得的个人所得税应纳税所得额的计算方法
3. 能够准确计算偶然所得的个人所得税应纳税额
4. 树立依法诚信纳税、精准计税，以及实时更新税法政策的职业意识

任务描述:

一、纳税人基础信息

纳税人：中国居民徐昊（性别：男，身份证号：3714281980050805××）。

国籍：中国；任职受雇从业类型：其他。

中奖项目：第一次：商场销售部门 20 000.00 元现金大奖。

第二次：福利彩票 700.00 元奖金。

捐赠项目：第一次中奖后，向民政部门捐赠 8 000.00 元。

二、业务描述

【业务 5－8】徐昊在商场购物时，偶然中了销售部门 20 000.00 元的现金大奖，并决定从中拿出 8 000.00 元通过相关民政部门进行捐赠。次日，徐昊在购买福利彩票时，又得到了 700.00 元的奖金。

要求：(1) 请计算徐昊在这两次中奖后，应缴纳的个人所得税额是多少？实际可得的中奖金额是多少？

(2) 请为中国居民徐昊进行个人所得税代扣代缴的账务处理。

任务布置:

一、明确任务

分别按照涉税服务岗、会计核算岗、主管审核岗完成以下工作：

(1) 计算偶然所得个人所得税应纳税所得额及应纳税额。

(2) 正确进行个人所得税偶然所得的会计处理。

二、工作成果

(1) 偶然所得个人所得税应纳税所得额及应纳税额。
(2)"偶然所得个人所得税代扣代缴申报表"。

三、评价标准

(1) 根据《个人所得税法》，准确计算偶然所得应纳税额。
(2) 根据《企业会计准则》《企业会计信息化工作规范》，正确使用会计科目，运用财务软件进行账务处理，生成记账凭证及会计账簿。

任务分析:

一、工作思路

(1) 辨析偶然所得类型，明确偶然所得的税目，计算应纳税所得额。
(2) 明确计税依据，适用比例税率 20%，分析税收优惠政策，计算个人所得税应纳税额和实际所得额。
(3) 自然人电子税务局（扣缴端）代扣代缴申报表信息填报。
(4) 进行个人所得税偶然所得的会计处理。

二、岗位分工及工作流程

岗位分工及工作流程如图 5－19 所示。

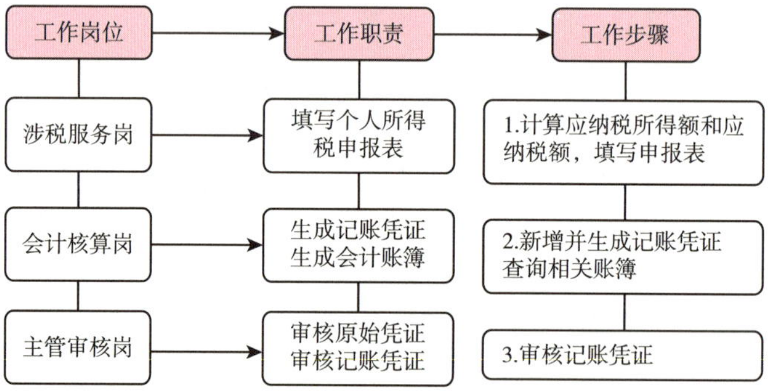

图 5－19 岗位分工及工作流程

任务实施:

一、计算应纳税所得额

根据《个人所得税法》第六条第六款规定，偶然所得，以每次收入额为应纳税所得额。

（一）分析经济业务，明确偶然所得的计税税目

1. 基本规定

偶然所得是指个人得奖、中奖、中彩以及其他偶然性质的所得，个人的偶然所得应当缴纳个人所得税。向个人支付偶然所得的单位为个人所得税的扣缴义务人。

2. 特别规定

偶然所得个人所得税规定如表 5－13 所示。

表 5－13 “偶然所得”个人所得税规定

所得项目	发生事由	缴税
企业促销所得	（1）企业对累积消费达到一定额度的顾客，给予额外抽奖机会，个人的获奖所得，按照“偶然所得”项目，缴纳个人所得税	20%税率
	（2）企业通过价格折扣、折让方式向个人销售商品（产品）和提供服务	不征收
	（3）企业在销售商品（产品）和提供服务过程中给予赠品	不征收
	（4）企业对累积消费达到一定额度的个人按消费积分反馈礼品	不征收
担保所得	个人提供“担保”获得收入，按照“偶然所得”项目，缴纳个人所得税	20%税率
受赠所得（2020 年新增）	（1）受赠人因无偿受赠房屋取得的受赠收入，按照“偶然所得”项目，缴纳个人所得税	20%税率
	（2）企业在业务宣传、广告等活动中，随机向本单位以外的个人赠送礼品（包括网络红包，下同），以及企业在年会、座谈会、庆典以及其他活动中向本单位以外的个人赠送礼品，对个人取得的礼品所得，按照“其他所得”项目，缴纳个人所得税 【注意】企业赠送的具有折扣和折让性质的“消费券、代金券、抵用券、优惠券”等礼品除外	20%税率
彩票中奖所得“起征点”	（1）彩票一次性中奖收入“在 1 万元以下”的	暂免征收
	（2）彩票一次性中奖收入“超过 1 万元”的	全额征收
发票中奖所得“起征点”	（1）个人取得单张有奖发票奖金所得“不超过 800 元”的	暂免征收
	（2）个人取得单张有奖发票奖金所得“超过 800 元”的	全额征收

【分析】根据业务描述知，本经济业务的纳税义务人取得销售中奖和福彩奖金，属于“偶然所得”的个人所得税应纳税额的核算。

（二）分析税收优惠政策

（1）根据税收优惠政策，个人举报、协查各种违法、犯罪行为而获得的奖金，暂免征收个人所得税。

（2）关于“捐赠”的扣除规定：

① 公益性捐赠包括限额扣除、全额扣除两种方式：限额扣除是指个人将其所得对“教育、扶贫、济困”等公益慈善事业进行捐赠，捐赠额未超过纳税人申报的“应纳税所得额”30%的部分，可以从其“应纳税所得额”中扣除；全额扣除是指通过红十字事业、教育事业、农村义务教育、公益性青少

偶然所得
税收优惠

年活动场所、福利性、非营利性老年服务机构、特定基金会，用于公益救济的捐赠。

② 非公益性直接捐赠不得扣除。

【提示】财政部、税务总局发布的《关于个人取得有关收入适用个人所得税应税所得项目的公告》（财政部、税务总局公告 2019 年第 74 号，以下简称“公告 2019 年第 74 号”）。

（三）分析计税方法和税率

根据《个人所得税法》第三条第三款规定，偶然所得，适用比例税率，税率为 20%。根据《个人所得税法》第六条第六款规定，偶然所得，以“每次收入额”为应纳税所得额，不扣减任何费用。即该业务的计税方法：按“次”计征；税率：20%。

（四）确定应纳税所得额

个人所得的形式，包括现金、实物、有价证券和其他形式的经济利益；所得为实物的，应当按照取得的凭证上所注明的价格计算应纳税所得额，无凭证的实物或者凭证上所注明的价格明显偏低的，参照市场价格核定应纳税所得额；所得为有价证券的，根据票面价格和市场价格核定应纳税所得额；所得为其他形式的经济利益的，参照市场价格核定应纳税所得额。

【分析】本经济业务中，中奖属于偶然所得，而偶然所得，是以每次收入额作为应纳税所得额。

第一次中奖，20 000 元现金大奖，实际可以扣除的金额 = 20 000 × 30% = 6 000（元），而徐昊实际捐款的金额是 8 000 元，因此在计算个税时，只能按照 6 000 元的标准扣除。

第二次中奖，福利彩票 700 元奖金。税法规定，单张奖票中奖金额在 800 元以下的，暂免征收个税。

偶然所得应纳税所得额 = 20 000 − 6 000 = 14 000（元）

二、计算个人所得税应纳税额，以及徐昊“实际偶然所得额”

应纳税额 = 应纳税所得额 × 20%

= (20 000 − 6 000) × 20% = 2 800（元）

实际偶然所得额 = 第一次中奖金额 + 第二次中奖金额 − 代扣税费 − 捐赠金额

= 20 000 + 700 − 2 800 − 8 000 = 9 900（元）

三、自然人电子税务局（扣缴端）平台填写报表

自然人电子税务局（扣缴端）信息填报如图 5 − 20 所示。

四、智能生成并审核记账凭证

（一）账户设置

为了正确记录、反映偶然所得应缴纳的个人所得税代扣代缴情况，由支付的单位在代扣代缴个人所得税时，应通过“应交税费——应交个人所得税”账户核算。

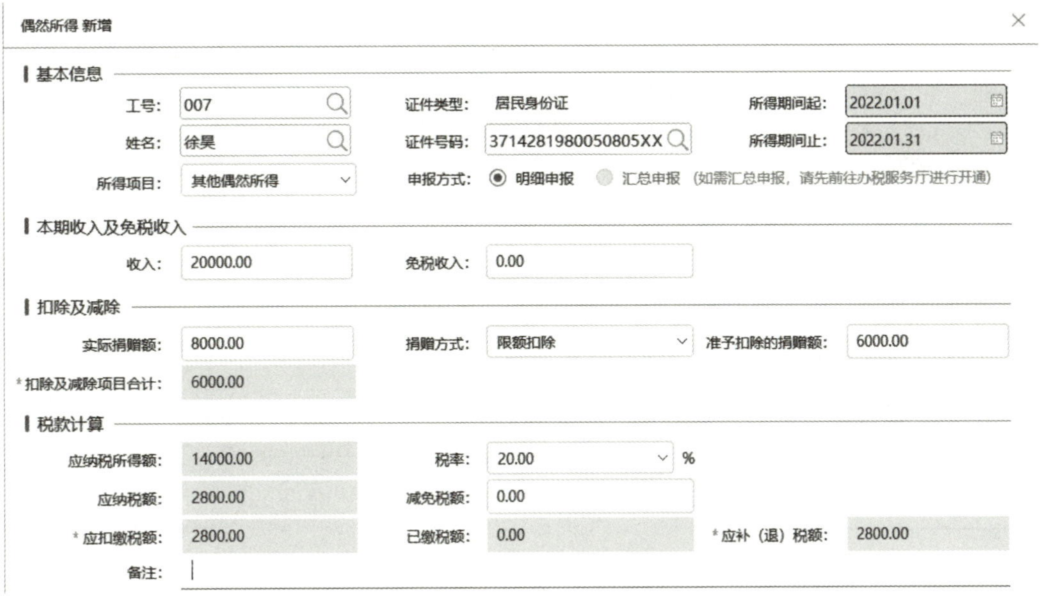

图 5－20　自然人电子税务局（扣缴端）信息填报

（二）编制会计分录

扣缴义务人支付个人的偶然所得收入，同时向纳税人扣缴个人所得税款，并计入该企业的有关期间费用账户。

（1）企业支付时：

借：管理费用/销售费用

　　贷：应交税费——应交个人所得税

　　　　库存现金/银行存款

（2）实际缴纳时：

借：应交税费——应交个人所得税

　　贷：银行存款

经计算徐昊实际需要缴纳的个人所得税为 2 800.00 元。扣除应交个人所得税款后，商场支付给徐昊偶然所得 17 900.00 元。另外徐昊以 8 000.00 元通过民政部门捐赠。

【解析】

（1）商场支付陈某中奖款及代扣个人所得税时：

借：销售费用	20 000.00	
贷：应交税费——应交个人所得税		2 800.00
银行存款		17 200.00

（2）福利彩票部门支付时：

借：销售费用	700.00	
贷：库存现金		700.00

（三）生成并审核记账凭证

会计核算岗新增并生成计提企业所得税记账凭证，所得税费用结转记账凭证在智能财税平台月末自动结转。主管审核岗登录智能财税平台对计提所得税费用记账凭证进行审核，系统自动将记账凭证推送至“账簿模块”，会计核算岗在账簿模块查询明细账“应交税费——应交个人所得税”及“所得税费用”“销售费用”账簿。以上操作略。

任务总结：

“偶然所得应纳税额的核算”任务总结如图 5－21 所示。

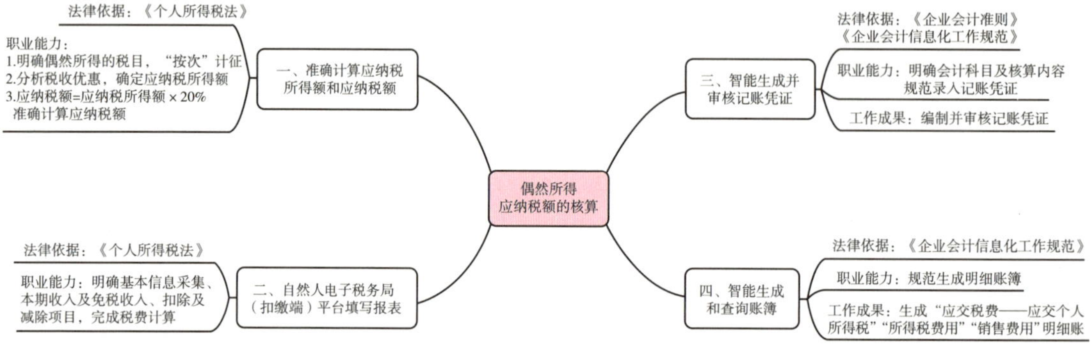

图 5－21　“偶然所得应纳税额的核算”任务总结

情境二　个人所得税的纳税申报与缴纳

实战演练

知识目标：

1. 熟悉《个人所得税法》中关于个人所得税申报类型及相关法律规定
2. 掌握“个人所得税扣缴申报表”填写方法
3. 明确个人所得税代扣代缴和汇算清缴的纳税申报流程

技能目标：

1. 规范并准确填写“个人所得税扣缴申报表”
2. 运用智能财税系统，准确完成个人所得税月度预扣预缴及年度汇算清缴申报工作

素养目标：

1. 培养正确处理国家与个人分配关系的原则意识
2. 依法采集个人信息，培养诚实守信、自觉纳税的企业责任感

知识储备：

一、纳税人与扣缴义务人

个人所得税以所得人为纳税人，以支付所得的单位或者个人为扣缴义务人。个人所得税的纳税人可以分为居民个人和非居民个人两种情况。

个人所得税申报是税款征收的重要环节。扣缴义务人在发生纳税义务后，必须按照税务机关规定的期限，在税务系统进行纳税申报，足额完成税款缴纳，主动接受税务机关的检查。

二、申报地点

个人所得税申报地点因个人在境内、境外任职与受雇单位不同，申报地点不同，具体情况如表 5－14 所示。

表 5－14　　个人所得税申报地点表

<table>
<tr><th>纳税人任职情况</th><th colspan="3">申报机关</th></tr>
<tr><td>中国境内有任职、受雇单位的</td><td colspan="3">任职、受雇单位所在地税务机关</td></tr>
<tr><td>中国境内有两处以上任职、受雇单位的</td><td colspan="3">选择并固定其中一处单位所在地税务机关</td></tr>
<tr><td>中国境内无任职、受雇单位，年所得项目中有个体工商户的生产、经营所得或者对企事业单位的承包经营、承租经营所得（以下统称生产、经营所得）的</td><td colspan="3">其中一处实际经营所在地税务机关</td></tr>
<tr><td rowspan="2">中国境内无任职、受雇单位，年所得项目中无生产、经营所得的</td><td rowspan="2">户籍所在地税务机关</td><td>有户籍，但不是经常居住地</td><td>选择并固定向其中一地税务机关</td></tr>
<tr><td>无户籍</td><td>境内经常居住地税务机关</td></tr>
</table>

【要点提示】

“个人所得税的申报地点”的变更：纳税人不得随意变更个人所得税纳税申报地点。由于特殊情况变更的，须报原主管税务机关备案。兴办的企业中含有合伙性质，投资者经常居住地与其兴办企业的经营管理所在地不一致，选择并固定向其参与兴办的某一合伙企业的经营管理所在地税务机关申报的，除了特殊情况以外，5 年以内不得变更。

三、纳税申报方式

个人所得税的纳税申报方式主要有两种：一是代扣代缴，二是自行申报。此外，一些地方为了提高征管效率，方便纳税人，对个别应税所得项目，采取了委托代征的方式。

（一）代扣代缴

代扣代缴，是指按照税法规定，负有扣缴税款义务的单位和个人，在向个人支付应纳税所得时，应计算应纳税额，从其所得中扣除并缴入国库，同时向税务机关报送其支付所得的所有个人的有关信息、支付所得数额、扣除事项和数额、扣缴税款的具体数额和总额以及其他相关涉税信息资料所预扣或代扣的税款的一种缴纳（或征收）方式。

根据国家税务总局发布《国家税务总局关于进一步简便优化部分纳税人个人所得税预扣预缴方法的公告》规定，以支付所得的单位或者个人为扣缴义务人。扣缴义务人每月或者每次预扣、代扣的税款，应当在次月征期内缴入国库，一般为每月 15 日，遇节假日顺延，并向税务机关报送扣缴“个人所得税扣缴申报表”。扣缴义务人为纳税人办理汇算清缴退税的，税务机关审核后，按照国库管理的有关扣缴规定办理退税。

（二）自行申报

自行申报，是指在税法规定的纳税期限内，由纳税人自行向税务机关申报取得的应税所得项目和数额，如实填写“个人所得税扣缴申报表”，并按税法规定计算应纳税额，据此缴纳个人所得税的一种缴纳（或征收）方式。税法规定，凡有下列情形之一的，纳税人必须自行向税务机关申报所得并缴纳税款：

（1）年所得额在 12 万元以上的；

（2）从中国国境两处或者两处以上取得工资、薪金所得的；

（3）从中国境外取得所得的；

（4）取得应税所得，没有扣缴义务人的；

（5）国务院规定的其他情形。

（三）汇算清缴

汇算清缴，是指居民个人在上一年度结束后，在次年度规定的汇算期内，汇总四项综合所得的全年收入额，减去费用和扣除后，计算最终应纳税额，再减去已预缴税额，得出应退或应补税额，向税务机关申报并办理“退税或补税”。简而言之，就是纳税人在平时已预缴税款的基础上“查遗补漏、汇总收支、按年算账、多退少补”。

四、纳税期限

个人所得税的各项所得进行纳税申报时，是否代扣代缴、自行申报，以及是否需要进行汇算清缴等情形，纳税期限各不相同，如表 5－15 所示。

表 5－15 个人所得税纳税申报与纳税期限

<table>
<tr><th colspan="3">情形</th><th colspan="2">办理纳税申报情况</th><th>纳税期限</th></tr>
<tr><td rowspan="3">居民个人取得综合所得汇算清缴</td><td colspan="2">两处或两处以上取得</td><td colspan="2" rowspan="2">年收入－专项扣除>6万元</td><td rowspan="3">① 扣缴义务人预扣预缴：次月 15 日解缴
② 自行申报汇算清缴：取得所得次年 3 月 1 日至 6 月 30 日内
【提示 1】纳税人可委托扣缴义务人或其他单位和个人办理汇算清缴（下同）
【提示 2】税务机关对扣缴义务人所扣缴税款，付 2% 的手续费</td></tr>
<tr><td colspan="2">取得一项或多项所得</td></tr>
<tr><td colspan="2">其他情形</td><td colspan="2">纳税年度预缴税额 < 应纳税额</td></tr>
<tr><td colspan="3" rowspan="2">纳税人取得利息、股息红利所得；财产租赁所得；财产转让所得；偶然所得</td><td>居民</td><td rowspan="2">均采用代扣代缴方式，一般不自行申报</td><td rowspan="2">扣缴义务人按月或按次代扣的税款，次月 15 日内解缴</td></tr>
<tr><td>非居民</td></tr>
<tr><td rowspan="2">非居民个人</td><td colspan="2">中国境内从两处或两处以上取得“工资、薪金所得”</td><td colspan="2">①自行申报纳税
②不办理汇算清缴</td><td>取得所得次月 15 日内申报</td></tr>
<tr><td colspan="2">取得一处工资薪金
稿酬、劳务报酬、特许权使用费所得</td><td colspan="2">①代扣代缴
②一般不自行申报
③不办理汇算清缴</td><td>扣缴义务人按月或按次代扣的税款，次月 15 日内解缴</td></tr>
<tr><td colspan="2" rowspan="2">扣缴义务人
（不存在或者应扣未扣）</td><td rowspan="2">居民与非居民均适用</td><td colspan="2">没有扣缴义务人</td><td>取得所得次月 15 日申报</td></tr>
<tr><td colspan="2">应扣缴未扣</td><td>①取得所得次年 6 月 30 日前缴税
②税务机关通知限期缴税的，遵照执行</td></tr>
<tr><td colspan="2">经营所得</td><td colspan="3">分月或分季预缴，
年终汇算清缴</td><td>①按年计算个税
②预缴：月度或季度终了后 15 日内
③汇算清缴：取得所得的次年 3 月 31 日前办理</td></tr>
<tr><td colspan="2" rowspan="2">涉及境外</td><td colspan="3">居民个人境外取得所得</td><td>取得所得次年 3 月 1 日至 6 月 30 日前办理纳税申报</td></tr>
<tr><td colspan="3">纳税人移居境外注销中国户籍</td><td>注销中国户籍前办理税款清算</td></tr>
</table>

【提示】扣缴义务人每月或者每次预扣、代扣税款的缴库，应当在次月征期内缴入国库，并向税务机关报送“个人所得税扣缴申报表”。（纳税期限：最后一日是法定休假日的，以休假日的次日为期限的最后一日。）

知识小结：

“个人所得税申报与缴纳”相关知识小结如图 5－22 所示。

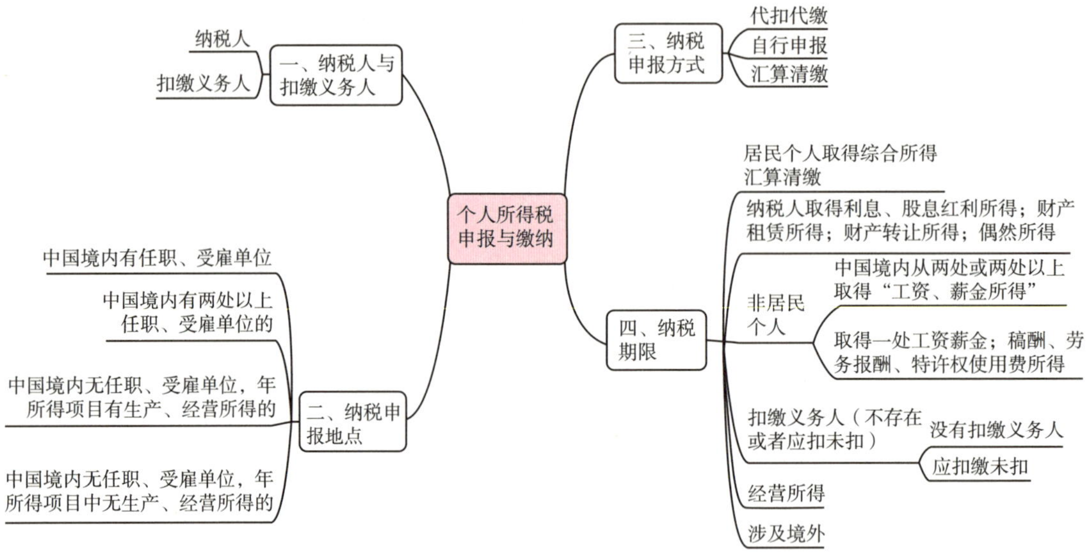

图 5－22 “个人所得税申报与缴纳”相关知识小结

任务一 个人所得税代扣代缴

学习目标：

1. 掌握个人所得税代扣代缴的申报流程
2. 准确填写综合所得或分类所得的纳税申报表及相关附表
3. 及时完成个人所得税款的缴纳
4. 树立依法依规足额纳税意识和税收筹划能力，积极履行纳税义务、履行企业的社会责任

实战演练

任务描述：

一、纳税人基础信息

公司名称：北京七鸣教育科技有限公司；电话：010－56688101；邮编：100089。

公司地址：北京市海淀区南环路 1602 号。

二、业务描述

【业务 5－9】北京七鸣教育科技有限公司 2021 年 01 月份有 2 名境内人员。公司财务人员伊晟计算并发放员工的工资薪金、奖金等，以及预扣预缴个人所得税，2 名境内人员的个人所得与个人所得税计算数据如表 5－16 和表 5－17 所示。请完成 2021 年 01 月份北京七鸣教育科技有限公司的个人所得税预扣预缴纳税申报。

表 5－16　　员工基础信息表

工号	姓名	性别	身份证号	联系电话	任职日期	任职受雇从业类型	国籍（地区）
001	何天仁	男	2301011980050400××	15668090034	2016－02－01	雇员	中国
002	陈体国	男	3701011969110800××	18240063756	2016－02－05	雇员	中国

表 5－17　　2021 年 01 月北京七鸣教育科技有限公司工资保险明细表

工号	姓名	应发工资合计	基本养老保险金	基本医疗保险金	失业保险金	住房公积金	代扣个人所得税	实发工资
001	何天仁	10 000.00	244.00	61.00	15.00	300.00		
002	陈体国	8 000.00	244.00	61.00	15.00	800.00		

备注：收到总经理何天仁提交的专项附加扣除信息表，家庭情况如下：妻子是家庭主妇苏如（身份证：2301011983061900××），家中独子何雨浩（身份证：1304252007011561××）于 2020 年 09 月进入北京市建德中学上初三，何天仁也是家中独子，需赡养父亲何大勇（身份证：3701011956092900××），母亲林如梅（身份证：3408011963070201××）。

任务布置：

一、明确任务

以涉税服务岗会计的身份完成以下工作：

（1）正确采集员工综合所得及专项附加扣除信息等资料。

（2）准确填写“个人所得税扣缴申报表”，完成个人所得税预扣预缴纳税申报。

（3）及时并正确完成个人所得税款项的缴纳。

二、工作成果

（1）“个人所得税扣缴申报表”及附表资料。

（2）缴纳个人所得税的个人所得税完税证明等资料。

三、评价标准

（1）根据《个人所得税法》“个人所得税扣缴申报表”填写说明，正确登记人员信息和采集专项附加扣除信息，准确填写申报表单及附表。

（2）依据《企业会计准则》《会计基础工作规范》《企业会计信息化工作规范》正确使用会计科目，规范录入记账凭证并生成会计账簿。

任务分析：

一、工作思路

（1）根据税法规定准确填写“个人所得税扣缴申报表”。

（2）按照个人所得税网上申报及缴纳方法及流程完成申报及缴纳。

（3）进行代扣代缴个人所得税的会计处理。

二、岗位分工及工作流程

岗位分工及工作流程如图5-23所示。

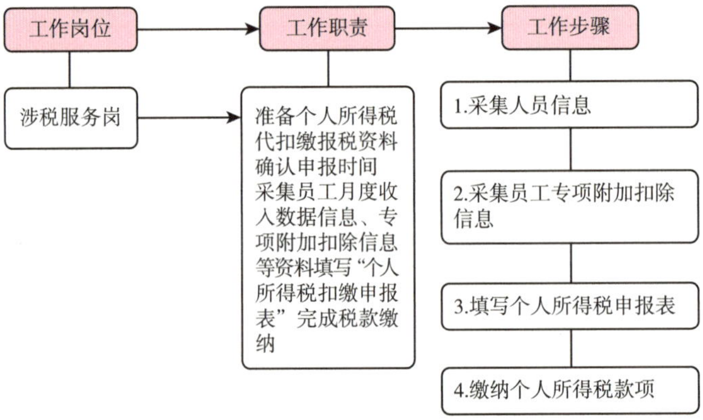

图5-23 岗位分工及工作流程

任务实施：

代扣代缴申报缴纳流程图

一、采集人员信息

（一）人员信息采集

人员信息采集是指企业对雇佣员工信息的采集，人员信息采集主要包括添加、导入、报送、获取反馈、导出、展开查询条件等内容。现在采用单个添加方式，以采集本单位雇员“何天仁”信息为例，如图5-24所示。

如果单位员工数量较多，还可以采用批量导入方式，采用批量导入方式采集员工信息，首先要从系统中下载模板，填写员工信息后，通过“导入”功能导入系统，如图5-25所示。

（二）人员信息报送验证

采集完人员信息后，点击“报送”按钮，客户端会将报送状态为“待报送”的人员信息报送至税务机关并进行身份验证，只有报送状态为“报送成功”的人员才允许进行申报表报送等业务操作，如图5-26所示。

图 5－24 单个添加人员信息

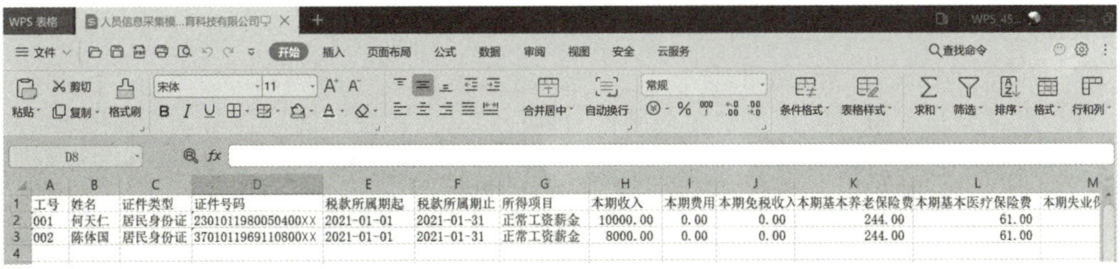

工号	姓名	证件类型	证件号码	税款所属期起	税款所属期止	所得项目	本期收入	本期费用	本期免税收入	本期基本养老保险费	本期基本医疗保险费	本期失业保
001	何天仁	居民身份证	2301011980050400XX	2021-01-01	2021-01-31	正常工资薪金	10000.00	0.00	0.00	244.00	61.00	
002	陈体国	居民身份证	3701011969110800XX	2021-01-01	2021-01-31	正常工资薪金	8000.00	0.00	0.00	244.00	61.00	

图 5－25 模板填写信息结果

图 5－26 报送人员信息

二、采集专项附加扣除信息

专项附加扣除信息采集，是指《个人所得税法》规定的子女教育、继续教育、大病医疗、住房贷款利息、住房租金、赡养老人以及婴幼儿照护（新增）等七项专项附加扣除信息的采集。在纳税人未自行采集某个支出项目时，可以由扣缴单位代为采集和报送。现以总经理“何天仁”为例，采集专项附加扣除信息，具体信息见业务描述，如图 5－27 所示。

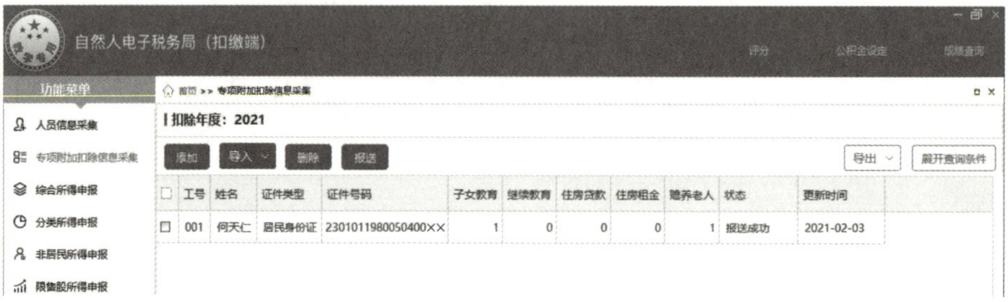

图 5－27　专项附加扣除信息采集结果

三、填写“个人所得税扣缴申报表”

（一）综合所得预扣预缴申报

综合所得个人所得税预扣预缴申报，主要包括收入及减除填写、税款计算、附表填写，申报表报送等内容。

1. 填写收入及减除项目信息

现以本单元员工本月取得工资薪金所得为例，填写收入及减除项目信息，如图 5－28 和图 5－29 所示，点击“综合所得申报”按钮，进入“综合所得预扣预缴表”页面，在正常工资薪金所得栏，对应填写人数为“2”，收入合计为“18 000.00”元。

图 5－28　综合所得预扣预缴表（1）收入及减除填写

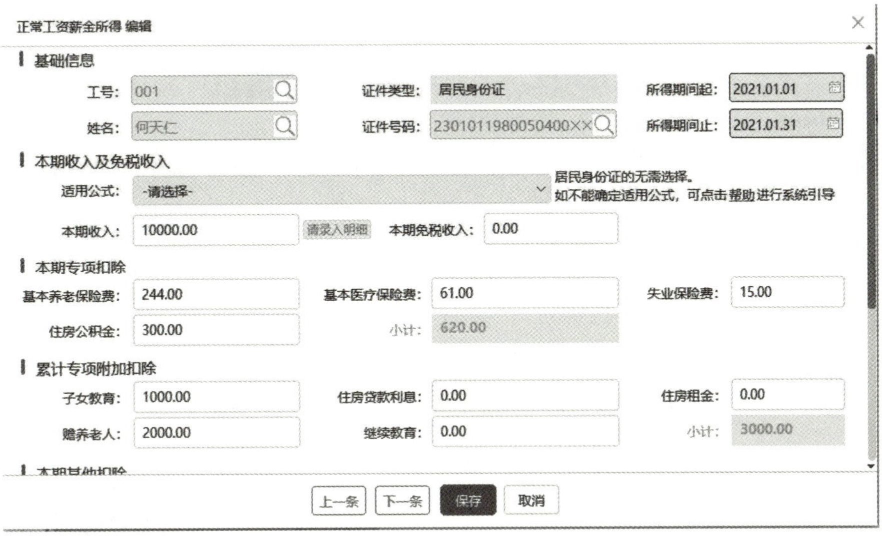

图 5－29　综合所得预扣预缴表（1）正常工资薪金所得和专项扣除填写

2. 税款计算

点击“税款计算”按钮，系统会自动计算出本月应代扣代缴的个人所得税款项，如图 5－30 所示。

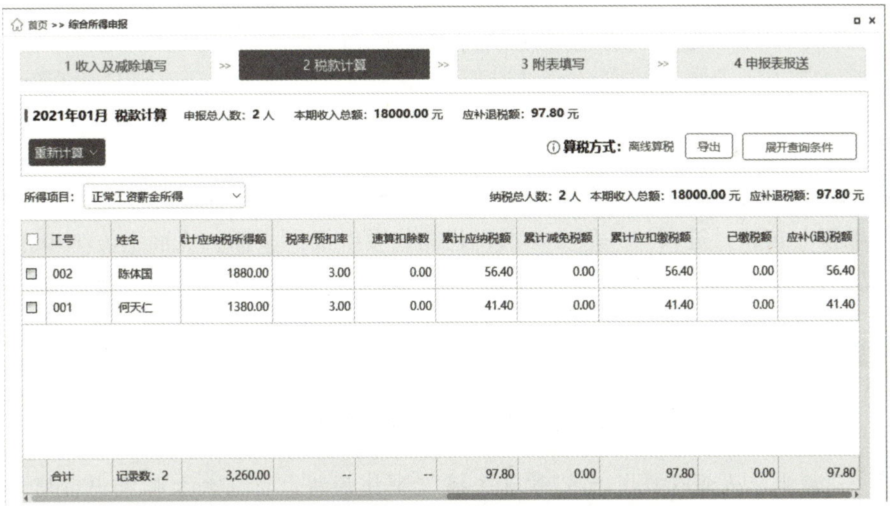

工号	姓名	累计应纳税所得额	税率/预扣率	速算扣除数	累计应纳税额	累计减免税额	累计应扣缴税额	已缴税额	应补(退)税额
002	陈体国	1880.00	3.00	0.00	56.40	0.00	56.40	0.00	56.40
001	何天仁	1380.00	3.00	0.00	41.40	0.00	41.40	0.00	41.40
合计	记录数: 2	3,260.00	--	--	97.80	0.00	97.80	0.00	97.80

图 5－30　综合所得预扣预缴表（2）税款计算操作

3. 填写附表信息

在“收入及减除填写”中填写了减免税额、商业健康保险、税延养老保险的情况下，需要完善相应附表信息，如图 5－31 所示。

4. 申报表报送

申报表填写、税款计算完成后，点击“申报表报送”按钮进入报表申报界面。该界面可完成综合所得预扣预缴的正常申报、更正申报以及作废申报操作，如图 5－32 所示。

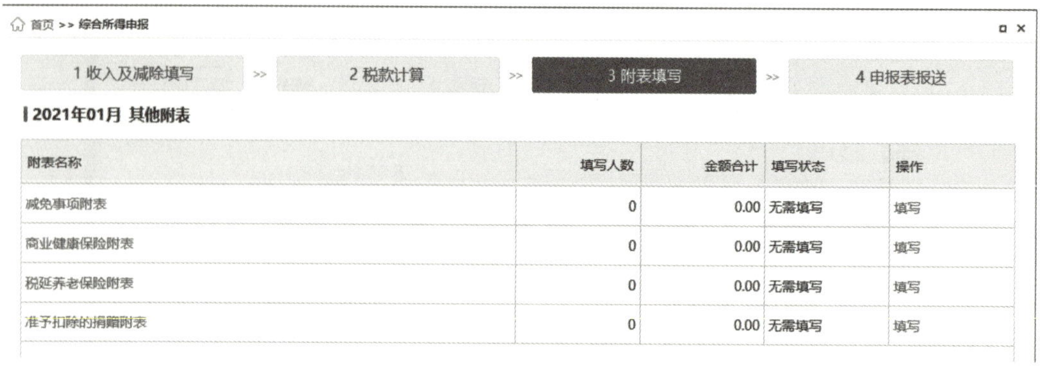

图 5－31 综合所得预扣预缴表（3）附表填写

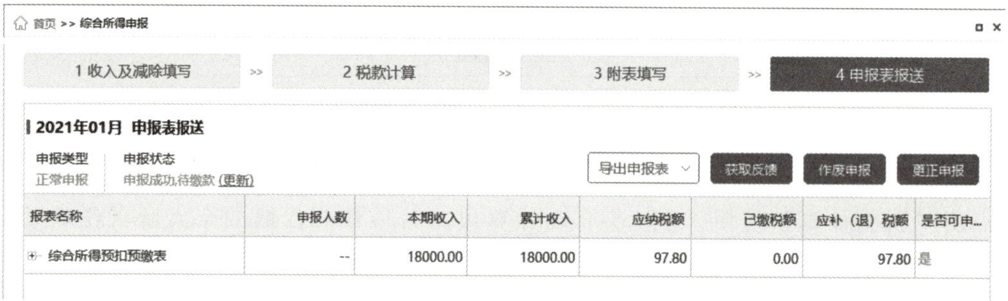

图 5－32 综合所得预扣预缴表（4）申报表报送

（二）分类所得申报

如果本单元员工有除了正常薪金所得外的其他所得收入，需要填写分类所得申报，点击“分类所得申报”按钮，进入“一般分类所得代扣代缴申报”页面，页面上方为申报主流程导航栏，完成分类所得代扣代缴申报。本单元员工本月无其他收入所得，报表数据信息为空。

【寓德于技】

如实进行申报，勿踩法律红线

近来，“新业态从业人员”中“带货主播”事件频频出现在大众眼帘中，网络主播平某因偷逃税款，将被依法追缴税款、加收滞纳金并处罚款，深圳的涉税违法中介和山东济南虚开机动车发票、辽宁阜新骗取出口退税的涉税犯罪团伙，也受到了应有的法律制裁。税务部门依托税收大数据，深入推进以“信用＋风险”为基础的新型监管机制，加强对低信用高风险纳税人严管理、强监督，对恶意偷逃税行为早发现、严查处，彰显了税法公平正义，并以精准监管推动公平竞争。

请同学们一定谨记，作为纳税人一定要严守税法规定，如实进行申报，该补缴的要依法缴纳税款，勿踩法律红线。

四、缴纳个人所得税款项

1. 缴纳税款

申报表申报成功后，若采用三方协议缴款方式，点击“三方协议缴纳”按钮，进入“税款缴纳”界面，会显示应缴未缴税款相关内容，包括：所得月份、申报表、征收品目、税率、税款所属期起止、应补（退）税额以及缴款期限。

2. 智能生成并审核记账凭证

企业成功预扣预缴个人所得税款项后，依据银行缴款凭证生成会计凭证，借记“应交税费——应交个人所得税”账户，贷记“银行存款”账户。以北京七鸣教育科技有限公司2022年2月10日收到电子缴税付款凭证生成凭证为例，如图5－33所示。

图5－33　智能生成并审核记账凭证

3. 智能生成和查询账簿

主管审核岗登录智能财税平台对缴纳个人所得税记账凭证进行审核，系统自动将记账凭证推送至“账簿模块”，会计核算岗在账簿模块查询明细账“应交税费——应交个人所得税”及“银行存款”等会计账簿。

任务总结：

“个人所得税代扣代缴”任务总结如图5－34所示。

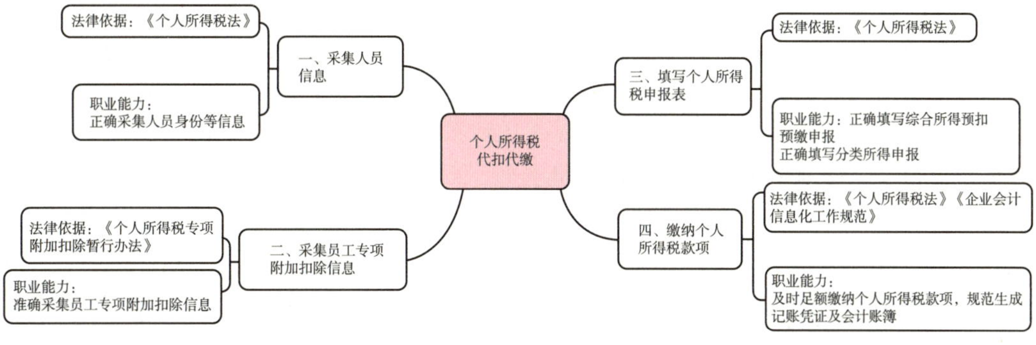

图5－34　“个人所得税代扣代缴”任务总结

任务二　个人所得税汇算清缴

实战演练

学习目标：

1. 明确汇算清缴相关法律法规和最新政策，掌握汇算业务操作流程

2. 能够在汇算清缴申报期限内，正确采集员工综合所得额、专项附加扣除以及各项扣除信息

3. 能够运用智能财税平台正确进行年度汇算清缴集中申报

4. 能够准确计算员工补税（退税）税款金额并进行会计处理

5. 在汇算清缴业务操作中，树立依法依规足额纳税意识，提升税收筹划能力，培养积极履行纳税义务、履行企业社会责任的职业素养

任务描述：

一、纳税人基础信息

公司名称：浙江东明教育科技有限公司。

企业类型：软件行业，主要经营计算机软、硬件技术开发、技术咨询、技术服务等。

统一社会信用代码：913340556108092965。

开户银行及账号：中国农业银行杭州高新支行 19060181040016028。

地址及电话：杭州市滨江区滨安路 105 号 6 楼　0571－86624231。

二、公司内部会计制度

执行法律：执行《一般企业会计准则》（2022），《关于办理 2021 年度个人所得税综合所得汇算清缴事项的公告》（国家税务总局公告 2022 年第 1 号）《个人所得税法》等。

申报税种：本公司为增值税一般纳税人，主要申报的税种包括增值税、个人所得税、城市维护建设税、教育费附加、企业所得税等。

三、业务描述

【业务 5－10】2022 年 04 月 10 日，经与公司员工进行书面委托确认，浙江东明教育科技有限公司财务人员季梦为公司员工进行 2021 年个人所得税综合所得年度汇算清缴。

（1）公司所有员工2021年1～12月份综合所得及全年累计预扣预缴个人所得税信息，如表5－18所示，每月个人缴付的专项扣除信息：养老保险560.00元，医疗保险140.00元，失业保险35.00元，住房公积金700.00元。

表5－18　员工综合所得及全年累计预扣预缴个人所得税情况

姓名	综合所得				全年累计预扣预缴个人所得税				备注
	1～12月各月工资薪金所得	劳动报酬所得	稿酬所得	特许权使用费	工资薪金所得	劳动报酬所得	稿酬所得	特许权使用费	
顾明	15 000.00				4 758.00				
贺青	12 000.00				4 158.00				
安柠	16 000.00				7 158.00				
谢语宁	7 500.00				308.40				
季梦	10 150.00	5 000.00			977.40	800.00			
宋琪	9 168.00		2 000.00		443.88		168.00		2021年5月取得稿酬
徐昊	13 300.00				3 078.00				
童子鑫	10 650.00			8 200.00	1 338.00			1 312.00	
邓楠	15 000.00				4 158.00				
	12 488.00				4 968.00				2021年3～12月委派到乙公司10个月
裴隽浩	9 862.00				1 112.40				

（2）专项附加扣除信息及其他扣除信息，假设所有员工均无其他项目综合所得收入。

① 顾明，已婚，有一个正在读大学的儿子，与妻子各按照50%进行扣除；顾明是家中独子，需赡养65岁的父亲，专项附加扣除每月均有扣除。2020年12月，顾明从中国人寿保险公司购买了商业健康保险，全年保险费为1 200.00元，保单上未注明税优识别码，保单生效日期2021年1月1日。

② 贺青，有兄妹两人，共同赡养父母，按照平均分摊方式扣除，赡养老人符合法定扣除规定，但其在预缴环节未填报。

③ 安柠，已婚，2016年安柠通过办理纯公积金贷款购买了首套住房，其住房贷款利息支出符合法定扣除规定，由安柠一人全额扣除；有一个正在读小学的女儿，选择与丈夫各按照50%进行扣除。专项附加扣除每月均有扣除。

④ 谢语宁，与丈夫各购买了首套住房，分别按扣除标准的50%扣除。

⑤ 季梦，已婚，有一个正在读小学的儿子，由季梦一人全额扣除。专项附加扣除每月均有扣除。

⑥ 宋琪，在杭州市滨江区租房居住。

⑦ 徐昊，家中独子，需赡养 68 岁父亲及 65 岁母亲，专项附加扣除每月均有扣除。2019 年 12 月，徐昊从中国太平洋保险公司购买了商业健康保险，全年保险费为 3 600.00 元，税优识别码为 201600100003328201，保险期间为 2021 年 1 月 1 日至 12 月 31 日。

⑧ 童子鑫，已婚，2020 年通过办理纯公积金贷款购买了首套住房，其住房贷款利息支出由童子鑫一人全额扣除，专项附加扣除每月均有扣除。另外，2021 年 8 月取得特许权使用费收入 8 200.00 元。

⑨ 邓楠，有一双儿女。女儿读高中、儿子读小学。选择与妻子各按照 50% 进行扣除；邓楠是家中独子，需赡养 62 岁的父亲。

⑩裴隽浩，2019 年 9 月开始攻读在职硕士研究生学历，预计 2021 年 9 月拿到学历证书，2021 年 9 月 18 日，通过杭州市红十字会（统一社会信用代码：913307162614081705）捐赠用于应对新冠肺炎疫情的现金 2 000.00 元，取得捐赠票据，标明捐赠凭证号为 0000495948，预扣预缴时没有扣除。（备注栏：新冠肺炎疫情捐赠）

要求：请根据以上业务资料，以涉税服务岗会计身份完成个人所得税年度汇算清缴申报。

任务布置：

一、明确任务

以涉税服务岗会计的身份完成以下工作：

（1）正确采集员工综合所得及专项附加扣除信息等资料。

（2）运用智能财税平台，正确填报系统纳税申报表。

（3）规范并正确生成个人所得税汇算清缴纳税申报记录表，并完成补税或退税。

二、工作成果

（1）“个人所得税年度汇算申报表”。

（2）“人员信息采集附表”。

（3）“专项附加扣除信息采集附表”。

（4）“减免所得税优惠明细表”。

三、评价标准

（1）依据《个人所得税法》准确计算年度汇算清缴应纳税所得额和应纳所得税额。

（2）准确采集单位员工年度收入数据信息及专项附加扣除信息。

（3）依据《关于办理 2021 年度个人所得税综合所得汇算清缴事项的公告》（以下简称《公告》）（国家税务总局公告 2022 年第 1 号）的要求准确填报“个人所得税年度汇算申报表”。

任务分析：

一、工作思路

（1）根据《公告》要求进行个人所得税年度汇算申报前准备。
（2）依法采集员工综合所得及专项附加扣除等各项扣除信息。
（3）按照个人所得税网上申报缴纳方法及流程准确填写“个人所得税年度汇算申报表”。
（4）完成个人所得税年度汇算补税（退税）申报及缴纳。

二、岗位分工及工作流程

岗位分工及工作流程如图 5－35 所示。

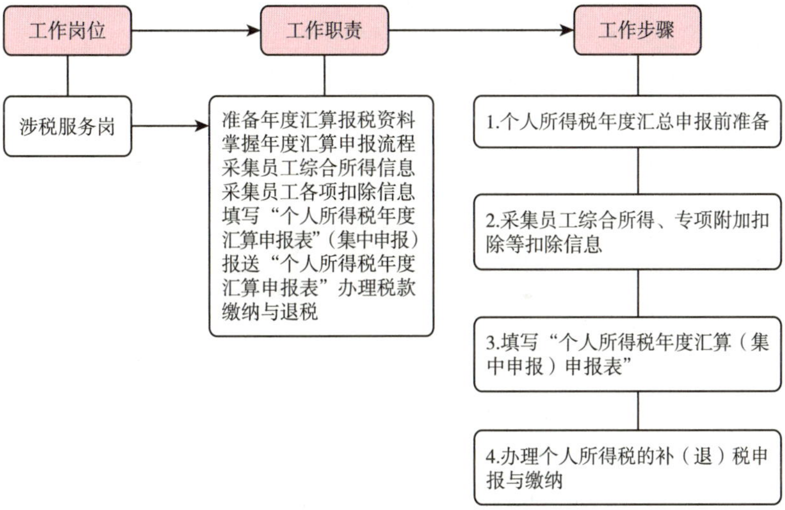

图 5－35 岗位分工及工作流程

任务实施：

一、个人所得税年度汇算申报前准备

（一）填写“集中办理个人所得税综合所得年度汇算确认表”

根据《个人所得税法实施条例》第二十九条规定，扣缴义务人存在为纳税人代为办理汇算清缴申报的义务。纳税人应在单位集中办理个人所得税年度汇算申报前，与单位通过书面或者电子等方式进行确认，并补充提供其纳税年度内在本单位以外取得的综合所得收入、相关扣除、享受税收优惠等信息资料，并对所提交信息的真实性、准确性、完整性负责。

【要点提示】

纳税人未与单位确认让其代为办理年度汇算的，单位不得代办。如果有两处及以上任职受雇单位的，选择向其中一处申报即可。集中办理个人所得税综合所得年度汇算确认表样表如图 5－36 所示。

（××单位）集中办理个人所得税综合所得年度汇算确认表

（参考表样）

一、　填表须知

填写本表前，请仔细阅读以下内容：

1.如您选择由单位集中代办个人所得税综合所得年度汇算，请务必于XXXX年4月30日前将本表交至单位。后续，请您密切关注集中汇缴申报及退（缴）税情况（可下载个人所得税手机App或者登录电子税务局网页端在线关注）；如发现申报信息有误，请及时提醒单位或者自行办理更正申报。

2.如您无须单位办理个人所得税综合所得年度汇算，则不用填写本表。

二、　个人基本情况（为确保不影响您的合法权益，请务必认真填写并确认本栏）

3.姓名		
4.公民身份号码/纳税人识别号	□□□□□□□□□□□□□□□□□□□□□□□	
5.有效联系方式	手机	□□□□□□□□□□□
	联系地址及邮编	省（区、市）　市　区（县） 街道（乡、镇） 邮编□□□□□□
6.电子邮件（如需接受电子文书，请填写本栏）		

三、　选择单位集中代办汇算的员工，需要确认以下情况

7.除本单位收入外，是否有其他需补充的工资薪金、劳务报酬、稿酬、特许权使用费所得？
□否　　□是（需要提供明细情况）
8.是否需要补充办理专项附加扣除、商业健康保险、递延养老保险等扣除？
□否　　□是（需要提供相关信息）
9.如果需要年度汇算退税，是否退至工资卡？
□是（无须填写以下银行卡信息） □否（需要填写以下银行卡信息）开户银行（填写总行名称）： 开户地（省）：省（区、市） 银行账号：
10.如果需要年度汇算补税，是否由单位代为一并缴纳？
□是（需要将需补缴的税款及时交付单位） □否（个人自行补缴税款）　选择自行补缴税款的，可以通过以下方式办理： (1) 下载个人所得税App或者登录自然人电子税务局网页端（https://etax.chinatax.gov.cn），使用网上银行、第三方支付等方式缴款； (2) 到主管税务机关办税服务大厅缴款。

四、　其他需要说明的事项

个人签名：　　　年　月　日

图 5－36　“集中办理个人所得税综合所得年度汇算确认表”样表

（二）熟悉集中办理个人所得税综合所得年度汇算的流程

涉税服务岗会计人员经授权办理集中申报业务。涉税服务岗会计人员登录电子税务局系统熟悉申报流程，进入“个税汇算清缴—集中申报”模块，需要依次完成“报表填报”—“退税申请”—“税款缴纳”—“申报记录查询”—“缴款记录查询”等五项业务操作。

【提示】

办理个人所得税的年度汇算主要有三种方式：自己办、单位办、请人办，这里主要讲解单位集中申报操作。

二、采集员工综合所得、专项附加扣除等信息

（一）采集员工信息

在进行个人所得税年度汇算工作前，首先要采集并核对员工的工号、身份证号、联系电话等信息，为填报个人所得税年度汇算申报表提供准确信息。以本单位员工信息采集为例，如表 5－19 所示。

表 5－19　人员信息采集表

工号	姓名	性别	身份证号	联系电话	任职日期	任职受雇从业类型	国籍（地区）
001	顾明	男	3301021977051644××	156680900××	2015－03－01	雇员	中国
002	贺青	男	3301061984051541××	182400637××	2016－01－12	雇员	中国
003	安柠	女	5001031988041800××	187230564××	2015－12－03	雇员	中国
004	谢语宁	女	3503011989061800××	152541708××	2017－04－17	雇员	中国
005	季梦	女	3301101988052078××	181532300××	2016－01－26	雇员	中国
006	宋琪	男	4201061990081205××	156660688××	2018－07－16	雇员	中国
007	徐昊	女	3714281980050805××	153081907××	2017－11－19	雇员	中国
008	童子鑫	男	2301021990101078××	180921980××	2019－01－02	雇员	中国
009	邓楠	男	1201011981080900××	156063508××	2016－05－15	雇员	中国
010	裴隽浩	男	3401041990030921××	181243290××	2018－03－18	雇员	中国

（二）采集综合所得及专项附加扣除等信息

涉税服务岗会计人员按照专项附加扣除项目采集本单位员工的专项附加扣除信息及其他按照规定允许扣除的信息。目前大多数单位要求纳税义务人通过个税 App 完成信息采集，本任务主要讲述单位集中申报办理年度个人所得税汇算清缴，采集员工专项附加扣除信息见业务描述部分资料。

三、填写“个人所得税年度汇算申报表”

（一）录入或导入员工信息

涉税服务岗会计人员进入个税年终汇算清缴界面，选择“集中申报”方式，点击“报表填报”按钮，进入“报表填报”界面，如图 5－37 所示。

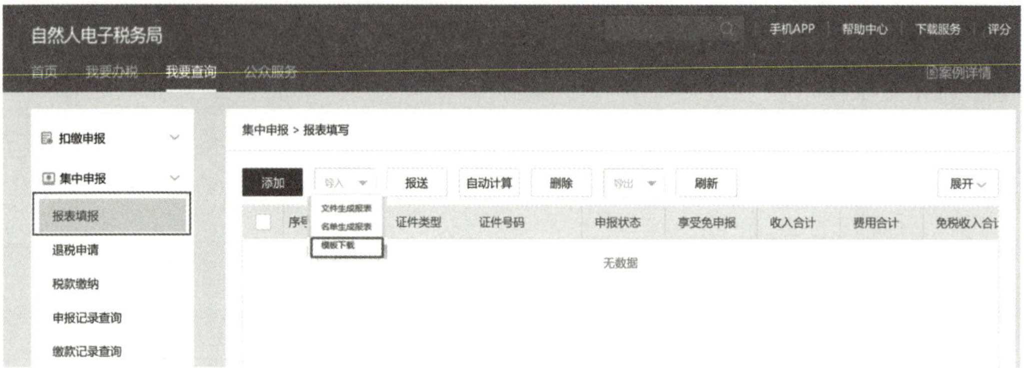

图 5－37　进入“报表填报”界面

导入或录入员工信息，导入员工信息适合员工数量比较多的单位，采用此方式时，需从系统中下载模板，在模板中填好信息后导入到系统中，人数较少的单位可以选择直接录入方式。现以直接录入信息为例，点击“添加”按钮，录入姓名“顾明”，证件号码“3301021977051644××”等信息，点击“确定”按钮后，再录入第二位员工的信息，如图 5－38 所示。

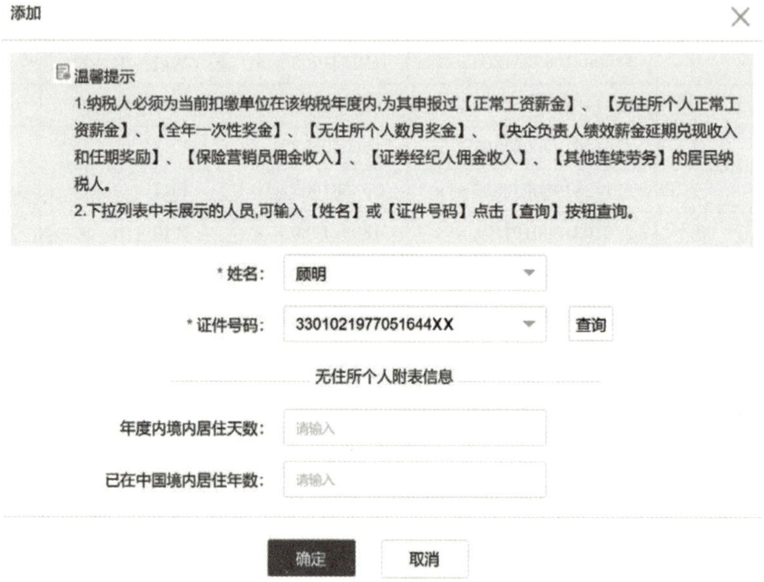

图 5－38　录入“员工信息”界面

【要点提示】

如果单位员工数量较多，还可以采用申报表模板方式导入信息，但此种申报方式需要注意以下四点：

（1）商业健康险、税收递延养老保险、准予扣除的捐赠额、减免税额只能填写附表后带入主表，不可直接在主表填写；其余数据项可直接填写在申报主表。

（2）手工填写各项专项附加扣除的金额，发送申报时会逐项与纳税人指定该扣缴义务人扣除的总金额进行比对，超过各项可扣除总金额的，系统会阻断申报。

（3）纳税人选择将全年一次性奖金并入综合所得的应加在工资、薪金栏次，不并入的无须在申报表中体现。

（二）填写员工综合所得、专项扣除、专项附加扣除、其他扣除等信息

人员信息添加完成后，系统会弹出“是否需要自动计算”的窗口，选择“无须自动计算”，系统会自动跳转到申报表填写页面，依次进行综合所得（工资薪金、劳务报酬、稿酬、特许权使用费）数据采集、减除费用、专项扣除、专项附加扣除、其他扣除以及全年一次性奖金收入信息采集。其中，商业健康险、税收递延养老保险、准予扣除的捐赠额、减免税额只能填写附表后带入主表，不可直接在主表填写。申报表填写完成后，如无须修改，可直接进入报送环节。以录入员工“顾明”“综合所得个人所得税计算”信息为例。

1. 填写收入金额

将顾明的年工资薪金所得数值“180 000. 00”填入“综合所得个人所得税计算”中行次 2“（一）工资、薪金”栏次中，如图 5－39 所示。

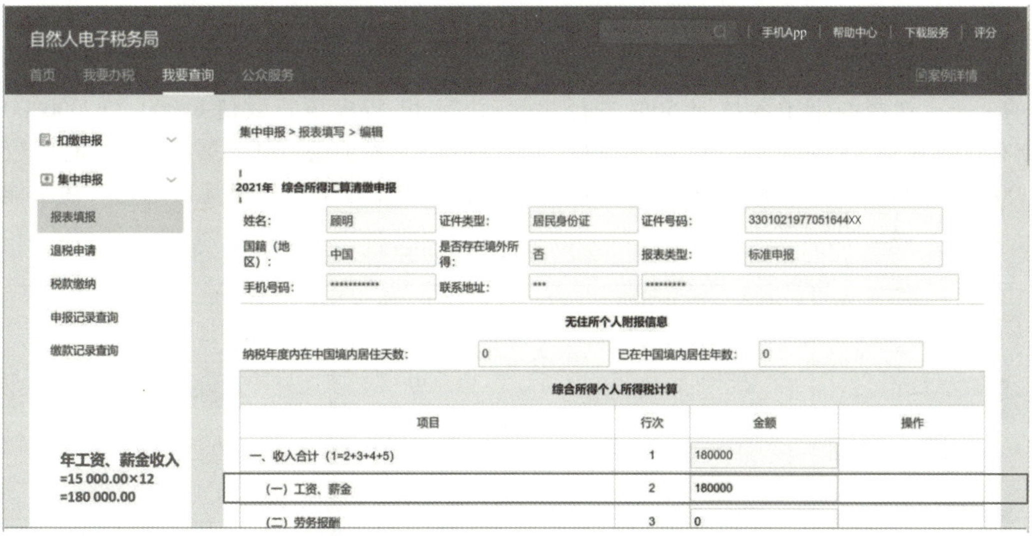

图 5－39　录入“收入金额”界面

2. 填写减除费用金额

根据《国家税务总局关于办理2021年度个人所得税综合所得汇算清缴事项的公告》（国家税务总局公告2022年第1号）第四条规定，取得综合所得和经营所得的纳税人，可在综合所得或经营所得中申报减除费用6万元、专项扣除、专项附加扣除以及依法确定的其他扣除，但不得重复申报减除。将准予扣除的费用“60 000.00”元填入“第10行次”，如图5－40所示。

生成计费减除=60 000.00元

（三）稿酬	4	0	
（四）特许权使用费	5	0	
二、费用合计 [6=(3+4+5)×20%]	6	0	
三、免税收入合计（7=8+9）	7	0	
（一）稿酬所得免税部分[8=4×(1-20%)×30%]	8	0	
（二）其他免税收入	9	0	编辑
四、减除费用	10	60000	

图5－40 填写“减除费用”界面

3. 填写专项扣除金额

以员工“顾明”为例，根据业务描述资料填写专项扣除金额，如图5－41所示。

专项扣除
=6 720.00+1 680.00
+420.00+8 400.00
=17 220.00（元）

五、专项扣除合计（11=12+13+14+15）	11	17220	
（一）基本养老保险费	12	6720	
（二）基本医疗保险费	13	1680	
（三）失业保险费	14	420	
（四）住房公积金	15	8400	

图5－41 填写“专项扣除金额”界面

4. 填写专项附加扣除金额

以员工“顾明”为例，填写专项附加扣除信息，根据资料显示“顾明有一个正在读大学的儿子，选择与妻子各按照50%进行扣除”，第17行次填写数值6 000（6 000.00 = 1 000.00×50%×12）；“顾明是家中独子，需赡养65岁的父亲”，第22行次填写数值24 000（24 000.00＝2 000.00×12）；“他购买商业健康保险未注明税优识别码”故不能抵扣，如图5－42所示。

专项附加扣除
=子女教育(50%)
6 000.00+
赡养老人(独子)
24 000.00
=30 000.00（元）

六、专项附加扣除合计（16=17+18+19+20+21+22）	16	30000	
（一）子女教育	17	6000	
（二）继续教育	18	0	
（三）大病医疗	19	0	
（四）住房贷款利息	20	0	
（五）住房租金	21	0	
（六）赡养老人	22	24000	

图5－42 填写“专项附加扣除”界面

5. 系统自动计算应纳税额

根据上述数据，系统会自动计算应纳税额，以“顾明”为例，顾明本年度应纳税额为“4 758.00 元”，如图 5－43 所示。

•系统根据填报数据，自动计算出应纳税所得额，
•系统选定适用税率10%和速算扣除数2 520，
•计算应纳税额为4 758.00元

七、其他扣除合计（23=24+25+26+27+28）	23	0
（一）年金	24	0
（二）商业健康保险	25	0
（三）税延养老保险	26	0
（四）允许扣除的税费	27	0
（五）其他	28	0
八、准予扣除的捐赠额	29	0
九、应纳税所得额（30=1-6-7-10-11-16-23-29）	30	72780
十、税率（%）	31	10%
十一、速算扣除数	32	2520
十二、应纳税额（33=30×31-32）	33	4758

图 5－43　“自动计算应纳税额”界面

（三）系统自动计算应退（补）税额

1. 应纳税额＝已预缴税额时，无须办理退税/补税

以员工“顾明”的年度汇算为例，系统自动计算出应补/退税额为“0.00”元，如图 5－44 所示。

应补/退税额
=应纳税额—已缴税额
=0

应补（退）税款计算		
一、应纳税额合计（39=33+38）	39	4758
二、减免税额	40	0
三、已缴税额	41	4758
四、应补/退税额（42=39-40-41）	42	0
是否享受免申报（收入不超过12万元且需要补税的，或补税金额不超过400元的才需填写本部分）		
□享受（符合政策条件的，可以不用补税）	□不享受（符合政策条件的，可以不用补税）	

图 5－44　“应补（退）税款计算”界面

应纳税所得额＝综合所得收入额 180 000.00－生计费 60 000.00－“三险一金”专项扣除 17 220.00－子女教育专项附加扣除 6 000.00－赡养老人专项附加扣除 24 000.00＝72 780.00（元）

应纳税额＝应纳税所得额×适用税率－速算扣除数

＝72 780.00×10%－2 520.00＝4 758.00（元）

应退税/补税额＝应纳税额－已预缴税额＝4 758.00－4 758.00＝0（元）

2. 应纳税额＜已预缴税额时，需办理退税

以员工“贺青”的年度汇算为例：

应纳税所得额＝综合所得收入额 140 400.00－生计费 60 000.00－“三险一金”专项扣

除 17 220.00 − 赡养老人专项附加扣除（平均分摊）12 000.00 = 54 780.00（元）

应纳税额 = 应纳税所得额 × 适用税率 − 速算扣除数

= 54 780.00 × 10% − 2 520.00 = 2 958.00（元）

应退税/补税额 = 应纳税额 − 已预缴税额 = 2 958.00 − 4 158.00 = −1 200.00（元）

3. 应纳税额 > 已预缴税额，需办理补税

以员工“邓楠”的年度汇算为例：

应纳税所得额 = 综合所得收入额 304 880.00 − 生计费 60 000.00 − “三险一金”专项扣除 17 220.00 − 子女教育专项附加扣除（100% 扣除）12 000.00 − 赡养老人专项附加扣除（独子全额扣除）24 000.00 = 191 660.00（元）

应纳税额 = 应纳税所得额 × 适用税率 − 速算扣除数

= 191 660.00 × 20% − 16 920.00 = 21 412.00（元）

应退税/补税额 = 应纳税额 − 已预缴税额 = 21 412.00 − 9 126.00 = 12 286.00（元）

【自我挑战】

请根据上述分析，将本企业其他员工的年度汇算应退税/补税额进行计算。

（四）报送申报表

涉税服务岗会计人员录入并审核所有员工信息，确认无误后，报送申报表，进入“申报记录查询”界面，确认申报是否成功，以本单位集中申报为例，申报状态显示“申报成功”，如图 5−45 所示。

集中申报 > 申报记录查询

更正 作废 导出 查询

	序号	姓名	证件类型	证件号码	申报状态	享受免申报（是/否）	申报类型
	1	顾明	身份证	3301021977051644XX	申报成功	否	正常申报
	2	贺青	身份证	3301061984051541XX	申报成功	否	正常申报
	3	安柠	身份证	5001031988041677XX	申报成功	否	正常申报
	4	谢语宁	身份证	3503011989061800XX	申报成功	否	正常申报
	5	季梦	身份证	3301101988052078XX	申报成功	否	正常申报
	6	宋琪	身份证	4201061990081205XX	申报成功	否	正常申报
	7	徐昊	身份证	3714281980050805XX	申报成功	否	正常申报
	8	童子鑫	身份证	2301021990101078XX	申报成功	否	正常申报
	9	邓楠	身份证	1201011981080900XX	申报成功	否	正常申报
	10	裴隽浩	身份证	3401041990030921XX	申报成功	否	正常申报

1 到第 1 页 确定 共 10 条 10 条/页

图 5−45 “申报记录查询”界面

四、税款缴纳与退税

（一）符合免予汇算申报条件的纳税人

申报表报送成功后，符合免予汇算申报条件（综合所得年收入不超过 12 万元或应补税额金额不超过 400 元）的纳税人，无须缴款，申报流程完成。

个人所得税
自行申报
App 操作讲解

（二）不符合免予汇算申报条件且需要补税的纳税人

对于不符合免予汇算申报条件且需要补税的纳税人，可以集中代为办理税款缴纳。该业务中只有“邓楠”1 人需要补缴税款 12 286.00 元。点击左侧“税款缴纳”菜单，选择缴税方式，进入页面后系统自动获取未缴纳税款的纳税人信息并展示在列表中，勾选单个纳税人或者批量勾选后，点击上方的“立即缴税”按钮，如图 5－46 所示。

缴税确认

本次缴税列表：

序号	姓名	证照类型	证照号码	应补退余额	滞纳金
1	邓楠	居民身份证	1201011981080900XX	12286.00	0.00

温馨提示：点击【确定】后请完成缴款操作，否则 至少需等待30分钟后才能再次缴款。
本次扣款金额：12286.00 元

确定　取消

图 5－46　缴纳税款

（三）申请退税

应补（退）税额为负数的，在申报表填写时必须完整填写纳税人本人的银行账户信息。申报表报送成功后，可以为该类纳税人集中代为办理退税申请，如图 5－47 所示。

【要点提示】

申报表报送成功后，发现有错报、漏报的情况，您可在原申报基础上进行更正。若企业已经开票，状态为“已开票未缴纳”时，则不允许更正申报表，必须缴纳税款或者作废税票才能更正。若申报成功后，尚未缴纳税款或申请退税的，允许作废申报。

集中申报 > 退税申请

申请退税 撤销申请 更新状态 查询

	序号	姓名	证件类型	证件号码	应退税额	退税状态	备注	退税申请时间
	1	贺青	身份证	330106198405154 1XX	-1200	退税中	**	2022-04-14 15:57:07
	2	季梦	身份证	330110198805207 8XX	-639.4	退税中	**	2022-04-14 15:57:07
	3	宋琪	身份证	420106199008120 5XX	-134.4	退税中	**	2022-04-14 15:57:07
	4	童子鑫	身份证	230102199010107 8XX	-656	退税中	**	2022-04-14 15:57:07
	5	裴隽浩	身份证	340104199003092 1XX	-82.68	退税中	**	2022-04-14 15:57:07

1 到第 1 页 确定 共5条 10条/页

图 5－47 退税申请

（四）智能生成并审核记账凭证

办理年度汇算清缴后，本年度个人所得税汇算应补所得税额 12 286.00 元，票据管理岗扫描、整理、审核税款缴纳银行回单，会计核算岗在智能财税平台按票据制单方式生成补缴企业所得税记账凭证。主管审核岗对纳税申报表及记账凭证进行审核。系统自动将记账凭证推送至“账簿模块”，会计核算岗在账簿模块查询明细账“应交税费——应交个人所得税”及“银行存款”账簿。

任务总结：

“个人所得税汇算清缴”任务总结如图 5－48 所示。

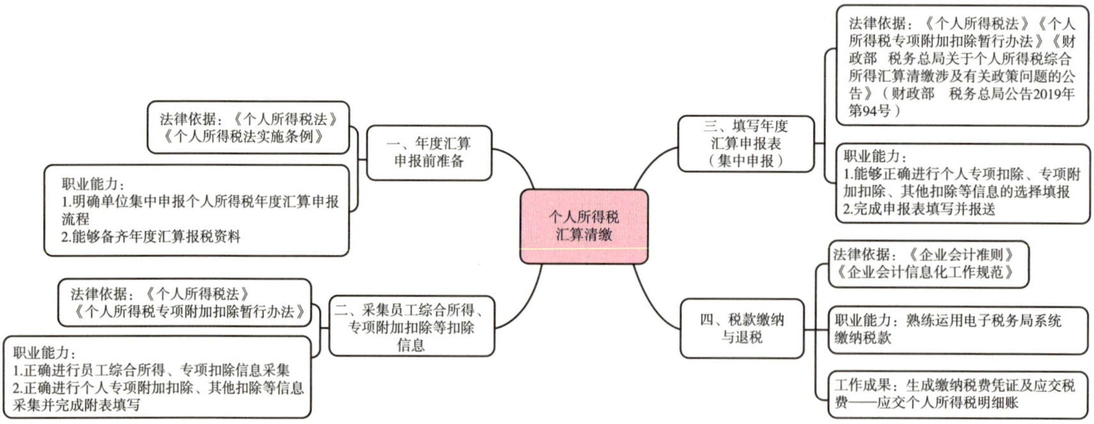

图 5－48 “个人所得税汇算清缴”任务总结

单元练习
与实训

6 单元六 企业所得税核算与缴纳

企业以营利为主要经营目的，那么企业实现的所得如何向国家缴纳企业所得税？这是会计人员必须具备的知识与能力。财政部统计数据显示2022年1～2月全国税收收入40 812亿元，同比增长9.8%。企业所得税9 127亿元，同比增长5.4%。企业所得税是规范和处理国家与企业分配关系的重要形式，在企业纳税活动中占有重要地位，具有很大的纳税筹划空间。

任务内容与思政元素的相互协同如图6－1所示。

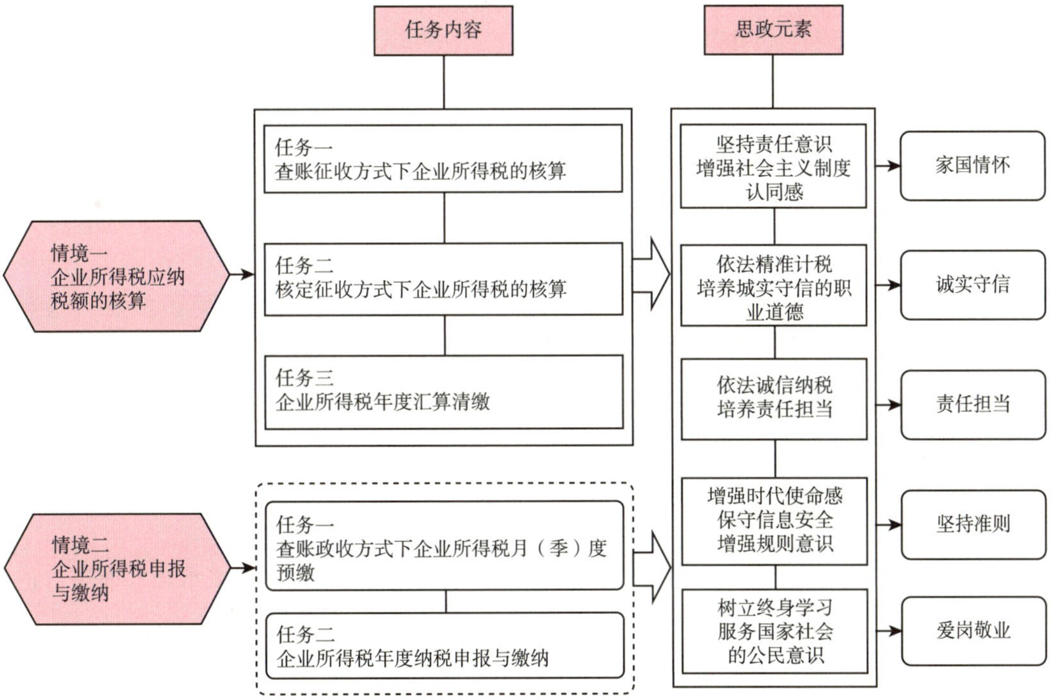

图6－1 任务内容与思政元素的相互协同

情境一 企业所得税应纳税额的核算

实战演练

知识目标：

1. 掌握企业所得税的内涵及基本计算原理
2. 明确企业所得税税收优惠、扣除标准等税收法律、法规
3. 掌握企业所得税应纳税额的计算方法
4. 掌握月（季）度计提企业所得税的会计处理方法

技能目标：

1. 查账征收方式下能够根据税法规定将会计利润总额调整为应纳税所得额
2. 核定征收方式下能够依据税法规定根据应税收入额或成本（费用）支出额计算应纳税所得额
3. 能够正确编制记账凭证，生成会计账簿

素养目标：

1. 在依法计算企业所得税减免税款的过程中，体会国家对企业发展的政策支持，培养学生理解税费取之于民用之于民的意图
2. 按照税收法规填写企业所得税纳税申报表的过程中，培养严谨细致的会计职业素养
3. 规范编制记账凭证、生成会计账簿，培养按照《会计工作规范》《会计准则》规范操作的职业素养

知识储备：

一、什么是企业所得税

企业所得税是对我国境内的企业和其他取得收入的组织的生产经营所得和其他所得征收的一种税。

二、企业所得税的纳税义务人

企业所得税的纳税义务人，是指在中华人民共和国境内的企业和其他取得收入的组织。企业所得税的纳税义务人分为居民企业和非居民企业。

（一）居民企业

居民企业，是指依法在中国境内成立，或者依照外国（地区）法律成立但实际管理机构在中国境内的企业。这里的企业包括国有企业、集体企业、私营企业、联营企业、股份制企业、外商投资企业、外国企业以及有生产、经营所得和其他所得的其他组织。个人独资企业、合伙企业不适用企业所得税法，适用个人所得税法。

有生产、经营所得和其他所得的其他组织，是指经国家有关部门批准，依法注册、登记的事业单位、社会团体等组织开展多种经营和有偿服务活动，取得除财政部门各项拨款、财政部和国家物价部门批准的各项规费收入以外的经营收入。实际管理机构是指对企业的生产经营、人员、账务、财产等实施实质性全面管理和控制的机构。

居民企业的确定标准有两个：

一是注册地，指在我国境内，由国家有关部门批准，依法注册、登记的企事业单位、社会团体等组织，例如，在工商部门登记注册的各类有限责任公司和股份有限公司。

二是实际管理机构在中国境内的企业。例如，蒙牛注册地在开曼群岛，但运营中心在国内。

哪些企业需要缴纳企业所得税

（二）非居民企业

非居民企业，是指依照外国（地区）法律成立且实际管理机构不在中国境内，但在中国境内设立机构、场所的，或者在中国境内未设立机构、场所，但有来源于中国境内所得的企业。

上述所称机构、场所，是指在中国境内从事生产经营活动的机构、场所，包括：

（1）管理机构、营业机构、办事机构。

（2）工厂、农场、开采自然资源的场所。

（3）提供劳务的场所。

（4）从事建筑、安装、装配、修理、勘探等工程作业的场所。

（5）其他从事生产经营活动的机构、场所。

非居民企业委托营业代理人在中国境内从事生产经营活动的，包括委托单位或者个人经常代其签订合同，或者储存、交付货物等，该营业代理人视为非居民企业在中国境内设立的机构、场所。按照《中华人民共和国企业所得税法》第一条规定，企业所得税纳税义务人分为两类，如表 6－1 所示。

表 6－1　企业所得税纳税人分类表

纳税人类型	具备条件
居民企业	中国境内注册的企业
	中国境外注册，实际管理机构在中国境内的企业
非居民企业	中国境外成立且实际管理机构不在中国境内，但在中国境内设立机构、场所的企业
	中国境外成立且实际管理机构不在中国境内，在中国境内未设立机构、场所，但有来源于中国境内所得的企业

三、企业所得税的纳税对象

（1）居民企业应就其来源于我国境内外的所得缴纳企业所得税。

（2）非居民企业在中国境内设立机构、场所的，就来源于中国境内所得及发生在中国境外但与其所设机构、场所有实际联系的所得纳税；非居民企业在中国境内未设立机构、场所的仅就来源于中国境内所得纳税。

（3）按照《中华人民共和国企业所得税法实施条例》第七条规定企业所得税所得来源地确认原则。

所得来源地确认原则表

四、企业所得税税率

一般情况下，企业所得税实行比例税率，主要有基本税率、低税率、优惠税率三档税率。

（一）基本税率（25%）

企业所得税地域管辖权和居民管辖权

适用于：

（1）居民企业；

（2）在中国境内设有机构、场所且所得与机构、场所有关联的非居民企业。

（二）低税率（20%）

适用于下列两种类型企业，实际减按10%的税率征收。

（1）在中国境内未设立机构、场所的非居民企业；

（2）虽设立机构、场所但取得的所得与其所设机构、场所没有实际联系的非居民企业。

按照《中华人民共和国企业所得税法》企业所得税纳税人、征税对象、税率表如表6－2所示。

表6－2 企业所得税纳税人、征税对象、税率表

<table>
<tr><th colspan="3">纳税人</th><th>征税对象</th><th>税率</th></tr>
<tr><td colspan="3">居民企业</td><td>就其境内外所得征税</td><td rowspan="2">25%</td></tr>
<tr><td rowspan="3">非居民企业</td><td rowspan="2">在我国境内设立机构场所</td><td>取得所得与设立的机构、场所有实际联系的</td><td>就其来源于中国境内的所得和发生在中国境外但与其在中国境内所设机构、场所有实际联系的所得征税</td></tr>
<tr><td>取得所得与设立的机构场所没有实际联系的</td><td rowspan="2">仅就来源于我国境内的所得征税</td><td rowspan="2">20%（实际减按10%的税率征收）</td></tr>
<tr><td colspan="2">未设立机构场所，却有来源于我国境内的所得</td></tr>
</table>

（三）优惠税率

自2019年1月1日至2022年12月31日，对符合条件的小型微利企业，征收率20%。

还有一些符合规定的企业适合15%和10%的优惠税率。

五、企业所得税的征收管理

企业所得税
税率表

（一）纳税期限

企业所得税实行按年计算，按月或季预缴，年终汇算清缴，多退少补的征收办法。纳税年度一般为公历1月1日至12月31日为一个纳税年度。

纳税人应当在月份或季度终了后15日内，向其所在地主管税务机关报送预缴企业所得税申报表，有盈利的，需要同时预缴税款。纳税人应当自年度终了之日起5个月内，无论盈利或亏损，均应向其所在地主管税务机关报送年度企业所得税纳税申报表、财务报表和其他有关资料并汇算清缴，结清应缴应退税款。

企业在年度中间终止经营活动的，应当自实际经营终止之日起60日内，向税务机关办理当期企业所得税汇算清缴。

扣缴义务人每次代扣的税款，应当自代扣之日起7日内缴入国库，并向所在地的税务机关报送扣缴企业所得税报告表。

企业进行清算时，应当在办理注销工商登记之前，办理所得税申报。

企业若在年度中间合并、分立，终止时，应当在停止生产经营之日起60日内，向当地税务机关办理当期所得税汇算清缴。

（二）纳税地点

居民企业，除税收法律、行政法规另有规定外，以企业登记注册地为纳税地点；但登记注册地在境外的，以实际管理机构所在地为纳税地点。居民企业在中国境内设立不具有法人资格的营业机构的，应当汇总计算并缴纳企业所得税。

非居民企业在中国境内设立机构、场所的，应当就其所设机构、场所取得的来源于中国境内的所得，以及发生在中国境外，但与其所设机构、场所有实际联系的所得，以机构、场所所在地为纳税地点。非居民企业在中国境内设立两个或者两个以上机构、场所，符合国务院税务主管部门规定条件的，可以选择由其主要机构、场所汇总缴纳企业所得税。

非居民企业在中国境内未设立机构、场所的，或者虽然设立机构、场所但取得的所得是与其机构、场所没有联系的，以扣缴义务人所在地为纳税地点。

（三）税款征收方式

企业所得税的税款征收方式包括查账征收和核定征收两种方式。按照《中华人民共和国企业所得税法》《中华人民共和国税收征收管理法》具体规定如表6－3所示：

表 6-3　企业所得税税款征收方式

征收方式	适用范围	计税依据
查账征收	适合于会计机构和会计核算体系健全，能够正确核算应交税费、提供纳税资料的企业	根据账簿记录的数据
核定征收	适合于账簿不健全，资料残缺难以查账或其他原因不能准确计算并据实申报其应纳税所得额的企业	税务机关核定应税所得率或核定应纳所得税额

知识小结：

"企业所得税应纳税额的核算"相关知识小结如图 6-2 所示。

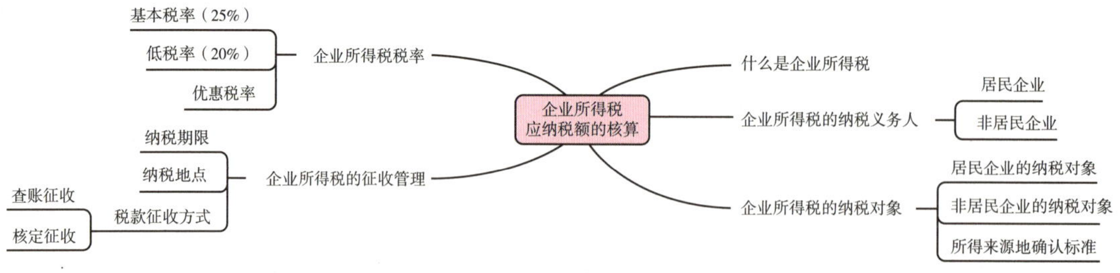

图 6-2 "企业所得税应纳税额的核算"相关知识小结

任务一　查账征收方式下企业所得税的核算

学习目标：

实战演练

1. 掌握查账征收方式下应纳所得税额计算方法及依据
2. 能够根据税法规定将利润总额调整为应纳税所得额并能够计算本期应纳所得税额
3. 能够进行月（季）度计提企业所得税的会计处理
4. 在依法计算应纳所得税额的过程中，培养学习税法并依法纳税的职业素养

任务描述：

一、公司基本情况

公司全称：北京辰帆家具生产有限公司。

企业类型：家用、办公家具的零售与批发业务。
公司开户银行：工行北京市天通苑支行。
基本存款账户：6673618317881058850。
统一社会信用代码（纳税人识别号）：91110102M921903808。
经营地址、电话：北京市昌平区立汤路618号　010－98259099。

二、公司内部会计制度

执行法律：执行《中华人民共和国企业所得税法》《中华人民共和国企业所得税法实施条例》《财政部　税务总局关于实施小微企业和个体工商户所得税优惠政策的公告》（2021年第12号）《国家税务总局关于发布〈中华人民共和国企业所得税月（季）度预缴纳税申报表（A类）〉的公告》《国家税务总局关于进一步落实研发费用加计扣除政策有关问题的公告》（2021年第28号）《会计基础工作规范》《企业会计准则》等会计法律法规。

企业所得税征收方式：本公司会计机构和会计核算体系健全，能够正确核算应交税费、提供纳税资料，经税务机关核定为查账征收企业所得税，所得税计税依据为账簿记录的数据。企业所得税申报按照《国家税务总局关于发布〈中华人民共和国企业所得税月（季）度预缴纳税申报表（A类）〉的公告》的要求填写申报表。

任务布置：

一、业务描述

北京辰帆家具生产有限公司2021年按《财政部　税务总局关于实施小微企业和个体工商户所得税优惠政策的公告》（2021年第12号）规定不符合小型微利企业，采用查账征收方式征收企业所得税，其适用的所得税税率为25%，2021年利润表显示会计利润为60万元。经过检查账簿记录，发现下列事项需进行纳税调整：

【业务6－1】营业外收入中10万元是财政拨款。

【业务6－2】利息收入中有国债利息收入1万元。

【业务6－3】研发费支出10万元。

【业务6－4】2020年亏损5万元。

【业务6－5】购买规定的安全生产专用设备用于生产经营，取得的增值税专用发票上注明价款10万元（不含增值税）。

假设不符合其他减免或抵免税额优惠，前三季度已预缴企业所得税5万元。

现在要进行企业所得税月（季）度预缴，请按照税法规定采用间接计算法计算企业所得税应纳税所得额和应纳企业所得税税额，进行企业所得税计提的会计处理。

二、明确任务

分别按照涉税服务岗、会计核算岗、主管审核岗完成以下工作：

（1）根据《中华人民共和国企业所得税法实施条例》规定将利润总额调整为应纳税所得额。

（2）计算本期应纳所得税额。
（3）进行月（季）度计提企业所得税的会计处理。

三、工作成果

（1）将会计利润调整为应纳税所得额。
（2）编制计提企业所得税的记账凭证。
（3）所得税费用、应交税费——应交企业所得税明细账。

四、评价标准

（1）依据《中华人民共和国企业所得税法》《中华人民共和国企业所得税法实施条例》《企业所得税优惠政策事项办理办法》准确计算应纳税所得额和应纳所得税额。

（2）依据《企业会计准则》《会计基础工作规范》《企业会计信息化工作规范》正确使用会计科目，规范录入记账凭证并生成会计账簿。

任务分析：

一、工作思路

（1）依据账簿记录，结合《企业所得税优惠政策事项办理办法》确定调整项目。
（2）根据税法规定将利润总额调整为应纳税所得额。
（3）计算应纳所得税额。
（4）进行月（季）度计提企业所得税的会计处理。

二、岗位分工及工作流程

岗位分工及工作流程如图6－3所示。

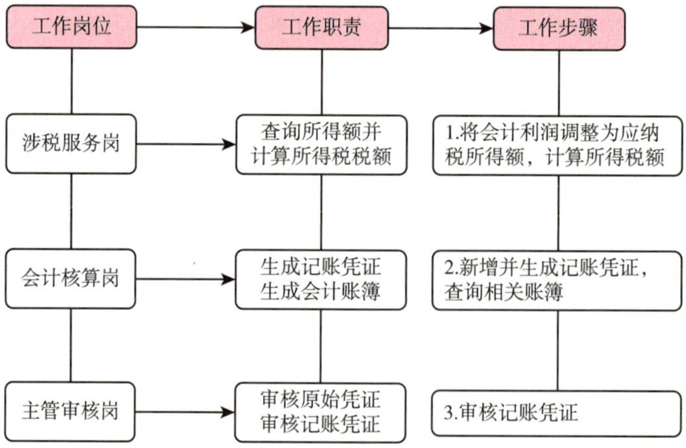

图6－3　岗位分工及工作流程

任务实施：

一、计算应纳企业所得税额

（一）应纳税所得额的计算方法

《中华人民共和国企业所得税法实施条例》规定查账征收企业所得税的应纳税额的计算方法有直接计算法和间接计算法两种，实际工作中一般采用间接计算法。

1. 直接计算法

直接计算法是指企业每一纳税年度的收入总额减除不征税收入、免税收入、各项扣除以及允许弥补的以前年度亏损后的余额为应纳税所得额。其计算公式为：

企业所得税额 = 应纳税所得额 × 适用税率 − 减免税额 − 抵免税额

应纳税所得额 = 收入总额 − 不征税收入 − 免税收入 − 各项扣除金额 − 允许弥补的以前年度亏损

非居民企业应纳税所得额的计算方法

2. 间接计算法

在间接计算法下，在会计利润总额的基础上加或减按照税法规定调整的项目金额，即为应纳税所得额，其计算公式为：

应纳税所得额 = 会计利润总额 ± 纳税调整项目金额

表 6－4 所示为会计利润与应纳税所得额的区别与联系。

表 6－4 会计利润与应纳税所得额的区别与联系

项目	区别	联系
会计利润	根据企业会计准则的相关规定计算得出，列在利润表上的利润总额数值	应纳税所得额是在会计利润的基础上加减调整项目得到的
应纳税所得额	根据税法规定所确认的收入与准予扣除项目金额之间的差额	

【自我挑战】

北京俏佳人服装公司 2021 年经认定为不符合小型微利企业，其适用的所得税税率为 25%，假设不符合其他减免或抵免税额优惠，没有以前年度亏损，其 2021 年 12 月 31 日损益类账户的余额如表 6－5 所示。

表 6－5 损益类账户余额表 单位：万元

账户名称	贷方余额	账户名称	借方余额
主营业务收入	5 000	主营业务成本	3 500
其他业务收入	100	其他业务成本	80
营业外收入	50	营业外支出	10
		税金及附加	500
		销售费用	400
		管理费用	500
		财务费用	100

其中：管理费用中职工福利费 100 万元，允许税前扣除 85 万元；管理费用中业务招待费 80 万元，允许税前扣除 25.5 万元；营业外收入中 10 万元财政拨款属于不征税收入。营业外支出中有 5 万元税收滞纳金属于不允许扣除的项目。

现在要进行所得税月（季）度预缴，请按照间接计算法计算企业所得税应纳税所得额和应纳税额。

（二）税收优惠简介

税收优惠，是指国家对某一部分特定企业和课税对象给予减轻或免除税收负担的一种措施。税法规定的企业所得税的税收优惠方式包括免税收入、减计收入、加计扣除、加速折旧、所得减免、抵扣应纳税所得额、减低税率、税额抵免等。

企业所得税税收优惠可概况为三种主要方式：①税基式减免优惠（加计扣除、加速折旧、减计收入等），如用减计收入的方法缩小税基的优惠。②税率式减免优惠（减低税率），如对小型微利企业减按 20% 的税率征收企业所得税。③税额式减免优惠（免税、减税、税额减免），比如对于从事农、林、牧、渔业项目的所得可以免征、减征企业所得税。

（三）税基式减免优惠

税基式减免优惠是采用减少税基，也就是说减少应纳税所得额的方式进行优惠。具体包括不征税收入、加速折旧优惠、免税收入、加计扣除优惠、减计收入、所得减免、亏损弥补等方式。

涉税服务岗分析业务 6－1 至业务 6－5 属于不同的纳税调整项目，将会计利润调整为应纳税所得额，分别介绍如下：

2021 年会计利润为 60 万元。

调整事项业务 6－1：营业外收入中 10 万元是财政拨款。

1. 不征税收入规定

下列收入不征收企业所得税：

（1）财政拨款，是指各级人民政府对纳入预算管理的事业单位、社会团体等组织拨付的财政资金，但国务院和国务院财政、税务主管部门另有规定的除外。

（2）依法收取并纳入财政管理的行政事业性收费、政府性基金，是指依照法律法规等有关规定，按照国务院规定程序批准，在实施社会公共管理，以及在向公民、法人或者其他组织提供特定公共服务过程中，向特定对象收取并纳入财政管理的费用。政府性基金是指企业依照法律、行政法规等有关规定，代政府收取的具有专项用途的财政资金。

（3）国务院规定的其他不征税收入，是指企业取得的，由国务院财政、税务主管部门规定专项用途并经国务院批准的财政性资金。

财政性资金，是指企业取得的来源于政府及其有关部门的财政补助、补贴、贷款贴息，以及其他各类财政专项资金，包括直接减免的增值税和即征即退、先征后退、先征后返的各种税收，但不包括企业按规定取得的出口退税款。

调整事项业务 6－1：营业外收入中 10 万元是财政拨款，属于不征税收入，所以应在会计利润的基础上调减应纳税所得额 10 万元。

【自我挑战】

某增值税小规模纳税人 2021 年第一季度会计利润为 10 万元，营业外收入中有 1 万元是直接减免的增值税。请计算该企业 2021 年第一季度企业所得税应纳税所得额。

调整事项业务 6－2：利息收入中有国债利息收入 1 万元。

2. 免税收入

下列收入免征企业所得税：

（1）国债利息收入。

（2）符合条件的居民企业之间的股息、红利等权益性投资收益，是指居民企业直接投资于其他居民企业取得的投资收益。

加速折旧优惠

（3）在中国境内设立机构、场所的非居民企业从居民企业取得与该机构、场所有实际联系的股息、红利等权益性投资收益。

（4）符合条件的非营利组织的收入。非营利组织是指依法履行非营利组织登记手续，从事公益性或非营利性活动，取得的收入除用于该组织有关的合理的支出外，全部用于登记核定或者章程规定的公益性或非营利性事业的组织。非营利组织取得的捐赠收入、财政补助收入（不包括因政府购买服务取得的收入），按照省级以上人民政府部门规定收取的会费等免征企业所得税。

（5）投资者从证券投资基金分配中取得的收入免征企业所得税，取得的地方政府债券利息收入免征企业所得税等。

调整事项业务 6－2：属于国债利息收入，是企业所得税规定的免税收入，所以应在会计利润 60 万元的基础上调减 1 万元计算应纳税所得额。

【自我挑战】

某企业购入政府发行的年利率为 4.5% 的一年期国债 1 000 万元，持有 300 天时以 1 040 万元的价格转让。该企业该笔交易的应纳税所得额是多少？

调整事项业务 6－3：研发费支出 10 万元。

3. 加计扣除优惠

（1）研发费加计扣除。制造业企业开展研发活动中实际发生的研发费用，未形成无形资产计入当期损益的，在按规定据实扣除的基础上，自 2021 年 1 月 1 日起，再按照实际发生额的 100% 在税前加计扣除；形成无形资产的，自 2021 年 1 月 1 日起，按照无形资产成本的200%在税前摊销。

根据《财政部 国家税务总局 科技部关于完善研究开发费用税前加计扣除政策的通知》（财税〔2015〕119号）规定：不适用税前加计扣除政策的行业包括：烟草制造业、住宿和餐饮业、批发和零售业、房地产业、租赁和商务服务业、娱乐业、财政部和国家税务总局规定的其他行业。

（2）企业委托境外研究开发费用与税前加计扣除。按照《财政部 税务总局 科技部关于企业委托境外研究开发费用税前加计扣除有关政策问题的通知》（财税［2018］64号）文件的规定，企业委托境外的研发费用按照费用实际发生额的80%计入委托方的委托境外研发费用，不超过境内符合条件的研发费用2/3的部分，可以按规定在企业所得税前加计扣除。

（3）企业安置残疾人员所支付的工资。企业安置残疾人员所支付工资费用的加计扣除，是指企业安置残疾人员的，在按照支付给残疾职工工资据实扣除的基础上，按照支付给残疾职工工资的100%加计扣除。残疾人员的范围适用《中华人民共和国残疾人保障法》的有关规定。

调整事项业务6-3：研发费支出10万元，属于企业所得税优惠项目中的加计扣除优惠，可以再按照实际发生额的100%在税前加计扣除，所以在会计利润的基础上减去10万元计算应纳税所得额。

【自我挑战】

某企业安置2名残疾人员，2021年共计支付给残疾职工工资9.8万元，2021年该企业会计利润为20万元，假设没有其他企业所得税优惠条件，则该企业2021年企业所得税应纳税所得额是多少？

【寓德于技】

海尔智家半年报背后：科技不容忽视

8月30日公布的海尔智家2021半年报显示，营收同期增长27.2%、利润同期增长146.4%的数据。半年报披露，我国家电领域80%的国际标准制修订提案来自海尔智家，同时，它还实现全球智慧家庭发明专利5连冠，并获得15项国家科技进步奖、超300项国际设计奖，在不同维度均做到了行业引领。海尔智家的研发投入逐年增加。2018年至2020年，其研发支出分别为53.98亿元、67.11亿元、72.20亿元，三年合计为193.29亿元。截至2020年底，公司投入的专业研发人员1.80万名，占员工总数的18.14%。

来源：中华网，2021年9月2日

要求：分析讨论案例，说说科技创新对企业发展的重要作用，体会税法对企业研发支出的支持。

调整事项业务6-4：2020年亏损5万元。

4. 亏损弥补

亏损是指企业依照《企业所得税法》及其暂行条例的规定，将每一纳税年度的收入总额减除不征税收入、免税收入和各项扣除后小于零的数额。税法规定，企业某一纳税年度发生的亏损可以用下一年度的所得弥补，下一年度的所得不足以弥补的，可以逐年延续弥补，但最长不得超过 5 年。

企业所得税其他税基式减免优惠

企业在汇总计算缴纳企业所得税时，其境外营业机构的亏损不得抵减境内营业机构的盈利。

企业筹办期间不计算为亏损年度，企业自开始生产经营的年度为开始计算企业损益的年度。企业从事生产经营之前进行筹办活动期间发生筹办费用支出，不得计算为当期的亏损，企业可以在开始经营之日的当年一次性扣除，也可以按照新税法有关长期待摊费用的规定处理，但一经选定，不得改变。

调整事项业务 6－4：2020 年亏损 5 万元可以在企业所得税前弥补，则在会计利润的基础上减少 5 万元计算应纳税所得额。

总结调整事项业务 6－1 至业务 6－4，该企业企业所得税应纳税所得额＝60－10－1－10－5＝34（万元）

应纳企业所得税额＝340 000×25%＝85 000（元）

《财政部 税务总局关于延长高新技术企业和科技型中小企业亏损结转年限的通知》

【自我挑战】

某企业 2015 年至 2021 年依照《企业所得税法》和实施条例的规定，将每一纳税年度的收入总额减去不征税收入、免税收入和各项扣除后的余额如表 6－6 所示：

表 6－6　历年亏损统计表　　单位：万元

年份	2015	2016	2017	2018	2019	2020	2021
亏损金额	－150	30	－50	60	40	10	100

请计算各年的应纳税所得额。

（四）税额式减免优惠

调整事项 6－5：购买规定的安全生产专用设备用于生产经营，取得的增值税专用发票上注明价款 10 万元（不含增值税）。

税额抵免是指企业购置并实际使用《环境保护专用设备企业所得税优惠目录》《节能节水专用设备企业所得税优惠目录》和《安全生产专用设备企业所得税优惠目录》规定的环境保护、节能节水、安全生产等专用设备的，该专用设备的投资额的 10% 可以从企业当年的应纳税额中抵免，当年不足抵免的，可以在以后

免征、减征企业所得税

5 个纳税年度结转抵免。

高新技术企业减免企业所得税，软件、集成电路企业减免企业所得税、技术先进型服务企业减免企业所得税、西部地区的鼓励类产业企业减免企业所得税、海南自由贸易港鼓励类企业减免企业所得税等。

调整事项业务 6－5：购买规定的安全生产专用设备用于生产经营，取得的增值税专用发票上注明价款 10 万元（不含增值税），符合《安全生产专用设备企业所得税优惠目录》规定，该专用设备的投资额的 10% 可以从企业当年的应纳税额中抵免。

在调整事项业务 6－1 至业务 6－4 中，应纳企业所得税额 = 340 000.00 × 25% = 85 000.00（元），考虑安全专用设备税额抵免优惠，则：

应纳企业所得税额 = 85 000.00 － 100 000 × 10% = 75 000.00（元）

该企业前期已预缴企业所得税 5 万元，则本期应补缴 75 000.00 － 50 000.00 = 25 000.00（元）

企业所得税计算结果如表 6－7 所示。

表 6－7　　企业所得税计算表　　单位：元

项目	金额
会计利润	600 000.00
财政拨款调减	－100 000.00
国债利息收入调减	－10 000.00
研发支出加计扣除	－100 000.00
以前年度亏损弥补	－50 000.00
应纳税所得额	340 000.00
应纳企业所得税额	340 000.00 × 25% = 85 000.00
安全专用设备税额抵免优惠	100 000.00 × 10% = 10 000.00
应纳企业所得税额	85 000.00 － 10 000.00 = 75 000.00

二、智能生成并审核记账凭证

我国企业会计准则要求采用的企业所得税会计核算方法主要有以下三种：应付税款法、纳税影响会计法、资产负债表债务法。

在《小企业会计制度》中明确规定，小企业因业务简单，核算成本较低，会计信息质量要求不高，允许采用“应付税款法”；执行《企业会计制度》的企业必须使用“纳税影响会计法”；执行《企业会计准则 2006》的企业（目前主要是上市公司和部分大型国有企业），必须使用“资产负债表债务法”，以保证会计信息的质量。下面对应付税款法会计处理进行阐述。

应付税款法是将本期税前会计利润与应税所得之间的差异均在当期确认所得税费用。采用应付税款法核算时，需要设置两个科目：“所得税费用”科目，核算企业从本期损益中扣除的所得税费用；“应交税费——应交所得税”科目，核算企业应交的所得税。

按月或按季预缴企业所得税的，应当自月份或季度终了之日起 15 日内，向税务机关报送预缴企业所得税申报表，预缴税款。

（一）账户设置

为了准确地反映企业所得税的应交、已交、欠交等情况，应在“应交税费”账户下增设“应交所得税”明细账户进行会计核算。“应交所得税”明细账户采用三栏式账户记账，贷方核算计提的应交所得税费用；借方核算按规定应缴纳的企业所得税；期末贷方余额表示尚未缴纳的企业所得税，借方余额表示多缴纳的企业所得税。

“所得税费用”账户属于损益类账户，核算应从利润中扣除的所得税费用。借方核算企业发生的企业所得税费用，贷方核算将借方登记的企业所得税费用转入“本年利润”账户。

（二）编制会计分录

1. 计算预缴企业所得税

借：所得税费用　25 000

　　贷：应交税费——应交所得税　25 000

2. 结转所得税费用

借：本年利润　25 000

　　贷：所得税费用　25 000

（三）生成并审核记账凭证

会计核算岗新增并生成计提企业所得税记账凭证。主管审核岗审核记账凭证。

（1）计提企业所得税费用（见图 6－4）。

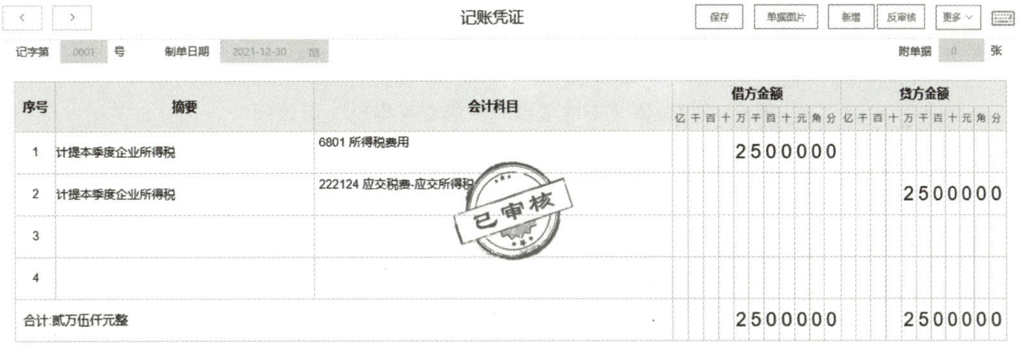
记账凭证

保存　单据图片　新增　反审核　更多

记字第 0001 号　制单日期 2021-12-30　附单据 0 张

序号	摘要	会计科目	借方金额	贷方金额
1	计提本季度企业所得税	6801 所得税费用	2500000	
2	计提本季度企业所得税	222124 应交税费-应交所得税		2500000
3				
4				
合计:贰万伍仟元整			2500000	2500000

图 6－4　生成并审核计提所得税费用记账凭证

（2）所得税费用结转记账凭证在智能财税平台月末损益自动结转，此处略。

三、智能生成并查询会计账簿

主管审核岗登录智能财税平台对计提所得税费用记账凭证进行审核，系统自动将记账凭证推送至“账簿”模块，会计核算岗在账簿模块查询明细账“所得税费用”“应交税费——应交所得税”，如图 6－5 与图 6－6 所示。

明细分类账

2021年		凭...	摘要	借方金额	贷方金额	借/贷	余额
月	日						
			上年结转			平	
			期初余额			平	
12	31		计提四季度企业所得税	25,000.00		借	25,000.00
12	31		结转企业所得税		25,000.00	平	
			本月合计	25,000.00	25,000.00		
			本年累计	25,000.00	25,000.00		

图 6-5 查询“所得税费用”明细账

明细分类账

2021年		凭...	摘要	借方金额	贷方金额	借/贷	余额
月	日						
			上年结转			平	
			期初余额			平	
12	31		计提四季度企业所得税		25,000.00	贷	25,000.00
			本月合计		25,000.00		
			本年累计		25,000.00		

图 6-6 查询“应交税费——应交所得税”明细账

任务总结:

“查账征收方式下企业所得税的核算”任务总结如图 6-7 所示。

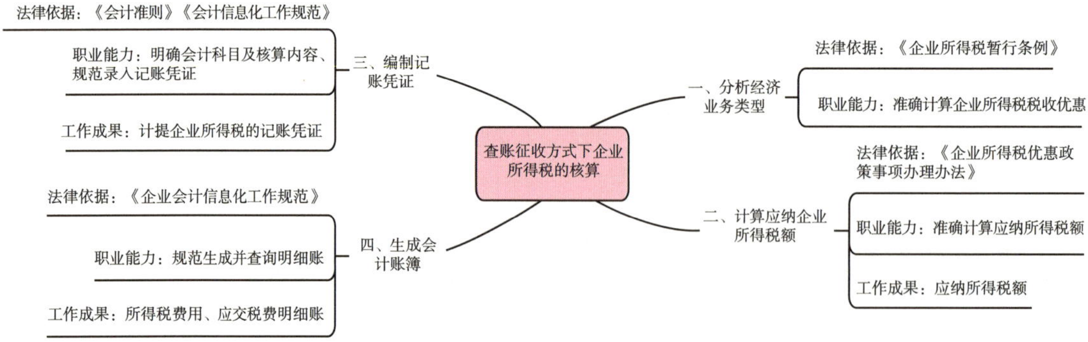

图 6-7 “查账征收方式下企业所得税的核算”任务总结

任务二　核定征收方式下企业所得税的核算

学习目标：

1. 掌握核定征收方式下应纳所得税额计算方法及依据
2. 能够根据税法规定按照应税收入额或成本（费用）支出额计算应纳税所得额
3. 能够计算本期应纳所得税额
4. 在依法计算应纳所得税额的过程中，培养学习税法并依法纳税的职业素养

实战演练

任务描述：

一、公司基本情况

公司全称：北京北辰商贸有限公司。

企业类型：日用百货的零售与批发业务。

公司开户银行：工行北京市天通苑支行。

基本存款账户：6673618317881058850。

统一社会信用代码（纳税人识别号）：91110102M921903808。

经营地址、电话：北京市昌平区立汤路 618 号　010－98259099。

二、公司内部会计制度

执行法律：执行《小企业会计准则》（2011）《中华人民共和国企业所得税法》《中华人民共和国企业所得税法实施条例》《财政部　税务总局关于实施小微企业和个体工商户所得税优惠政策的公告》（2021 年第 12 号）等法律法规。

企业所得税征收方式：本公司账簿不健全，资料残缺难以查账，不能准确计算并据实申报其应纳税所得额，经税务机关核定为核定征收企业所得税，税务机关核定应税所得率或核定应纳所得税额。企业所得税申报按照企业所得税月（季）度预缴纳税申报表（B 类）的要求填写申报表。

任务布置：

一、业务描述

【业务 6－6】北京北辰商贸有限公司 2021 年第三季度季初从业人数 200 人，季末从业

人数为300人，季初资产总额为1 500万元，季末资产总额为3 000万元，从事国家非限制和禁止行业。2021年度前三季度自行申报营业收入总额280万元、成本费用总额300万元，亏损20万元。前期实际已缴纳所得税额为0。经税务机关审核，该企业申报的收入总额无法核实，成本费用核算正确。假定对该企业采取按成本费用核定征收企业所得税，应税所得率为9%，请按照税法规定计算企业所得税应纳税所得额和应纳企业所得税税额，填写“企业所得税月（季）度预缴和年度纳税申报表（B类，2018年版）”。

二、明确任务

分别按照涉税服务岗、会计核算岗、主管审核岗完成以下工作：

（1）根据《中华人民共和国企业所得税法实施条例》规定计算应纳税所得额。

（2）计算本期应纳所得税额。

（3）准确填写“企业所得税月（季）度预缴和年度纳税申报表（B类，2018年版）”。

三、工作成果

（1）核定征收下计算的应纳税所得额。

（2）核定征收下计算的应纳所得税额。

（3）“企业所得税月（季）度预缴纳税申报表（B类）”。

四、评价标准

（1）依据《中华人民共和国企业所得税法》《中华人民共和国企业所得税法实施条例》准确计算核定征收方式下应纳税所得额和应纳所得税额。

（2）依据《财政部　税务总局关于实施小微企业和个体工商户所得税优惠政策的公告》（2021年第12号）准确计算税收优惠。

（3）依据“中华人民共和国企业所得税月（季）度申报表（B类）”填表说明规范填写“企业所得税月（季）度预缴纳税申报表（B类）”。

任务分析：

一、工作思路

（1）按照核定征收方式计算应纳企业所得税额。

（2）判断是否符合小型微利企业，计算税收优惠及本期应退（补）所得税额。

（3）填写“企业所得税月（季）度预缴和年度纳税申报表”（B类，2018年版）。

二、岗位分工及工作流程

岗位分工及工作流程如图6－8所示。

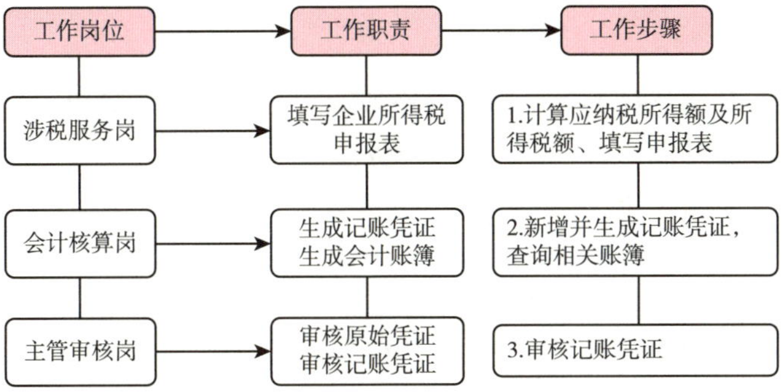

图 6－8 岗位分工及工作流程

任务实施：

一、核定征收下企业所得税应纳税所得额的计算方法

1. 按收入总额核定

能正确核算（查实）收入总额，但不能核算（查实）成本费用总额的，按收入总额核定应纳税所得额，计算公式如下：

应纳税所得额 = 应税收入额 × 应税所得率

2. 按成本费用核定

能正确核算（查实）成本费用总额但不能正确核算（查实）收入总额的，按成本费用核定应纳税所得额，计算公式如下：

应纳税所得额 = 成本(费用)支出额 ÷(1 － 应税所得率) × 应税所得率

应税所得率的幅度标准

业务 6－6 中北京北辰商贸有限公司 2021 年度前三季度自行申报营业收入总额 280 万元、成本费用总额 300 万元，亏损 20 万元。经税务机关审核，该企业申报的收入总额无法核实，成本费用核算正确。对该企业采取按照成本费用核定征收企业所得税，应税所得率为 9%。涉税服务岗计算应纳税所得额如下：

应纳税所得额 = 3 000 000. 00 ÷（1 －9%）×9% = 296 703. 30（元）

该企业所得税税率为 25%，则应纳所得税额 = 296 703. 3 ×25% = 74 175. 82（元）

【自我挑战】

北京江南餐饮有限公司采用核定征收方式征收企业所得税，“按收入总额核定应纳税所得额”，2021 年度累计取得的各项收入金额为 1 169 000. 00 元，税务机关核定的应税所得率为 8%，请计算该企业 2021 年应纳税所得额及应纳所得税额，假设不符合其他税收优惠政策。

二、小型微利企业标准及税收优惠

依据《财政部　税务总局关于实施小微企业和个体工商户所得税优惠政策的公告》，关于小型微利企业规定如下：

1. 小型微利企业认定标准

小型微利企业是指从事国家非限制和禁止行业，且同时符合以下三个条件的企业：

（1）年度应纳税所得额不超过 300 万元；

（2）从业人数不超过 300 人；

（3）资产总额不超过 5 000 万元。

从业人数及资产总额采用季度平均值，计算公式为：

各季度平均值 =（季初值 + 季末值）÷2

北京北辰商贸有限公司 2021 年第三季度季初从业人数 200 人，季末从业人数为 300 人，季初资产总额为 1 500 万元，季末资产总额为 3 000 万元，从事国家非限制和禁止行业。判断是否可以享受小型微利企业税收优惠政策。

本纳税年度截至本期末的从业人数季度平均值为(200 + 300) ÷2 = 250(人)，不超过 300 人；资产总额季度平均值为(1 500 + 3 000) ÷2 = 2 250(万元)，不超过 5 000 万元。前面我们计算得出的应纳税所得额 296 703.30 元不超过 300 万元。而且该企业从事国家非限制和禁止行业，经判断业务 6 -6 中的企业属于小型微利企业。

2. 小型微利企业税收优惠

（1）年应纳税所得额不超过 100 万元的部分，减按 12.5% 计入应纳税所得额，按 20% 的税率缴纳企业所得税，实际税率 2.5%。

（2）对年应纳税所得额超过 100 万元但不超过 300 万元的部分，减按 50% 计入应纳税所得额，按 20% 的税率缴纳企业所得税，实际税率 10%。

查账征收方式或核定征收方式均可享受优惠。企业预缴企业所得税时已享受小型微利企业所得税减免政策，汇算清缴企业所得税时不符合规定的，应当按照规定补缴企业所得税税款。

业务 6 -6 中的企业属于小型微利企业，应缴纳企业所得税额 = 296 703.30 × 12.5% × 20% = 7 417.58（元）

所得税减免 = 74 175.82 - 7 417.58 = 66 758.24（元）

前期实际已缴纳所得税额为 0，本期应预缴企业所得税额为 7 417.58 元。

企业所得税计算如表 6 -8 所示。

表 6 -8　企业所得税计算表　　单位：元

成本费用额	3 000 000.00
应纳税所得额	3 000 000.00 ÷ (1 + 9%) × 9% = 296 703.30
判断该企业属于小型微利企业，应纳企业所得税额	296 703.3 × 12.5% × 20% = 7 417.58

【自我挑战】

北京某工业企业2021年度应纳税所得额为280万元，该企业为非国家限制或禁止行业，一至四季度从业人数、资产总额如表6－9所示，请判断该企业是否属于小型微利企业，按小型微利企业企业所得税优惠政策则该企业2021年度应纳企业所得税税额为多少？

表6－9 企业所得税月（季）度申报表表头

优惠及附报事项有关信息									
项目	一季度		二季度		三季度		四季度		季度平均值
	季初	季末	季初	季末	季初	季末	季初	季末	
从业人数	160	170	170	200	200	220	220	230	
资产总额（万元）	1 500	1 600	1 600	2 000	2 000	3 000	3 000	4 000	
国家限制或禁止行业	□是☑否				小型微利企业				□是□否

三、填写“企业所得税月（季）度预缴纳税申报表（B类）”

业务6－6中的涉税服务岗登录纳税平台填写“中华人民共和国企业所得税月（季）度预缴纳税申报表（B类）”（见表6－10）。

“企业所得税月（季）度预缴和年度纳税申报表（B类，2018年版）”填写方法如下：

（一）按季度填报基础信息

（1）从业人数。必报项目。纳税人填报第一季度至税款所属季度各季度的季初、季末、季度平均从业人员的数量。“季度平均值”填报截至本税款所属期末从业人员数量的季度平均值，计算方法如下：

各季度平均值＝(季初值＋季末值)÷2

截至本税款所属期末季度平均值＝截至本税款所属期末各季度平均值之和÷相应季度数

年度中间开业或者终止经营活动的，以其实际经营期计算上述指标。

从业人数是指与企业建立劳动关系的职工人数和企业接受的劳务派遣用工人数之和。汇总纳税企业总机构填报包括分支机构在内的所有从业人数。

（2）资产总额（万元）。必报项目。纳税人填报第一季度至税款所属季度各季度的季初、季末、季度平均资产总额的金额。“季度平均值”填报截至本税款所属期末资产总额金额的季度平均值，计算方法如下：

各季度平均值＝(季初值＋季末值)÷2

截至本税款所属期末季度平均值＝截至本税款所属期末各季度平均值之和÷相应季度数

年度中间开业或者终止经营活动的，以其实际经营期计算上述指标。

（3）国家限制或禁止行业。必报项目。纳税人从事行业为国家限制或禁止行业的，选择“是”；其他选择“否”。

（4）小型微利企业。必报项目。本纳税年度截至本期末的从业人数季度平均值不超过300人、资产总额季度平均值不超过5 000万元、本表“国家限制或禁止行业”选择“否”且本期本表第 14 行“应纳税所得额”不超过 300 万元的纳税人，选择“是”；否则选择“否”。

（二）应纳税所得额计算

（1）第 12 行“应税收入额\成本费用总额”：核定征收方式选择“核定应税所得率（能核算收入总额的）”的纳税人，本行 = 第 1 - 2 - 3 行。核定征收方式选择“核定应税所得率（能核算成本费用总额的）”的纳税人，本行填报纳税人各项成本费用的本年累计金额。

（2）第 13 行“税务机关核定的应税所得率（%）”：填报税务机关核定的应税所得率。

（3）第 14 行“应纳税所得额”：根据相关行次计算结果填报。核定征收方式选择“核定应税所得率（能核算收入总额的）”的纳税人，本行 = 第 12 × 13 行。核定征收方式选择“核定应税所得率（能核算成本费用总额的）”的纳税人，本行 = 第 12 行 ÷（1 - 第 13 行）× 第 13 行。

（三）应纳所得税额计算

（1）第 15 行“税率”：填报 25%。

（2）第 16 行“应纳所得税额”：根据相关行次计算填报。本行 = 第 14 × 15 行。

（四）小型微利企业减免企业所得税

第 17 行“符合条件的小型微利企业减免企业所得税”：填报纳税人享受小型微利企业普惠性所得税减免政策减免企业所得税的金额。本行填报根据本表第 14 行计算的减免企业所得税的本年累计金额。

接下来我们将上面的计算过程通过业务 6 - 6 的讲解来完成。

第一步：根据税法规定按成本费用计算应纳所得税额

第 12 行：填写成本总额 3 000 000.00 元

第 13 行：填写应税所得率 9%

第 14 行：填写应纳税所得额 = 3 000 000.00 ÷（1 - 9%）× 9% = 296 703.30（元）

第 16 行：应纳所得税额填写 296 703.30 × 0.25 = 74 175.82（元）

第二步：判断是否属于小型微利企业

涉税服务岗在进行企业所得税月（季）度预缴时首先要填写申报表基础资料部分。输入一季度、二季度、三季度季初和季末从业人数、资产总额，在国家限制或禁止行业部分填“否”，系统自动计算季度平均值。本纳税年度截至本期末的从业人数季度平均值不超过 300 人、资产总额季度平均值不超过 5 000 万元。第 14 行应纳税所得额 296 703.03 元不超过 300 万元。返回基础资料部分勾选“小型微利企业”。

第三步：计算小型微利企业所得税减免优惠

该企业属于小型微利企业，应缴纳企业所得税额 = 296 703.30 × 12.5% × 20% = 7 417.58（元）

所得税减免 = 74 175.82 - 7 417.58 = 66 758.24（元）

第 17 栏“符合条件的小型微利企业减免企业所得税”填写 66 758.24。

第四步：计算本期实际应补（退）所得税额

第 18 行：实际已缴纳所得税额本企业为 0。

第 21 行：本期实际应补（退）所得税额 = 74 175.82 - 66 758.24 = 7 417.58（元）

表 6－10

B100000　中华人民共和国企业所得税月（季）度预缴和年度纳税申报表

（B 类，2018 年版）

税款所属期间：　年　月　日至　年　月　日

纳税人识别号（统一社会信用代码）：□□□□□□□□□□□□□□□□□□□□

纳税人名称：　　　　　　　　　　　　　　　　金额单位：人民币元（列至角分）

核定征收方式	核定应税所得率（能核算收入总额的） 核定应税所得率（能核算成本费用总额的） 核定应纳所得税额

按季度填报信息									
项目	一季度		二季度		三季度		四季度		季度平均值
	季初	季末	季初	季末	季初	季末	季初	季末	
从业人数	200	200	200	200	200	300			217
资产总额（万元）	1 500	1 500	1 500	1 500	1 500	3 000			1 750
国家限制或禁止行业	□ 是　☑ 否				小型微利企业		☑ 是　□ 否		

按年度填报信息			
从业人数（填写平均值）		资产总额(填写平均值,单位:万元)	
国家限制或禁止行业	□ 是　☑ 否	小型微利企业	☑ 是　□ 否

行次	项　目	本年累计金额
1	收入总额	
2	减：不征税收入	
3	减：免税收入（4＋5＋10＋11）	
4	国债利息收入免征企业所得税	
5	符合条件的居民企业之间的股息、红利等权益性投资收益免征企业所得税（6＋7.1＋7.2＋8＋9）	
6	其中：一般股息红利等权益性投资收益免征企业所得税	
7.1	通过沪港通投资且连续持有 H 股满 12 个月取得的股息红利所得免征企业所得税	
7.2	通过深港通投资且连续持有 H 股满 12 个月取得的股息红利所得免征企业所得税	
8	居民企业持有创新企业 CDR 取得的股息红利所得免征企业所得税	
9	符合条件的居民企业之间属于股息、红利性质的永续债利息收入免征企业所得税	
10	投资者从证券投资基金分配中取得的收入免征企业所得税	
11	取得的地方政府债券利息收入免征企业所得税	
12	应税收入额(1－2－3)\成本费用总额	3 000 000.00
13	税务机关核定的应税所得率（%）	9%
14	应纳税所得额(第 12×13 行)\[第 12 行÷(1－第 13 行)×第 13 行]	296 703.30
15	税率（25%）	25%

续表

行次	项　目	本年累计金额
16	应纳所得税额（14×15）	74 175.82
17	减：符合条件的小型微利企业减免企业所得税	66 758.24
18	减：实际已缴纳所得税额	0
L19	减：符合条件的小型微利企业延缓缴纳所得税额（是否延缓缴纳所得税　□是　□否）	
19	本期应补(退)所得税额(16－17－18－L19)÷税务机关核定本期应纳所得税额	
20	民族自治地方的自治机关对本民族自治地方的企业应缴纳的企业所得税中属于地方分享的部分减征或免征（□免征　□减征：减征幅度____%）	
21	本期实际应补（退）所得税额	7 417.58
谨声明：本纳税申报表是根据国家税收法律法规及相关规定填报的，是真实的、可靠的、完整的。 纳税人（签章）：　年　月　日		
经办人： 经办人身份证号： 代理机构签章： 代理机构统一社会信用代码：	受理人： 受理税务机关（章）： 受理日期：　年　月　日	

【寓德于技】

支持中小微企业纾困发展 小型微利企业所得税税率再减半

2021 年以来，北京市聚焦惠企政策制定，北京市新增减税降费 634 亿元。制造业是实体经济的基础。支持制造业企业平稳运行是减税降费的主要目的之一。2021 年以来，国家针对制造业出台了一系列优惠政策，自 1 月 1 日起，制造业研发费用加计扣除比例从 75% 提高到 100%。对于小型微利企业，所得税税率将再减半，对小型微利企业年应纳税所得额不到 100 万元的部分，在 2019 年减半征收的优惠基础之上，再减半征收企业所得税，2021 年前三季度减税 7.57 亿元，惠及 12.9 万户小型微利企业。

要求：分析为什么要制定政策支持制造业、小型微利企业？通过案例分析体会纳税光荣的责任意识，树立税收来源于民用于民、依法纳税的意识。

来源：北京商报，2021 年 11 月 18 日

四、智能生成并审核记账凭证

会计核算岗新增并生成计提企业所得税记账凭证，所得税费用结转记账凭证在智能财税平台月末自动结转。主管审核岗登录智能财税平台对计提所得税费用记账凭证进行审核，系统自动将记账凭证推送至“账簿”模块，会计核算岗在账簿模块查询明细账“应交税费——应交所得税”及“所得税费用”账簿。以上操作略。

任务总结：

“核定征收方式下企业所得税的核算”任务总结如图 6-9 所示。

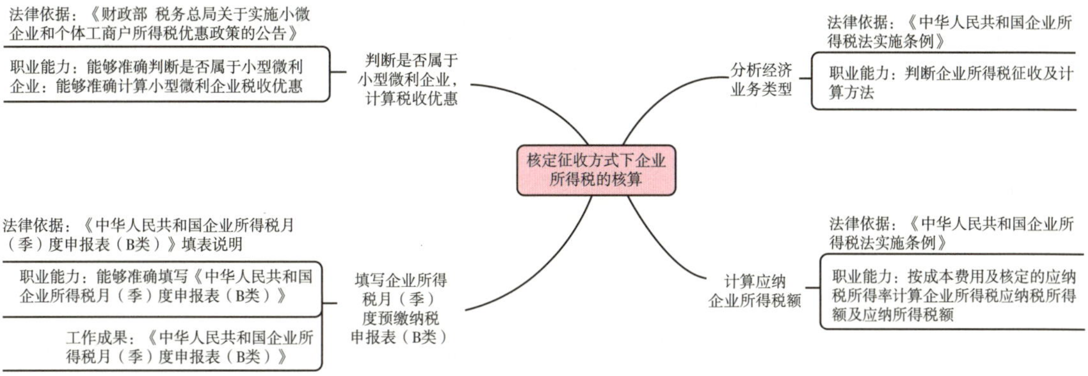

图 6-9　“核定征收方式下企业所得税的核算”任务总结

任务三　企业所得税年度汇算清缴

实战演练

学习目标：

1. 掌握税收法律法规规定的扣除标准的计算方法
2. 能够将会计利润调整为应纳税所得额
3. 能够进行企业所得税年度汇算清缴会计处理
4. 能够根据税收政策依法纳税

任务描述：

一、公司基本情况

公司全称：北京天宇服装有限公司。

企业类型：运动服饰的零售与批发业务。

公司开户银行：工行北京市天通苑支行。

基本存款账户：6673618317881058848。

统一社会信用代码（纳税人识别号）：91110102M921903807。

经营地址、电话：北京市昌平区立汤路 518 号　010-98259066。

二、公司内部会计制度

执行法律：执行《企业会计准则》（2017）《中华人民共和国企业所得税法》《中华人民共和国企业所得税法实施条例》《会计基础工作规范》《企业会计准则》等会计法律法规。

企业所得税征收方式：本公司会计机构和会计核算体系健全，能够正确核算应交税费、提供纳税资料，经税务机关核定为查账征收企业所得税，所得税计税依据为账簿记录。

任务布置：

一、业务描述

北京天宇服装有限公司2021年度取得主营业务收入5 600万元、其他业务收入300万元、营业外收入120万元、投资收益80万元，发生主营业务成本2 400万元、其他业务成本140万元、营业外支出130万元、税金及附加450万元、管理费用500万元、销售费用1 200万元、财务费用110万元，实现年度利润总额1 170万元。该企业2021年1至4季度已预缴企业所得税292.5万元。经过检查账簿记录，发现下列事项在企业所得税年度汇算清缴时需考虑是否进行纳税调整：

【业务6－7】拨缴职工工会经费11万元，发生职工福利费75万元、职工教育经费45万元。

【业务6－8】“财务费用”账户中含有两笔利息支出：①1月1日以年利率7%向银行借入期限为8个月的生产周转资金100万元的借款利息；②3月1日向某企业借入期限为9个月的生产周转资金50万元的借款利息3.5万元。

【业务6－9】业务招待费支出50万元。

【业务6－10】广告费支出950万元。

【业务6－11】营业外支出中含有通过中国青少年发展基金会援建希望小学捐款40万元，并取得合法票据。

【业务6－12】营业外支出中有直接向某排球队赞助20万元、支付市场监督部门罚款1万元。

假设该企业无其他纳税调整项目，适用的企业所得税税率为25%，现在要进行企业所得税年度汇算清缴，请按照税法规定使用间接计算法计算企业2021年企业所得税应纳税所得额和应纳企业所得税税额，进行企业所得税汇算清缴的会计处理。

二、明确任务

分别按照涉税服务岗、会计核算岗、主管审核岗完成以下工作：

（1）根据《中华人民共和国企业所得税法实施条例》规定计算各项扣除标准，将利润总额调整为应纳税所得额。

（2）计算该企业2021年应缴纳的企业所得税额。

（3）进行企业所得税年度汇算清缴的会计处理。

三、工作成果

（1）将会计利润调整为应纳税所得额。
（2）编制计提企业所得税的记账凭证。
（3）利润分配——未分配利润、应交税费——应交所得税明细账。

四、评价标准

（1）依据《中华人民共和国企业所得税法》《中华人民共和国企业所得税法实施条例》准确计算年度汇算清缴应纳税所得额和应纳所得税额。

（2）依据《企业会计准则》《会计基础工作规范》《企业会计信息化工作规范》正确使用会计科目，规范录入记账凭证并生成会计账簿。

任务分析：

一、工作思路

（1）依据账簿记录，结合《中华人民共和国企业所得税法实施条例》等法律法规确定调整项目。

（2）根据税法规定计算扣除标准，将利润总额调整为应纳税所得额。
（3）计算应纳所得税额。
（4）进行企业所得税年度汇算清缴的会计处理。

二、岗位分工及工作流程

岗位分工及工作流程如图 6－10 所示。

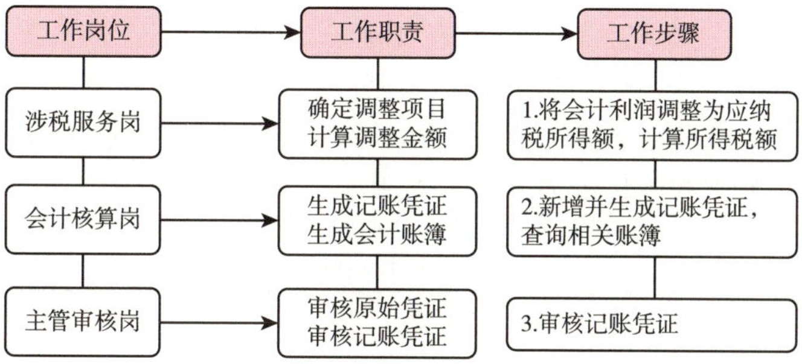

图 6－10　岗位分工及工作流程

任务实施：

一、计算扣除标准

对企业依据财务会计制度规定并实际在财务会计处理上已确认的支出，凡没有超过

《企业所得税法》和有关税收法规规定的税前扣除范围和标准的，可按企业实际会计处理确认的支出在企业所得税前扣除，计算其应纳税所得额。例如，会员费、合理的会议费、劳动保护支出、差旅费、违约金、诉讼费用等。部分项目税法规定了扣除标准。涉税服务岗确定调整项目，计算调整金额。

（一）职工福利费、工会经费、职工教育经费扣除标准

1. 工资、薪金支出

企业发生的合理的工资、薪金支出准予据实扣除。工资、薪金支出是企业每一纳税年度支付给本企业任职或与其有雇佣关系的员工的所有现金或非现金形式的劳动报酬，包括基本工资、奖金、津贴、补贴、年终加薪、加班工资，以及与任职或者是受雇有关的其他支出。

合理的工资、薪金，是指企业按照股东大会、董事会、薪酬委员会或相关管理机构制定的工资薪金制度规定实际发放给员工的工资薪金。

属于国有性质的企业，其工资薪金不得超过政府有关部门给予的限定数额；超过部分不得计入企业工资薪金总额，也不得在计算企业应纳税所得额时扣除。

2. 职工福利费、工会经费、职工教育经费

企业发生的职工福利费、工会经费、职工教育经费（简称为三项经费）按标准扣除，未超过标准的按实际数扣除，超过标准的只能按标准扣除。

企业接受外部劳务派遣用工实际发生的费用的规定

（1）企业发生的职工福利费支出，不超过工资、薪金总额14%的部分准予扣除。企业发生的职工福利费，应该单独设置账簿，进行准确核实。没有单独设置账簿进行准确核算的，税务机关应责令企业在规定的期限内进行改正，逾期仍未改正的，税务机关可对企业发生的职工福利费进行合理的核定。

（2）企业拨缴的工会经费，不超过工资、薪金总额2%的部分准予扣除。

（3）除国务院财政、税务主管部门另有规定外，企业发生的职工教育经费支出，不超过工资、薪金总额8%的部分准予扣除，超过部分准予结转以后纳税年度扣除。

上述扣除标准的“工资、薪金总额”，是指企业按照上述第（1）条规定实际发放的工资、薪金总和，三项经费扣除标准如表6-11所示。

表6-11 三项经费扣除标准

项目	扣除限额	超过规定标准部分的处理
职工福利费	不超过工资、薪金总额14%的部分	不得扣除
工会经费	不超过工资、薪金总额2%的部分	不得扣除
职工教育经费	不超过工资、薪金总额8%的部分	准予在以后纳税年度结转扣除

调整事项业务6-7：拨缴职工工会经费11万元，发生职工福利费75万元、职工教育经费45万元。

工会经费税前扣除限额 $=500\times2\%=10$（万元），应调增应纳税所得额 $=11-10=1$（万元）

职工福利费税前扣除限额 $=500\times14\%=70$（万元），应调增应纳税所得额 $=75-70=5$（万元）

职工教育经费税前扣除限额 $=500\times8\%=40$（万元），应调增应纳税所得额 $=45-40=5$（万元），超过部分5万元准予在以后纳税年度扣除。

三项经费合计应调增应纳税所得额 $=1+5+5=11$（万元）。

【自我挑战】

北京俏佳人服装公司2021年实际支付企业雇员工资、薪金总额为350万元，假定该企业工资、薪金支出符合合理性标准，当年职工福利费、扣缴的工会经费和职工教育经费分别为52万元、7万元、31万元。当年职工福利费、工会经费和职工教育经费可在所得税前列支的限额分别是多少，需要进行纳税调整的数额是多少？

（二）利息费用扣除规定

允许税前扣除的社会保险费

企业在生产、经营活动中发生的利息费用，按下列规定扣除：

（1）非金融企业向金融企业借款的利息支出、金融企业的各项存款利息支出和同业拆借利息支出、企业经批准发行债券的利息支出可据实扣除。

（2）非金融企业向非金融企业借款的利息支出，不超过按照金融企业同期同类贷款利率计算的数额部分可据实扣除，超过部分不得扣除。

金融机构是指各类银行、保险公司及经中国人民银行批准从事金融业务的非银行金融机构，包括国家专业银行、区域性银行、股份制银行、外资银行、中外合资银行以及其他综合性银行，全国性保险企业、区域性保险企业、股份制保险企业、中外合资保险企业以及其他专业性保险企业，城市、农村信用社，各类财务公司，以及其他从事信托投资、租赁等业务的专业性和综合性非银行金融机构。

企业为购置、建造固定资产、无形资产和经过12个月以上的建造才能达到预定可销售状态的存货发生借款的，在有关资产购置、建造期间发生的合理借款费用，作为资本性支出计入有关资产的成本，有关资产交付使用后发生的借款费用可在发生当期扣除。

调整事项业务6－8：“财务费用”账户中含有两笔利息支出：①1月1日以年利率7%向银行借入期限为8个月的生产周转资金100万元的借款利息；②3月1日向某企业借入期限为9个月的生产周转资金50万元的借款利息3.5万元。

从银行借入的利息费用全部可以在计算应纳税所得额时扣除：$100\times7\%\div12\times8=4.67$（万元）

从非金融企业借入款项可扣除的利息费用限额 $=50\times7\%\div12\times9=2.625$（万元），该公司支付的利息3.5万元超过按同期同类金融企业贷款利率计算的利息费用，只能按限额扣除。

该公司在计算应纳税所得额时扣除的利息费用是 4.67 + 2.625 = 7.295（万元）

间接计算法下计算应纳税所得额，应在会计利润的基础上调增 3.6 − 2.625 = 0.785（万元）

【自我挑战】

北京俏佳人服装公司 2021 年 1 月 1 日从中国建设银行借入为期 1 年的短期借款 200 万元，贷款利率 5.5%。此笔贷款用于厂房扩建，厂房于 7 月 31 日办理竣工决算并交付使用。请计算北京俏佳人服装公司本年计入财务费用的利息费用和予以资本化的利息费用。

（三）业务招待费扣除标准

（1）企业发生的与生产经营活动有关的业务招待费支出，按照发生额的 60% 扣除，但最高不得超过当年销售（营业）收入的 5‰。

税法规定的销售（营业）收入的口径，包括会计上确认的主营业务收入、其他业务收入和会计上不确认收入而税法上视同销售的收入，但是不含营业外收入、投资收益等。

（2）企业在筹建期间，发生的与筹办活动有关的业务招待费支出，可按实际发生额的 60% 计入企业筹办费，并按有关规定在税前扣除。

调整事项业务 6 − 9：业务招待费支出 50 万元。

业务招待费税前扣除限额 1 =（5 600 + 300）× 5‰ = 29.5（万元）

业务招待费税前扣除限额 2 = 50 × 60% = 30（万元）

可以在税前扣除的业务招待费金额为 29.5 万元，应调增应纳税所得额 = 50 − 29.5 = 20.5（万元）。

【自我挑战】

北京俏佳人服装公司 2021 年销售服装收入 500 万元（不含税，下同），出租办公楼收入 50 万元，视同销售服装收入 20 万元，转让一个车库收入 40 万元，接受捐赠收入 30 万元，当年实际发生业务招待费 15 万元，北京俏佳人服装公司当年可在企业所得税前列支的业务招待费金额是多少？

（四）广告费和业务宣传费扣除标准

（1）企业发生的符合条件的广告费和业务宣传费支出，除国务院财政、税务主管部门另有规定外，不超过当年销售（营业）收入 15% 的部分，准予扣除；超过部分，准予结转以后纳税年度扣除。

此处的销售（营业）收入与前面业务招待费扣除限额计算基数是一致的。

（2）自 2016 年 1 月 1 日起至 2025 年 12 月 31 日止，对化妆品制造或销售、医药制造和饮料制造（不含酒类制造）企业发生的广告费和业务宣传费支出，不超过当年销售营业收入30%的部分，准予扣除；超过部分，准予在以后的纳税年度结转扣除。

（3）企业在筹建期间，发生的广告费和业务宣传费，可按实际发生额计入企业筹办费，可按上述规定在税前扣除。

（4）烟草企业的烟草广告费和业务宣传费支出，一律不得在计算应纳税所得额时扣除。

调整事项业务6－10：广告费支出950万元。

企业发生的广告费和业务宣传费支出，不超过当年销售（营业）收入15%的部分准予扣除；超过部分准予在以后纳税年度结转扣除。

广告费税前扣除限额＝(5 600＋300)×15%＝885(万元)，实际发生广告费950万元，应调增应纳税所得额950－885＝65（万元），超过扣除标准部分65万元，准予在以后纳税年度结转扣除。

【自我挑战】

北京俏佳人服装公司2021年销售服装收入500万元（不含税，下同），出租办公楼收入50万元，视同销售服装收入20万元，转让一个车库收入40万元，接受捐赠收入30万元，2021年北京俏佳人公司发生广告费50万元，业务宣传费20万元。请计算2021年北京俏佳人公司在计算应纳税所得额时可以扣除的广告费和业务宣传费的金额是多少？

（五）公益性捐赠支出扣除标准

企业申报扣除的广告费需符合的标准

公益性捐赠是指企业通过公益性社会团体或县级以上人民政府及其部门，用于《中华人民共和国公益事业捐赠法》规定的公益事业的捐赠。

企业发生的公益性捐赠支出，不超过年度利润总额12%的部分，准予扣除，超过的部分准予在以后三年内在计算应纳税所得额时结转扣除。年度利润总额是指企业依照国家统一会计制度的规定计算的年度会计利润。

公益性社会团体和县级以上人民政府及其组成部门和直属机构在接受捐赠时，应按照行政管理级次分别使用由财政部或省、自治区、直辖市财政部门印制的公益性捐赠票据，并加盖本单位印章。

调整项目业务6－11：营业外支出中含有通过中国青少年发展基金会援建希望小学捐款40万元，并取得合法票据。

符合条件的公益性捐赠的扣除限额＝会计利润×12%＝1 170×12%＝140.4（万元），公益性捐赠是40万元，没有超过限额，准予扣除。

【自我挑战】

北京俏佳人服装公司2021年按照规定计算出利润总额为350万元，当年通过红十字会对灾区捐赠20万元，请计算当年捐赠应调整应纳税所得额的金额是多少？

（六）不得扣除的项目

在计算应纳税所得额时，下列支出不得扣除：

关于扶贫捐赠等所得税税前扣除的规定

（1）向投资者支付的股息、红利等权益性投资收益款项。

（2）企业所得税税款。

（3）税收滞纳金，是指纳税人违反税收法规，被税务机关处以的滞纳金。

（4）罚金、罚款和被没收财物的损失，是指纳税人违反国家有关法律、法规规定，被有关部门处以的罚款，以及被司法机关处以的罚金和被没收的财物。

（5）超过规定标准的捐赠支出。

（6）赞助支出，是指企业发生的与生产经营活动无关的各种非广告性质支出。

（7）未经核定的准备金支出，是指不符合国务院财政、税务主管部门规定的各项资产减值准备、风险准备等准备金支出。

（8）企业之间支付的管理费、企业内营业机构之间支付的租金和特许权使用费，以及非银行企业内营业机构之间支付的利息，不得扣除。

（9）与取得收入无关的其他支出。

不得扣除规定的核心

调整事项业务 6－12：营业外支出中有直接向某排球队赞助 20 万元、支付市场监督部门罚款 1 万元。

营业外支出中直接向某排球队赞助 20 万元，支付市场监督部门罚款 1 万元不得扣除，应调增应纳税所得额 20＋1＝21（万元）。

【自我挑战】

北京俏佳人服装公司 2021 年按照规定计算出利润总额为 350 万元，当年直接到受灾现场给灾民发放慰问金 15 万元，通过红十字会对灾区捐赠 20 万元，请计算当年捐赠应调整应纳税所得额的金额是多少？

二、计算应纳税所得额及应纳所得税额

涉税服务岗经过对以上调整项目的计算，接下来计算 2021 年度应纳税所得额及应纳所得税额。

【温故知新】

间接计算法下应纳税所得额计算公式

在间接计算法下，在会计利润总额的基础上加或减按照税法规定调整的项目金额，即为应纳税所得额，其计算公式为：

应纳税所得额＝会计利润总额±纳税调整项目金额

业务 6－7 至业务 6－12 中：

该企业 2021 年应纳税所得额＝1 170＋11＋0.785＋20.5＋65＋21＝1 277.285（万元）。

该企业 2021 年应纳企业所得税税额＝1 277.285×25%＝319.3213（万元）。

三、年度应退（补）企业所得税的会计处理

企业所得税汇算清缴，是指纳税人在纳税年度终了后 5 个月内，依照税收相关法律、法规及规定，自行计算全年应纳税所得额和应纳所得税税额，根据月度或季度预缴所得税的数额，确定该年度应补或应退企业所得税税额，并在年度终了之日起 5 个月内，向主管税务机关办理年度企业所得税纳税申报，结清全年企业所得税税款的行为。

（一）账户设置

按照《小企业会计准则》企业所得税年度汇算清缴应退（补）企业所得税进行会计处理时，使用“利润分配——未分配利润”账户进行核算。利润分配账户属于所有者权益类账户，用来核算企业利润的分配（或亏损的弥补）和历年分配（或弥补）后的结存余额。

（二）编制会计分录

计算应补企业所得税：

借：利润分配——未分配利润

　　贷：应交税费——应交所得税

应退企业所得税的会计处理与应补企业所得税的会计处理相反。

（三）生成并审核记账凭证

业务 6－7 至业务 6－12 中的企业 2021 年 1 至 4 季度已预缴企业所得税 292.5 万元，年度汇算清缴后计算该企业 2021 年应缴纳企业所得税税额为 319.3213 万元，计算应补缴企业所得税 268 213.00 元，会计核算岗新增并生成计算应补缴企业所得税记账凭证（见图 6－11）。

记账凭证

单据图片　新增　反审核　更多

记字第 0001 号　制单日期 2022-03-15　附单据 0 张

序号	摘要	会计科目	借方金额	贷方金额
1	2021年度企业所得税年度汇算清缴	410411 利润分配-未分配利润	26821300	
2	2021年度企业所得税年度汇算清缴	222124 应交税费-应交所得税		26821300
3				
4				
合计:贰拾陆万捌仟贰佰壹拾叁元整			26821300	26821300

已审核

图 6－11　年度汇算清缴记账凭证

四、智能生成并查询会计账簿

主管审核岗登录智能财税平台对计算应补缴企业所得税记账凭证进行审核，系统自动将记账凭证推送至“账簿”模块，会计核算岗在账簿模块查询明细账“应交税费——应交所得税”及“利润分配——未分配利润”账簿。账簿查询略。

【自我挑战】

北京俏佳人服装有限公司经税务局确认，按季度实际利润预缴企业所得税，适用所得税税率25%。该公司2021年第一季度利润总额300万元，一季度预缴企业所得税75万元，二季度利润总额250万元，二季度预缴企业所得税62.5万元，三季度利润总额350万元，三季度预缴企业所得税87.5万元，四季度利润总额270万元，四季度预缴企业所得税67.5万元。年度汇算清缴后全年应纳税所得额为1 107.5万元，应缴企业所得税税额为276.875万元，已预缴企业所得税合计为292.5万元，应退企业所得税15.625万元。

要求：请完成北京俏佳人服装公司各季度计提企业所得税及年度汇算清缴应退企业所得税的账务处理。

任务总结：

“企业所得税年度汇算清缴”任务总结如图6－12所示。

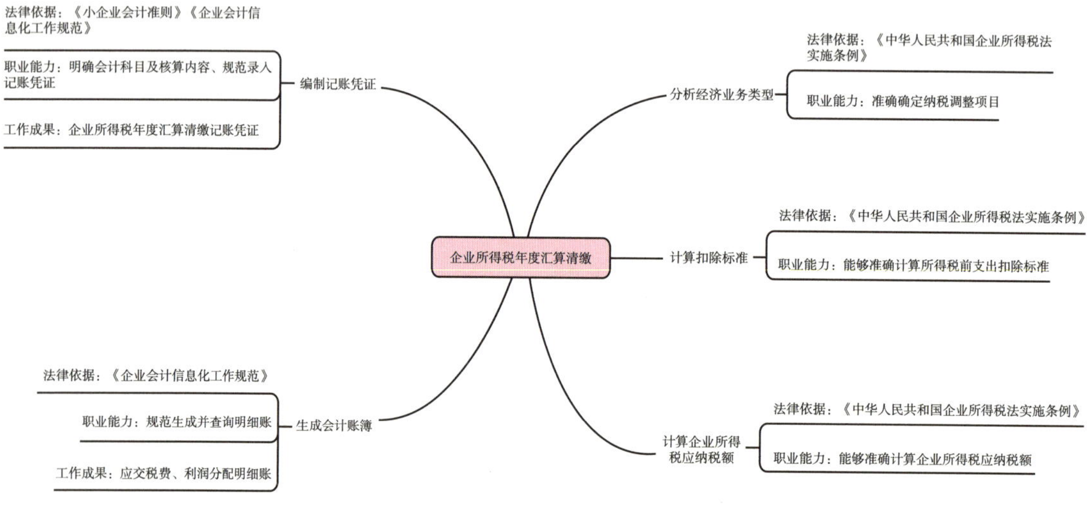

图6－12 “企业所得税年度汇算清缴”任务总结

情境二　企业所得税申报与缴纳

实战演练

知识目标：

1. 掌握企业所得税申报表表单内容
2. 掌握企业所得税月（季）度和年度汇算清缴申报流程
3. 掌握缴纳企业所得税的会计处理方法

技能目标：

1. 能够按税收法律法规填写企业所得税申报表
2. 能够熟练操作电子税务局申报系统，完成企业所得税月（季）度及年度汇算清缴的申报工作
3. 能够在线缴纳企业所得税税款，利用智能财务软件生成记账凭证及会计账簿

素养目标：

1. 充分考虑企业所得税税收优惠政策、费用扣除标准规定，规范填写纳税申报表的过程中，培养严谨细致、依法依规的财税职业素养
2. 规范编制记账凭证、生成会计账簿，培养按照《会计工作规范》《会计准则》规范操作的职业素养
3. 在企业所得税申报与缴纳的过程中，培养学习税法并依法纳税的职业素养、树立纳税光荣的公民意识

知识储备：

一、企业所得税的月（季）度预缴表单

企业在纳税年度内无论盈利或者亏损，都应当依照《企业所得税法》向当地主管税务机关报送预缴企业所得税纳税申报表、年度企业所得税纳税申报表、财务会计报告和税务机关规定应当报送的其他有关资料。

企业所得税实行按年计算，按月或季预缴，年终汇算清缴，多退少补的征收办法。纳税人应当在月份或季度终了后15日内，向其所在地主管税务机关报送预缴企业所得税申报表，有盈利的需要同时预缴税款。

实行核定征收企业所得税的居民企业纳税人在月（季）度预缴纳税申报时填报

B100000“中华人民共和国企业所得税月（季）度预缴和年度纳税申报表（B类，2018年版）”。

查账征收方式下，企业所得税的居民纳税人及在中国境内设立机构的非居民纳税人在月（季）度预缴企业所得税时应填制“企业所得税预缴纳税申报表”（A类）。

实务工作中，查账征收方式下的企业报税会计，在月（季）度预缴企业所得税时，一般需要了解3张申报表：

（1）A200000“中华人民共和国企业所得税月（季）度预缴纳税申报表（A类）”。企业所得税征收方式为查账征收的企业在预缴企业所得税时，如果没有享受固定资产加速折旧和一次性扣除优惠政策及分支机构汇总纳税的情况，则只需要填写“企业所得税月（季）度预缴纳税申报表（A类）”，其他表保存即可。

（2）A201020“资产加速折旧、摊销（扣除）优惠明细表”。企业所得税征收方式为查账征收的企业在预缴企业所得税时，如果享受固定资产加速折旧和一次性扣除优惠政策，除了填写上述申报表外，还需要填写资产加速折旧、摊销（扣除）优惠明细表。

（3）A202000“企业所得税汇总纳税分支机构所得税分配表”。该附表适用于跨地区经营汇总纳税企业的总机构填报。

二、企业所得税年度申报表

1. 企业所得税年度申报表架构

查账征收方式下，企业所得税的居民纳税人及在中国境内设立机构的非居民纳税人在年度汇算清缴企业所得税时应填制“中华人民共和国企业所得税年度纳税申报表（A类）”；核定征收方式下，企业所得税的纳税人在年度汇算清缴申报缴纳企业所得税时应填制“中华人民共和国企业所得税月（季）度预缴和年度纳税申报表（B类，2018年版）”。B类表仅一张主表，没有附表。A类表比较复杂，有1张基础信息表，1张主表（基础信息表和主表是必须报送的），6张一级明细表（A103000、A104000、A105000、A106000、A108000、A109000），一级明细表编号后四位为0；25张二级明细表（A101010、A101020、A102010、A102020、A105010、A105020、A105030、A105040、A105050、A105060、A105070、A105080、A105090、A105100、A105110、A105120、A107010、A107020、A107030、A107040、A107050、A108010、A108020、A108030、A109010），二级明细表编号最后一位是0；4张三级明细表（A107011、A107012、A107041、A107042），三级明细表最后一位不是0。表单数据逐级汇总，环环相扣。

2. 从填报内容角度分类

从填报内容看，全套申报表由下列事项构成：反映纳税人整体情况（2张：基本信息表和主表）；反映会计核算（6张：A101010、A101020、A102010、A102020、A103000、A104000），主要包括收入明细表、成本支出明细表、期间费用明细表，数据出自于会计核算资料；反映纳税调整的表格（13张），主要包括1张纳税调整项目明细表以及12张根据不同调整项目编制的调整项目详细说明表，纳税调整主要反映会计准则与税收法律法规的不同造成的需调整项目；反映弥补亏损的表格1张，内容为弥补以前年度亏损；反映税收优惠的表格有9张，包括免税、减计收入及加计扣除优惠明细表（主表及其下设两张详细说明表)、所得减免优惠明细表、抵扣应纳税所得额明细表、减免所得税优惠明细表(主表1张及2张分项目详细说明表)、税额抵免优惠明细表;反映境外税收情况的表格(4张);反映总分机构汇总纳税的表格(2张),组成一个表单体系。具体如表6-12所示。

表6-12 企业所得税年度纳税申报表填报表单

表单编号	表单名称	是否填报
A000000	企业所得税年度纳税申报基础信息表	□
A100000	中华人民共和国企业所得税年度纳税申报表(A类)	□
A101010	一般企业收入明细表	□
A101020	金融企业收入明细表	□
A102010	一般企业成本支出明细表	□
A102020	金融企业支出明细表	□
A103000	事业单位、民间非营利组织收入、支出明细表	□
A104000	期间费用明细表	□
A105000	纳税调整项目明细表	□
A105010	视同销售和房地产开发企业特定业务纳税调整明细表	□
A105020	未按权责发生制确认收入纳税调整明细表	□
A105030	投资收益纳税调整明细表	□
A105040	专项用途财政性资金纳税调整明细表	□
A105050	职工薪酬支出及纳税调整明细表	□
A105060	广告费和业务宣传费等跨年度纳税调整明细表	□
A105070	捐赠支出及纳税调整明细表	□
A105080	资产折旧、摊销及纳税调整明细表	□
A105090	资产损失税前扣除及纳税调整明细表	□
A105100	企业重组及递延纳税事项纳税调整明细表	□
A105110	政策性搬迁纳税调整明细表	□
A105120	贷款损失准备金及纳税调整明细表	□
A106000	企业所得税弥补亏损明细表	□
A107010	免税、减计收入及加计扣除优惠明细表	□
A107011	符合条件的居民企业之间的股息、红利等权益性投资收益优惠明细表	□
A107012	研发费用加计扣除优惠明细表	□
A107020	所得减免优惠明细表	□
A107030	抵扣应纳税所得额明细表	□

续表

表单编号	表单名称	是否填报
A107040	减免所得税优惠明细表	□
A107041	高新技术企业优惠情况及明细表	□
A107042	软件、集成电路企业优惠情况及明细表	□
A107050	税额抵免优惠明细表	□
A108000	境外所得税收抵免明细表	□
A108010	境外所得纳税调整后所得明细表	□
A108020	境外分支机构弥补亏损明细表	□
A108030	跨年度结转抵免境外所得税明细表	□
A109000	跨地区经营汇总纳税企业年度分摊企业所得税明细表	□
A109010	企业所得税汇总纳税分支机构所得税分配表	□
说明：企业应当根据实际情况选择需要填报的表单。		

3. 经常使用的表单

从使用频率看，绝大部分纳税人实际填报表单的数量在 8 ~ 10 张左右。“企业基础信息表”“中华人民共和国企业所得税年度纳税申报表（A 类）”“一般企业收入明细表”“一般企业成本支出明细表”“期间费用明细表”“纳税调整项目明细表”“职工薪酬支出及纳税调整明细表”“减免所得税优惠明细表”等为常用表单。除此之外，纳税人应当根据行业类型、业务发生情况正确选择适合本企业的表单。

知识小结：

“企业所得税申报与缴纳”相关知识小结如图 6 - 13 所示。

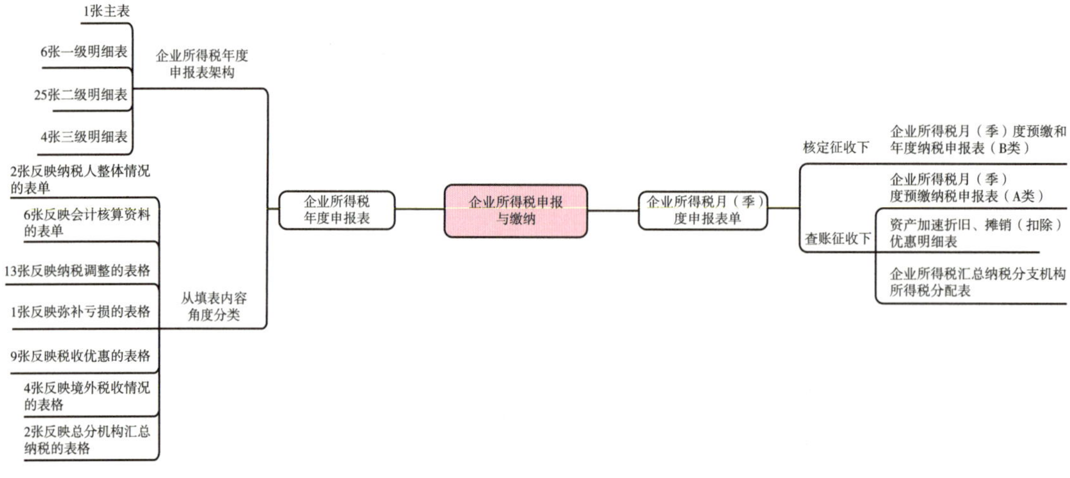

图 6 - 13 “企业所得税申报与缴纳”相关知识小结

任务一　查账征收方式下企业所得税月（季）预缴

实战演练

学习目标：

1. 掌握企业所得税月（季）度预缴纳税申报表填写方法
2. 掌握企业所得税的网上申报及缴纳方法和流程
3. 能够根据利润表和税收政策填写查账征收方式下企业所得税月（季）度预缴纳税申报表
4. 能够运用智能财税平台，熟练完成企业所得税申报与缴纳工作
5. 在完成任务的过程中，培养严谨认真、终身学习的职业素养

任务描述：

一、公司基本情况

公司全称：北京合源达科技发展有限公司。

企业类型：蔬菜种植销售。

公司开户银行：工行北京市百巨路支行。

基本存款账户：6673618317881058847。

统一社会信用代码（纳税人识别号）：91110114MA0027 **** 。

经营地址、电话：北京市西城区隆途路 518 号　010 - 98259065。

二、公司内部会计制度

执行法律：执行《小企业会计准则》（2011）《中华人民共和国企业所得税法》《中华人民共和国企业所得税法实施条例》《财政部　税务总局关于实施小微企业和个体工商户所得税优惠政策的公告》（2021 年第 12 号）等会计法律法规。

企业所得税征收方式：本公司会计机构和会计核算体系健全，能够正确核算应交税费、提供纳税资料，经税务机关核定为查账征收企业所得税，所得税计税依据为账簿记录，企业所得税申报期限：季。企业所得税申报按照《国家税务总局关于发布〈中华人民共和国企业所得税月（季）度预缴纳税申报表（A 类）〉的公告》的要求填写申报表。

任务布置：

一、业务描述

【业务 6－13】北京合源达科技发展有限公司非国家限制或禁止行业，资产总额 2021 年全年平均为 105 万元，从业人数 2021 年平均为 10 人。从事蔬菜种植销售，蔬菜种植单独核算，蔬菜种植 2021 年所得为 845 800. 35 元。以涉税服务岗身份根据企业利润表（见表 6－13）、资产负债表、账务核算资料、税收政策填写查账征收方式下企业所得税月（季）度预缴纳税申报表；按照企业所得税网上申报及缴纳方法及流程完成申报及缴纳；进行企业所得税缴纳的会计处理。

表 6－13　　　　利润表（适用执行小企业会计准则的企业）

报送日期：2022－01－15

纳税人名称：北京合源达科技发展有限公司　　　　会小企 02 表

纳税人识别号：91110114MA0027****　　　　税款所属期间：2021－10－01 至 2021－12－31　　　　单位：元

项目名称	行次	本年累计金额	本期金额
一、营业收入	1	2 729 848. 5	682 400. 13
减：营业成本	2	818 488. 00	204 600. 00
税金及附加	3	27 025. 50	6 750. 38
其中：消费税	4		
城市维护建设税	5	12 612. 80	3 153. 20
资源税	6		
土地增值税	7		
城镇土地使用税、房产税、车船税、印花税	8	5 405. 10	1 352. 28
教育费附加、矿产资源补偿费、排污费	9	9 007. 60	2 244. 90
销售费用	10	435 00. 00	10 870. 00
其中：商品维修费	11		
广告费和业务宣传费	12		
管理费用	13	930 011. 85	232 500. 86
其中：开办费	14		
业务招待费	15	45 154. 20	11 280. 55
研究费用	16		
财务费用	17	536. 79	130. 20
其中：利息费用（收入以－填列）	18		
加：投资收益（亏损以－填列）	19		
二、营业利润（亏损以－号填列）	20	910 286. 40	234 299. 10
加：营业外收入	21	10 000. 00	

续表

项目名称	行次	本年累计金额	本期金额
其中：政府补助	22	10 000.00	
减：营业外支出	23		
其中：坏账损失	24		
无法收回的长期债券投资损失	25		
无法收回的长期股权投资损失	26		
自然灾害等不可抗力因素造成的损失	27		
税收滞纳金	28		
三、利润总额（亏损总额以－号填列）	29	920 286.40	234 299.10
减：所得税费用	30	1 612.17	403.04
四、净利润（净亏损以－号填列）	31	918 674.23	233 896.06

二、明确任务

分别按照涉税服务岗、票据管理岗、会计核算岗、主管审核岗完成以下工作：

（1）根据《国家税务总局关于发布〈中华人民共和国企业所得税月（季）度预缴纳税申报表（A类）〉的公告》准确填写企业所得税月（季）度预缴纳税申报表。

（2）按照企业所得税网上申报缴纳方法及流程完成申报及缴纳。

（3）进行月（季）度缴纳企业所得税的会计处理。

三、工作成果

（1）企业所得税月（季）度预缴纳税申报表（A类）。

（2）编制企业所得税缴纳的记账凭证。

（3）应交税费——应交所得税明细账。

四、评价标准

（1）依据《中华人民共和国企业所得税法》《中华人民共和国企业所得税法实施条例》《企业所得税优惠政策事项办理办法》《国家税务总局关于发布〈中华人民共和国企业所得税月（季）度预缴纳税申报表（A类）〉的公告》准确填写《企业所得税月（季）度预缴纳税申报表（A类）》；

（2）依据《企业会计准则》《会计基础工作规范》《企业会计信息化工作规范》正确使用会计科目，规范录入记账凭证并生成会计账簿。

任务分析：

一、工作思路

（1）根据税务法规准确填写企业所得税月（季）度预缴纳税申报表。

（2）按照企业所得税网上申报及缴纳方法和流程完成申报及缴纳。
（3）进行月（季）度缴纳企业所得税的会计处理。

二、岗位分工及工作流程

岗位分工及工作流程如图 6－14 所示。

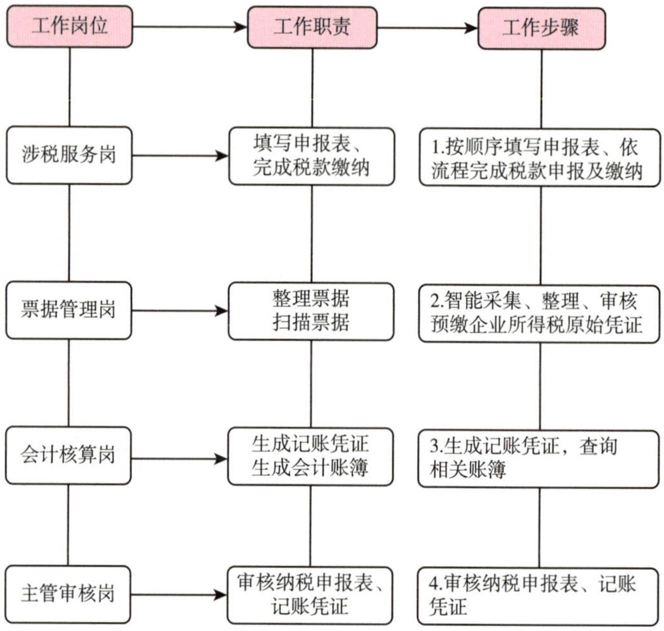

图 6－14　岗位分工及工作流程

任务实施：

一、填写企业所得税月（季）度预缴纳税申报表、完成纳税申报缴纳

（一）进入界面

涉税服务岗登录税务申报平台，登录方式与增值税申报相同，请参考前面章节。

进入界面后，点击【我要办税】—【税费申报及缴纳】—【企业所得税申报】—【居民企业（查账征收）企业所得税月（季）度申报】，即可进入该界面。

（二）填写报表

填写【A200000 中华人民共和国企业所得税月（季）度预缴纳税申报表（A 类）】，输入本年累计金额。下面结合业务 6－13 填写企业所得税月（季）预缴纳税申报表（见表 6－14）。

表 6－14

A200000 中华人民共和国企业所得税月（季）度预缴纳税申报表（A 类）

税款所属期间：2021 年 10 月 31 日至 2021 年 12 月 31 日

纳税人识别号（统一社会信用代码）：□□□□□□□□□□□□□□□□□□□□

纳税人名称：北京合源达科技发展有限公司　　　　金额单位：人民币元（列至角分）

优惠及附报事项有关信息									
项目	一季度		二季度		三季度		四季度		季度平均值
	季初	季末	季初	季末	季初	季末	季初	季末	
从业人数	10	10	10	10	10	10	10	10	10
资产总额（万元）	105	105	105	105	105	105	105	105	105
国家限制或禁止行业	□是☑否				小型微利企业				☑是□否
	附报事项名称								金额或选项
事项 1	（填写特定事项名称）								
事项 2	（填写特定事项名称）								

	预缴税款计算	本年累计
1	营业收入	2 729 848. 50
2	营业成本	818 488. 00
3	利润总额	920 286. 40
4	加：特定业务计算的应纳税所得额	
5	减：不征税收入	10 000. 00
6	减：资产加速折旧、摊销（扣除）调减额（填写 A201020）	
7	减：免税收入、减计收入、加计扣除（7. 1＋7. 2＋…）	
7. 1	国债利息收入	
7. 2	研发费加计扣除	
8	减：所得减免（8. 1＋8. 2＋…）	845 800. 35
8. 1	从事农、林、牧、渔业项目	845 800. 35
9	减：弥补以前年度亏损	
10	实际利润额(3＋4－6－6－7－8－9)\按照上一纳税年度应纳税所得额平均额确定的应纳税所得额	64 486. 05
11	税率（25%）	25%
12	应纳所得税额（10×11）	16 121. 51
13	减：减免所得税额（13. 1＋13. 2＋…）	14 509. 34
13. 1	符合条件的小型微利企业	14 509. 34
14	减：本年实际已缴纳所得税额	960. 60
15	减：特定业务预缴（征）所得税额	
16	本期应补（退）所得税额(12－13－14－15)\税务机关确定的本期应纳所得税额	651. 57

续表

<table>
<tr><td colspan="4">汇总纳税企业总分机构税款计算</td></tr>
<tr><td>17</td><td rowspan="4">总机构</td><td>总机构本期分摊应补（退）所得税额（18＋19＋20）</td><td></td></tr>
<tr><td>18</td><td>其中：总机构分摊应补（退）所得税额（16×总机构分摊比例____%）</td><td></td></tr>
<tr><td>19</td><td>财政集中分配应补（退）所得税额（16×财政集中分配比例____%）</td><td></td></tr>
<tr><td>20</td><td>总机构具有主体生产经营职能的部门分摊所得税额（16×全部分支机构分摊比例____%×总机构具有主体生产经营职能部门分摊比例____%）</td><td></td></tr>
<tr><td>21</td><td>分支机构</td><td colspan="2">分支机构本期分摊比例</td></tr>
<tr><td>22</td><td></td><td>分支机构本期分摊应补（退）所得税额</td><td></td></tr>
<tr><td colspan="4">实际缴纳企业所得税计算</td></tr>
<tr><td>23</td><td>减：民族自治地区企业所得税地方分享部分：□免征 □减征：减征幅度____%</td><td>本年累计应减免金额[（12－13－15）×40%×减征幅度]</td><td></td></tr>
<tr><td>24</td><td colspan="2">实际应补（退）所得税额</td><td></td></tr>
<tr><td colspan="4">谨声明：本纳税申报表是根据国家税收法律法规及相关规定填报的，是真实的、可靠的、完整的。
纳税人（签章）：　　年　月　日</td></tr>
<tr><td colspan="2">经办人：
经办人身份证：
代理机构签章：
代理机构统一社会信用代码：</td><td colspan="2">受理人：
受理税务机关（章）：
受理日期：　　年　月　日</td></tr>
</table>

1. 基本信息填写方法

（1）季初（末）从业人数根据企业的人员基本信息填写；季初（末）资产总额应根据资产负债表进行填写；非国家限制禁止行业，勾选否，否则勾选是。

是否符合小型微利企业标准需考虑从业人数、资产总额并需结合本表第10行“实际利润额\按照上一纳税年度应纳税所得额平均额确定的应纳税所得额”综合判断，符合小型微利型企业，勾选是，否则勾选否。

（2）附报事项：纳税人发生“支持新型冠状病毒感染的肺炎疫情防控捐赠支出全额扣除”“扶贫捐赠支出全额扣除”事项，享受“软件、集成电路企业优惠政策”事项时，应在相关行次中填写具体事项名称和相关情况。

北京合源达科技发展有限公司2021年度资产平均值为105万元，小于5 000万元，从业人数为2021年平均10人，小于300人，需结合本表第10行“实际利润额\按照上一纳税年度应纳税所得额平均额确定的应纳税所得额”判断是否符合小型微利型企业。

本企业无附报事项，不填写。

【自我挑战】

请列出小规模纳税人判断标准。

2. 会计利润填写方法

营业收入、营业成本、利润总额指按照国家统一会计制度规定核算的数据，来源于企业利润表。

行次1~行次3营业收入、营业成本、利润总额的填写，均是根据北京合源达科技发展有限公司季度利润表本年累计数据里的营业收入、营业成本、利润总额进行填写。

第1行填写2 729 848.50。

第2行填写818 488.00。

第3行填写920 286.40。

【自我挑战】

请问此处的营业收入减去营业成本等于利润总额吗？为什么？

3. 税基式减免填写方法

（1）税基式减免优惠——不征税收入、“免税收入、减计收入、加计扣除”填写。

根据北京合源达科技发展有限公司季度利润表显示，该企业有财政拨款项目、经营蔬菜种植与销售，符合税基式减免，需要在申报表中进行体现。

① 第5行“不征税收入”：填报纳税人已经计入本表“利润总额”行次但税法规定不征税收入的本年累计金额。

② 第7行“免税收入、减计收入、加计扣除”：根据相关行次计算结果填报。根据《企业所得税申报事项目录》，在第7.1行、第7.2行……填报税收规定的免税收入、减计收入、加计扣除等优惠事项的具体名称和本年累计金额。发生多项且根据税收规定可以同时享受的优惠事项，可以增加行次，但每个事项仅能填报一次。

第6行：资产加速折旧和一次性摊销

免税收入优惠事项主要包括国债利息收入免征企业所得税、股息红利等权益性投资收益免征企业所得税、符合条件的非营利组织的收入免征企业所得税、投资者从证券投资基金分配中取得的收入免征企业所得税、取得的地方政府债券利息收入免征企业所得税等。减计收入优惠事项主要包括综合利用资源生产产品取得的收入、金融机构取得的涉农贷款利息收入、保险机构取得的涉农保费收入、小额贷款公司取得的农户小额贷款利息收入、社区家庭服务收入、取得铁路债券利息收入减半征收企业所得税等。

点击“进入填写界面”，弹出“免税、减计收入、加计扣除类优惠项目”窗口，如图6-15所示。

勾选后，对应行次的“本年累计金额”可修改，否则不可编辑。点击“保存”按钮，关闭窗口，相关数据带入主表。

填写第5行：根据北京合源达科技发展有限公司季度利润表营业外收入中有财政拨款，属于不征税收入，在第5行填写数值10 000.00。

【自我挑战】

请列出3~5条“免税收入、减计收入、加计扣除”项目。

（2）税基式减免优惠——所得减免项目填写。

①第8行“所得减免”：根据相关行次计算结果填报。根据《企业所得税申报事项目录》，在第8.1行填报税收规定的所得减免优惠事项的名称和本年累计金额。发生多项且根

预缴税款计算		本年累计
1	营业收入	0.00
2	营业成本	0.00
3	利润总额	0.00
4	加：特定业务计算的应纳税所得额	0.00
5	减：不征税收入	0.00
6	减：资产加速折旧、摊销（扣除）调减额（填写A201020）	0.00
7	减：免税收入、减计收入、加计扣除（7.1+7.2+……）进入填写界面	0.00
8	减：所得减免（8.1+8.2+……）进入填写界面	0.00
9	减：弥补以前年度亏损	0.00
10	实际利润额（3+4-5-6-7-8-9）\按照上一纳税年度应纳税所得额平均额确定的应纳税所得额	0.00
11	税率（25%）	25%
12	应纳所得税额（10×11）	0.00
13	减：减免所得税额（13.1+13.2+……）进入填写界面	0.00
14	减：本年实际已缴纳所得税额	0.00
15	减：特定业务预缴（征）所得税额 重要提示	0.00
16	本期应补（退）所得税额（12-13-14-15）\税务机关确定的本期应纳所得税额	0.00

免税、减计收入、加计扣除类优惠项目

	代码	优惠事项		本年累计金额
□	MSSR010	免税收入	国债利息收入免征企业所得税	
□	MSSR021		一般股息红利等权益性投资...	
□	MSSR022		通过沪港通投资且连续持有...	
□	MSSR023		通过深港通投资且连续持有...	
□	MSSR024		创新企业CDR股息红利所得...	
□	MSSR025		永续债利息收入免征企业所...	
□	MSSR030		符合条件的非营利组织的收...	
□	MSSR040		投资者从证券投资基金分配...	
□	MSSR050		取得的地方政府债券利息收...	
□			其他	

保存 关闭

图 6－15 免税、减计收入、加计扣除类优惠项目填写

据税收规定可以同时享受的优惠事项，可以增加行次，但每个事项仅能填报一次。每项优惠事项下有多个具体项目的，应分别确定各具体项目所得，并填写盈利项目（项目所得 >0）的减征、免征所得额的合计金额。

所得减免优惠事项主要包括从事农、林、牧、渔业项目的所得减免征收企业所得税，从事国家重点扶持的公共基础设施项目投资经营的所得定期减免企业所得税，从事符合条件的环境保护、节能节水项目的所得定期减免企业所得税，符合条件的技术转让项目所得减免征收企业所得税，实施清洁发展机制项目的所得定期减免企业所得税，符合条件的节能服务公司实施合同能源管理项目的所得定期减免企业所得税，集成电路生产项目的所得减免企业所得税等。

②第 13 行：减：减免所得税额（13. 1 + 13. 2 + ……）与第 7 行填写方法相同。

北京合源达科技发展有限公司从事农、林、牧、渔业项目（蔬菜种植销售）符合所得减免优惠政策，蔬菜种植单独核算，蔬菜种植 2021 年所得为 845 800. 35 元，则 8. 1 行填写：845 800. 35，则第 8 行合计为 845 800. 35。

第 10 行实际利润额 = 920 286.40 - 10 000.00 - 845 800.35 = 64 486.05（元）

第 11 行税率填写 25%

第 12 行应纳所得税额 = 10 行 × 11 行 = 64 486.05 × 25% = 16 121.51（元）

【自我挑战】

请列出 3 ~ 5 条企业所得税“所得减免”优惠项目。

4. 减免所得税额填写方法

根据北京合源达科技发展有限公司季度资产、从业人数信息，结合本表第 10 行计算得出的实际利润额判断该企业是否符合小型微利企业并计算税额减免额。

第 13 行“减：减免所得税额”：纳税人享受所得减免优惠政策时，应在主表第 13 行的下级行次填写具体优惠事项名称和减免金额。减免所得税额优惠事项主要包括符合条件的小型微利企业减免企业所得税，高新技术企业减免企业所得税，软件、集成电路企业减免企业所得税、技术先进型服务企业减免企业所得税、西部地区的鼓励类产业企业减免企业所得税、海南自由贸易港鼓励类企业减免企业所得税等。第 13 行：减：减免所得税额（13.1 + 13.2 + ……）与第 7 行填写方法相同。点击“进入填写界面”按钮，弹出“免税、减计收入、加计扣除类优惠项目”窗口，勾选填写。

北京合源达科技发展有限公司 2021 年度资产平均值为 105 万元，小于 5 000 万元，从业人数 2021 年平均为 10 人，小于 300 人，且本期本表第 10 行“实际利润额＼按照上一纳税年度应纳税所得额平均额确定的应纳税所得额”为 64 486.05 元（不超过 300 万元），从事非限制禁止行业，经判断符合小型微利型企业。

北京合源达科技发展有限公司实际应纳所得税额 = 64 486.05 × 12.5% × 20% = 1 612.15（元）。

减免税额 = 64 486.05 × 25% - 1 612.15 = 14 509.34（元）。

第 14 行“本年实际已缴纳所得税额”：填报纳税人按照税收规定已在此前月（季）度申报预缴企业所得税的本年累计金额。

第 16 行本期应补（退）所得税额 = 16 121.51 - 14 509.34 - 960.6 = 651.57（元）

【自我挑战】

请列出 3 条税额式减免项目。

（三）纳税申报操作

主表填写后如涉及附表内容则需填写附表。实务工作中，企业申报企业所得税通常使用的申报方式是网上申报。涉税服务岗在填写完申报表后，就可以点击“申报”按钮进行申报，申报后，系统会提示是否进入缴纳，若进入缴纳，企业选择对应的缴纳方式，点击“进行缴款”按钮，缴款成功后，就完成了企业所得税的申报及缴纳。

进入【申报结果查询】模块自动带出当前申报日期的所有申报信息。纳税人也可在下拉框中选择税种、申报状态、所属时期、申报日期任一查询条件进行查询。

【寓德于技】

重磅！刚刚国家宣布：华为中兴等公司免征企业所得税！

为支持集成电路设计和软件产业发展，财政部对依法成立且符合条件的集成电路设计企业和软件企业，出台所得税减免优惠政策。

华为海思、中兴、海康威视、大疆等致力于软件开发和芯片研发的企业，是最有资格享受到这个优惠的，除了这些我们耳熟能详的企业之外，清华紫光、豪威科技、中电华大等半导体公司也必然包含在内。腾讯、百度、阿里巴巴等都涉足了软件企业，其旗下部分公司也能享受免征企业所得税的优惠。

要求：请结合当时华为公司所面临的国际形势，谈谈你如何看待国家对于这些企业的政策支持？

来源：中国家电网，2019 年 6 月 23 日

二、智能生成并审核记账凭证

《国家税务总局北京市税务局关于实行综合申报的公告》的解读

（一）账户设置

"应交税费——应交所得税"账户性质与结构见前面介绍，此处不再阐述。

（二）编制会计分录

企业预缴企业所得税收到结算凭证后，依据银行缴款凭证借记"应交税费——应交所得税"账户，贷记"银行存款"账户。缴款凭证如图 6－16 所示。

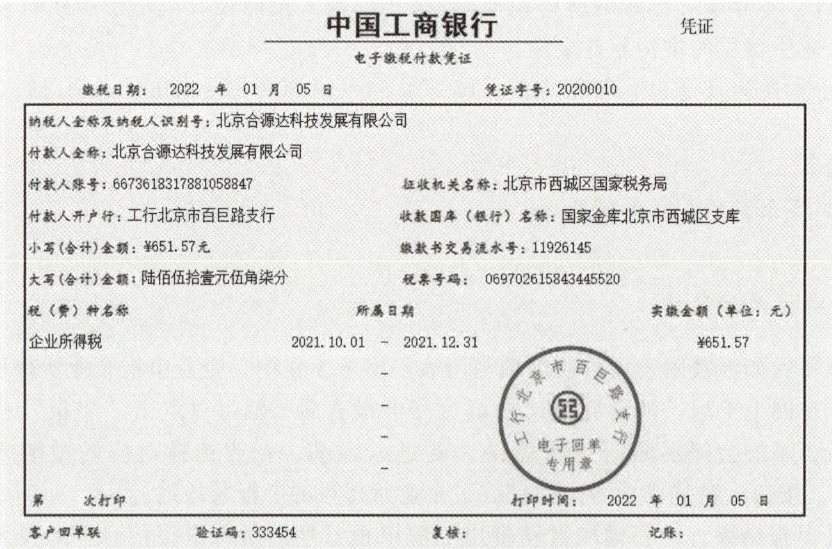

中国工商银行 凭证

电子缴税付款凭证

缴税日期：2022 年 01 月 05 日 凭证字号：20200010

纳税人全称及纳税人识别号：北京合源达科技发展有限公司

付款人全称：北京合源达科技发展有限公司

付款人账号：6673618317881058847 征收机关名称：北京市西城区国家税务局

付款人开户行：工行北京市百巨路支行 收款国库（银行）名称：国家金库北京市西城区支库

小写（合计）金额：¥651.57元 缴款书交易流水号：11926145

大写（合计）金额：陆佰伍拾壹元伍角柒分 税票号码：069702615843445520

税（费）种名称	所属日期	实缴金额（单位：元）
企业所得税	2021.10.01 － 2021.12.31	¥651.57

第 次打印 打印时间：2022 年 01 月 05 日

客户回单联 验证码：333454 复核： 记账：

图 6－16 电子缴税付款凭证

北京合源达科技发展有限公司2022年1月15日收到电子缴税付款凭证，票据管理岗在智能财税平台采集、整理、审核企业所得税预缴原始凭证，会计核算岗生成企业所得税预缴记账凭证，如图6－17所示。

记账凭证　单据图片　签字　现金流量　新增　反审核　更多

记字第 0001 号　制单日期 2022-01-05　附单据 1 张

序号	摘要	会计科目	借方金额	贷方金额
1	预缴企业所得税	222124 应交税费-应交所得税	65157	
2	预缴企业所得税	1002 银行存款		65157
3				
4				
合计:陆佰伍拾壹元伍角柒分			65157	65157

图6－17　生成及审核记账凭证

【要点提示】

票据整理到银行回单中，智能财税平台自动按票据制单生成记账凭证。

主管审核岗登录智能财税平台对缴纳企业所得税记账凭证进行审核，系统自动将记账凭证推送至“账簿”模块，会计核算岗在账簿模块查询明细账“应交税费——应交所得税”及“银行存款”账簿。应交税费明细账略。

任务总结：

“查账征收方式下企业所得税月（季）度预缴”任务总结如图6－18所示。

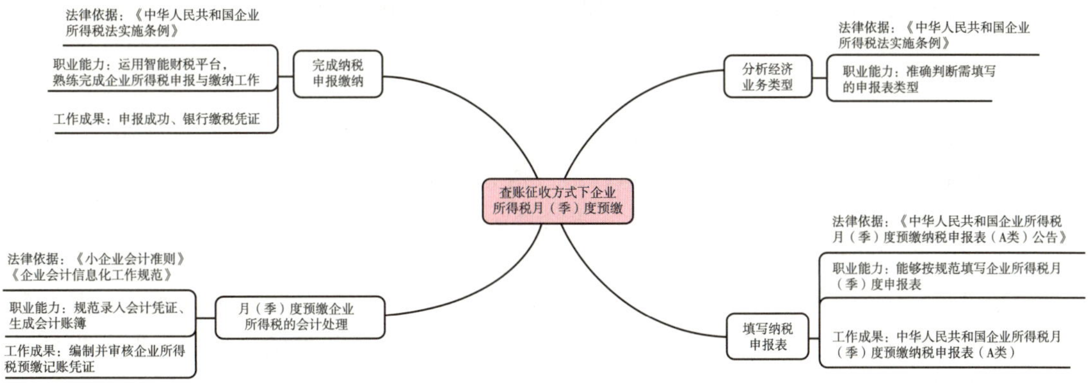

图6－18　“查账征收方式下企业所得税月（季）度预缴”任务总结

任务二 企业所得税年度纳税申报与缴纳

学习目标:

1. 掌握企业所得年度纳税申报表填写方法
2. 掌握企业所得税的网上申报与缴纳方法及流程
3. 能够根据利润表和税收政策填写查账征收方式下企业所得税年度纳税申报表
4. 能够运用智能财税平台，熟练完成企业所得税申报与缴纳工作
5. 在完成任务的过程中，培养严谨认真、终身学习的职业素养

实战演练

任务描述:

一、公司基本情况

公司全称：北京合源达科技发展有限公司。

企业类型：蔬菜种植销售。

公司开户银行：工行北京市百巨路支行。

基本存款账户：6673618317881058847。

统一社会信用代码（纳税人识别号）：91110114MA0027**** 。

经营地址、电话：北京市西城区隆途路518号 010－98259065。

二、公司内部会计制度

执行法律：执行《小企业会计准则》（2011）《中华人民共和国企业所得税法》《中华人民共和国企业所得税法实施条例》《财政部 税务总局关于实施小微企业和个体工商户所得税优惠政策的公告》（2021年第12号）等会计法律法规。

企业所得税征收方式：本公司会计机构和会计核算体系健全，能够正确核算应交税费、提供纳税资料，经税务机关核定为查账征收企业所得税，所得税计税依据为账簿记录的数据。企业所得税申报按照《国家税务总局关于修订企业所得税年度纳税申报表的公告》的要求填写申报表。

任务布置：

一、业务描述

【业务 6－14】北京合源达科技发展有限公司非国家限制或禁止行业，资产总额 2021 年全年平均为 105 万元，从业人数 2021 年平均为 10 人。从事蔬菜种植销售，蔬菜种植单独核算，蔬菜种植 2021 年收入为 2 587 570.00 元，成本为 818 488.00 元，应分摊的期间费用按蔬菜种植收入占营业收入的比重进行计算，蔬菜种植所得用其收入减去相应的成本和应分摊的期间费用计算。2020 年亏损 153 620.55 元。利润表如表 6－15 所示。

表 6－15　　利润表（适用执行小企业会计准则的企业）

报送日期：2022－01－15

纳税人名称：北京合源达科技发展有限公司　　会小企 02 表

纳税人识别号：9111011***** 27****　　税款所属期间：2021－10－01 至 2021－12－31　　单位：元

项目名称	行次	本年累计金额	本期金额
一、营业收入	1	2 729 848.50	682 400.13
减：营业成本	2	818 488.00	204 600.00
税金及附加	3	27 025.50	6 750.38
其中：消费税	4		
城市维护建设税	5	12 612.80	3 153.20
资源税	6		
土地增值税	7		
城镇土地使用税、房产税、车船税、印花税	8	5 405.10	1 352.28
教育费附加、矿产资源补偿费、排污费	9	9 007.60	2 244.90
销售费用	10	43 500.00	10 870.00
其中：商品维修费	11		
广告费和业务宣传费	12		
管理费用	13	930 011.85	232 500.86
其中：开办费	14		
业务招待费	15	45 154.20	11 280.55
研究费用	16		
财务费用	17	536.79	130.20
其中：利息费用（收入以－号填列）	18		
加：投资收益（亏损以－号填列）	19		
二、营业利润（亏损以－号填列）	20	910 286.40	234 299.10
加：营业外收入	21	10 000.00	
其中：政府补助	22	10 000.00	
减：营业外支出	23		
其中：坏账损失	24		

续表

项目名称	行次	本年累计金额	本期金额
无法收回的长期债券投资损失	25		
无法收回的长期股权投资损失	26		
自然灾害等不可抗力因素造成的损失	27		
税收滞纳金	28		
三、利润总额（亏损总额以－号填列）	29	920 286.40	234 299.10
减：所得税费用	30	1 612.17	403.04
四、净利润（净亏损以－号填列）	31	918 674.23	233 896.06

查看账簿记录，当年发生的需进行纳税调整的项目如下：

（1）业务招待费支出45 154.20元。

（2）实发工资266 500.00元。

（3）发生职工福利费146 804.00元、职工教育经费39 735.00元。

假设该企业无其他纳税调整项目，适用的企业所得税税率为25%，以涉税服务岗身份根据企业利润表、资产负债表、账务核算资料、税收政策填写查账征收方式下企业所得税年度纳税申报表；按照企业所得税网上申报及缴纳方法及流程完成申报及缴纳。

二、明确任务

分别按照涉税服务岗、票据管理岗、会计核算岗、主管审核岗完成以下工作：

（1）根据《中华人民共和国企业所得税法实施条例》规定计算各项扣除标准，将利润总额调整为应纳税所得额。

（2）计算该企业2021年应缴纳的企业所得税额。

（3）填写企业所得税年度纳税申报表部分表单。

（4）运用智能财税平台，熟练完成企业所得税申报与缴纳工作。

三、工作成果

（1）“中华人民共和国企业所得税年度纳税申报表（A类）”。

（2）“纳税调整项目明细表”“职工薪酬支出及纳税调整明细表”。

（3）“减免所得税优惠明细表”。

（4）“所得减免优惠明细表”。

四、评价标准

（1）依据《中华人民共和国企业所得税法》《中华人民共和国企业所得税法实施条例》，准确计算年度汇算清缴应纳税所得额和应纳所得税额。

（2）按照《国家税务总局关于修订企业所得税年度纳税申报表的公告》的要求准确填写申报表。

任务分析：

一、工作思路

（1）根据税务法规准确填写企业所得税年度纳税申报表。
（2）按照企业所得税网上申报缴纳方法及流程完成申报及缴纳。
（3）进行企业所得税年度汇算清缴会计处理。

二、岗位分工及工作流程

岗位分工及工作流程如图 6－19 所示。

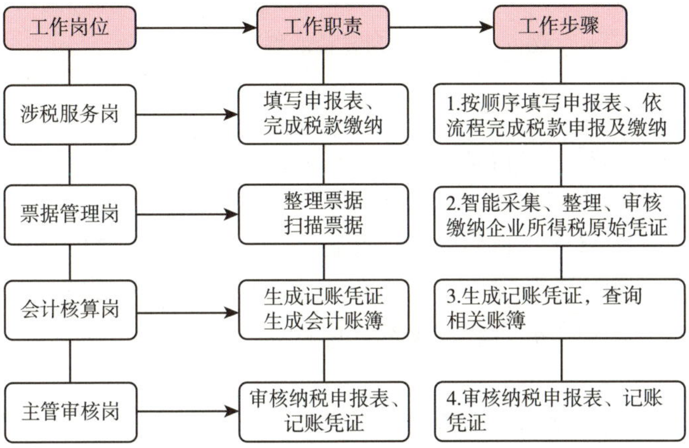

图 6－19　岗位分工及工作流程

任务实施：

一、填写企业所得税年度纳税申报表、完成纳税申报缴纳

（一）前置条件

先完成企业所得税第四季度申报表和年度财务报表申报后，再申报企业所得税年度纳税申报。

（二）进入界面

点击【我要办税】—【税费申报及缴纳】—【企业所得税申报】—【居民企业（查账征收）企业所得税年度申报】，即可进入该界面。或者通过电子税务局首页“套餐业务”，点击“本月应申报套餐”按钮进入该界面。

（三）申报流程

企业所得税年度汇算清缴流程如图 6－20 所示：基础设置—简化选表—申报表填写—申

报表填写逻辑校验—申报表发送—税款缴纳。

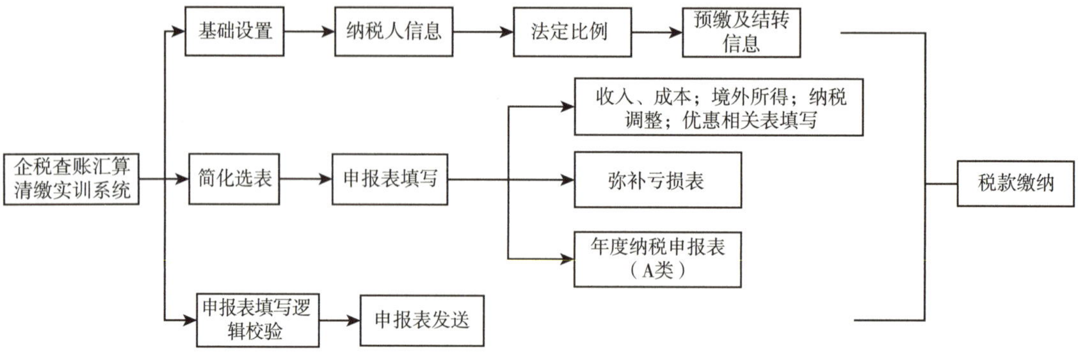

图 6-20 企业所得税汇算清缴流程图

1. 基础设置

根据企业实际情况填写相关信息，包括纳税人信息、法定比例、预缴及结转信息。基础设置为必填项目，填写相应信息后，系统会自动筛选申报表。纳税人信息包括资产总额、从业人数、股东信息、所属行业、适用的会计准则等。法定比例主要包括职工福利费、职工教育经费、广告费等税收规定的扣除率。预缴及结转信息包括本年已预缴的所得税额、以前年度累计结转的准予扣除的职工教育经费余额、广告费及业务宣传费等。

2. 简化选表

从使用频率看，绝大部分纳税人实际填报表单的数量在 8～10 张左右。申报系统将根据填报的基础信息自动选取相应表格，也可手动选择表格。“中华人民共和国企业所得税年度纳税申报表（A 类）”是必须要报送的，其次“一般企业收入明细表”“一般企业成本支出明细表”“期间费用明细表”“纳税调整项目明细表”“职工薪酬支出及纳税调整明细表”“减免所得税优惠明细表”“企业所得税弥补亏损明细表”需要报送，该企业主营业务为蔬菜种植，符合农、林、牧、渔业所得减免优惠项目，需填写“所得减免优惠明细表”，该企业属于小型微利企业，需填写“减免所得税优惠明细表”。

3. 申报表填写

申报表填写的规则是先从三级申报表填写，然后逐级汇总到二级明细表及一级明细表，最后完成总表的填写。按照“收入、成本—境外所得—纳税调整—免税、减计收入及加计扣除，所得减免，抵扣应纳税所得额—弥补亏损—减免所得税、抵免所得税—总分支机构—主表”的顺序填报，以提高工作效率，具体示例如图 6-21 所示。

（四）部分申报表填写

1. “职工薪酬支出及纳税调整明细表”填写

“职工薪酬支出及纳税调整明细表”（见表 6-16）主要包括职工工资薪金支出、职工福利费支出、职工教育经费支出、工会经费支出等经费支出，需要填写账载金额及按税收规定扣除的金额，最后经过计算得出纳税调整金额及结转以后年度扣除额。

图 6－21　推荐的企业所得税申报表填写顺序

表 6－16　　A105050　职工薪酬支出及纳税调整明细表

行次	项目	账载金额	实际发生额	税收规定扣除率	以前年度累计结转扣除额	税收金额	纳税调整金额	累计结转以后年度扣除额
		1	2	3	4	5	6（1－5）	7(2＋4－5)
1	一、工资薪金支出	266 500.00	266 500.00	*	*	266 500.00	0.00	*
2	其中：股权激励			*	*		0	*
3	二、职工福利费支出	146 804.31	146 804.31	14%	*	37 310.00	109 494.31	*
4	三、职工教育经费支出	39 735.00	39 735.00	*	0.00	21 320.00	18 415.00	18 415.00
5	其中：按税收规定比例扣除的职工教育经费	39 735.00	39 735.00	8%	0.00	21 320.00	18 415.00	18 415.00
6	按税收规定全额扣除的职工培训费用			100%	*		0	*
7	四、工会经费支出	0.00	0.00	2%	*	0.00	0.00	*
8	五、各类基本社会保障性缴款	61 100.56	61 100.56	*	*	61 100.56	0.00	*
9	六、住房公积金	0.00		*	*		0	*
10	七、补充养老保险	0.00		5%	*		0	*
11	八、补充医疗保险	0.00		5%	*		0	*
12	九、其他	0.00		*	*		0	*
13	合计(1＋3＋4＋7＋8＋9＋10＋11＋12)	514 139.87	514 139.87	*		386 230.56	127 909.31	18 415.81

业务 6-14：北京合源达科技发展有限公司三项经费需要调整，要填写职工薪酬支出及纳税调整明细表：

（1）第 1 行工资薪金支出按账簿记录填写，案例中为 266 500.00 元，按税法均属于可以扣除，纳税调整金额为 0。

（2）第 3 行职工福利支出，账载金额为 146 804.31 元，按税法规定扣除标准为 266 500 ×14% =37 310.00（元），纳税调整金额为 146 804.31 -37 310.00 =109 494.31（元），调增109 494.31 元。

（3）第 5 行按税收规定比例扣除的职工教育经费，账载金额为 39 735.00 元，按税法规定扣除标准为 266 500 ×8% =21 320.00（元），纳税调整增加额 =39 735.00 -21 320.00 = 18 415（元），超过部分可以结转以后纳税年度继续扣除，结转部分为 18 41.005 元。

（4）第 8 行各类基本社会保障性缴款，账载金额与税收法规相同，纳税调整额为 0。

（5）该单位无住房公积金、补充养老及补充医疗，均填写 0 即可。

（6）最后填写合计金额。

【自我挑战】

请写出企业发生的职工福利费、工会经费、职工教育经费（简称为三项经费）扣除标准计算公式。

2. “纳税调整项目明细表”填写方法

“纳税调整项目明细表”主要是将根据企业会计准则的相关规定计算得出列在利润表上的利润总额，与根据税法规定所确认的收入与准予扣除项目金额之间的差额计算调整金额。

纳税人按照“收入类调整项目”“扣除类调整项目”“资产类调整项目”“特殊事项调整项目”“特别纳税调整应税所得”“其他”六类分项填报，汇总计算出纳税“调增金额”和“调减金额”的合计金额。数据栏分别设置“账载金额”“税收金额”“调增金额”“调减金额”四个栏次。“账载金额”是指纳税人按照国家统一会计制度规定核算的项目金额。“税收金额”是指纳税人按照税收规定计算的项目金额。对需填报下级明细表的纳税调整项目，其“账载金额”“税收金额”“调增金额”“调减金额”根据相应附表进行计算填报。

业务 6-14：企业填写的“纳税调整项目明细表”具体填写数据如表 6-17 所示。

表 6-17　A105000 纳税调整项目明细表

行次	项目	账载金额	税收金额	调增金额	调减金额
		1	2	3	4
1	一、收入类调整项目（2+3+…8+10+11）	*	*		
2	（一）视同销售收入（填写 A105010）	*			*
3	（二）未按权责发生制原则确认的收入（填写 A105020）				
4	（三）投资收益（填写 A105030）				
5	（四）按权益法核算长期股权投资对初始投资成本调整确认收益	*	*	*	

续表

行次	项目	账载金额	税收金额	调增金额	调减金额
		1	2	3	4
6	（五）交易性金融资产初始投资调整	*	*		*
7	（六）公允价值变动净损益		*		
8	（七）不征税收入	*	*		
9	其中：专项用途财政性资金（填写 A105040）	*	*		
10	（八）销售折扣、折让和退回				
11	（九）其他				
12	二、扣除类调整项目(13 +14 +…24 +26 +27 +28 +29 +30)	*	*	159 414. 27	
13	（一）视同销售成本（填写 A105010）	*		*	
14	（二）职工薪酬（填写 A105050）	514 139. 87	386 230. 56	127 909. 31	
15	（三）业务招待费支出	45 154. 20	13 649. 24	31 504. 96	*
16	（四）广告费和业务宣传费支出（填写 A105060）	*	*		
17	（五）捐赠支出（填写 A105070）				
18	（六）利息支出				
19	（七）罚金、罚款和被没收财物的损失		*		*
20	（八）税收滞纳金、加收利息		*		*
21	（九）赞助支出		*		*
22	（十）与未实现融资收益相关在当期确认的财务费用				
23	（十一）佣金和手续费支出（保险企业填写 A105060）	790. 20	790. 20		
24	（十二）不征税收入用于支出所形成的费用	*	*		*
25	其中：专项用途财政性资金用于支出所形成的费用（填写 A105040）	*	*		*
26	（十三）跨期扣除项目				
27	（十四）与取得收入无关的支出		*		*
28	（十五）境外所得分摊的共同支出	*	*		*
29	（十六）党组织工作经费				
30	（十七）其他				
31	三、资产类调整项目（32 +33 +34 +35）	*	*		
32	（一）资产折旧、摊销（填写 A105080）	7 821. 66	7 821. 66	0. 00	0. 00
33	（二）资产减值准备金		*		
34	（三）资产损失（填写 A105090）	*	*		
35	（四）其他				
36	四、特殊事项调整项目（37 +38 +… +43）	*	*		
37	（一）企业重组及递延纳税事项（填写 A105100）				
38	（二）政策性搬迁（填写 A105110）	*	*		

续表

行次	项目	账载金额	税收金额	调增金额	调减金额
		1	2	3	4
39	（三）特殊行业准备金（39.1+39.2+39.4+39.5+39.6+39.7）	*	*		
39.1	1. 保险公司保险保障基金				
39.2	2. 保险公司准备金				
39.3	其中：已发生未报案未决赔款准备金				
39.4	3. 证券行业准备金				
39.5	4. 期货行业准备金				
39.6	5. 中小企业融资（信用）担保机构准备金				
39.7	6. 金融企业、小额贷款公司准备金（填写 A105120）	*	*		
40	（四）房地产开发企业特定业务计算的纳税调整额（填写 A105010）	*			
41	（五）合伙企业法人合伙人应分得的应纳税所得额				
42	（六）发行永续债利息支出				
43	（七）其他	*	*		
44	五、特别纳税调整应税所得	*	*		
45	六、其他	*	*		
46	合计（1+12+31+36+44+45）	*	*	159 414.27	

北京合源达科技发展有限公司“纳税调整项目明细表”计算填写如下：

（1）第 14 行职工薪酬数据来源于上面填写的“职工薪酬支出及纳税调整明细表”，填写账载金额和税收金额以及调增金额取自该表合计数。

（2）第 15 行业务招待费支出账载金额取自于账簿记录，税收金额计算如下：

业务招待费税前扣除限额 1 = 2 729 848.50 × 5‰ = 13 649.24（元）

业务招待费税前扣除限额 2 = 45 154.2 × 60% = 27 092.52（元）

可以在税前扣除的业务招待费金额为 13 649.24 元

应调增应纳税所得额 = 45 154.20 − 13 649.24 = 31 504.96（元）

（3）其余数据账载金额来自于账簿记录，无其他需调整的项目，最后进行合计，需调增的金额为 159 414.27 元。

3. “所得减免优惠明细表”填写方法

有些所得可以免纳企业所得税或者减半征收企业所得税。北京合源达科技发展有限公司从事蔬菜种植，可以享受农、林、牧、渔业项目所得减免。免税项目需要单独核算，蔬菜种植收入、成本均来自于账簿记录，应分摊的期间费用按照蔬菜种植占营业收入的比重进行计算，具体计算公式如下：

蔬菜种植收入占营业收入的比重 = 蔬菜种植收入 ÷ 营业收入

蔬菜种植应分摊的期间费用 = 总期间费用 × 蔬菜种植收入占总营业收入的比重

蔬菜种植所得 = 蔬菜种植收入 − 蔬菜种植成本 − 蔬菜种植应分摊的期间费用

业务 6 − 14 中企业填写的“所得减免优惠明细表”如表 6 − 18 所示。

表 6 − 18　　　　A107020 所得减免优惠明细表

行次	减免项目	项目名称	优惠事项名称	优惠方式	项目收入	项目成本	相关税费	应分摊期间费用	纳税调整额	项目所得额：免税项目	项目所得额：减半项目	减免所得额
		1	2	3	4	5	6	7	8	9	10	11(9 + 10 × 50%)
1	一、农、林、牧、渔业项目	蔬菜种植	0101 蔬菜、谷物、薯类、油料、豆类、棉花	01 免税	2 587 570.00	818 488.00		923 300.71		845 781.29		845 781.29
2		小计	*	*	2 587 570.00	818 488.00		923 300.71		845 781.29		845 781.29
3	二、国家重点扶持的公共基础设施项目											
4												
5		小计	*	*								
6	三、符合条件的环境保护、节能节水项目											
7												
8		小计	*	*								
9	四、符合条件的技术转让项目		*	*						*	*	*
10			*	*						*	*	*
11		小计	*	*								
12	五、清洁发展机制项目		*									
13			*									
14		小计	*	*								
15	六、符合条件的节能服务公司实施的合同能源管理项目		*									
16			*									
17		小计	*	*								
18	七、线宽小于 130 纳米的集成电路生产项目		*									
19			*									
20		小计	*	*								
21	八、线宽小于 65 纳米或投资额超过 150 亿元的集成电路生产项目		*									
22			*									
23		小计	*	*								

续表

行次	减免项目	项目名称	优惠事项名称	优惠方式	项目收入	项目成本	相关税费	应分摊期间费用	纳税调整额	项目所得额		减免所得额
										免税项目	减半项目	
		1	2	3	4	5	6	7	8	9	10	11（9＋10×50%）
24	九、线宽小于28纳米（含）的集成电路生产项目		*									
25			*									
26		小计	*	*								
27	十、其他											
28												
29		小计	*	*								
30	合计	*	*	*						845 781.29		845 781.29

北京合源达科技发展有限公司蔬菜种植免税项目：

蔬菜种植收入占营业收入的比重＝蔬菜种植收入÷营业收入

＝2 587 570.00÷2 729 848.5＝94.79%

蔬菜种植应分摊的期间费用＝总期间费用×蔬菜种植收入占总营业收入的比重

＝（43 500.00＋930 011.85＋536.79）×94.79%＝974 048.64×94.79%

＝923 300.71（元）

项目所得额＝2 587 570.00－818 488.00－923 300.71＝845 781.29（元）

4. “减免所得税优惠明细表”填写方法

该企业为非国家限制或禁止行业，资产总额2021年全年平均为105万元，从业人数2021年平均为10人，且利润总额小于300万元，属于小型微利企业，可以享受小型微利企业减免所得税优惠政策，所以需要填写“减免所得税优惠明细表”。“减免所得税优惠明细表”主要包括国家对于鼓励或扶持的行业、企业给予的所得税减免优惠项目。

业务6－17中企业填写“减免所得税优惠明细表”第1行：符合条件的小型微利企业减免企业所得税，金额列填写18 067.24。

北京合源达科技发展有限公司实际应纳所得税额＝80 298.83×12.5%×20%＝2 007.47（元）。减免税额＝80 298.83×25%－2 007.47＝18 067.24（元）。此减免优惠额系统将自动带入主表第26行。

A107040减免所得税优惠明细表

5. “中华人民共和国企业所得税年度纳税申报表（A类）”填写

“中华人民共和国企业所得税年度纳税申报表（A类）”是按照间接计算法思路进行设计的，第一步先按会计准则计算出会计利润总额，第二步按照税收法律法规将会计利润总额调整为应纳税所得额，第三步计算应纳所得税额。

业务6－14中的企业填写的“中华人民共和国企业所得税年度纳税申报表（A类）”如表6－19所示。

表 6 – 19　　A100000 中华人民共和国企业所得税年度纳税申报表（A 类）

行次	类别	项　　目	金额
1	利润总额计算	一、营业收入（填写 A101010 \ 101020 \ 103000）	2 729 848. 50
2		减：营业成本（填写 A102010 \ 102020 \ 103000）	818 488. 00
3		减：税金及附加	27 025. 5
4		减：销售费用（填写 A104000）	43 500. 00
5		减：管理费用（填写 A104000）	930 011. 85
6		减：财务费用（填写 A104000）	536. 79
7		减：资产减值损失	
8		加：公允价值变动收益	
9		加：投资收益	
10		二、营业利润（1 – 2 – 3 – 4 – 6 – 7 + 8 + 9）	910 286. 40
11		加：营业外收入（填写 A101010 \ 101020 \ 103000）	10 000. 00
12		减：营业外支出（填写 A102010 \ 102020 \ 103000）	
13		三、利润总额（10 + 11 – 12）	920 286. 40
14	应纳税所得额计算	减：境外所得（填写 A108010）	
15		加：纳税调整增加额（填写 A105000）	159 414. 27
16		减：纳税调整减少额（填写 A105000）	
17		减：免税、减计收入及加计扣除（填写 A107010）	
18		加：境外应税所得抵减境内亏损（填写 A108000）	
19		四、纳税调整后所得（13 – 14 + 16 – 16 – 17 + 18）	1 079 700. 67
20		减：所得减免（填写 A107020）	845 781. 29
21		减：弥补以前年度亏损（填写 A106000）	153 620. 55
22		减：抵扣应纳税所得额（填写 A107030）	
23		五、应纳税所得额（19 – 20 – 21 – 22）	80 298. 83
24	应纳税额计算	税率（25%）	25%
25		六、应纳所得税额（23 × 24）	20 074. 71
26		减：减免所得税额（填写 A107040）	18 067. 24
27		减：抵免所得税额（填写 A107050）	
28		七、应纳税额（26 – 26 – 27）	2 007. 47
29		加：境外所得应纳所得税额（填写 A108000）	
30		减：境外所得抵免所得税额（填写 A108000）	
31		八、实际应纳所得税额（28 + 29 – 30）	2 007. 47
32		减：本年累计实际已缴纳的所得税额	1 612. 17
33		九、本年应补（退）所得税额（31 – 32）	395. 3
34		其中：总机构分摊本年应补（退）所得税额（填写 A109000）	
35		财政集中分配本年应补（退）所得税额（填写 A109000）	
36		总机构主体生产经营部门分摊本年应补（退）所得税额（填写 A109000）	

第一步：按会计准则计算出会计利润总额。

（1）第1行“营业收入”：填报纳税人主要经营业务和其他经营业务取得的收入总额。本行根据“主营业务收入”和“其他业务收入”的数额填报。一般企业纳税人根据“一般企业收入明细表”（A101010）填报（此表略）。

（2）第2行“营业成本”：填报纳税人主要经营业务和其他经营业务发生的成本总额。本行根据“主营业务成本”和“其他业务成本”的数额填报。一般企业纳税人根据“一般企业成本支出明细表”（A102010）填报（此表略）。

（3）第3行“税金及附加”：填报纳税人经营活动发生的消费税、城市维护建设税、资源税、土地增值税和教育费附加等相关税费。本行根据纳税人相关会计科目填报。纳税人在其他会计科目核算的税金不得重复填报。

（4）第4行“销售费用”：填报纳税人在销售商品和材料、提供劳务的过程中发生的各种费用。本行根据“期间费用明细表”（A104000）（此表略）中对应的“销售费用”填报。

（5）第5行“管理费用”：填报纳税人为组织和管理企业生产经营发生的管理费用。本行根据“期间费用明细表”（A104000）中对应的“管理费用”填报。

（6）第6行“财务费用”：填报纳税人为筹集生产经营所需资金等发生的筹资费用。本行根据“期间费用明细表”（A104000）中对应的“财务费用”填报。

（7）第10行“营业利润”：填报纳税人当期的营业利润。根据上述项目计算填报。

（8）第11行“营业外收入”：填报纳税人取得的与其经营活动无直接关系的各项收入的金额。一般企业纳税人根据“一般企业收入明细表”（A101010）（此表略）填报。

（9）第13行“利润总额”：填报纳税人当期的利润总额。根据上述项目计算填报。

第二步：按照税收法律法规将会计利润总额调整为应纳税所得额。

（10）第15行“纳税调整增加额”：填报纳税人会计处理与税收规定不一致，进行纳税调整增加的金额。本行根据“纳税调整项目明细表”（A105000）“调增金额”列填报。

北京合源达科技发展有限公司此行根据“纳税调整项目明细表”（A105000）“调增金额”列第46行合计数填写：159 414.27。

（11）第19行“纳税调整后所得”：填报纳税人经过纳税调整、税收优惠、境外所得计算后的所得额。

北京合源达科技发展有限公司“纳税调整后所得”= 920 286.40 + 159 414.27 = 1 079 700.67（元）

（12）第20行“所得减免”：填报属于税收规定的所得减免金额。本行根据“所得减免优惠明细表”（A107020）填报。

北京合源达科技发展有限公司“所得减免”根据“所得减免优惠明细表”（A107020）第30行减免所得额合计数填报，填写：845 781.29元。

（13）第21行“弥补以前年度亏损”：填报纳税人按照税收规定可在税前弥补的以前年度亏损数额。本行根据“企业所得税弥补亏损明细表”（A106000）（此表略）填报。

（14）第23行“应纳税所得额”：填报第19－20－21－22行金额。按照上述行次顺序计算结果为负数的，本行按0填报。

北京合源达科技发展有限公司“应纳税所得额”＝“纳税调整后所得”－“所得减

免”－弥补以前年度亏损＝1 079 700.67－845 781.29－153 620.55＝80 298.83（元）

第三步：计算应纳所得税额。

（15）第24行“税率”：填报税收规定的税率25%。

（16）第25行“应纳所得税额”：填报第23×24行金额。

（17）第26行“减免所得税额”：填报纳税人按税收规定实际减免的企业所得税额。本行根据“减免所得税优惠明细表”（A107040）填报。

北京合源达科技发展有限公司符合小型微利企业标准，填写“减免所得税优惠明细表”。

（18）第28行“应纳税额”：填报第26－26－27行金额。

（19）第32行“本年累计实际已缴纳的所得税额”：填报纳税人按照税收规定本纳税年度已在月（季）度累计预缴的所得税额。

（20）第33行“本年应补（退）的所得税额”：填报第31－32行金额。

（五）事中监控

所有必填表的数据都填写完成后，可进行政策风险扫描，点击“政策风险提示服务”按钮，后台接收数据进行扫描，如图6－22所示。

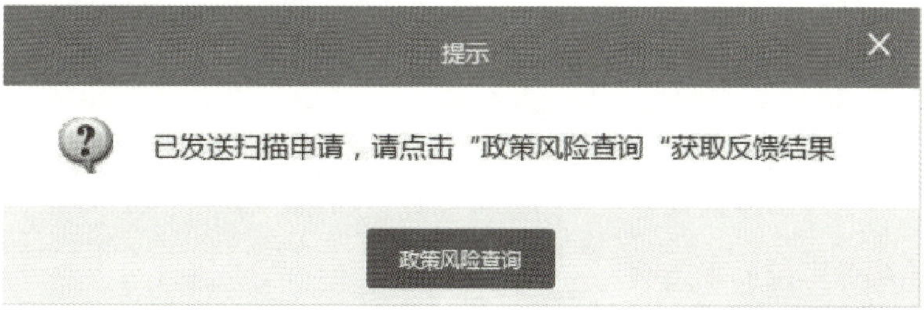

图6－22　政策风险查询

对于提示有风险的地方，纳税人可以根据提示进行修改报表，如果认为提示的风险项是错的或者无关紧要的，也可以直接进行申报表发送。

（六）正式申报

正式申报如图6－23所示。

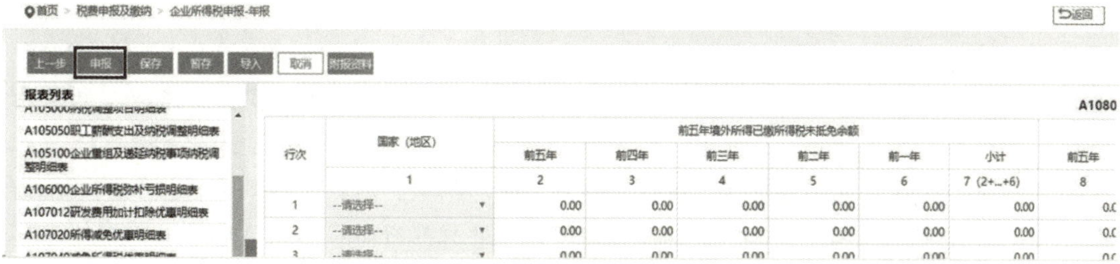

图6－23　税款申报

（七）汇算清缴、多退少补

如果纳税人之前属期办理企业所得税纳税申报有多缴税款，并且纳税人状态正常、存在退税银行账号没有办理中的汇算清缴退抵税，根据申报是否需要缴款，系统会弹出如图 6－24 的提示。

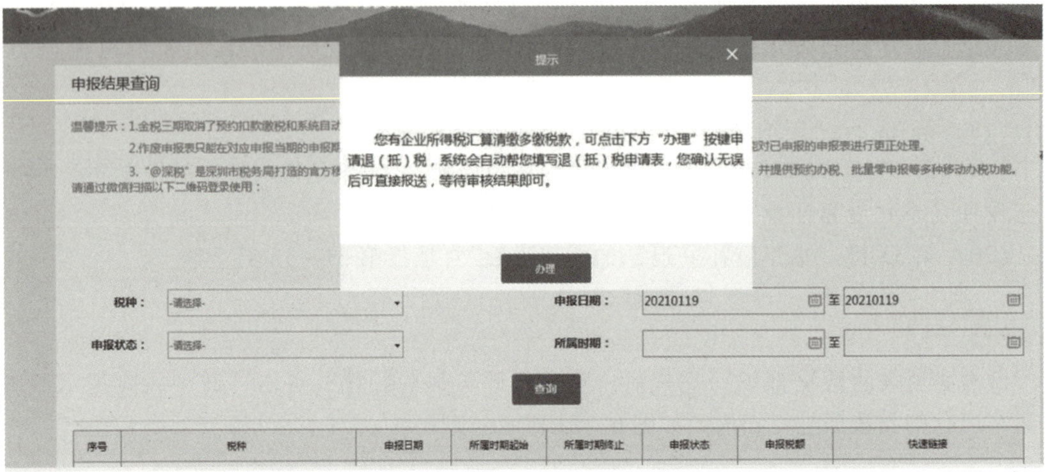

图 6－24 申请汇算清缴

点击"办理"按钮，会新弹出页面，进入汇算清缴退抵税功能，即可申请成功。

应补退金额大于 0 还需进行税款缴纳。通过首页点击"缴款"按钮。

二、智能生成并审核记账凭证

本年应补所得税额 395.3 元，票据管理岗扫描、整理、审核税款缴纳银行回单，会计核算岗在智能财税平台按票据制单方式生成补缴企业所得税记账凭证。主管审核岗对纳税申报表及记账凭证进行审核。系统自动将记账凭证推送至"账簿"模块，会计核算岗在账簿模块查询明细账"应交税费——应交所得税"及"银行存款"账簿。

【寓德于技】

控制税务风险

风险提示服务是指税务机关依据现行税收法律法规及相关管理规定，深入挖掘已经掌握的税务登记信息、纳税申报信息、财务会计信息、备案资料信息、第三方涉税信息等内在规律和联系，建立企业所得税政策遵从风险指标体系，并将其内嵌于"金税三期"征管系统，在纳税人完成纳税申报表填报、正式申报纳税前，对其申报数据实施扫描，并将扫描结果和疑点信息及时推送纳税人，指导纳税人正确理解、遵从税法规定，正确计算应纳税款，减少纳税风险。

要求：思考讨论财务人员如何控制税务风险？

任务总结：

“企业所得税年度纳税申报与缴纳”任务总结如图 6－25 所示。

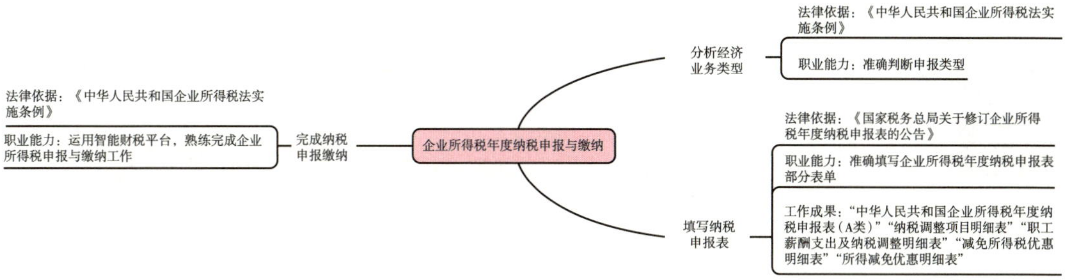

图 6－25　“企业所得税年度纳税申报与缴纳”任务总结

单元练习
与实训

7 单元七 其他税费核算与缴纳

其他税费，主要包括城市维护建设税及教育费附加、资源税和环境保护税、房产税、契税、土地增值税、城镇土地使用税、印花税、车船税和车辆购置税等。其他税费在调节财富分配、完善自然人税收管理系统等方面发挥着积极作用，它与企业所得税、增值税和消费税等构建了我国完善的税收体系。

任务内容与思政元素的相互协同如图 7－1 所示。

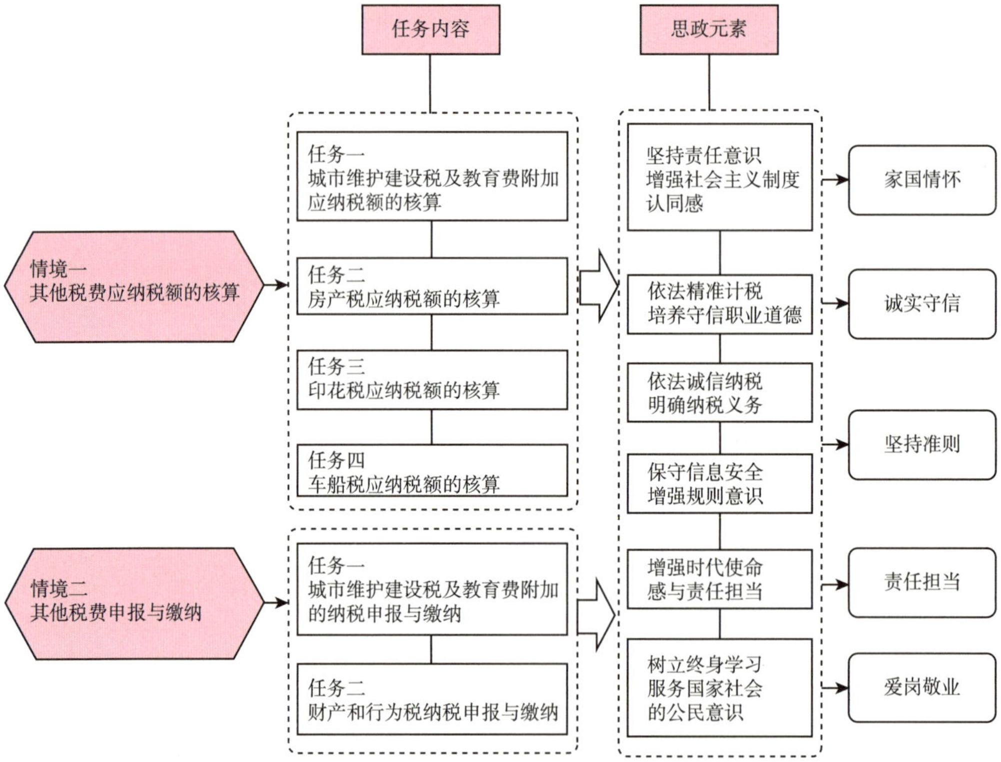

图 7－1　任务内容与思政元素的相互协同

情境一　其他税费应纳税额的核算

实战演练

知识目标:

1. 依据税法相关规定，知晓其他税费的纳税义务人、应纳税额的计税依据和税率

2. 掌握其他税费应纳税额的计算方法和账务处理方法

技能目标:

1. 依据税法相关规定准确辨析纳税义务人和纳税依据

2. 运用财务软件进行其他税费的账务处理

素养目标:

1. 按照税收法规填写纳税申报表的过程中，培养严谨细致的会计职业素养

2. 通过国家征收的其他税费，感悟保民生、稳就业的重要意义，坚定制度自信

知识储备:

一、城市维护建设税及教育费附加

（一）概念

城市维护建设税，是指以单位和个人实际缴纳的增值税、消费税的税额为计税依据而征收的一种税。

教育费附加和地方教育费附加是对缴纳增值税、消费税的单位和个人，就其实际缴纳为计算依据征收的一种附加费。

（二）纳税义务人

城市维护建设税的纳税义务人，是指负有缴纳增值税、消费税义务的单位和个人，包括国有企业、集体企业、私营企业、股份制企业、其他企业和行政单位、事业单位、军事单位、社会团体、其他单位，以及个体工商户及其他个人。

区分城市、县城和建制镇

（三）征税范围

城市维护建设税的征税范围，包括在城市、县城、建制镇以及税法规定征收“增值税、

消费税”的其他地区。

（四）税率

城市维护建设税及教育费附加和地方教育费附加的税率，如表7－1所示。

表7－1 城市维护建设税及教育费附加的税率表

纳税人所在地区	城市维护建设税税率	教育费附加计征比率	地方教育费附加
市区	7%	3%	2%
县城、建制镇	5%		
其他地区	1%		

二、资源税和环境保护税

（一）概念

资源税是对在我国境内从事应税矿产品开采和生产盐的单位和个人课征的一种属于对自然资源占用课税的范畴。

环境保护税是对在我国领域以及管辖的其他海域直接向环境排放应税污染物的企事业单位和其他生产经营者征收的一种税，其立法目的是保护和改善环境，减少污染物排放，推进生态文明建设。

（二）纳税义务人和扣缴义务人

资源税的纳税义务人是指在中华人民共和国领域及管辖海域开采应税资源的单位和个人。

资源税的扣缴义务人是指收购未税矿产品的单位。规定资源税的扣缴义务人，主要是针对零星、分散、不定期开采的情况，为了加强管理，避免漏税，由扣缴义务人在收购矿产品时代扣代缴资源税。

环境保护税的纳税义务人是在中华人民共和国领域和中华人民共和国管辖的其他海域直接向环境排放应税污染物的企事业单位和其他生产经营者。

（三）征税范围

我国资源税的纳税范围包括：原油、天然气、煤炭、金属矿、非金属矿、海盐等产品以及地表及地下水资源，如表7－2所示。

表7－2 资源税纳税范围具体分类表

序号	纳税范围	具体分类
1	原油	开采的天然原油。不包括人造石油
2	天然气	专门开采或与原油同时开采的天然气，暂不包括煤矿生产的天然气
3	煤炭	原煤和以未税原煤加工的洗煤、选煤以及其他煤炭制品

续表

序号	纳税范围	具体分类
4	金属矿	铁矿、金矿、铜矿、铝土矿、铅锌矿、镍矿、锡矿、其他金属矿产品的原矿、精矿或金锭等
5	非金属矿	石墨、硅藻土、高岭土、萤石、石灰石、硫铁矿、磷矿、氯化钾、硫酸钾、井矿盐、湖盐、提取地下卤水晒制的盐、煤层（成）气等
6	海盐	海水晒制的盐，不包括提取地下卤水晒制的盐

环境保护税的纳税范围确定为大气污染物、水污染物、固体废物和噪声四大类，如表 7－3 所示。

表 7－3　环境保护税征税范围具体分类表

序号	纳税范围	具体分类
1	大气污染物	由于人类活动或自然过程排入大气的，并对人和环境产生有害影响的物质。大气污染物可分为颗粒状污染物和气态污染物两大类
2	水污染物	进入水体后使水体的正常组成和性质发生直接或间接危害环境的变化的物质
3	固体废物	在生产、生活和其他活动过程中产生的丧失原有的利用价值或者虽未丧失利用价值但被抛弃或者放弃的固体、半固体和置于容器中的气态物品、物质以及法律、行政法规规定纳入废物管理的物品、物质。不能排入水体的液态废物和不能排入大气的置于容器中的气态物质
4	噪声	发声体做无规则振动时发出的声音。声音由物体的振动产生，以波的形式在一定的介质（如固体、液体、气体）中进行传播。通常所说的噪声污染是指人为造成的。当噪声对人及周围环境造成不良影响时，就形成噪声污染。由于检测条件等影响，目前环境保护税应税的污染噪声主要是指工业噪声

（四）税率

资源税的税率有：①原油 8.00～30.00 元/吨；②天然气 2.00～15.00 元/吨；③煤炭 0.30～5.00 元/吨；④其他非金属矿原矿 0.50～20.00 元/吨；⑤黑色金属矿原矿 2.00～30.00 元/吨；⑥有色金属矿原矿 0.40～30.00 元/吨；⑦盐：固体盐 10.00～60.00 元/吨，液体盐 2.00～10.00 元/吨。

环境保护税按照从量计征的方法，没有固定税率。

应税大气污染物的税额幅度为每污染当量 1.2 元至 12 元，水污染物的税额幅度为每污染当量 1.4 元至 14 元，具体适用税额的确定和调整，可由各地人民代表大会常务委员会在法定税额幅度内决定。

三、房产税

（一）概念

房产税是以房屋为征税对象，按照房屋的计税余值或租金收入，向产权所有人征收的一种财产税。

（二）纳税义务人

房产税的纳税义务人是指在我国城市、县城、建制镇和工矿区内拥有房屋产权的单位和个人。具体包括产权所有人、经营管理单位、承典人、房产代管人或者使用人。

（三）征税范围

房产税在城市、县城、建制镇和工矿区征收。房产税征税范围不包括农村，主要是为了减轻农民负担，发展农村经济。

房产税的征税范围为城市、县城、建制镇和工矿区的具体规定。

（1）城市是指国务院批准设立的市。

（2）县城是指县人民政府所在地的地区。

（3）建制镇是指经省、自治区、直辖市人民政府批准设立的建制镇。

（4）工矿区是指工商业比较发达、人口比较集中、符合国务院规定的建制镇标准但尚未设立建制镇的大中型工矿企业所在地。开征房产税的工矿区须经省、自治区、直辖市人民政府批准。

（四）税率

我国现行房产税采用比例税率。

（1）按房产余值为计税依据从价计征的，税率为1.2%，即按房产原值一次减除10%~30%后的余值计征。

（2）按房产租金收入为计税依据从租计征的，税率为12%，即按房产出租的租金收入的12%计征。从2001年1月1日起，对个人按市场价格出租的居民住房，用于居住的，可暂减按4%的税率征收房产税。

四、契税

（一）概念

契税是以在中华人民共和国境内转移土地、房屋权属为征税对象，向产权承受人征收的一种财产税。征收契税有利于增加地方财政收入，有利于保护合法产权，避免产权纠纷。

（二）纳税义务人

契税的纳税义务人，是指在中华人民共和国境内承受土地、房屋权属转移的单位和个人。

（三）征税范围

契税的征税范围为发生土地使用权和房屋所有权权属转移的土地和房屋。具体征税范围：

（1）国有土地使用权出让。

（2）土地使用权转让，包括出售、赠予和交换。

（3）房屋买卖。

（四）税率

契税采用比例税率，并实行3%~5%的幅度税率。

五、土地增值税

（一）概念

土地增值税是对有偿转让国有土地使用权及地上建筑物和其他附着物产权，取得增值收入的单位和个人征收的一种税。

（二）纳税义务人

土地增值税的纳税义务人为转让国有土地使用权、地上的建筑及其附着物（以下简称转让房地产）并取得收入的单位和个人。

（三）征税范围

（1）转让国有土地使用权。“国有土地”是指按国家法律规定属于国家所有的土地。

（2）地上的建筑物及其附着物连同国有土地一并转让。“地上的建筑物”是指建于地上的一切建筑物及地上地下的各种附属设施；“附着物”是指附着于土地上的不能移动或一经移动即遭损坏的物品。

土地增值税的应税行为标准

（四）税率

土地增值税实行四级超率累进税率，如表7－4所示。

表7－4　土地增值税税率表

级次	增值额占扣除项目金额的百分比	税率（%）	速算扣除率（%）
1	50%（含）以下	30	0
2	超过50%，未超过100%（含）部分	40	5
3	超过100%，未超过200%（含）部分	50	15
4	200%以上部分	60	35

六、城镇土地使用税

（一）概念

城镇土地使用税是以城镇土地为征税对象，对在城镇范围内拥有土地使用权的单位和个人征收的一种税。现行城镇土地使用税政策是在1988年颁布的《中华人民共和国城镇土地使用税暂行条例》的基础上，于2006年12月31日修订，2007年1月1日实施。

（二）纳税义务人

在城市、县城、建制镇、工矿区范围内使用土地的单位（含外商投资企业）和个人，均为城镇土地使用税的纳税人。

（三）征税范围

城镇土地使用税的征税范围，包括在城市、县城、建制镇和工矿区内的国家所有和集体所有的土地。

（四）税率

城镇土地使用税税率每平方米年税额最低 0.6 元，最高 30 元。城镇土地使用税以纳税人实际占用的土地面积为计税依据，在城市、县城、建制镇、工矿区范围内使用土地的单位和个人均应缴纳土地使用税。

具体：大城市 1.5 元至 30 元；中等城市 1.2 元至 24 元；小城市 0.9 元至 18 元；县城、建制镇、工矿区 0.6 元至 12 元。

七、印花税

（一）概念

印花税是以经济活动和经济交往中，书立、领受应税凭证的行为为征税对象征收的一种税。

（二）纳税义务人

印花税的纳税义务人是在中国境内书立、使用、领受《中华人民共和国印花税法》所列举的凭证并应依法履行纳税义务的单位和个人。单位和个人，是指国内各类企业、事业、机关、团体、部队以及中外合资企业合作企业、外资企业、外国公司和其他经济组织及其在华机构等单位和个人。按照书立、使用、领受应税凭证的不同，印花税纳税人分别为立合同人、立据人、立账簿人、领受人、使用人和各类电子应税凭证的签订人六种。印花税的纳税义务人分类，如表 7－5 所示。

表 7－5　　印花税纳税义务人的具体分类

序号	纳税义务人	具体分类
1	立合同人	合同的当事人，但不包括合同的担保人、证人、鉴定人。当事人的代理人有代理纳税的义务
2	立据人	订立产权转移书据的单位和个人
3	立账簿人	设立并使用营业账簿的单位和个人
4	领受人	领取或接受并持有权利、许可证照的单位和个人
5	使用人	在国外书立、领受，但在国内使用应税凭证的单位和个人
6	各类电子应税凭证的签订人	以电子形式签订的各类应税凭证的单位和个人

（三）征税范围

（1）购销、加工承揽、建设工程勘察设计、建筑安装工程承包、财产租赁、货物运输、仓储保管、借款、财产保险、技术合同或具有合同性质的凭证。

（2）产权转移书据。产权转移书据是指单位和个人产权的买卖、继承、赠予、交换、分割等所立的书据。

（3）营业账簿。营业账簿是指单位和个人从事生产经营活动所设立的各种财务会计账簿。在印花税税目中，营业账簿分为资金账簿和其他营业账簿两类。

（4）权利、许可证照。包括政府部门发给的房屋产权证、工商营业执照、商标注册证、专利证、土地使用证等。

（5）经财政部确定征税的其他凭证。

（四）税率

印花税税目、计税范围、计税依据、税率及纳税人，如表7－6所示。

表7－6　印花税税目、计税范围、计税依据、税率及纳税人

税目	计税范围	计税依据、税率	纳税人
购销合同	包括供应、预购、采购、购销、结合及协作、调剂、补偿、易货等合同	按购销金额0.3‰贴花	立合同人
加工承揽合同	包括加工、定做、修缮、修理、印刷广告、测绘、测试等合同	按加工或承揽收入0.5‰贴花	立合同人
建设工程勘察设计合同	包括勘察、设计合同	按收取费用0.5‰贴花	立合同人
建筑安装工程承包合同	包括建筑、安装工程承包合同	按承包金额0.3‰贴花	立合同人
财产租赁合同	包括租赁房屋、船舶、飞机、机动车辆、机械、器具、设备等合同	按租赁金额1‰贴花。税额不足1元，按1元贴花	立合同人
货物运输合同	包括民用航空运输、铁路运输、海上运输、内河运输、公路运输和联运合同	按运输费用0.5‰贴花	立合同人
仓储保管合同	包括仓储、保管合同	按仓储保管费用1‰贴花	立合同人
借款合同	银行及其他金融组织和借款人（不包括银行同业拆借）所签订的借款合同	按借款金额0.05‰贴花	立合同人
财产保险合同	包括财产、责任、保证、信用等保险合同	按保险费收入1‰贴花	立合同人
技术合同	包括技术开发、转让、咨询、服务等合同	按所载金额0.3‰贴花	立合同人
产权转移书据	包括财产所有权和版权、商标专用权、专利权、专有技术使用权等转移书据、土地使用权出让合同、土地使用权转让合同、商品房销售合同	按所载金额0.5‰贴花	立据人
营业账簿	生产、经营用账册	记载资金的账簿，按实收资本和资本公积的合计金额0.5‰贴花。其他账簿按件贴花5元	立账簿人
权利、许可证照	包括政府部门发给的房屋产权证、工商营业执照、商标注册证、专利证、土地使用证	按件贴花5元	领受人

八、车船税

（一）概念

车船税是以车船为征税对象，向拥有车船的单位和个人征收的一种税。征收车船税有利于为地方政府筹集财政资金，有利于车船的管理和合理配置，也有利于调节财富差异。

（二）纳税义务人

车船税的纳税人，是指在中国境内拥有或者管理的车辆、船舶的单位和个人。车辆所有人或者管理人未缴纳车船税的，使用人应当代为缴纳车船税。

从事机动车交通事故责任强制保险业务的保险机构为机动车车船税的扣缴义务人。

（三）征税范围

车船税的征税范围是指在中华人民共和国境内属于车船税法所附“车船税税目税额表”规定的车辆、船舶。

（四）税目和税率

车船税的税目和税率，如表 7－7 所示。

表 7－7　　车船税的税目和税率

	税目	计税单位	年基准税额（元）	备注
乘用车辆按照发动机气缸容量（排气量分档）	1.0 升（含）以下的	每辆	60～360	核定载客人数 9 人（含）以下
	1.0 升以上至 1.6 升（含）的		300～540	
	1.6 升以上至 2.0 升（含）的		360～660	
	2.0 升以上至 2.5 升（含）的		660～1 200	
	2.5 升以上至 3.0 升（含）的		1 200～2 400	
	3.0 升以上至 4.0 升（含）的		2 400～3 600	
	4.0 升以上的		3 600～5 400	
商用车	客车	每辆	480～1 440	核定载客人数 9 人（包括电车）以上
	货车	整备质量每吨	16～120	1. 包括半挂牵引车、挂车、客货两用车、三轮汽车和低速载货汽车等 2. 挂车按照货车税额的 50% 计算
其他车辆	专用作业车	整备质量每吨	16～120	不包括拖拉机
	轮式专用机械车	整备质量每吨	16～120	
摩托车		每辆	36～180	

续表

	税目		计税单位	年基准税额（元）	备注
船舶	机动船舶	净吨位小于等于 200 吨	净吨位每吨艇	3～6	拖船、非机动驳船分别按照机动船舶税额的 50% 计算；游艇的税额另行规定
		净吨位 201～2 000 吨			
		净吨位 2 001～10 000 吨			
		净吨位 10 001 吨以上			
	游艇		身长度每米	600～2 000	

九、车辆购置税

（一）概念

车辆购置税是以在中国境内购置规定车辆为课税对象，在特定的环节向车辆购置者征收的一种税种。

（二）纳税义务人

车辆购置税的纳税人是指在中华人民共和国境内购置汽车、有轨电车、汽车挂车、排气量超过 150 毫升的摩托车（以下统称应税车辆）的单位和个人。

（三）征税范围

车辆购置税的征税范围包括：汽车、摩托车、电车、挂车、农用运输车。车辆购置税的纳税人是指在中华人民共和国境内购置汽车、有轨电车、汽车挂车、排气量超过 150 毫升的摩托车的单位和个人。

（四）税率

根据最新规定，1.6 升以下按 7.5% 征收，1.6 升以上按 10% 征收。

【寓德于技】

中国是我家，依法纳税靠大家

有一个普普通通的小店老板，小店的利润并不丰厚，但他每个月都缴 120 元左右的税费。有人问他："为什么要纳税，你不觉得亏吗？"他的脸上流露出由衷的微笑，说："我的小店之所以生意好，多亏国家把我们缴上的税款拨下来修路。以前通往小店的路不好走，小店的生意不好做。说到底，这税款还是用在我们纳税人身上了。"他还说他女儿在一个条件好的学校读书，学校建设的其中的一部分钱也许就是他缴的税款。"你说亏不亏？"他反问。这位小店老板是一个平凡的人，仅这一句短短的话语，就说明税收与我们的生活息息相关……

【议一议】

就依法纳税对每一位中国公民的意义，发表自己的感悟。

知识小结：

“其他税费应纳税额的核算”相关知识小结如图 7－2 所示。

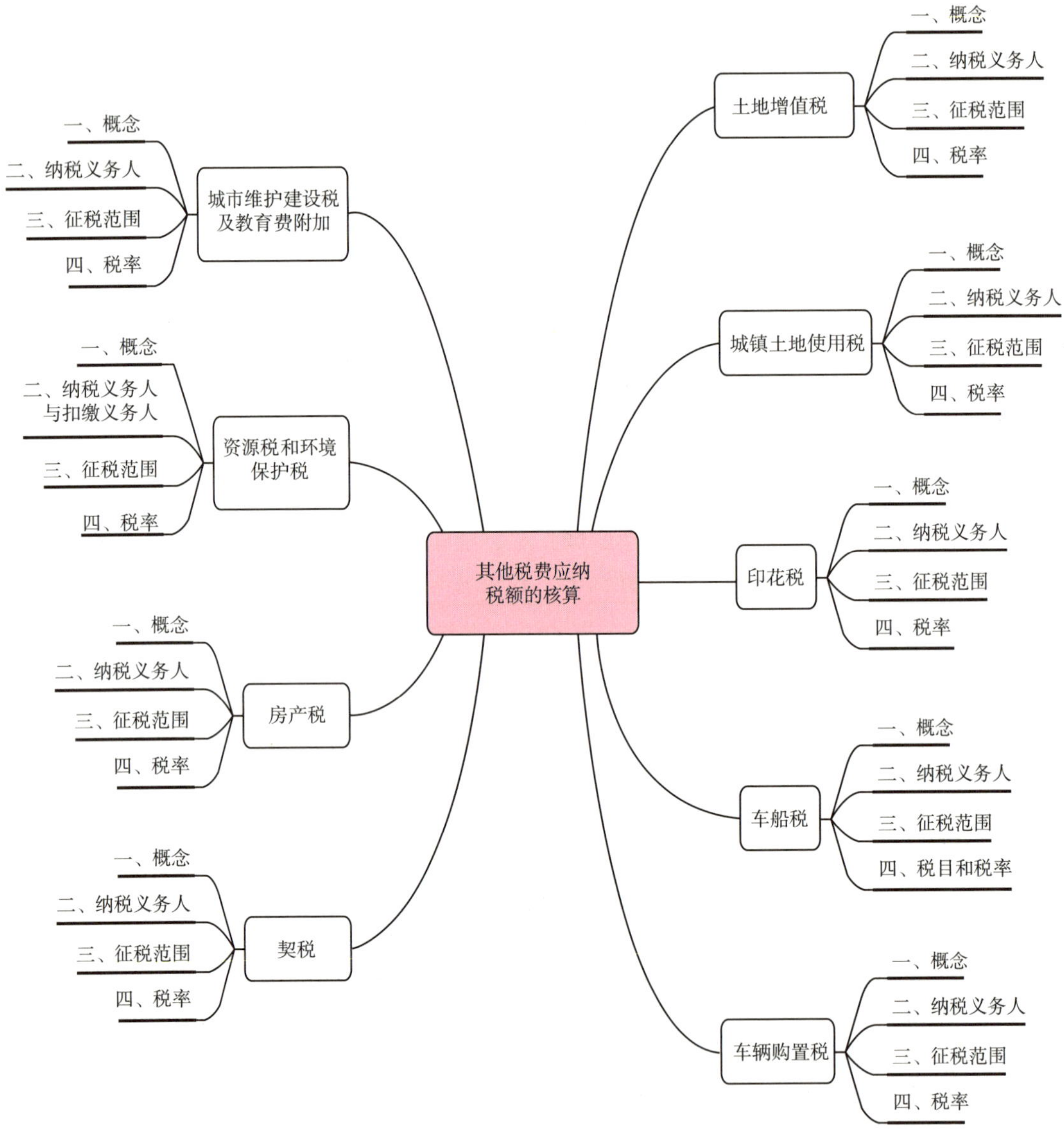

图 7－2 “其他税费应纳税额的核算”相关知识小结

任务一　城市维护建设税及教育费附加应纳税额的核算

学习目标：

1. 熟悉城市维护建设及教育费附加的计税依据及税收优惠政策
2. 能够依法依规对当期城市维护建设税及教育费附加进行准确计算
3. 能够正确对城市维护建设税及教育费附加的计提和缴纳情况进行会计处理

实战演练

任务描述：

一、公司基本情况

公司全称：北京祥宏盛达贸易有限公司（简称祥宏盛达公司）。
企业类型：贸易企业，主要从事卷烟、酒类、高档化妆品的零售与批发业务。
公司开户银行：工行北京市百巨路支行。
基本存款账户：6673618317881058847。
统一社会信用代码（纳税人识别号）：91110102M921903806。
经营地址、电话：北京市西城区隆途路 518 号　010－98259065。

二、公司内部会计制度

执行法律：执行《企业会计准则》（2017），《中华人民共和国城市维护建设税暂行条例》。

申报税种：本公司为一般纳税人，销售商品增值税税率为 13%，城市维护建设税、教育费附加及地方教育费附加分别按流转税的 7%、3%、2% 计算。

任务布置：

一、业务描述

祥宏盛达公司 2021 年 3 月的典型经济业务如下：

【业务 7－1】3 月份实际缴纳增值税 36 万元，缴纳消费税 24 万元。已知该地区属于城市中的市区，计算该公司 3 月份应缴纳的城市维护建设税税额和教育费附加。

【业务 7－2】如果企业的注册地是在县城、建制镇，那么公司 3 月份应缴纳的城市维护建设税税额和教育费附加是多少？

要求：以税务会计的身份核算。

(1) 根据业务发生情况核算该公司所要缴纳的城市维护建设税及教育费附加。

(2) 根据业务发生情况进行相应的会计处理。

二、明确任务

分别按照涉税服务岗位、会计核算岗位、主管审核岗位完成以下工作:

(1) 准确计算城市维护建设税及教育费附加。

(2) 智能生成和审核记账凭证。

(3) 智能生成并查询“应交税费——应交城市维护建设税”“应交税费——应交教育费附加”会计账簿。

三、工作成果

(1) 正确填制税费计算表。

(2) 生成城市维护建设税、教育费附加及地方教育费附加税额的记账凭证。

(3) 生成应交税费——应交城市维护建设税和应交税费——应交教育费附加的明细账。

四、评价标准

(1) 依据《中华人民共和国城市维护建设税暂行条例》的规定,准确计算应纳城市维护建设税税额。

(2) 依据《会计基础工作规范》《企业会计信息化工作规范》等要求,正确审核原始凭证,生成记账凭证及会计账簿。

任务分析:

一、工作思路

(1) 辨析经济业务类型,明确纳税人所在地区城市维护建设税税率。

(2) 分析经济业务计税依据、税费计算方法、会计科目,编制会计分录。

(3) 用财务软件编制记账凭证并生成相关账簿。

二、岗位分工及工作流程

岗位分工及工作流程如图 7-3 所示。

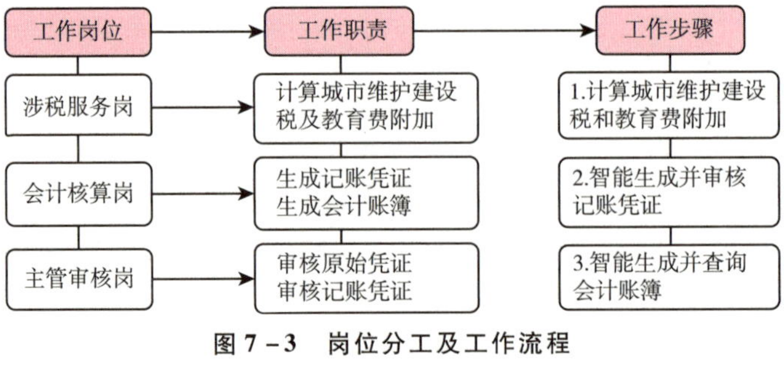

图 7-3 岗位分工及工作流程

任务实施：

一、计算城市维护建设税及教育费附加

应纳城市维护建设税税额 =（实际缴纳的增值税税额 + 实际缴纳的消费税税额）× 适用税率

应纳教育费附加 =（实际缴纳的增值税税额 + 实际缴纳的消费税税额）× 征收比率

> 业务 7－1：3 月份实际缴纳增值税 36 万元，缴纳消费税 24 万元。已知该地区属于城市中的市区，计算该公司 3 月份应缴纳的城市维护建设税税额、教育费附加和地方教育费附加。

该公司 3 月份应缴纳的城市维护建设税税额、教育费附加和地方教育费附加为：

应纳城市维护建设税税额 = （360 000.00 + 240 000.00） ×7% = 42 000.00（元）

应纳教育费附加 = （360 000.00 + 240 000.00） ×3% = 18 000.00（元）

应纳地方教育费附加 = （360 000.00 + 240 000.00） ×2% = 12 000.00（元）

> 业务 7－2：如果企业的注册地是在县城、建制镇，那么公司 3 月份应缴纳的城市维护建设税税额、教育费附加和地方教育费附加是多少？

该公司 3 月份应缴纳的城市维护建设税税额、教育费附加和地方教育费附加为：

应纳城市维护建设税税额 = （360 000.00 + 240 000.00） ×5% = 30 000.00（元）

应纳教育费附加 = （360 000.00 + 240 000.00） ×3% = 18 000.00（元）

应纳地方教育费附加 = （360 000.00 + 240 000.00） ×2% = 12 000.00（元）

二、智能生成并审核记账凭证

（一）账户设置

据现行的会计制度的规定，城市维护建设税的会计核算，应设置“应交税费——应交城市维护建设税”账户，教育费附加的会计核算，应设置“应交税费——应交教育费附加”“应交税费——应交地方教育费附加”账户，以反映城市维护建设税及教育费附加的计提和缴纳情况。计提时借记“税金及附加”等账户，贷记“应交税费——应交城市维护建设税”“应交税费——应交教育费附加”“应交税费——应交地方教育费附加”账户。

（二）编制会计分录

城市维护建设税及教育费附加的会计处理如下：

企业应根据相关资料，编制“城市维护建设税及教育费附加计算表”，如表 7－8 所示。

表 7-8　城市维护建设税及教育费附加计算表

项目	计税基数（元）			比例（%）	计提金额（元）
	增值税	消费税	合计		
城市维护建设税	360 000.00	240 000.00	600 000.00	7	42 000.00
教育费附加	360 000.00	240 000.00	600 000.00	3	18 000.00
地方教育费附加	360 000.00	240 000.00	600 000.00	2	12 000.00
合计				72 000.00	

根据表 7-8，对北京祥宏盛达有限责任公司进行账务处理：

借：税金及附加　　72 000.00

　贷：应交税费——应交城市维护建设税　　42 000.00

　　　　　　——应交教育费附加　　18 000.00

　　　　　　——应交地方教育费附加　　12 000.00

（三）生成并审核记账凭证

（1）在“凭证管理”模块智能添加记账凭证。

（2）进入“凭证管理”模块，智能生成记账凭证，如图 7-4 所示。

记字第 0001 号　制单日期 2021-03-31　附单据 2 张

序号	摘要	会计科目	借方金额	贷方金额
1	计提城市维护建设税及教育费附加	640303 税金及附加-城市建设维护税	420000	
2	计提城市维护建设税及教育费附加	640304 税金及附加-教育费附加	180000	
3	计提城市维护建设税及教育费附加	640307 税金及附加-地方教育附加	120000	
4	计提城市维护建设税及教育费附加	222126 应交税费-应交城市维护建设税		420000
5	计提城市维护建设税及教育费附加	222127 应交税费-应交教育费附加		180000
6	计提城市维护建设税及教育费附加	222133 应交税费-应交地方教育费附加		120000
7				
合计:柒万贰仟元整			720000	7200000

制单人: 田春丽　审核人:　出纳:

图 7-4　城市维护建设税及教育费附加记账凭证

三、智能生成并查询会计账簿

记账凭证审核无误之后，系统自动将记账凭证推送至“账簿模块”，查询“应交税费——应交城市维护建设税及教育费附加”，如图 7-5 所示。

	科目编码	科目名称	日期	凭证号	摘要	借方	贷方	方向	余额
1	2221	应交税费	2021-03-01		期初余额			贷	-29,150.00
2			2021-03-31	记-0001	计提城市维护建设税及教育费附加		12,000.00	贷	-17,150.00
3			2021-03-31	记-0001	计提城市维护建设税及教育费附加		42,000.00	贷	24,850.00
4			2021-03-31	记-0001	计提城市维护建设税及教育费附加		18,000.00	贷	42,850.00
5			2021-03-31		本月合计		72,000.00	贷	42,850.00
6			2021-03-31		本年累计		72,000.00	贷	42,850.00

图 7－5　城市维护建设税及教育费附加明细账

任务总结：

“城市维护建设税及教育费附加的核算”任务总结如图 7－6 所示。

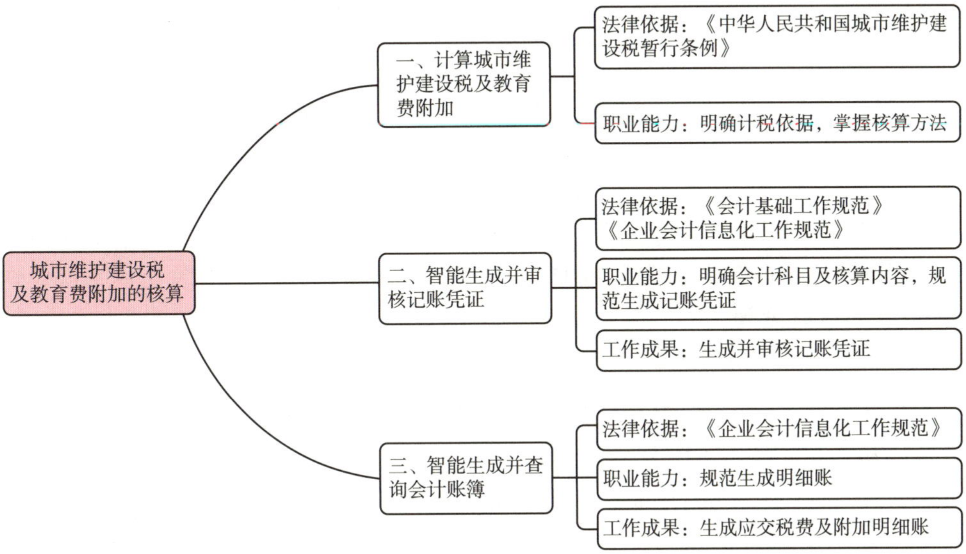

图 7－6　“城市维护建设税及教育费附加的核算”任务总结

任务二　房产税应纳税额的核算

任务拓展

学习目标：

1. 熟悉房产税的计税依据及税收优惠政策
2. 能够依法依规对当期房产税应纳税额进行准确计算
3. 能够正确对房产税的计提和缴纳情况进行会计处理

任务描述：

一、企业情况介绍

（一）公司基本情况

公司全称：北京祥宏盛达贸易有限公司（简称祥宏盛达公司）。

企业类型：贸易企业，主要从事卷烟、酒类、高档化妆品的零售与批发业务。

公司开户银行：工行北京市百巨路支行。

基本存款账户：6673618317881058847。

统一社会信用代码（纳税人识别号）：911101012826471060。

经营地址、电话：北京市西城区隆途路518号　010－98259065。

（二）公司内部会计制度

执行法律：执行《企业会计准则》（2017），《中华人民共和国房产税暂行条例》等。

二、业务描述

【业务7－3】祥宏盛达公司2021年房屋明细表如表7－9所示，当地政府规定的减除率为20%，房产税按年计征分季预缴，2021年已预缴114 400.00元。计算第四季度应纳房产税并进行相关的会计处理。

要求：

（1）根据业务发生情况核算该公司所要缴纳的房产税。

（2）根据业务发生情况进行相应的会计处理。

表7－9　2021年北京祥宏盛达贸易有限公司房屋明细表

房屋名称	建造或出租时间	房屋原值/万元	房屋面积/m^2	房屋用途
办公楼	2017年2月	600.00	8 000	行政办公
一车间	2017年9月	300.00	3 000	生产
综合楼	2018年5月	400.00	5 000	食堂、浴室
1号仓库	2018年2月	150.00	2 000	存储材料
2号仓库	2018年1月	150.00	2 000	出租，年租金10万元
合计		1 600.00	20 000	

该公司的房产税包括从价计征和从租计征两部分，纳税人出租、出借房产，自交付出租、出借房产次月起，缴纳房产税。

任务布置：

一、明确任务

分别按照涉税服务岗、会计核算岗、主管审核岗完成以下工作：

（1）准确计算房产税的应纳税额。
（2）规范编制房产税税额的记账凭证。
（3）按财务软件生成应交税费——应交房产税的明细账。

二、工作成果

（1）生成房产税税额的记账凭证。
（2）生成应交税费——应交房产税的明细账。

三、评价标准

（1）依据《中华人民共和国房产税暂行条例》的规定，准确计算应纳房产税税额。

（2）依据《会计基础工作规范》《企业会计信息化工作规范》等要求，正确审核原始凭证，生成记账凭证及会计账簿。

任务分析：

一、工作思路

（1）辨析经济业务类型，明确房产税的计税依据。
（2）分析经济业务计税依据、税费计算方法、会计科目，编制会计分录。
（3）用财务软件编制记账凭证并生成相关账簿。

二、岗位分工及工作流程

岗位分工及工作流程如图 7－7 所示。

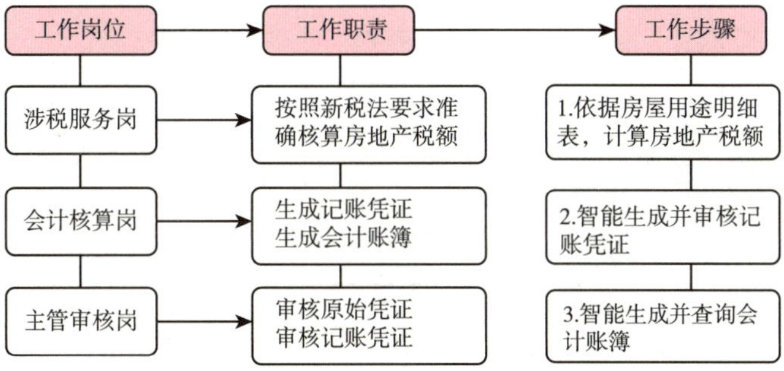

图 7－7　岗位分工及工作流程

任务实施：

一、计算房产税的应纳税额

业务 7－3，该公司的房产税包括从价计征和从租计征两部分，纳税人出租、出借房产，自交付出租、出借房产次月起，缴纳房产税。

北京祥宏盛达贸易有限公司办公楼、一车间、综合楼和1号仓库按从价计征，2号仓库按从租计征。因此，该公司应缴纳的房产税税额为：

经营用房应纳房产税税额 = (6 000 000.00 + 3 000 000.00 + 4 000 000.00 + 1 500 000.00) × (1 − 20%) × 1.2% = 139 200.00（元）

出租房产应纳房产税税额 = 100 000.00 × 12% = 12 000.00（元）

二、智能生成并审核记账凭证

（一）账户设置

根据现行会计制度的规定，纳税人核算房产税时，应设置“应交税费——应交房产税”账户，计提时借记“税金及附加——房产税”账户，贷记“应交税费——应交房产税”账户；缴纳时借记“应交税费——应交房产税”账户，贷记“银行存款”账户。

（二）编制会计分录

根据业务7－3的资料，计算第四季度应纳房产税，编制房产税应纳税额计算表，如表7－10所示。

表7－10　房产税应纳税额计算表

2021年12月31日　　金额单位：万元

房屋名称	房产原值（万元）	按房产余值计征房产税				按租金收入计征房产税			全年应纳税额	已纳税额	应补（退）税额
		扣除率（%）	房产余值（万元）	适用税率（%）	应纳税额	租金收入	适用税率（%）	应纳税额			
办公楼	600.00	20	480.00	1.2	5.76				5.76	4.32	1.44
一车间	300.00	20	240.00	1.2	2.88				2.88	2.16	0.72
综合楼	400.00	20	320.00	1.2	3.84				3.84	2.88	0.96
1号仓库	150.00	20	120.00	1.2	1.44				1.44	1.08	0.36
2号仓库	150.00					10	12	1	1.20	1	0.2
合计									15.12	11.44	3.68

根据表7－10该公司第四季度应纳房产税36 800.00元（151 200.00－114 400.00），进行会计处理如下：

借：税金及附加——房产税　　36 800.00

　　贷：应交税费——应交房产税　　36 800.00

（三）智能生成记账凭证

（1）在“凭证管理”模块，智能添加记账凭证。

（2）进入“凭证管理”模块，智能生成记账凭证，如图7－8所示。

记字第 0001 号　　制单日期 2021-12-31　　附单据 0 张

序号	摘要	会计科目	借方金额	贷方金额
1	计提房产税	640309 税金及附加-房产税	3680000	
2	计提房产税	222136 应交税费-房产税		3680000
3				
4				
合计:叁万陆仟捌佰元整			3680000	3680000

制单人:　　审核人:　　出纳:　　2

图 7－8　房产税记账凭证

三、智能生成并查询会计账簿

记账凭证审核无误之后，系统自动将记账凭证推送至“账簿模块”，查询“应交税费——应交房产税”，如图 7－9 所示。

	科目编码	科目名称	日期	凭证号	摘要	借方	贷方	方向	余额
1	2221	应交税费	2021-12-01		期初余额			贷	-29,150.00
2			2021-12-31	记-0001	计提房产税		36,800.00	贷	7,650.00
3			2021-12-31		本月合计		36,800.00	贷	7,650.00
4			2021-12-31		本年累计		36,800.00	贷	7,650.00

图 7－9　房产税明细账

任务总结：

“房产税的核算”任务总结如图 7－10 所示。

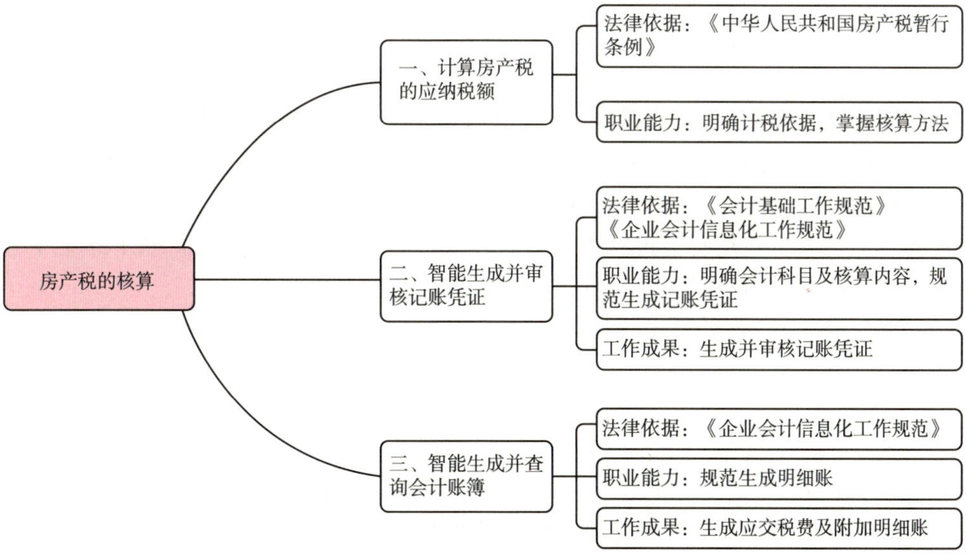

图 7－10　“房产税的核算”任务总结

任务三 印花税应纳税额的核算

学习目标:

实战演练

1. 熟悉印花税的计税依据及税收优惠政策
2. 准确计算应税印花税税额
3. 准确辨析印花税业务的应税凭证，正确进行会计处理
4. 在印花税计算过程中树立按时纳税，依法纳税责任

任务描述:

一、公司基本情况

公司全称：北京祥宏盛达贸易有限公司（简称祥宏盛达公司）

企业类型：贸易企业，主要从事卷烟、酒类、高档化妆品的零售与批发业务。

公司开户银行：工行北京市百巨路支行。

基本存款账户：6673618317881058847。

统一社会信用代码（纳税人识别号）：91110102M921903806。

经营地址、电话：北京市西城区隆途路518号 010-98259065。

二、公司内部会计制度

执行法律：执行《企业会计准则》（2017），《中华人民共和国印花税暂行条例》。

申报税种：本公司为一般纳税人，实际工作按照计税依据乘以适用税率计算印花税。印花税分别按照税目类型收入以0.5‰、0.3‰、1‰及0.05‰进行计算。其中印花税申报根据《国家税务总局关于简并税费申报有关事项的公告》（国家税务总局公告2021年第9号）的规定，填写新版“财产和行为税纳税申报表”及附表。

任务布置:

一、业务描述

祥宏盛达公司2021年6月的典型经济业务如下：

【业务7-4】6月5日，向中国工商银行申请3年期的借款，签订合同取得借款金额

12 000 000.00 元，年利率为 7%。

【业务 7-5】6 月 8 日，签订转让专利权合同 1 份，合同记载金额为 2 500 000.00 元。

【业务 7-6】6 月 10 日，签订购销合同 3 份，共记载金额 500 000.00 元。

【业务 7-7】6 月 18 日，增加实收资本 1 000 000.00 元，领受专利局发的专利证 3 件。

要求：按照财务共享中心岗位分工，依据最新税收政策、采用最优纳税方案，完成 6 月份印花税应纳税额的核算。

二、明确任务

分别按照票据管理岗、会计核算岗、涉税服务岗、主管审核岗完成以下工作：

（1）智能采集和审核应税凭证。

（2）智能生成和审核记账凭证。

（3）智能生成会计账簿。

三、工作成果

（1）采集并上传采购类原始凭证的影像资料。

（2）生成计提印花税的记账凭证。

（3）生成“应交税费——应交印花税”“税金及附加”等会计账户的明细账。

四、评价标准

（1）依据《中华人民共和国印花税暂行条例》的规定，准确计算应纳印花税税额。

（2）依据《会计基础工作规范》《企业会计信息化工作规范》等要求，规范采集并审核原始凭证，生成记账凭证及会计账簿。

任务分析：

一、工作思路

（1）采集并审核各类合同，明确印花税应税凭证的种类。

（2）智能审核并生成记账凭证，分析经济业务计税依据、税费计算方法及所涉及会计科目。

（3）智能生成并查询会计账簿，生成“应交税费——应交印花税”“税金及附加”会计账簿。

二、岗位分工及工作流程

岗位分工及工作流程如图 7-11 所示。

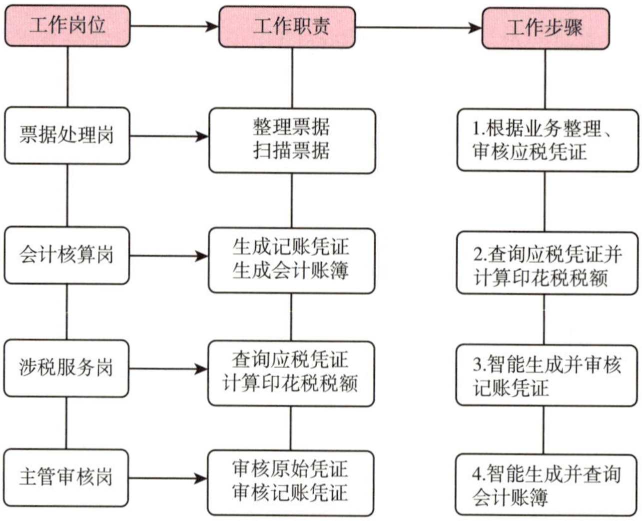

图 7－11 岗位分工及工作流程

任务实施：

一、智能采集和审核原始凭证

印花税的征税对象是应税凭证，包括纳税人以电子形式签订的各类应税凭证，主要包括合同或具有合同性质的凭证、产权转移书据、营业账簿及财经部门确定征税的其他凭证。财务共享服务中心票据管理岗的人员智能采集企业各类应税凭证，按照《会计基础工作规范》审核应税凭证。

二、辨识并审核原始凭证

财务共享服务中心主管审核岗的会计人员按照经济业务发生的内容进行认真审核，确保是企业真实发生的，内容信息真实可靠、合理合法。以保证核算结果的准确性。

印花税相关凭证主要包括：房屋租赁合同、借款合同、房屋产权交换合同、购销合同、专利权转让合同、加工合同、财产保险合同、运输合同、房屋建筑合同等。以购销合同为例进行审核，如图 7－12 所示。

【要点提示】

依据《会计基础工作规范》规定，合同审核要求如下：

（1）合同金额是否正确。

（2）发票是否开具。

（3）确认结算条款内容。

（4）银行信息是否正确。

（5）运输方式及产品确认条款。

购销合同

合同编号：11207971

购货单位（甲方）：北京祥宏盛达贸易有限公司

供货单位（乙方）：北京沃丰商贸有限公司

根据《中华人民共和国合同法》及国家相关法律、法规之规定，甲乙双方本着平等互利的原则，就甲方购买乙方货物一事达成以下协议。

一、货物的名称、数量及价格：

货物名称	规格型号	单位	数量	单价	金额	税率	价税合计
化妆品	W-12	盒	10000	884.96	8,849,560.00	13%	10,000,002.80
合计（大写） 壹仟万零贰元捌角整							¥10,000,002.80

二、交货方式和费用承担：交货方式：销货方送货，交货时间：2021年06月10日前，交货地点：北京沃丰商贸有限公司，运费由供货方承担。

三、付款时间与付款方式：预付定金300万元，购货方收到货后，在7日内购货方工商银行银行转账付余款，银行账号6673618317881058847供货方根据付时间开出增值税专用发票。

四、质量异议期：订货方对供货方的货物质量有异议时，应在收到货物后7日内提出，逾期视为货物质量合格。

五、未尽事宜经双方协商可作补充协议，与本合同具有同等效力。

六、本合同自双方签字、盖章之日起生效；本合同壹式贰份，甲乙双方各执壹份。

甲方（签章）：北京祥宏盛达贸易有限公司

授权代表：王森林

地　　址：北京市西城区隆途路518号

电　　话：010-98259065

日　　期：2021年06月10日

乙方（签章）：北京沃丰商贸有限公司

授权代表：林以修

地　　址：北京市朝阳区恒驰路000号

电　　话：010-58837578

日　　期：2021年06月10日

图 7－12　购销合同

三、查看印花税应税凭证信息并计算印花税应纳税额

印花税征税范围主要包括五种类型应税凭证。在查看应税凭证时，需要按印花税征税范围进行分类。其中，合同或具有合同性质的凭证主要是指购销合同、加工承揽合同、建设工程勘察设计合同、建筑安装工程承包合同、财产租赁合同、货物运输合同、仓储保管合同、借款合同、财产保险合同及技术合同。而产权转移书据主要包括财产所有权、版权、专利权、商标专用权及专利使用权的转让。对于营业账簿主要涉及资金账簿“实收资本”与“资本公积”金额合计增减变化的账簿及其他账簿。除此之外，权利、许可证照包括政府部门发给的房屋产权证、工商营业执照、商标注册证、专利证、土地使用证等。而经财政部门确定征税的其他凭证是指各类凭证不论以何种形式或名称书立，只要其性质属于列举征税范围内的凭证，均应征税。

依据《中华人民共和国印花税暂行条例》规定，印花税在实际工作中按照应税凭证所载的金额乘以固定比例的税率或按件征收印花税。根据应税凭证的性质，分别按照比例税率或者定额税率计算，如表 7 - 11 所示。

表 7 - 11　　印花税纳税方式、计算方法与公式

印花税纳税方式	计算方法	计算公式
实行比例税率凭证	按应税凭证所载金额乘以固定比例的税率计算贴花	应纳税额 = 应税凭证计税金额 × 比例税率
实行定额税率凭证	按件征收，每件按 5 元定额贴花	应纳税额 = 应税凭证件数 × 定额税率

【要点提示】

在计算过程中，当印花税应纳税额不足 1 角的，免纳印花税；1 角以上的，其税额尾数不满 5 分的不计，满 5 分的按 1 角计算。

（一）比例税率确定印花税应纳税额的计

业务 7 - 4：6 月 5 日，向中国工商银行申请 3 年期的借款，签订合同取得借款金额 1 200 000.00 元，年利率为 7%。

业务 7 - 4 应税凭证为借款合同，征税范围属于合同或具有合同性质的凭证。根据应纳印花税额 = 应税凭证计税金额 × 比例税率公式，借款合同应缴纳印花税额 = 12 000 000.00 × 0.00005 = 600.00（元）

业务 7 - 5：6 月 8 日，签订转让专利权合同 1 份，合同记载金额为 2 500 000.00 元。

业务 7 - 5 应税凭证为专利权转让合同，征税范围属于产权转移书据。根据比例税率确定印花税应纳税额计算公式，签订专利权转让合同应缴纳印花税额 = 2 500 000.00 × 0.0005 = 1 250.00（元）。

业务 7 - 6：6 月 10 日，签订购销合同 3 份，共记载金额 500 000.00 元。

业务 7 - 6 应税凭证为购销合同，征税范围属于合同或具有合同性质的凭证。根据比例税率确定印花税应纳税额计算公式，签订购销合同应缴纳印花税额 = 500 000.00 × 0.0003 = 150.00（元）。

业务 7 - 7：6 月 18 日，增加实收资本 1 000 000.00 元，领受专利局发的专利证 3 件。

业务 7 - 7 应税凭证为资金账簿金额变化，征税范围属于营业账簿。根据应纳印花税额 = 应税凭证计税金额 × 比例税率公式，实收资本资金账簿增加应缴纳印花税额 = 10 000 000.00 × 0.0005 = 500.00（元）。按照《财政部税务总局关于对营业账簿减免印花税的通知》（财税

50 号）规定，对按万分之五税率贴花的资金账簿减半征收印花税，因此实收资本资金账簿增加应缴纳印花税额 = 500.00 ÷ 2 = 250.00（元）。

【要点提示】

根据《财政部税务总局关于对营业账簿减免印花税的通知》（财税 50 号）规定，自 2018 年 5 月 1 日起，对按万分之五税率贴花的资金账簿减半征收印花税，对按件贴花五元的其他账簿免征印花税。

【自我挑战】

北京未然科技有限公司，为一般纳税人，2021 年 5 月份业务如下，订立一份技术开发合同，金额 5 000 000.00 元；未然科技公司注册资本为 20 000 000.00 元，账簿上“实收资本”为 4 000 000.00 元；按照《会计法》的规定，分别设置了总账、明细账、现金日记账、银行存款日记账。要求：计算该公司应申报缴纳的印花税是多少？

（二）定额税率法确定印花税应纳税额的计算

对无法计算金额的凭证，或虽载有金额，但作为计税依据不合理的凭证，采用定额税率，以件为单位缴纳一定数额的税款。

业务 7－7：6 月 18 日，领受专利局发的专利证 3 件。

按照定额税率公式：应纳印花税税额 = 应税凭证件数 × 定额税率

业务 7－7 定额税率法确定应交印花税 = 3 × 5 = 15.00（元）

业务 7－4 至业务 7－7 的应交印花税应纳额 = 600.00 + 1 250.00 + 150.00 + 250.00 + 15.00 = 2 265.00（元）

【自我挑战】

北京未然科技有限公司，为一般纳税人，2021 年 5 月份开业，领受工商营业执照、专利技术商标注册证、专利证各 1 件。要求：该公司应申报缴纳的印花税是多少？

四、智能生成并审核记账凭证

（一）账户设置

《中华人民共和国印花税法》第十六条规定，印花税按季、按年或者按次计征。如果按季度或年计征，则纳税人应当自季度、年度终了之日起十五日内申报缴纳税款；如果按次计征，则纳税人应当自纳税义务发生之日起十五日内申报缴纳税款。因此，印花税应当采取“计提、缴纳”方式进行会计核算。

据现行的会计制度的规定，印花税的会计核算，应设置“应交税费——应交印花税”

“税金及附加——印花税”账户，以反映印花税的计提和缴纳情况。计提时借记“税金及附加”等账户，贷记“应交税费——应交印花税”账户；缴纳时借记“应交税费——应交印花税”账户，贷记“银行存款”账户。

1. 应交税费——应交印花税

为了准确地反映企业印花税的应交、已交等情况，应在“应交税费”账户下增设“应交印花税”明细账户进行会计核算。“应交印花税”明细账户采用三栏式账户记账，借方核算实际缴纳的印花税；贷方核算按规定应缴纳的印花税；期末贷方余额表示尚未缴纳的印花税。

2. 税金及附加

“税金及附加”账户是核算企业经营活动应负担的相关税费，其中包括印花税。“税金及附加”账户应按相关税费设置明细账。期末，应将“税金及附加”账户余额转入“本年利润”账户，结转后“税金及附加”账户应无余额。

企业购入固定资产缴纳的印花税会计处理

（二）编制会计分录

结合业务 7－4 至业务 7－7 分析，计提印花税会计处理如下：

借：税金及附加　　2 265.00

　　贷：应交税费——应交印花税　　2 265.00

（三）生成并审核记账凭证

主管审核岗的会计人员进入财务云共享中心查看并审核凭证，审核记账凭证时，重点审核自动生成凭证的借方贷方科目是否正确，所附原始凭证的内容是否与记账凭证一致，如图 7－13 所示。

记账凭证

保存　单据图片　新增　审核　更多

记字第 0014 号　　制单日期 2021-06-30　　附单据 0 张

序号	摘要	会计科目	借方金额	贷方金额
1	计提印花税	640311 税金及附加-印花税	226500	
2	计提印花税	222136 应交税费-应交印花税		226500
3				
4				
合计:贰仟贰佰陆拾伍元整			226500	226500

图 7－13　计提印花税应纳税额记账凭证

五、智能生成会计账簿

会计核算岗位会计人员根据审核无误的记账凭证，系统自动全部登记到账簿上。由于印花税按照计提及缴纳核算，在计提时，月末生成相关明细账簿信息，及时审查“税金及附加”“应交税费——应交印花税”等账户的金额变化，可以掌握相关账户明细账的变动情况，与总账进行核对，保证账账相符，如图 7－14 和图 7－15 所示。

	科目编码	科目名称	日期	凭证号	摘要	借方	贷方	方向	余额
1	640311	税金及附加-印花税	2021-06-01		期初余额			平	
2			2021-06-30	记-0014	计提印花税	2,265.00		借	2,265.00
3			2021-06-30		本月合计	2,265.00		借	2,265.00
4			2021-06-30		本年累计	2,265.00		借	2,265.00

图 7－14　税金及附加明细账

2021-06　至　2021-06

打印当前　打印全部　导出当前　导出全部

	科目编码	科目名称	日期	凭证号	摘要	借方	贷方	方向	余额
1	222136	应交税费-应交印花税	2021-06-01		期初余额			平	
2			2021-06-30	记-0014	计提印花税		2,265.00	贷	2,265.00
3			2021-06-30		本月合计		2,265.00	贷	2,265.00
4			2021-06-30		本年累计		2,265.00	贷	2,265.00

图 7－15　应交税费——应交印花税明细账

任务总结：

“印花税应纳税额的核算”任务总结如图 7－16 所示。

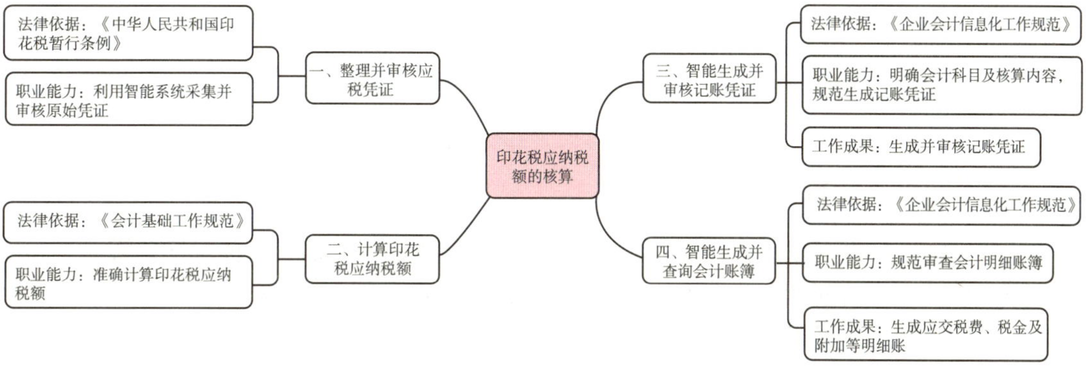

图 7－16　“印花税应纳税额的核算”任务总结

《财政部　税务总局
关于实施小微企业普惠性
税收减免政策的通知》
（财税［2019］13 号）

任务四 车船税应纳税额的核算

实战演练

学习目标：

1. 熟悉车船税的计税依据及税收优惠政策
2. 准确计算应纳车船税税额
3. 准确辨析车船税业务的票据，正确进行会计处理
4. 在车船税计算过程中按时纳税，依法依规，树立纳税责任

任务描述：

一、公司基本情况

公司全称：北京祥宏盛达贸易有限公司（简称祥宏盛达公司）。

企业类型：贸易企业，主要从事卷烟、酒类、高档化妆品的零售、批发及送货等业务。

公司开户银行：工行北京市百巨路支行。

基本存款账户：6673618317881058847。

统一社会信用代码（纳税人识别号）：91110102M921903806。

经营地址、电话：北京市西城区隆途路 518 号　010－98259065。

二、公司内部会计制度

执行法律：执行《企业会计准则》（2022），《中华人民共和国车船税暂行条例》等。

申报税种：本公司为一般纳税人，车船税是按照规定的计税依据和年税额标准计算征收的一种财产税。车船税法和实施条例所涉及的排气量、整备质量、核定载客人数、净吨位、功率、艇身长度，以车船登记管理部门核发的车船登记证书或者行驶证相应项目所载数据为准。其中，车船税申报根据《国家税务总局关于简并税费申报有关事项的公告》（国家税务总局公告 2021 年第 9 号）的规定，填写新版“财产和行为税纳税申报表”及附表。

任务布置：

一、业务描述

祥宏盛达贸易有限公司 2021 年 12 月的典型经济业务如下：

【业务7－8】拥有载货汽车2辆（货车整备质量全部为10吨）。

【业务7－9】拥有乘人大客车1辆；小客车1辆。

载货汽车每吨年税额80.00元，乘人大客车每辆年税额800.00元，小客车每辆年税额700.00元。

要求：按照财务共享中心岗位分工，依据最新税收政策，完成车船税应纳额的核算。

二、明确任务

分别按照会计核算岗、涉税服务岗、主管审核岗完成以下工作：

（1）计算车船税应纳额。

（2）智能生成和审核记账凭证。

（3）智能生成会计账簿。

三、工作成果

（1）计算车船税应纳税额。

（2）生成应纳车船税额的记账凭证。

（3）生成“应交税费——应交车船税”“税金及附加”等会计账簿。

四、评价标准

（1）依据《中华人民共和国车船税法》《中华人民共和国车船税法实施条例》《中华人民共和国车船税暂行实施细则》的规定，准确计算应纳车船税税额。

（2）依据《会计基础工作规范》《企业会计信息化工作规范》等要求，正确审核原始凭证，生成记账凭证及会计账簿。

任务分析：

一、工作思路

（1）采集并审核原始凭证，明确车船税相关凭证。

（2）智能审核并生成记账凭证，查看所涉及会计处理核算。

（3）智能生成并查询会计账簿，生成“应交税费——应交车船税”“税金及附加”会计账簿。

二、岗位分工及工作流程

岗位分工及工作流程如图7－17所示。

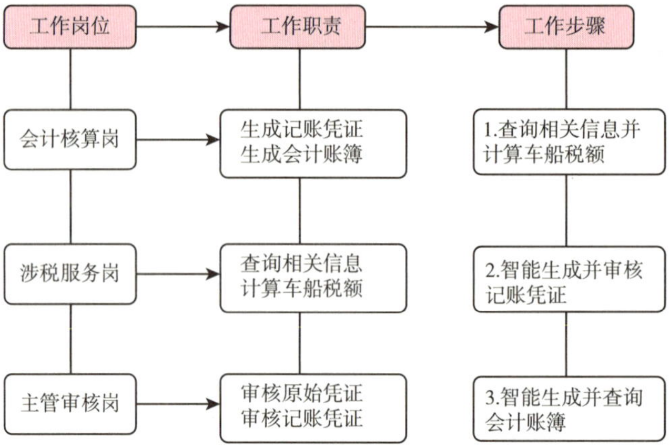

图 7－17　岗位分工及工作流程

任务实施：

一、分析经济业务类型

【业务 7－8】拥有载货汽车 2 辆（货车整备质量全部为 10 吨）。

【业务 7－9】拥有乘人大客车 1 辆；小客车 1 辆。

载货汽车每吨年税额 80.00 元，乘人大客车每辆年税额 800.00 元，小客车每辆年税额 700.00 元。

两笔经济业务为均为公司车辆使用，按照《中华人民共和国车船税法》规定的大客车、小客车及载货汽车作为征税对象。

二、计算应纳车船税税额

《中华人民共和国车船税法实施条例》规定除了法律规定的可以免征车船税的情况，一般汽车都是要交车船税。车船税是指对在我国境内应依法到公安、交通、农业、渔业、军事等管理部门办理登记的车辆、船舶等，根据其种类、按照规定的计税依据和年税额标准计算征收的一种财产税，如表 7－12 所示。

表 7－12　车船税应纳税额的计算

税目	计税单位	应纳税额公式
乘用车、商用载客车、摩托车	每辆	应纳税额＝辆数×适用年税额
载货车、专用作业车、轮式专用机械车	按自重每吨	应纳税额＝自重每吨数×适用年税额
机动船舶	净吨位	应纳税额＝净吨位数×适用年税额
拖船和非机动驳船	净吨位	应纳税额＝净吨位数×适用年税额×50%
游艇	艇身长度	应纳税额＝艇身长度×适用年税额

业务 7－8 与业务 7－9 涉及不同的计征方法，分别介绍如下：

（一）载货车应纳税额的计算

业务7-8：拥有载货汽车2辆（货车整备质量全部为10吨）。

应纳车船税税额＝车辆×适用年税额

计税依据及税目与税率的相关规定如下：

1. 车船税计税依据

（1）车船税法和实施条例所涉及的排气量、整备质量、核定载客人数、净吨位、功率、艇身长度，以车船登记管理部门核发的车船登记证书或者行驶证相应项目所载数据为准。

（2）依法不需要办理登记车船和依法应当登记而未办理登记或者不能提供车船登记证书、行驶证的车船，以车船出厂价格证明或者进口凭证相应项目标准的技术参数、所载数据为准；不能提供车船出厂合格证明或者进口凭证的，由主管税务机关参照国家相关标准核定，没有国家相关标准的参照同类车船核定。

（3）车船税法及其实施条例涉及的整备质量、净吨位、艇身长度等计税单位，有尾数的一律按照含尾数的计税单位据实计算车船税应纳税额。

2. 车船税税率和税目

（1）车船税实行定额税率。定额税率，也称固定税额，是税率的一种特殊形式。定额税率计算简便，是适宜从量计征的税种。车船税的适用税额，依照车船税法所附的《车船税税目税额表》执行。

（2）车船税采用定额税率，即对征税的车船规定单位固定税额。车船税确定税额总的原则是：非机动车船的税负轻于机动车船；人力车的税负轻于畜力车；小吨位船舶的税负轻于大船舶。由于车辆与船舶的行驶情况不同，车船税的税额也有所不同。

业务7-8应交车船税税额＝自重每吨数×适用年税额＝2×10×80.00＝1 600.00（元）

（二）乘用车、商用载客车应纳税额的计算

业务7-9：拥有乘人大客车1辆；小客车1辆。

应纳车船税税额＝辆数×适用年税额

应纳车船税税额＝1×800.00＋1×700.00＝1 500.00（元）

业务7-8、业务7-9应纳车船税税额合计＝1 600.00＋1 500.00＝3 100.00（元）

车船税应纳税额的确定如下：

车船税实行固定税率，是一种特殊的税率形式，固定税率易于计算，是从量计征的税种，车船税的适用税额，按照车船税法所附的车船税税目税额表执行。

车辆具体适用税额由省人民政府确定，自治区、直辖市按照车船税法所附车船税税目表和国务院规定的税额范围征收，船舶的具体适用税额，由国务院在车船税法所附

《新能源汽车产业发展规划（2021－2035年）》关于提出健全政策法规体系，落实新能源汽车税收优惠的政策

车船税税目税额表规定的税额范围内确定。

车船税属于地方税，在遵照《中华人民共和国车船税法》规定基础上，车船税征收标准还要依据当地税务局制定的具体管理办法予以确定。

【自我挑战】

宏达运输公司拥有载货汽车 30 辆（货车整备质量全部为 5 吨）；大客车有 20 辆；发动机气缸容量 2.0 的乘用车 10 辆（注：载货汽车按整备质量每吨年税额 80.00 元，大客车每辆年税额 500.00 元，发动机气缸容量 2.0 的乘用车每辆年税额 400.00 元）。要求：计算该企业应缴纳的车船税税额。

四、智能生成并审核记账凭证

（一）账户设置

据现行的会计制度的规定，印花税的会计核算，应设置“应交税费——应交车船税”“税金及附加——车船税”账户，以反映车船税的计提和缴纳情况。计提时借记“税金及附加”等账户，贷记“应交税费——应交车船税”账户；缴纳时借记“应交税费——应交车船税”账户，贷记“银行存款”账户。

1. 应交税费——应交车船税

为了准确地反映企业车船税的应交、已交等情况，应在“应交税费”账户下增设“应交车船税”明细账户进行会计核算。“应交车船税”明细账户采用三栏式账户记账，借方核算实际缴纳的车船税；贷方核算按规定应缴纳的车船税；期末贷方余额表示尚未缴纳的车船税，借方余额表示多缴纳的车船税。

2. 税金及附加

“税金及附加”账户核算应是企业经营活动发生的消费税、城市维护建设税、资源税、教育费附加及房产税、土地使用税、车船税、印花税等相关税费。“税金及附加”账户应按税费类别设置明细账。期末，应将“税金及附加”账户余额转入“本年利润”账户，结转后“税金及附加”账户应无余额。

（二）编制会计分录

依据业务 7－8、业务 7－9 的应税凭证，确定公司的应纳车船税税额，确认该笔业务涉及的会计账户。

借：税金及附加　　3 100.00

　　贷：应交税费——应交车船税　　3 100.00

（三）生成并审核记账凭证

主管审核岗的会计人员进入财务云共享中心查看并审核凭证，审核记账凭证时，重点审核自动生成凭证的借方与贷方科目是否正确，是否与经济业务一致，如图 7－18 所示。

记账凭证

保存 单据图片 新增 审核 更多

记字第 0015 号 制单日期 2021-06-30 附单据 0 张

序号	摘要	会计科目	借方金额	贷方金额
			亿千百十万千百十元角分	亿千百十万千百十元角分
1	计提车船税	640310 税金及附加-车船税	310000	
2	计提车船税	222137 应交税费-应交车船税		310000
3				
4				
合计:叁仟壹佰元整			310000	310000

图 7-18 计提车船税记账凭证

五、智能生成会计账簿

会计核算岗位会计人员根据审核无误的记账凭证，系统自动将数据全部登记到账簿上。及时审查“税金及附加”“应交税费——应交车船税”等账户的金额变化，可以掌握相关账户明细账的变动情况，与总账进行核对，保证账账相符，如图 7-19、图 7-20 所示。

2021-06 至 2021-06 打印当前 打印全部 导出当前 导出全部

科目编码	科目名称	日期	凭证号	摘要	借方	贷方	方向	余额
640310	税金及附加-车船税	2021-06-01		期初余额			平	
		2021-06-30	记-0015	计提车船税	3,100.00		借	3,100.00
		2021-06-30		本月合计	3,100.00		借	3,100.00
		2021-06-30		本年累计	3,100.00		借	3,100.00

图 7-19 税金及附加明细账

2021-06 至 2021-06 打印当前 打印全部 导出当前 导出全部

	科目编码	科目名称	日期	凭证号	摘要	借方	贷方	方向	余额
1	222137	应交税费-应交车船税	2021-06-01		期初余额			平	
2			2021-06-30	记-0015	计提车船税		3,100.00	贷	3,100.00
3			2021-06-30		本月合计		3,100.00	贷	3,100.00
4			2021-06-30		本年累计		3,100.00	贷	3,100.00

图 7-20 应交税费——应交车船税明细账

任务总结：

“车船税应纳税额的核算”任务总结如图 7-21 所示。

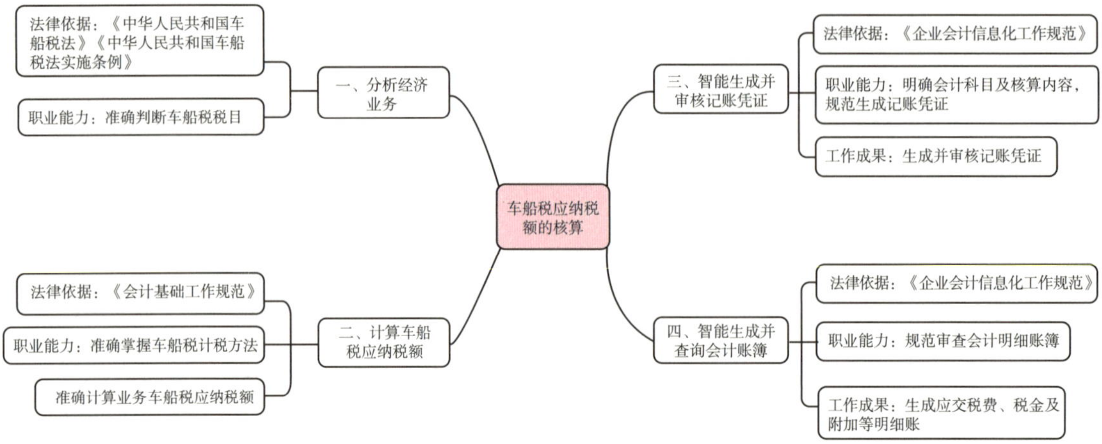

图 7－21 “车船税应纳税额的核算”任务总结

情境二 其他税费申报与缴纳

任务拓展

实战演练

知识目标：

1. 明确城市维护建设税、教育费附加及地方教育费附加申报与缴纳工作流程
2. 明确印花税、房产税等财产和行为税的申报与缴纳的工作流程
3. 掌握附加税及财产和行为税合并申报表的填写方法
4. 树立依法纳税责任义务，履行企业的社会责任

技能目标：

1. 能够运用智能财税平台，完成附加税的申报与缴纳工作
2. 能够运用智能财税平台，完成财产和行为税的申报与缴纳工作

素养目标：

1. 准确填写纳税申报表，体会严谨细致的会计职业作风
2. 及时缴纳税款，履行纳税义务、承担社会责任

知识储备：

一、附加税与增值税、消费税合并申报、财产和行为税合并申报

根据《国家税务总局关于简并税费申报有关事项的公告》（国家税务总局公告 2021 年第 9 号）的规定："一、自 2021 年 6 月 1 日起，纳税人申报缴纳城镇土地使用税、房产税、车船税、印花税、耕地占用税、资源税、土地增值税、契税、环境保护税、烟叶税中一个或多个税种时，使用'财产和行为税纳税申报表'。纳税人新增税源或税源变化时，需先填报'财产和行为税税源明细表'。"与此同时，城市维护建设税是增值税、消费税的附加税种，将分别与增值税、消费税合并申报，不纳入财产和行为税合并申报范围。

（一）附加税费与增值税、消费税合并申报

根据《国家税务总局关于开展 2021 年"我为纳税人缴费人办实事暨便民办税春风行动"的意见》（税总发〔2021〕14 号），税务总局决定全面推行增值税、消费税分别与附加税费申报表整合工作。自 2021 年 8 月 1 日起附加税费申报表与增值税、消费税申报表进行整合申报。

纳税人申报增值税、消费税时，应一并申报附征的城市维护建设税、教育费附加和地方教育附加等附加税费。增值税、消费税分别与附加税费申报表整合，是指将"增值税纳税申报表（一般纳税人适用）""增值税纳税申报表（小规模纳税人适用）"及其附列资料、"增值税预缴税款表""消费税纳税申报表"分别与"城市维护建设税教育费附加地方教育附加申报表"整合，启用"增值税及附加税费申报表（一般纳税人适用）""增值税及附加税费申报表（小规模纳税人适用）""增值税及附加税费预缴表"及其附列资料和"消费税及附加税费申报表"。

（二）财产和行为税合并申报

财产和行为税是现有税种中财产类和行为类税种的统称，即纳税人在申报多个税种时，不再单独使用分税种申报表，而是在一张纳税申报表上同时申报多个税种。合并申报的税种范围包括城镇土地使用税、房产税、车船税、印花税、耕地占用税、资源税（不包括水资源税）、土地增值税、契税、环境保护税、烟叶税。

二、附加税及财产和行为税的申报条件

（一）附加税申报条件

附加税费合并申报条件指的是缴纳增值税、消费税的单位和个人，都应申报缴纳城市维护建设税、教育费附加和地方教育费附加。

（二）财产和行为税申报条件

财产和行为税合并纳税申报条件是指对财产和行为税（含城镇土地使用税、房产税、

车船税、印花税、耕地占用税、资源税、土地增值税、契税、环境保护税、烟叶税，不含城市维护建设税，城市维护建设税分别与增值税、消费税合并申报）进行合并申报，支持不同纳税期限的税种同时申报。

三、附加税与增值税、消费税合并申报及财产和行为税纳税申报流程

（一）附加税与增值税、消费税合并申报流程

新启用的“增值税及附加税费申报表（一般纳税人适用）”“增值税及附加税费申报表（小规模纳税人适用）”“增值税及附加税费预缴表”及其附列资料和“消费税及附加税费申报表”中，附加税费申报表作为附列资料或附表，纳税人在进行增值税、消费税申报的同时完成附加税费申报。

具体为纳税人填写增值税、消费税相关申报信息后，自动带入附加税费附列资料；纳税人填写完附加税费其他申报信息后，回到增值税、消费税申报主表，形成纳税人本期应缴纳的增值税、消费税和附加税费数据，确认无误后进行申报。

（二）财产和行为税纳税申报流程

在合并申报前，纳税人需先填写税源明细表信息。税源信息是财产和行为税各税种纳税申报和后续管理的基础数据来源，是生成纳税申报表的主要依据。纳税人通过填报税源明细表提供税源信息。纳税人仅就发生纳税义务的税种填报对应的税源明细表。

对于城镇土地使用税、房产税、车船税等稳定税源，一次填报税源信息，长期有效。而对于耕地占用税、印花税、资源税等一次性税源，纳税人可以在发生纳税义务后立即填写税源明细表。

在纳税人申报前，需要维护税源信息，如数据项没有变化的，确认无变化后直接提交生成申报数据，数据项有变化的，进行数据更正维护后申报。新申报表由“财产行为税纳税申报表”主表和“财产和行为税减免税明细申报附表”组成，主表为纳税情况，附表为申报享受的各类减免税情况。

（1）登录国家税务总局北京市电子税务局主页，点击：“我要办税—税费申报及缴纳—申报清册—按期应申报—财产和行为税合并申报‘填写申报表’，进行财产和行为税纳税申报”，如图 7－22 所示。

财产和行为税合并申报后，如何更正一个报错税种

（2）选择税款所属期要覆盖本期全部应申报税种，选择“本期是否适用增值税小规模纳税人减征政策”，点击“查询”按钮，即可查看本期所有应申报税种，如图 7－23 所示。

（3）勾选欲申报的税种，点击“申报”按钮，核对系统自动生成的纳税申报表。点击“财产和行为税减免税明细申报附表”按钮，查看本期减免信息，如图 7－24 所示。

（4）确认无误后，点击“申报”按钮，完成申报。

图 7－22　国家税务总局北京市电子税务局主页

图 7－23　财产和行为税合并申报表

财产和行为税纳税申报表

纳税人识别号（统一社会信用代码）：91110112775793204A
纳税人名称:北京云隆电气有限公司
金额单位：人民币元（列至角分）

序号	税种	税目	税款所属期起	税款所属期止	计税依据	税率	应纳税额	减免税额	已缴税额	应补（退）税额
1	印花税	购销合同	2022-01-01	2022-01-31	2220000.00	0.0005	1110.00			1110.00
2	车船税	1.6升以上至2.0升（含）	2022-01-01	2022-01-31	1	450.00	450.00			450.00
3	城镇土地使用税	一级	2022-01-01	2022-01-31	10000.00	30.00	300000.00			300000.00
4	房产税	从价计征	2022-01-01	2022-01-31	62216000.00	0.012	746592.00			746592.00
5	耕地占用税	耕地（基本农田）	2022-01-01	2022-01-31	20000.00	20.00	400000.00			400000.00
6	契税	契税	2022-01-01	2022-01-31	21800000.00	0.03	654000.00			654000.00
7	资源税	天然气	2022-01-01	2022-01-31	35550000.00	0.06	2133000.00			2133000.00
8	环境保护税	大气污染物	2022-01-01	2022-01-31	21.46	3.40	72.96			72.96
9	土地增值税	预征	2022-01-01	2022-01-31	5000000.00	0.02	100000.00			100000.00
10	土地增值税	清算	2022-01-01	2022-01-31	11995000.00	－	3598500.00			3598500.00

图 7－24　财产和行为税减免税明细申报附表

四、附加税与增值税、消费税合并申报及财产和行为税合并申报资料

（一）附加税与增值税、消费税合并申报资料

附加税与增值税、消费税合并申报后，需要按照企业的情况，整理资料报送到主管税务机关，资料经过审查后确认是否受理，主管税务机关会及时反馈受理情况，如果受理则进行办理相关业务并归档，如不受理则需要补正或提供资料，如表 7－13 所示。

表 7－13

适用情形	材料名称	数量
增值税一般纳税人申报	“增值税及附加税费申报表（一般纳税人适用）”	2 份
增值税小规模纳税人申报	“增值税及附加税费申报表（小规模纳税人适用）”	2 份
增值税预缴申报	“增值税及附加税费预缴表”	2 份
消费税纳税人申报	“消费税及附加税费申报表”	2 份

（二）财产和行为税合并申报资料

财产和行为税合并申报后，需要按照企业的情况，整理对应情形资料报送到主管税务机关，资料经过审查后确认是否受理，主管税务机关会及时反馈受理情况，如果受理则进行办理相关业务并归档，如不受理则需要补正或提供资料，如表 7－14 所示。

表 7－14 财产和行为税合并申报资料

序号	材料名称	数量
1	“财产和行为税纳税申报表”	2 份
有以下情形的，还应提供相应的材料		
适用情形	材料名称	数量
申报城镇土地使用税、房产税的纳税人	“城镇土地使用税 房产税税源明细表”	2 份
申报车船税的纳税人	“车船税税源明细表”	2 份
申报印花税的纳税人	“印花税税源明细表”	2 份
申报烟叶税的纳税人	“烟叶税税源明细表”	2 份
申报契税的纳税人	“契税税源明细表”	2 份
申报土地增值税的纳税人	“增值税税源明细表”	2 份
申报资源税的纳税人	“资源税税源明细表”	2 份

知识小结：

“其他税费的纳税申报与缴纳”相关知识小结如图 7－25 所示。

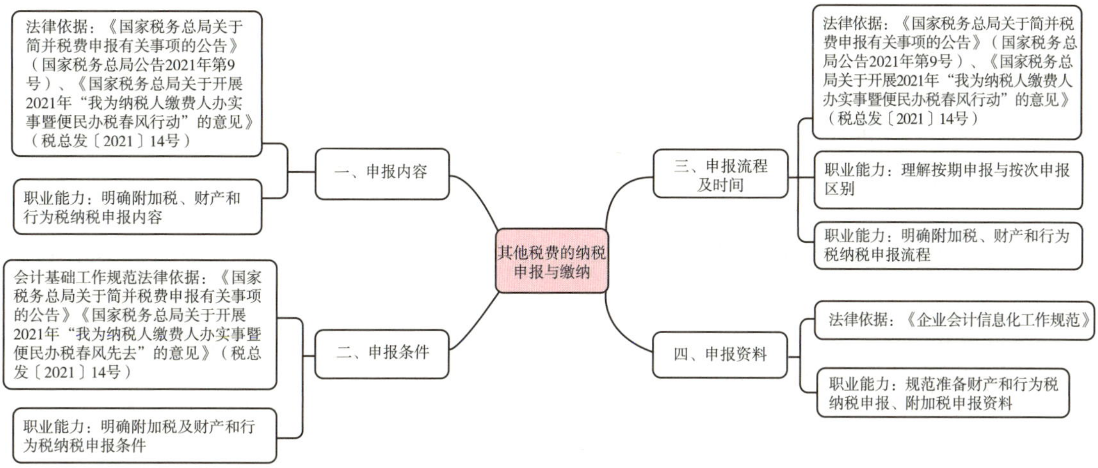

图 7－25　“其他税费的纳税申报与缴纳”相关知识小结

任务一　城市维护建设税及教育费附加的申报与缴纳

实战演练

学习目标：

1. 掌握城市维护建设税及教育费附加申报的时间及地点要求
2. 掌握城市维护建设税及教育费附加纳税申报表的填制方法
3. 能够依据业务资料，准确填制城市维护建设税及教育费附加申报表、相关附表及税款缴纳书
4. 在完成城市维护建设税及教育费附加申报与缴纳的过程中树立依法依规足额纳税的法律意识、积极履行纳税义务、履行企业的社会责任

任务描述：

一、企业情况介绍

公司全称：北京祥宏盛达贸易有限公司（简称祥宏盛达公司）。

企业类型：贸易企业，主要从事卷烟、酒类、高档化妆品的零售与批发业务。

公司开户银行：工行北京市百巨路支行。

基本存款账户：6673618317881058847。

统一社会信用代码（纳税人识别号）：91110102M921903806。

经营地址、电话：北京市西城区隆途路518号　010－98259065。

二、公司内部会计制度

执行法律：执行《企业会计准则》(2017),《中华人民共和国城市维护建设税暂行条例》等。

申报税种：本公司为一般纳税人，销售商品增值税税率为13%，城市维护建设税、教育费附加及地方教育费附加分别按流转税的7%、3%、2%计算。

三、业务描述

【业务7－10】祥宏盛达贸易有限公司2021年3月的典型经济业务如下：

3月份实际缴纳增值税40万元，缴纳消费税30万元。已知该地区属于城市中的市区，计算该公司3月份应缴纳的城市维护设税税额和教育费附加。

要求：以涉税服务岗会计身份，根据业务发生情况完成城市维护建设税及教育费附加纳税申报及税款缴纳。

任务布置：

一、明确任务

以涉税服务岗会计的身份完成以下工作：

(1) 依据经济业务所涉及的税目，确定需要填写的申报表附表类型。

(2) 规范填写申报表的附表，生成申报表的主表。

(3) 缴纳税款生成记账凭证。

二、工作成果

(1) 城市维护建设税及教育费附加申报表。

(2) 应交税费——应交城市维护建设税、应交税费——应交教育费附加和应交税费——应交地方教育费附加的明细账。

三、评价标准

(1) 依据《中华人民共和国城市维护建设税暂行条例》的规定，准确填写城市维护建设税及教育费附加的纳税申报表。

(2) 依据《会计基础工作规范》《企业会计信息化工作规范》等要求，正确操作纳税申报流程，完成申报与缴纳，生成记账凭证及账簿。

任务分析：

一、工作思路

（1）辨析经济业务所涉及的税目，明确纳税申报需要填写的申报表附表类型。

（2）依据经济业务内容，分别填写城市维护建设税纳税申报表，生成主表数据，完成纳税申报。

（3）财务共享云平台自动生成缴款税款记账凭证及相关账簿。

二、岗位分工及工作流程

岗位分工及工作流程如图 7－26 所示。

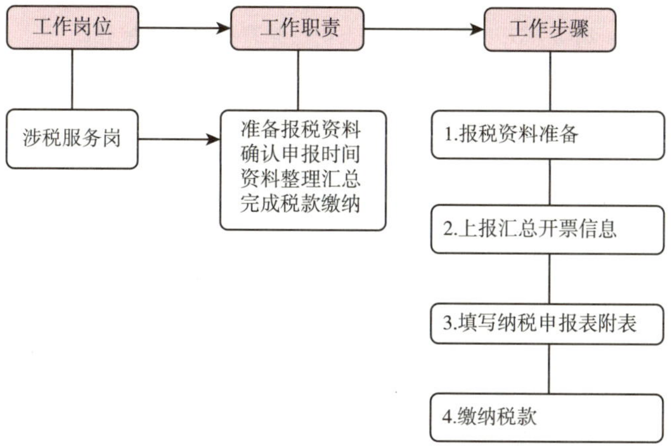

图 7－26　岗位分工及工作流程

任务实施：

一、准备报税资料

涉税服务岗会计人员在进行纳税申报之前，首先要明确该企业的纳税申报的时间，其次开始准备报税资料并对其进行整理、汇总和核对，完成报税资料的准备。

（一）确认申报时间

城市维护建设税、教育费附加的纳税（费）期限为一个月。纳税人应于缴纳增值税和消费税的同时，向办税中心申报纳税。

（二）整理、汇总并核对报税资料

涉税服务岗会计人员进入金税系统，通过税费申报及缴纳进入城市维护建设税及教育费附加页面，准备申报，如图 7－27 所示。

图 7－27　城市维护建设税及教育费附加申报界面

二、填写城市维护建设税及教育费附加纳税申报表

城市维护建设税及教育费附加纳税申报表，如图 7－28 所示。

返回　保存　自动填单　申报

增值税及附加税费申报表附列资料（五）

（附加税费情况表）

纳税人识别号：91110101282647106O　　纳税人名称：涉税教学

所属时期：2021-03-01　至 2021-03-31　　填表日期：2021-04-01

税（费）种		计税（费）依据			税（费）率（征收率）（%）	本期应纳税（费）额	本期减免税（费）额		试点建设培育产教融合型企业	
		增值税税额	增值税免抵税额	留抵退税本期扣除额			减免性质代码	减免税（费）额	减免性质代码	本期抵免金额
		1	2	3	4	5＝（1-3+2）×4	6	7	8	9
城市维护建设税	1	400000			7%	28000.00			--	--
教育费附加	2	400000			3%	12000.00				
地方教育附加	3	400000			2%	8000.00				
合计	4	--	--	--	--	48000.00	--		--	
本期是否适用试点建设培育产教融合型企业抵免政策					□是 □否	当期新增投资额				5
						上期留抵可抵免金额				6
						结转下期可抵免金额				7

返回　保存　自动填单　申报

消费税附加税费计算表

金额单位：元（列至角分）

税（费）种	计税（费）依据	税（费）率（%）	本期应纳税（费）额	本期减免税（费）额		本期是否适用增值税小规模纳税人"六税两费"减征政策 □是 □否		本期已缴税（费）额	本期应补（退）税（费）额
	消费税税额			减免性质代码	减免税（费）额	减征比例（%）	减征额		
	1	2	3=1×2	4	5	6	7＝（3-5）×6	8	9=3-5-7-8
城市维护建设税	300000.00	7%	21000.00			%	0.00		21000.00
教育费附加	300000.00	3%	9000.00			%	0.00		9000.00
地方教育附加	300000.00	2%	6000.00			%	0.00		6000.00
合计	--	--	36000.00	--		--	0.00		36000.00

图 7－28　城市维护建设税及教育费附加纳税申报表

增值税和消费税缴费完成后，导入数据，系统自动生成应缴纳的城市维护建设税及教育费附加的本期应纳税额，然后点击“申报”按钮即可。

【自我挑战】

某公司在市区，2021 年 5 月应缴纳的增值税为 500 000.00 元，消费税为 360 000.00 元，根据此业务完成城市维护建设税及教育费附加纳税申报表的填写。

三、税费缴纳

“增值税及附加税费预缴表”和增值税及附加税费预缴表附列资料

（一）缴纳税款

纳税人申报成功后准备缴纳税款，进入“税费缴纳”界面后，核对应缴纳的金额，确认无误后，点击“立即缴款”按钮，完成缴款。这步与前面的纳税缴款方法一样，不再赘述。

（二）会计处理

按规定的纳税期限上缴税款时，应借记“应交税费——应交城市维护建设税”账户、“应交税费——应交教育费附加”账户和“应交税费——应交地方教育费附加”账户，贷记“银行存款”账户。

申报完成并成功缴纳房产税费，系统会自动将缴款凭证推送至财务云共享服务中心，票据管理岗的会计人员查看凭证，并对凭证进行归类，选择“付款类”票据，保存后系统会自动生成记账凭证，主管审核岗会计人员对其进行审核，城市维护建设税及教育费附加为增值税与消费税的附加税费部分，按照城市维护建设税税率 7%，教育费附加 3%，地方教育费附加 2% 乘以增值税与消费税的和计算缴纳，会自动带入到主表中，如图 7－29 所示。

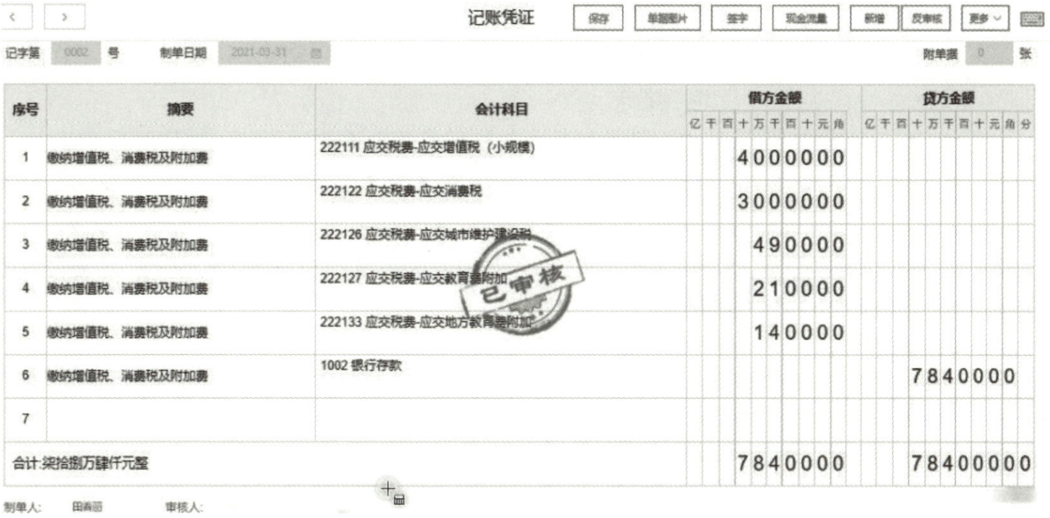
记账凭证　保存　单据图片　签字　现金流量　新增　反审核　更多

记字第 0002 号　制单日期 2021-03-31　附单据 0 张

序号	摘要	会计科目	借方金额	贷方金额
1	缴纳增值税、消费税及附加费	222111 应交税费-应交增值税（小规模）	4000000	
2	缴纳增值税、消费税及附加费	222122 应交税费-应交消费税	3000000	
3	缴纳增值税、消费税及附加费	222126 应交税费-应交城市维护建设税	490000	
4	缴纳增值税、消费税及附加费	222127 应交税费-应交教育费附加	210000	
5	缴纳增值税、消费税及附加费	222133 应交税费-应交地方教育费附加	140000	
6	缴纳增值税、消费税及附加费	1002 银行存款		7840000
7				
合计:柒拾捌万肆仟元整			7840000	78400000

制单人: 田需丽　审核人:

图 7－29　完成缴纳税费的记账凭证

任务总结：

“城市维护建设税及教育费附加的申报与缴纳”任务总结如图 7－30 所示。

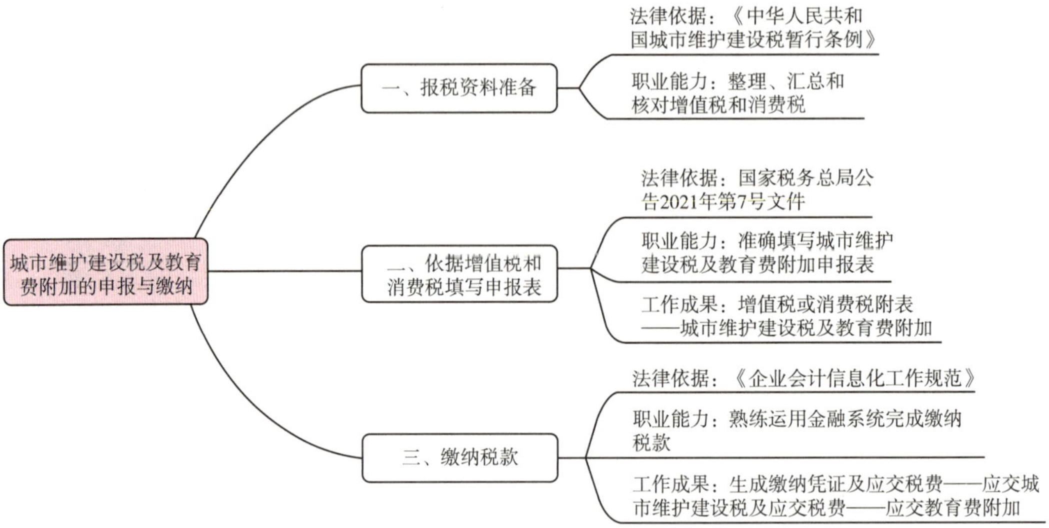

图 7－30　“城市维护建设税及教育费附加的申报与缴纳”任务总结

任务二　财产和行为税纳税申报与缴纳

学习目标：

1. 掌握印花税、房产税等财产行为合并税纳税申报的时间及地点要求
2. 掌握财产行为税纳税申报表的填制方法
3. 能够依据业务资料，准确填制财产行为合并税纳税申报表、相关税源资料
4. 履行纳税义务，增强学生职业荣誉感，树立依法依规法律意识

任务分解：

将任务二财产和行为税纳税申报与缴纳分解为两个子任务，如图 7－31 所示。

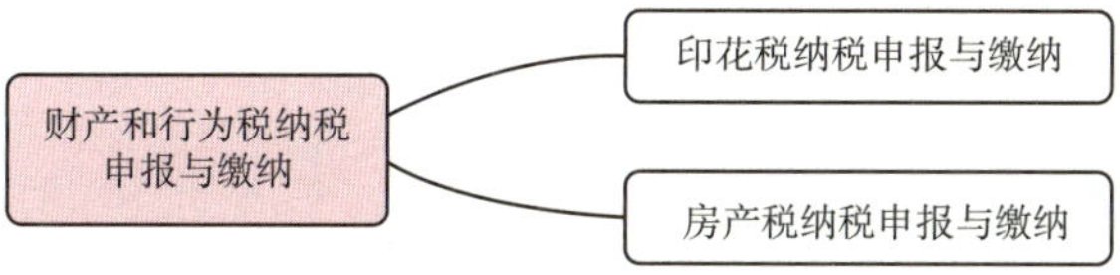

图 7 – 31　财产和行为税纳税申报与缴纳子任务

子任务一　印花税纳税申报与缴纳

任务描述：

一、公司基本情况

公司全称：北京市喜燕啤酒有限公司。

企业类型：主营啤酒及饮料等业务。

公司开户银行：工行百巨路支行。

基本存款账户：6773618317781058847。

统一社会信用代码（纳税人识别号）：911101032763883920。

经营地址、电话：北京市西城区龙泉路 518 号　010 – 98359465。

实战演练

二、公司内部会计制度

执行法律：执行《企业会计准则》(2017)，《中华人民共和国印花税暂行条例》《中华人民共和国房产税暂行条例》及《中华人民共和国车船税暂行条例》等。

申报税种：本公司为一般纳税人，财产行为合并申报根据《国家税务总局关于简并税费申报有关事项的公告》（国家税务总局公告 2021 年第 9 号）的规定，填写新版《财产行为税》申报主表及附表。

三、业务描述

北京市喜燕啤酒有限公司作为一般纳税人企业，是一家以提供啤酒批发与零售等项目的企业，根据 2022 年 1 月发生的印花税进行财产和行为税合并申报与缴纳：

【业务 7 – 11】1 月 5 日，向中国工商银行申请 3 年期的借款，签订合同取得借款金额 12 000 000. 00 元，年利率为 6%。

【业务 7 – 12】1 月 8 日，签订转让专利权合同 1 份，合同记载金额为 2 500 000. 00 元。

【业务 7 – 13】1 月 10 日，增加实收资本 1 000 000. 00 元，共记载金额为 1 000 000. 00 元。

【业务 7 – 14】1 月 18 日，领受专利局发放的专利证 3 件。

要求：以涉税服务岗会计身份，根据业务发生情况完成印花税纳税申报及税款缴纳。

任务布置：

一、明确任务

以涉税服务岗会计的身份完成以下工作：

（1）准确填写印花税的税源采集信息，准确填写财产和行为税合并申报表。

（2）规范生成并审核缴纳印花税的记账凭证。

（3）自动生成并查询应交税费——应交印花税的明细账。

二、工作成果

（1）财产行为税纳税合并申报表的主表及附表。

（2）缴纳印花税的会计凭证及会计账簿。

三、评价标准

（1）依据《中华人民共和国印花税暂行条例》的规定，准确填写财产和行为合并税纳税申报表，完成税款缴纳。

（2）依据《会计基础工作规范》《企业会计信息化工作规范》等要求，正确操作纳税申报流程，规范生成记账凭证及会计账簿。

任务分析：

一、工作思路

（1）明确申报税费类型，整理与准备申报纳税资料。

（2）依据纳税申报流程，填写相关税费税源采集。

（3）查看生成主表及附表减免信息，确认并提交财产和行为税申报表。

（4）财务共享云平台自动生成缴款记账凭证及相关会计账簿。

二、岗位分工及工作流程

岗位分工及工作流程如图 7－32 所示。

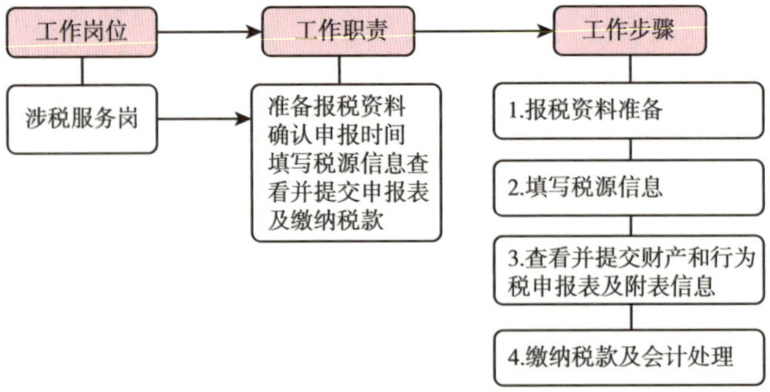

图 7－32 岗位分工及工作流程

任务实施：

一、准备财产和行为税申报纳税资料

本公司本次申报并缴纳的财产和行为合并税纳税为 2022 年印花税的申报及缴纳。具体内容如下：

根据业务 7－11 向中国工商银行申请 3 年期的借款，签订合同取得借款金额 12 000 000.00 元，准备并查看合同信息。

根据业务 7－12 签订转让专利权合同 1 份，准备并查看合同信息。

根据业务 7－13 增加实收资本 1 000 000.00 元，共记载金额为 1 000 000.00 元，准备相关账簿信息。

根据业务 7－14 领受专利局发放的专利证 3 件，准备相关专利证信息。

二、准确进行印花税税源信息采集

印花税税源信息采集是在电子税务局填制或维护印花税税源信息。主要通过我要办税—税费申报及缴纳—申报清册—按期应申报—财产和行为税合并申报—财产和行为税税源采集—印花税。操作步骤如下：

（1）登录电子税务局后，进入“财产和行为税税源信息采集”菜单，选择印花税税源信息页面。

（2）点击新增按期（按次）申报税源，进入新增页面。

（3）点击导入按次或按期申报税源，可对按次或按期申报税源信息批量导入。

（4）查看所有印花税税源信息，删除或修改后，提交税源信息。

根据企业 2022 年 1 月所涉及印花税的业务，准确填写印花税税源明细表中税目、所属期（起与止日期）、计税金额或件数、核定比例、税率及减免性质代码及项目名称等信息，准确完成印花税税源信息采集，如表 7－15 所示。

表7-15　**印花税税源明细表**

纳税人识别号（统一社会信用代码）：911101032763883920

纳税人名称：北京市喜燕啤酒有限公司

金额单位：人民币元（列至角分）

序号	*税目	*税款所属期起	*税款所属期止	应纳税凭证编号	应纳税凭证书立（领受）日期	*计税金额或件数	核定比例	*税率	减免性质代码和项目名称
按期申报									
1	借款合同	2022-01-01	2022-01-31	--	--	12000000.00	1	0.00005	
2	产权转移书据	2022-01-01	2022-01-31	--	--	2500000.00	1	0.0005	
3	营业账簿（记载资金的账簿）	2022-01-01	2022-01-31	--	--	1000000.00	1	0.0005	09129906
4	权利、许可证照	2022-01-01	2022-01-31	--	--	3	1	5	
按次申报									

三、财产和行为税纳税申报与缴纳

（一）财产和行为税纳税申报

印花税
申报方式

（1）登录国家税务总局北京市电子税务局主页，点击："我要办税—税费申报及缴纳—申报清册—按期应申报—财产和行为税合并申报'填写申报表'—财产和行为税纳税申报"，如图 7－33 所示。

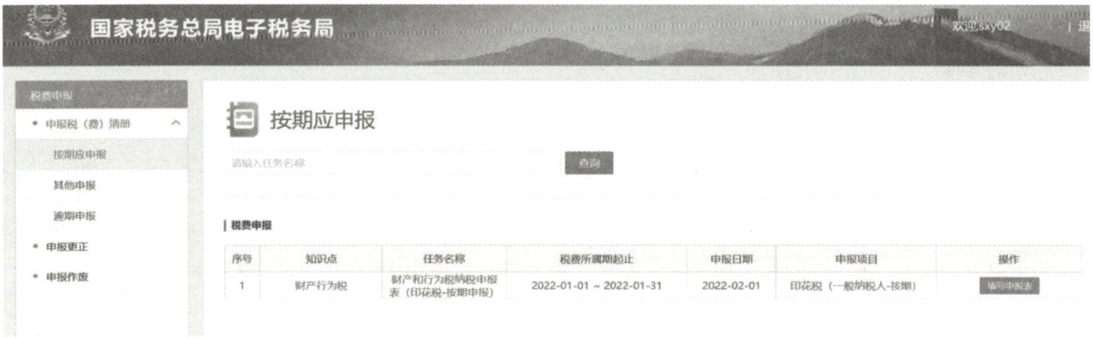

图 7－33 财产和行为税纳税申报表

（2）选择税款所属期 2022 年 01 月 01 日至 01 月 31 日，属期需覆盖本期全部应申报税种，点击"查询"，即可查看本期所有应申报税种。

（3）勾选本期印花税申报的税种，核对系统自动生成的纳税申报表，及时查看"财产和行为税减免税明细申报附表"，查看本期减免信息，如表 7－16 和表 7－17 所示。

（4）确认无误后，点击"申报"按钮，即可申报成功。

（二）缴纳税款

一般纳税人申报成功后准备缴纳税款，进入"税费缴纳"界面后，核对应缴纳的金额，确认无误后，点击"立即缴款"按钮，完成缴款。

表7-16 财产和行为税纳税申报表

纳税人识别号（统一社会信用代码）：911101032763883920
纳税人名称:北京市喜燕啤酒有限公司

金额单位：人民币元（列至角分）

序号	税种	税目	税款所属期起	税款所属期止	计税依据	税率	应纳税额	减免税额	已缴税额	应补（退）税额
1	印花税	借款合同	2022-01-01	2022-01-31	12000000.00	0.00005	600.00			600.00
2	印花税	产权转移书据	2022-01-01	2022-01-31	2500000.00	0.0005	1250.00			1250.00
3	印花税	营业账簿（记载资金的账簿）	2022-01-01	2022-01-31	1000000.00	0.0005	500.00	250.00		250.00
4	印花税	权利、许可证照	2022-01-01	2022-01-31	3.00	5	15.00			15.00
					0.00		0.00			0.00
--	合计	--	--	--	--	--	2365.00	250.00	0.00	2115.00

表7-17　**财产和行为税减免税明细申报附表**

纳税人识别号（统一社会信用代码）：911101032763883920
纳税人名称：北京市喜燕啤酒有限公司　　　　金额单位：人民币元（列至角分）

本期是否适用增值税小规模纳税人减征政策		□是□否	本期适用增值税小规模纳税人减征政策起始时间		
			本期适用增值税小规模纳税人减征政策终止时间		
合计减免税额					
城镇土地使用税					
序号	土地编号	税款所属期起	税款所属期止	减免性质代码和项目名称	减免税额
小计	--	--	--	--	0.00
房产税					
序号	房产编号	税款所属期起	税款所属期止	减免性质代码和项目名称	减免税额
小计	--	--	--	--	0.00
车船税					
序号	车辆识别代码/船舶识别码	税款所属期起	税款所属期止	减免性质代码和项目名称	减免税额
小计	--	--	--	--	0.00
印花税					
序号	税目	税款所属期起	税款所属期止	减免性质代码和项目名称	减免税额
1	营业账簿（记载资金的账簿）	2022-01-01	2022-01-31	09129906	250.00
小计	--	--	--	--	250.00
资源税					

四、智能生成记账凭证及账簿

（一）账户设置

为了准确地反映印花税的应交、已交、欠交等情况，应在“应交税费”账户下增设“应交印花税”明细账户进行会计核算。明细账户采用三栏式账户记账，借方核算实际缴纳的印花税；贷方核算按规定应缴纳的印花税；期末贷方余额表示尚未缴纳的印花税，借方余额表示未缴纳的印花税。

（二）会计处理

北京市喜燕啤酒有限公司成功完成印花税纳税申报后，次月系统将银行电子缴款凭证推送至财务云共享服务中心，票据管理岗会计人员查看凭证，将其整理归类为“付款票据”，系统自动生成记账凭证，企业缴纳税收到结算凭证后，依据银行缴款凭证借记“应交税费——应交印花税”账户，贷记“银行存款”账户，如图 7－34 所示。

五、智能生成会计账簿

记账凭证审核无误之后，系统自动将记账凭证信息登记入账簿，查询“应交税费——应交印花税”等会计账簿，如图 7－35 所示。

记账凭证

保存 单据图片 签字 现金流量 新增 审核 更多

记字第 0005 号 制单日期 2022-02-05 附单据 0 张

序号	摘要	会计科目	借方金额	贷方金额
1	缴纳印花税	222136 应交税费-应交印花税	211500	
2	缴纳印花税	1002 银行存款		211500
3				
4				
合计:贰仟壹佰壹拾伍元整			211500	211500

图 7-34 缴纳印花税会计凭证

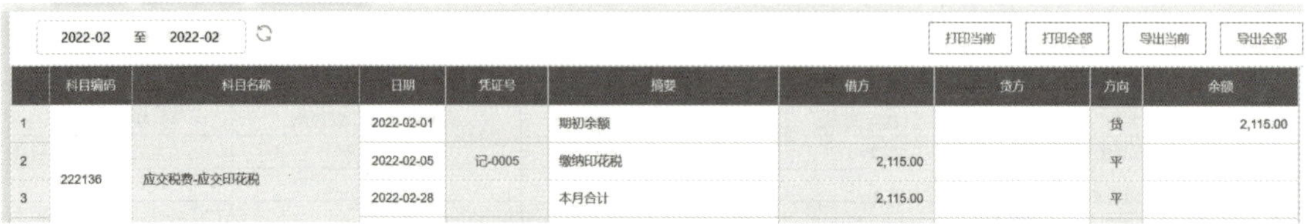

2022-02 至 2022-02　打印当前 打印全部 导出当前 导出全部

	科目编码	科目名称	日期	凭证号	摘要	借方	贷方	方向	余额
1	222136	应交税费-应交印花税	2022-02-01		期初余额			贷	2,115.00
2			2022-02-05	记-0005	缴纳印花税	2,115.00		平	
3			2022-02-28		本月合计	2,115.00		平	

图 7-35 缴纳印花税后应交税费明细账

任务总结：

“印花税纳税申报与缴纳”任务总结如图 7-36 所示。

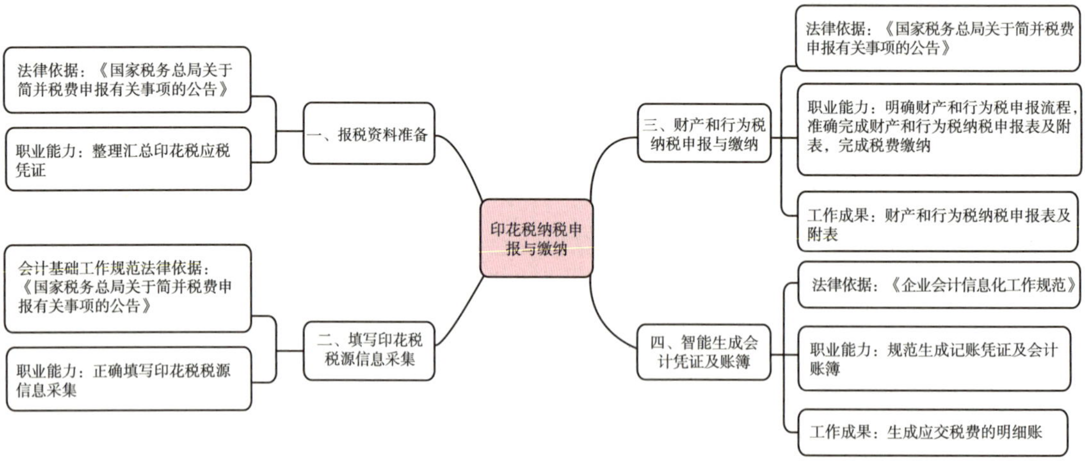

图 7-36 “印花税纳税申报与缴纳”任务总结

子任务二　房产税纳税申报与缴纳

学习目标：

1. 掌握房产税纳税申报表填写方法
2. 掌握房产税的网上申报及缴纳方法和流程
3. 能够运用智能财税平台，熟练完成房产税申报与缴纳工作
4. 在完成任务的过程中，培养严谨认真、终身学习的职业素养

实战演练

任务描述：

一、公司基本情况

公司全称：北京祥宏盛达贸易有限公司（简称祥宏盛达公司）。
企业类型：贸易企业，主要从事卷烟、酒类、高档化妆品的零售与批发业务。
公司开户银行：工行北京市百巨路支行。
基本存款账户：6673618317881058847。
统一社会信用代码（纳税人识别号）：911101012826471060。
经营地址、电话：北京市西城区隆途路518号　010－98259065。

二、公司内部会计制度

执行法律：执行《企业会计准则》(2017),《中华人民共和国房产税暂行条例》等。

三、业务描述

【业务7－14】祥宏盛达公司2021年房屋明细表如表7－18所示，当地政府规定的减除率为20%，房产税按年计征分季预缴，2021年已预缴114 400.00元。计算第四季度应纳房产税并进行相关的会计处理，如表7－18所示。

表7－18　2021年北京祥宏盛达贸易有限公司房屋明细表

房屋名称	建造或出租时间	房屋原值/万元	房屋面积/m^2	房屋用途
办公楼	2017年2月	600.00	8 000	行政办公
一车间	2017年9月	300.00	3 000	生产
综合楼	2018年5月	400.00	5 000	食堂、浴室

续表

房屋名称	建造或出租时间	房屋原值/万元	房屋面积/m^2	房屋用途
1号仓库	2018年2月	150.00	2 000	存储材料
2号仓库	2018年1月	150.00	2 000	出租，年租金10万元
合计		1 600.00	20 000	

该公司的房产税包括从价计征和从租计征两部分，纳税人出租、出借房产，自交付出租、出借房产次月起，缴纳房产税。

要求：以涉税服务岗会计身份，完成纳税申报及税款缴纳。

任务布置：

一、明确任务

以涉税服务岗会计的身份完成以下工作：

（1）准确填写应纳税人房产税税源信息采集。

（2）准确生成房产税的纳税申报表。

（3）完成房产税的远程清缴税款业务。

二、工作成果

（1）房产税申报表资料。

（2）完成房产税的远程清缴工作。

三、评价标准

（1）依据《中华人民共和国房产税暂行条例》的规定，正确进行纳税申报和税款缴纳。

（2）依据《会计基础工作规范》《企业会计信息化工作规范》等要求，正确完成房产税税源采集与申报。

任务分析：

一、工作思路

（1）明确纳税申报的工作流程，整理和准备申报的纳税资料。

（2）分析经济业务计税依据、税费计算方法、填写房产税申报表。

（3）财务共享云平台完成税款缴纳与处理。

二、岗位分工及工作流程

岗位分工及工作流程如图7－37所示。

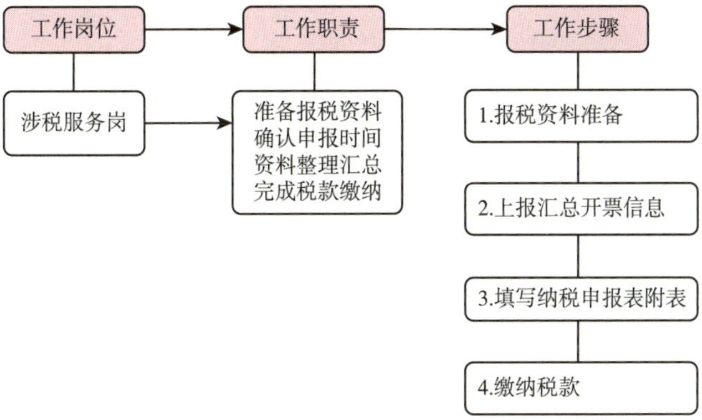

图 7 – 37　岗位分工及工作流程

任务实施：

一、准备报税资料

涉税服务岗会计人员在进行纳税申报之前，首先要明确该企业的纳税申报时间，其次开始准备报税资料并对其进行整理、汇总和核对，完成小规模纳税人报税资料的准备。

按房产原值计缴的房产税，以及应缴的土地使用税，实行按年征收，分期缴纳。纳税期限由省、自治区、直辖市人民政府规定。即纳税人纳税申报及税款缴纳期限为每年的 1 月 1 日至 12 月 31 日止，缴纳期数由各分局自行确定。对逾年度缴纳的，按《中华人民共和国税收征收管理法》有关规定处理。

涉税服务岗会计人员进入金税系统，通过其他申报进入房产税税源采集，如图 7 – 38 所示。

图 7 – 38　房产税税源采集

将审核后的房产信息如实进行填写，如图 7 – 39 所示。

图 7-39　房产税税源采集基础信息表

【自我挑战】

请将其他房产信息通过金税平台进行填列，如图 7-40 所示。

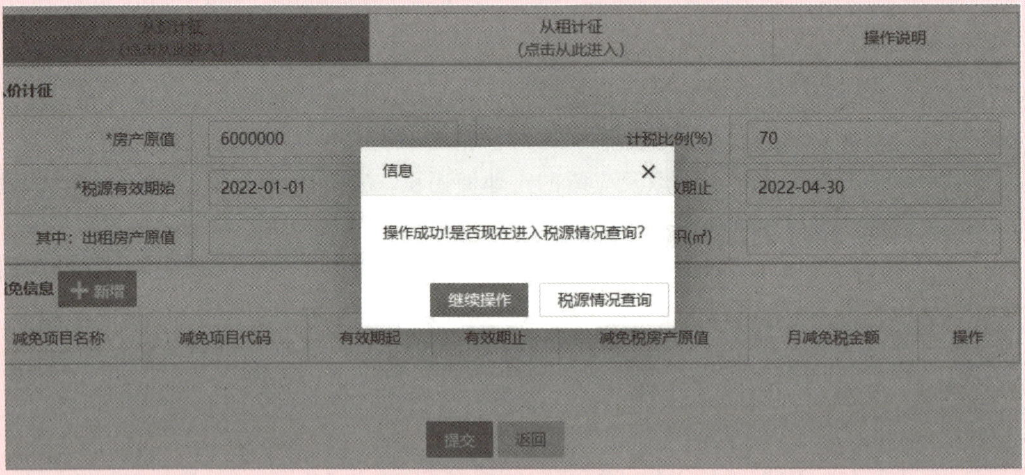

图 7-40　房产税从价计征

办公楼、一车间、综合楼和 1 号仓库按照从价计征的方法，2 号仓库按照从租计征进行填写，填好后点击提交。系统自动跳转到房产税纳税申报表页面。

二、房产税申报

房产税的申报表，如表 7-19 所示。

三、缴纳税款

（一）缴纳税款

纳税人申报成功后准备缴纳税款，进入“税费缴纳”界面后，核对应缴纳的金额，确认无误后，点击“立即缴款”按钮，完成缴款。

表 7－19

房产税纳税申报表

税款所属期：自 2021 年 1 月 1 日至 2021 年 12 月 31 日　　填表日期：2021 年 12 月 31 日　　金额单位：元至角分；面积单位：平方米

纳税识别号：9 1 1 1 0 1 0 1 2 8 2 6 4 7 1 0 6 0

纳税人信息	名称	北京祥宏盛达贸易有限公司	纳税人分类	单位□　个人□
	登记注册类型	*	所属行业	*
	身份证件类型	身份证□　护照□　其他□	身份证件号码	
	联系人		联系方式	

一、从价计征房产税

	房产原值	其中：出租房产原值	计税比例	税率	所属期起	所属期止	本期应纳税额	本期减免税额	本期已缴税额	本期应补（退）税额
1	6 000 000.00		80%	1.2%	2021 年 1 月	2021 年 12 月	57 600.00		43 200.00	14 400.00
2	3 000 000.00		80%	1.2%	2021 年 1 月	2021 年 12 月	28 800.00		21 600.00	7 200.00
3	4 000 000.00		80%	1.2%	2021 年 1 月	2021 年 12 月	38 400.00		28 800.00	9 600.00
4	1 500 000.00		80%	1.2%	2021 年 1 月	2021 年 12 月	14 400.00		10 800.00	3 600.00
合计		*	*	*		*				34 800.00

二、从租计征房产税

	本期申报租金收入	税率	本期应纳税额	本期减免税额	本期已缴税额	本期应补（退）税额
1	100 000.00	12%	12 000.00		10 000.00	2 000.00
2						
3						
合计		*				2 000.00

以下由纳税人填写：

纳税人声明	此纳税申报表是根据《中华人民共和国房产税暂行条例》和国家有关税收规定填报的，是真实的、可靠的、完整的。				
纳税人签章		代理人签章		代理人身份证号	

以下由税务机关填写：

受理人		受理日期	年　月　日	受理税务机关签章	

这步与前面的纳税缴款方法一样，不再赘述。

（二）会计处理

按规定的纳税期限上缴税款时，应借记“应交税费——应交房产税”账户，贷记“银行存款”账户。

申报完成并成功缴纳房产税费，系统会自动将缴款凭证推送至财务云共享服务中心，票据管理岗的会计人员查看凭证，并对凭证进行归类，选择“付款类”票据，保存后系统会自动生成记账凭证，主管审核岗会计人员对其进行审核，如图 7－41 所示。

记账凭证　保存　单据图片　签字　现金流量　新增　反审核　更多

记字第 0004 号　制单日期 2021-12-31　附单据 1 张

序号	摘要	会计科目	借方金额	贷方金额
1	缴纳房产税	222136 应交税费-房产税	3680000	
2	缴纳房产税	1002 银行存款		3680000
3				
4				
合计:叁万陆仟捌佰元整			3680000	3680000

制单人: 田春丽　审核人:　出纳:　7:34

图 7－41　缴纳房产税记账凭证

任务总结：

“房产税申报与缴纳”任务总结如图 7－42 所示。

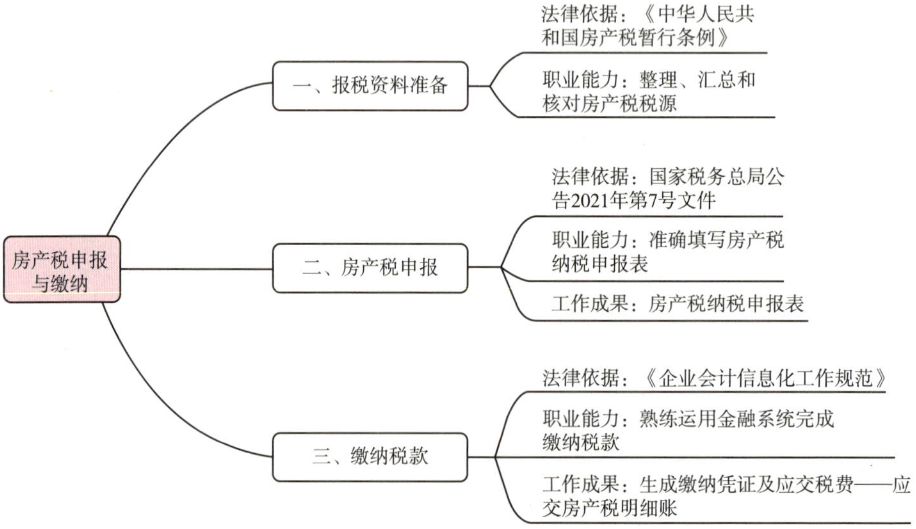

图 7－42　“房产税申报与缴纳”任务总结